西景

巴伦支海

奥瑟尔探索的地方

U0603716

北

罗弗敦群岛，
鳕鱼的温床

北 极 圈

波罗的海

里加

比尔卡，老鼠
上岸的地方
海尔戈

哥尼斯堡

格但斯克

斯堪尼亚，
鲱鱼市场

卡乌庞

马尔默

冰岛

法罗群岛

卑尔根，国王的城镇
汉萨同盟的康托尔

设得兰群岛

里贝

罗斯托克
维斯马
吕贝克

石勒苏益格

汉堡

海塔布

奥克尼群岛

盖尔赛，最后一个
维京人的大厅

北 海

不来梅，海盗港

格罗宁根

特威德河畔贝里克

艾尔米尔湖

梅登布利克

斯凯岛

林迪斯法恩

贾罗/威尔茅斯修道院
比德的修道院

艾尔米尔湖

阿姆斯特丹

乌得勒支
莱顿

艾奥
纳岛

爱丁堡

格拉斯哥

喷泉修道院

科隆

多雷斯塔
德，贸易
的转盘

吉厄岛

约克

莱顿

诺伊斯
莱茵河

栋堡

根特
布鲁塞尔

内德鲁姆
阿马

安特卫普，艺术品市场

格里姆斯比

雅茅斯

霍斯
都柏林
韦克斯福德

伊普斯威奇

伦敦

布鲁日

布鲁塞尔
伊珀尔

杜埃

波士顿

林恩

瓦拉弗赛德，海盗
和渔民生活的村落

哈姆维克/
南安普敦

剑桥
坎特伯雷

利默里克
科克

沃特福德

昆托维克

昆托维克

塞纳河

巴黎

伦敦
法律的诞生地

克洛讷，拥有
著名的法学院

北

北

0 英里 100

公元800年的
低地国家海岸线

0 英里 500

0 公里 800

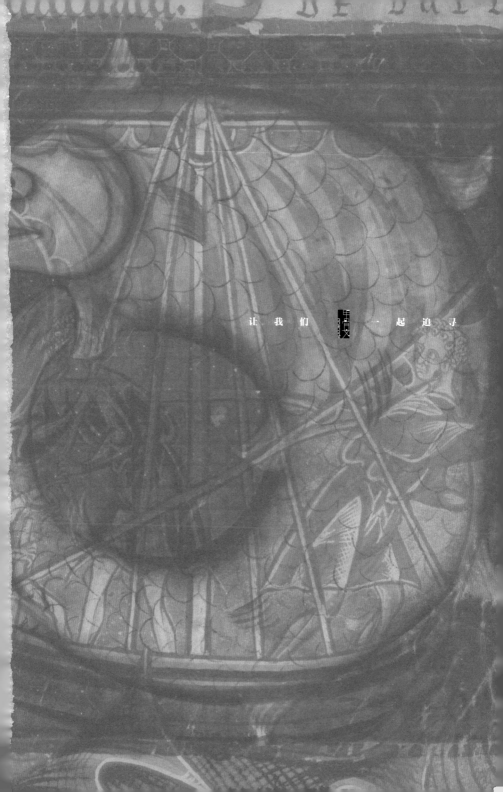

让 我 们 一 起 追 寻

MICHAEL PYE

〔英〕迈克尔·派伊 著

宋菲 译

The Edge of the World

世界的边缘

北海的文化史与欧洲的演变

How the North Sea Made Us Who We Are

社会科学文献出版社
SOCIAL SCIENCES ACADEMIC PRESS (CHINA)

本书获誉

这是一段迷人的旅行，深入北海的黑暗时代。这是一个完整的启示……派伊写得如梦似幻。《世界的边缘》比布罗代尔的《地中海与菲利普二世时代的地中海世界》更能唤起人们的回忆，比西蒙·沙玛的《富庶的窘境》更具原创性。这本书对北方的贡献值得嘉奖。出色极了。

杰里·布罗顿（Jerry Brotton），

《十二幅地图中的世界史》作者

千余年来，北海一直是我们的交易场所，是我们的交通线和互联网，正是北海建立了这些岛屿与世界的联系。迈克尔·派伊文笔优雅、学识不凡，他关注的不是陆地，而是连接陆地的水域。

休·奥尔德西-威廉斯（Hugh Aldersey-Williams），

《元素周期表传奇》作者

这本书内容丰富，令人拍手称奇。每一页都讲述了一段趣闻轶事，提出了独到的历史见解，介绍了快被遗忘的知识巨人。

尼尔·阿舍森（Neal Ascherson），《黑海》作者

精彩极了！这本书以迷人的写作风格，将社会的、经济的和思想的历史巧妙地糅合在一起，论证了北海的重要性，为许多有关地中海的研究提供了对比。这本书刺激有趣，令人眼界大开。

迈克尔·普雷斯特维奇（Michael Prestwich），

杜伦大学

目　录

序 言

1700 年夏天，塞西尔·沃伯顿（Cecil Warburton）去海边
疗养，他在英格兰东海岸赫尔以北、纽卡斯尔以南的斯卡伯勒
（Scarborough）待了两周，感到索然无味。

他是北方的绅士，柴郡准男爵的儿子，他在水疗中心照搬
绅士的做法，几乎每天都要喝下 5 品脱著名的泉水，这水气味
如墨、口感酸涩，按时冲洗着他的机体。他拒绝采用同伴们每
天喝足 4 夸脱的全剂量疗法。他给姐夫写信道："我原本希望
在这里遇见一些值得与你分享的趣事，但现在我失望透顶，因
为到目前为止，我除了粗糙的钩子和晾晒的干鱼，什么也没看
到，这就是他们街头巷尾、房屋内外的全部家当。"街上到处
都是"鱼的下脚料和鳕鱼头……但愿这封信不会夹杂什么难
闻的气味，因为我觉得任何东西都摆脱不了这种臭味"。[1]

他来疗养的这个小镇正在开发"海滨"的概念，海滩上
即将出现第一批更衣棚，人们来此地是为了调情、邂逅，并不
关心大海的其他用途。据 1733 年的旅行指南所述，伯爵和男
爵、闺阁小姐和侯爵夫人等"贵族、绅士和上流人士"纷纷
涌向斯卡伯勒。他们吃啊喝啊，深信这里的水能净化肌体，让
他们永葆健康。他们在冰冷的海水里游泳，在又长又宽的沙滩
上赛马，还在晚上尽情舞蹈。[2]

他们到斯卡伯勒选择去体验水疗，而不是探访忙碌的城

镇，不是参观 50 年前荷兰和英格兰交战时向敌舰开火的城堡，不是见识大约有 300 艘船的渔船队，也不是游览北边泰恩河（River Tyne）和南边亨伯河（River Humber）之间唯一实用的避风港湾。这个城镇让人想起了海上的关系网，涉及食物、贸易、战争以及各种各样的抵达和入侵，包括观念的入侵。

塞西尔·沃伯顿和后来的万千人一样，对这些兴味索然。他有更直接的烦恼，他给姐姐写信抱怨道："我还是和以前一样胖……"[3]

关于海滨的新概念妨碍了我们倾听大海的故事。[4]海滨变成了目的地，不再是去往大海彼岸某个地方的出发港；海滨变成了游乐场，不再是工作和打仗的地方。我们很难想象曾经存在一个以海洋为中心的世界。弹指过往，就连海岸线都没有移位，仿佛狂风从未卷起过沙暴，涨潮从未淹没过陆地。我们用石头和混凝土建造了海堤、步行街和滨海大道，划出了人与海之间明确的分界线。在这道界线背后，海滨酒店和别墅可以肆无忌惮地凝望大海，这正是它们大受欢迎的卖点。

沃伯顿的时代只是刚刚开始。名流络绎不绝地来到斯卡伯勒，他们签名登记，支付 5 先令，租下海滩上的两间房，用来把酒言欢、梳洗更衣。他们可以从伦敦乘约克的马车北上，也可以借道剑桥北上，沿途游览观光，但前提是他们能忍受简陋的乡村客栈。除此之外，他们还可以花 1 基尼在比灵斯门（Billingsgate）码头上船，搭乘从伦敦空载返回泰恩河的运煤船前往斯卡伯勒。

女人们在向导的帮助下小心翼翼地沐浴。当地诗人满腹牢骚地写道："摊开的汗衫守护着仙女/每一道窥探的目光皆成泡影"。男人们要么"退后,与同伴隔开一定距离脱衣服,要么……乘小船离海滩远一点",然后"直接赤身跳下水"。人们公认这片海很安全,可以尽情享受运动或药浴。《从伦敦到斯卡伯勒之旅》(*A Journey from London to Scarborough*)的作者坚称:"我们的医师认为,总的来说,冷水浴有疗效是由于海水中有更多的盐分,而这一优势在英格兰只有斯卡伯勒才能夸耀。"

海水和泉水一样,都是用来治病的。医生们深感忧虑,生怕这些水会与他们处方中的化学药品形成竞争。1669年,辛普森(Simpson)医生发表意见写道,显然有必要"对水疗用水进行更仔细的分析",通过"化学剖析"证明水中凑巧含有什么化学药物成分,只有这样,医生才能认可并推荐海水疗法。18世纪30年代,水质分析完成后,变成了事关公民自豪感和大众兴趣的话题,成了海滨重要的友情提示,斯卡伯勒的游客和居民都跑去听公开讲座,了解他们喝的到底是什么。[5]

这些水曾是信仰的证明,因为圣水、圣泉和圣井是由圣徒或其他有缘人发现的。根据威蒂(Wittie)医生在1667年的记述,斯卡伯勒的泉眼最早是法罗(Farrow)夫人发现的。17世纪20年代,她在海滩上散步,注意到在"一处极高的峭壁"脚下,有一眼汩汩冒泡的泉水,把石头都浸染成了黄褐色。她喜欢这泉水的味道,认为这泉水对人有益。

消息一传十,十传百,就这样传开了。

威蒂医生写了一本小书,证实水疗是医生开出的处方。他本就相信沐浴的疗效,因为这正是英格兰人的水疗方法,他们不仅会喝,还要用来泡澡,不像欧洲人认为光喝就行了。他建议好饮波特酒的人多去海里游泳,因为他就是这样治好了痛风，我"夏天经常泡在冰冷的海水里……然后躺在温暖的床上发汗"。夏天是最好的季节，威蒂医生难以置信"在德意志地区的水疗中心，他们冬天饮用海水"。

他知道"许多人去水疗中心不是为了治病，而是为了消遣，暂时抛开烦心事，呼朋引伴，寻找慰藉"。但消遣也将成为医生的商机，这一现代职业专门研究长寿的秘诀。游泳不再是简单的运动。1775年，罗伯特·怀特（Robert White）医生在《海水的使用和滥用》一文中告诫"身体健康、精力充沛的人不能无所顾忌地进行这种娱乐活动"。他们也许可以早一点儿去洗海水澡，但神经紧张的人应该等到"将近中午"再下水，"任何人都不能泡在水中超过一分钟"。海水可能没有泉水那么冰冷刺骨，但怀特医生还是觉得有必要警告人们"健康人洗海水澡的致命影响"。怀特医生举了个例子，"一名40岁左右的男子，头脑清醒，生活节制，禁不住劝诱去洗海水澡"。他认为自己身体没什么毛病，所以他没有放血，没有清洗，也没有得到医生的许可就下水了，结果"他头部剧痛，耳鸣目眩，突发致命的中风"。

怀特医生认为，海水对治疗麻风病"有用"，对治疗癫痫"成效显著"，还能消除黄疸。海水也可以治愈淋病，这让好色的绅士们感到安心，却安慰不了下一个与他们同床共枕的人。虽然海水有如此神奇的功效，但他认为人们使用"这种普通又流行的药物"不够谨慎，因为海水会使"胃肠不宁"。他记录了"各阶层的人对海水浴的偏好"。

不只英格兰人喜欢海。17世纪，荷兰人也喜欢在海滩上散步，每年春天，斯海弗宁恩（Scheveningen）的男孩们都会把女孩们扔进海里，人人都要喝海水。他们那位等同于亲王的执政（stadhouder）经常开着有帆有轮的沙滩艇，沿着海岸疾行。水疗中心吸引人们来到海滨，但海边生活别有乐趣，有些海滩建成了新型的度假胜地，不需要医生的许可，比如德意志地区北海海岸的诺德奈（Norderney），比如奥斯坦德（Ostend）和布洛涅（Boulogne），再比如波罗的海的多伯兰（Doberan），人们去这些地方纯粹是为了消遣，任何人都可以尽情戏水，想来就来，想走就走。这些度假胜地把海浪和洋流变成了都市思想的背景，告诉人们如何保持健康、保持身材、保持良好的形象和愉快的心情。大海的旧业务默默退场，度假成了大海的新商机。据浴场的宣传员声称，瑞典哥得兰（Gotland）岛上的维斯比（Visby）港千百年来熙熙攘攘，是闻名遐迩的商业重镇，但到19世纪，经济萧条，湮没在即，只能开办浴场，为游客们提供更衣和喝酒的场所。[6]

沐浴小屋和海滨景点，还有后来出现的长堤、骑驴场、炸鱼薯条店，以及射箭摊、保龄球场（如布莱克浦的球场）、音乐厅和明亮的电灯，屏蔽了真实的海边世界。大海的秘密依然鲜为人知。19世纪末，贝德克尔（Baedeker）先生在《旅行者手册》（Handbooks for Travellers）中事无巨细地记述了艺术品和交通费，但似乎没有意识到漏掉了什么。他介绍完尼德兰（Netherlands），又专门介绍了泽兰（Zeeland，也叫西兰）沿海地区的米德尔堡（Middelburg），以及周边所有可能的短途旅行。[7]他注明每天有两班公共马车开往一个名为栋堡（Domburg）的"小浴场"，德意志人、荷兰人和比利时人经常光顾，他提到"在附近散步很愉快"，还列出了双驾马车到那里的价钱以及巴德酒店（Bad-Hôtel）食宿全包的价格。

他没有说起栋堡的旧闻，但老人们对那段往事记忆犹新。

5

就在这个"小浴场"怡人的海滩上，大海泄露了它的秘密，送还了它的历史。

1647 年 1 月初，狂风吹乱了沙丘，卷起了巨浪。海滩上的沙子被吹开，露出了底土中本不该存在的东西——石头。栋堡附近的海岸上根本没有石头，只有沙子、泥炭和黏土。因此，一定是有人从很远的地方——据我们所知，是从 700 公里外的法国北部采石场——把这些石块搬来的，搬运它们肯定是件大事，因为一块石头就重达 2 吨，1647 年还没有机械能挪动这样的重物。一封寄往阿姆斯特丹（Amsterdam）的信激动地写道："大约两周前，近海的沙滩上出现了一些巨大的白色石灰石。"这封信作为新闻通讯被刊登了出来。[8]

人们还发现了一个看起来像"有圆柱基座的小房子"。石头上残留着被抹去一半的图像，描绘的是祷告者面向名叫尼哈勒尼亚（Nehalennia）的女神，感谢她保佑他们事业成功，儿孙幸福，货物安全运过大海。这个"小房子"很可能是神庙。石化和盐蚀的树木残骸不禁让人联想到庙宇周围种植的小树林。该篇通讯还言之凿凿地表示，人们发现的是这片海滩"最古老的纪念碑"。

在这些很像祭坛的石头中，有些供奉的是家喻户晓的神，比如守护海洋和水手的海神尼普顿（Neptune），还有大力神海格立斯（Hercules），但尼哈勒尼亚和她的 26 座祭坛千余年来却寂寂无闻。在祭坛上，她或如维纳斯（Venus）、朱诺（Juno）、密涅瓦（Minerva）等女神一般坐在贝壳状的华盖下；她或站在船头，面对波涛汹涌的大海；她或端坐宝座，旁边摆放一篮苹果，还有一只漂亮的小狗仰头看向她。船不只是运输工具，在人们的思想中，尤其在北方人的思想中，船与丰饶多产还有着奇妙而深厚的联系，所以尼哈勒尼亚应该是当地崇拜的女神，可以保佑他们粮食丰收、海上好运，甚至车马平安、道路通畅。[9]她曾经是栋堡人心目中无所不能的神，现在却被彻底遗忘了。

整个欧洲学术界都沸腾了，因为海里冒出了未知的东西。往事几经沉浮，仿佛历史就是运动不息的大海。栋堡的老翁彼得·德布克（Peter de Buk）回忆道，1684 年，"凛冬时节，海滩上冰块堆积如山"，原本牢固的石头开始松动，"慢慢地移向大海"。当地官员说，多年来人们在这些石头上玩球，现在只能另寻他处了。

三年后，经过一场强风暴的洗礼，海滩上露出了很多古尸，每一具都装在几厘米厚的木棺中。他们的头骨都朝西，棺材里满是沉沙。他们的颈部都挂着华丽的细链，链子上还坠着硬币；其中一具骸骨的胸前搁着一只高脚杯，另一具身旁放着一把银匕首。基督徒不能随葬物品，所以这些坟墓的建成时间必定是在公元 700 年之前，那时候基督教尚未在沿海地区兴起；或是在公元 700 年的一个半世纪之后，那时基督徒被维京入侵者打败，退到内陆地区。过去的事就像棺材一样密不透风，就像幽灵一样无法解释。几天后，海水回潮，又隐藏了尸体，人们还没能查出他们是谁。

1715 年，恰逢大海的枯潮期，海滩延伸出很远，可以看到水井的遗迹和建筑物的地基。同时又出现了一尊雕像，巨大的无头维多利（Victory），矗立在用圆形和方形石子铺成的形似神庙的中央。维多利在海滩上搁浅了好几年之后才被运到内陆，停放在当地的教堂里。她重见天日后，因为离开了苦咸的

7

海水，又时常被雨水冲刷，浑身长满了青苔。1848 年，闪电击垮了教堂，她也跟着毁了。古时栋堡遗存下来的这尊雕像现在只剩下几块残片和两立方米的碎石，被倾倒在镇政府的花园里。

逝去的人没有走远。1749 年和 1817 年，墓地又出现在世人眼前。20 口破烂不堪的棺材用木栓接合，没有一颗铁钉，只被古老的沙丘牢牢地锁在沙子里。每具尸体都有圆形的饰针，有的在右肩上，有的在胸前，看起来像是给海神的买路钱，甚至可能是为换取新生奉上的财富。有一具尸体还随葬了一把剑。但当地人现在了解了墓葬品的价值，他们会偷偷开棺，不愿透露找到东西的具体地点。他们只顾忙着将宝贝卖给阿姆斯特丹的收藏家。

海岸线会随风和潮汐不断变化，所以 1832 年的低潮又揭开了海滩上一处完全不同的遗址；1866 年，这处遗址再次，也是最后一次出现：分散的房屋轮廓，还有棺材呈星形排布的墓地。现在汹涌的海水下藏着三个不同的故事。我们发现了一座罗马神庙，供奉一位名不见经传的女神，这座神庙坐落在船只入海的地方，看上去像是突然被废弃。我们在沿海发现了一处定居点的遗迹，有一条东西向的道路，还有用来存放和分拣货物的木屋以及大量的硬币，足以证明这里曾是正经的商业场所。我们还发现了一些非基督徒的坟墓，因为墓里有很多兽面纹的青铜美器，还有一个方形的银领，看起来像是维京人的东西。[10]

文字记载只显示了货币、祭坛和墓葬品所反映出的生活印迹。在现存的罗马文献中，没有人提到栋堡或类似的地名，当时身处帝国中心的罗马人非常狭隘，经常无视他们富裕的行省。

学者阿尔昆（Alcuin）在写圣徒生平时，讲述了公元690年前
后，圣威利布罗德（St Willibrord）在瓦尔赫伦（Walcheren）
岛的小镇上传福音，发现"那里仍然矗立着错误的古神像"，
这里就是栋堡的所在地，在人类重构海岸线之前，它还是一座
岛屿。威利布罗德当着守卫的面砸烂了雕像，守卫勃然大怒，
提剑直刺圣徒的头。"但是，"阿尔昆写道，"上帝眷顾他的仆
人。"圣徒不计前嫌，还帮守卫躲避那些想要惩罚他的人，帮
他摆脱那些占据他灵魂的恶魔。但三天后，他还是死了，因为
只要被愤怒的群众抓住，下场大多如此。[11]

　　根据修士们编撰的年鉴记载，公元837年，维京人对
"瓦尔赫伦岛上"（*in insula quae Walacradicitur*）的栋堡进行了
野蛮的袭击，许多人被杀，许多妇女被掳走，"无数金钱"被
搬空，诺斯人还要求他们定期纳贡。大沙丘上这条隐蔽的街道
显然是个值得掠夺的富庶之地。

　　我们读过关于掠袭和抗争的故事，但大地本身展现的却大
不相同。现代考古学家调查了海滩上的各处遗址，没有发现多
少能让人联想到战争的痕迹，也没有发现什么被烧毁、砸碎或
堆积的东西，表明没有发生过外史中记载的血腥事件。人们在
海岸上只生活了几个世纪，随着风沙缓慢而悲伤地退向内陆，
没有留下太多有价值的东西——当然，死去的人除外。

　　所有的活力都被埋在沙滩上，直至今日，那里的游客依然
络绎不绝。

　　本书想通过讲述中世纪北海一带的生活，重新发现那个失
落的世界，重新找到它对我们的意义。当时，水路是最便捷的
旅行方式，海洋四通八达，民族有来有往，不仅运输着锅、

酒、煤等货物，也传播了信仰和思想。本书讲的不是兵荒马乱、群雄逐鹿和基督教传播的故事，而是持续的海上交流和不同的行事风格开始深刻地改变人们的思想。在那个朦胧的时代，冰冷灰暗的北海成了现代世界的摇篮。

9

想一想罗马帝国灭亡后哪些事物必须改变，才能建立我们现在熟悉的城市、国家和习惯：我们的法律、我们的爱情观、我们的商业之道，以及我们为了定义自己所需要的敌人。商人带来了硬币，推广了货币的使用，随之还引入了抽象的价值概念，推动了数学和现代科学的发展。维京人四处掠袭，他们摧毁了多少城镇，就建设了多少城镇，而这些没有主教和领主统治的城镇可以开启新的贸易形式。这造就了一个商人群体，他们足够强大且具有自我意识，足以与王权和政柄开战。这就是我们的世界，金钱与权力在其间来回拉扯。

人类改变了地貌，在学习治理对自然界的破坏的过程中，他们也传播了自由和权利的思想。海上旅行使时尚变成可能、可见、可取之物，而至今我们都尚未逃脱。女性有了更多的选择，包括独身、单身生育或婚姻，这意外地改变了北海的经济生活。

法律从妇孺皆知的地方习俗变成了需要律师解读的一种语言和一套文本。不同的职业渐次诞生，首先是教士，他们必须远离世俗世界，然后是律师，他们把法律变成了一种宗教，再就是医生及其他专业人士。如果没有职业之分，我们就不会有中产阶级的概念，而专家的身份是他们的权力之源。瘟疫开始将穷人分成有价值和无价值的两类，使当局得以约束百姓的私人生活——如何养育孩子，应该住在哪里——最终构筑起城市与国家之间的壁垒。当然，这都是为了我们好，就像机场安检或长期监控一样。合作可以共赢，比如拯救洪水泛滥的土地，派船运货或为其提供保险，筹集资金将鱼运往波罗的海并将谷物运回阿姆斯特丹，我们就是在此基础上最终建立了资本主义。当时，事实和信息就像今天一样，也是一种商品。

这一切都发生在我们大多数人不太了解的时代，也就是我们自以为了解的罗马帝国（军队、笔直的道路、雅苑、神庙、集中采暖和蜗牛料理）到阿姆斯特丹 17 世纪的帝国荣耀（舰队、鲱鱼、黄金、杜松子酒、绘画、山墙和干净整洁的街道）之间的悠悠千载。这两个盛世之间，大约从公元 700 年到 1700 年，我们仍然不假思索地称之为"黑暗时代"或"中世纪"，相关的话题都是城堡、少女、骑士和精美的装饰手稿。这就好像我们想象人类的发明、反常和意志被搁置了几个世纪，仿佛生活变成了布景。

当然，文件会丢失、烧毁或腐烂，书面记录必然存在瑕疵。有些文件保存完好，是因为某个历史悠久的机构需要它们，所以将它们存放在大教堂这样能屹立千年的建筑中。关于种植庄稼或购买衬衫的信件可能会与情书和陈旧的法庭记录一起消失，但属于教会的地契很可能会保留下来。载入史册的只是生活的点滴，它们被记录下来是出于特别的原因，仅代表法官、主教、国王或修道院院长等人特殊的观点。历史记录会省略当时人所共知的常识，避谈当时讳莫如深的问题。即使是根据前人所有的历史记录编著而成的权威史籍，最好也只把它当作追查过去的线索来看。

不过，我们运气好。我们现在掌握了全新的证据，可以填补某些空白，见证我们的历史观焕然一新。考古学就像栋堡的海一样，发现并揭开历史的真相。但与大海不同的是，考古学有章法，提供了与书面记录相互印证的证据。历史画面突然放宽，我们看清了生活的脉络。有时，新出土的东西与我们熟读的文献和相信的资料存在明显的矛盾。这种矛盾很难解释，因为每一堆文物只有放在特定的历史背景下才有意义，而确定历史背景意味着我们又必须依靠其他考古发现得出的结论。

11　　将文字与实物结合起来，新故事就更有说服力。即使罗马沦陷，帝国崩溃，古典拉丁语写作传统消亡，撒克逊人、汪达尔人、哥特人和匈人都在西迁，生活也不会停止。仅仅因为现存的文献太少，并不会让人类失去沟通、贸易、打仗、迁移等改变生活的能力，正如他们没有失去阅读和书写的能力一样。生活还要继续，我们只是需要不同的工具来发现和描述而已。

罗马城镇有时会保留下来，但风貌有所改变。罗马的道路仍然可用，古老的驿站还在营业，人们在漫长的旅途中可以歇脚、换马，再继续赶路。实用的犁耙等生产工具不会因为历史学家判定改朝换代就凭空消失，事实上，一些相当先进的设备，如卧式水磨，建成时间比我们从文献中查到的还要早几个世纪。旅行技术——从使用与船等长的舯拱桁架，通过收紧船头船尾以加强船的适航性，到使用太阳罗盘，让船可以远离海岸航行——一直在发展，人们要纵横四海，就会冥思苦想如何实现。人们心中的世界版图在不断变化。

只要消除关于黑暗时代和毁灭的成见，你就会听到不一样的声音。女性并不总是沉默寡言，或者没有做出选择的权力，或许是我们可能只是听错了地方。宾根的希尔德加德（Hildegard of Bingen）是 12 世纪一位博学而圣洁的修女，活过了 12 世纪的大部分年头她有远见卓识，是个神秘主义者，她谱写的音乐恰如其分地表现了自己的修道院生活，她还写信到欧洲各地，谈论学术话题。她知道如何避孕，也写过这方面的文章。

要找到这个故事，就得翻遍图书馆，还得关注考古领域的发现，两头都不能落下。你要仔细研究人们关于栋堡海滩上的石头的记载，然后想象故事中蕴含的所有联系：流动的人，以及他们所做、所想、所相信的一切。没有什么是全新的，没有什么是一成不变的，也没有什么是毫无意义的。疆界变动，语言变化，民族迁移。罗马人建造了一座神庙，祈愿他们的商船顺利出海，继而商人们建设了一个贸易城镇，它的名称已无从考据，后来以袭掠闻名的维京人又定居此地，这片海滩的故事道出了一个颠扑不灭的真理：世界永远在变化，永远在运动。这里还能找到公元800年前后入侵的法兰克士兵留下的武器。军队征战，权力转移，但有时最大的变化发生在民族迁移的过程中，而且并不总是教科书告诉我们的时间和原因。身份也不是什么抽象的种族概念，而是你在哪里、你来自哪里的问题。当时民族之间还不像19世纪那样泾渭分明，人们冒险出去，最后只是征服了他人，或被他人征服。事实上，他们也经常冒险改变立场。

我们要讲的不是关于血统纯正、种族认同、同质民族拥有自己独特的灵魂、精神和秉性等黑暗错误的主题，而是更令人兴奋的故事。人们做出选择，并不总是自由的，有时还要承受可怕的压力，但他们仍会努力打拼，为自己选择和创造更好的生活。

所谓的"黑暗"是我们的误解。我们将前人生活的时代比喻为世界"漫长的早晨"可能更贴切。

要明确的是，这些都不是现代的，而属于过去那个思想和行为大相径庭的时代。距离不一样，世界地图不一样，机构名称或有相似，但实际与我们知道的大为不同。我们所认为的孕育现代世界的必要条件原本可能发展成一个完全不同的世界。但如果我们能梳理出过去发生了什么，以及为什么发生——从历法到期货市场，从神圣手稿最早的出版人到实验科学——那么我们就能看懂现代的生活方式是如何形成的，时代是怎么进步的。

我们该如何讲述这个故事也是个难题。我们透过表现南方文艺复兴的视角看到了过去的辉煌，据说，重新发现的地中海文明呼应了千年前同一片海域叙写的历史篇章。法律开始以我们熟悉的方式整饬社会，这种法律被称为罗马法。整个欧洲北部教会都听命于罗马。显然，北方在等待南方的教化，毕竟，基督教起源于南方。早在 723 年，主教丹尼尔（Daniel）就告诉圣徒卜尼法斯（Boniface），驳斥北方异教徒的最佳论据就是指出，世界正在变成基督徒的天下，而他们的神却无可奈何，"基督徒拥有的土地盛产橄榄油和葡萄酒，其他资源也很丰富，而留给异教徒的都是冰冷僵硬的土地，他们的神被逐出了这个世界，还被误认为是统治者"。[12]

每当谈到"黑暗时代"，我们总是强调战争、入侵、突袭、征服，甚至种族灭绝，但我们的国家、我们的时代也存在这些问题，我们的日子仍要过下去。直到最近，我们才可以写盎格鲁-撒克逊人越过北海控制布立吞人、夺取不列颠政权时的"大规模灭绝"，这是一个民族铲除了另一个民族，尽管有证据表明这是个更漫长、更温和、更友好的过程。[13]我们险些忘记了北海地区的沧桑历史，至少是从都柏林（Dublin）到格但斯克（Gdansk）、从卑尔根（Bergen）到多佛（Dover）的贸易往来和信仰传播。我们自然而然地认同地中海的纽带作用和重要影响——圣经故事、荷马（Homer）和赫西奥德（Hesiod）史诗般的航行、贯通东西的贸易路线——北海也有很多这样举世瞩目的成就。

我查阅了各种有关北海的资料和学术著作，要尽我所能讲好这个故事。这不是沙文主义作祟，南方也同样重要，只是我们忆起北方的往事。我尝试描绘出一幅更完整、更丰富、更准确的图景，说明我们从何而来。

海边的乱民从来没有远离过舒适的海岸。但我们要走得更远，哪怕这意味着要挑战我们的极限。

曾几何时，谁都想象不到还能走得更远，因为北海就是世界的边缘。公元 16 年，罗马人德鲁苏斯·日耳曼尼库斯（Drusus Germanicus）率领舰队北上，结果被风暴击退，与他同行的诗人阿尔比诺瓦努斯·佩多（Albinovanus Pedo）写道，诸神在召唤他们返航，阻止他们看到世间的尽头。佩多不明白为什么舰队要侵犯这些陌生的海域，惊扰众神宁静的家园。因为据阿拉伯地理学家伊德里西（Al Idrisi）描写，北海不仅是"永恒的幽暗之海"，[14] 也是洋流冲撞的地方，海水在深不见底的洞穴里冲进冲出，形成潮汐，落入"原始的第一物质，这就是世界的起源……所谓的'深渊'"。[15]

7 世纪，塞维利亚的伊西多尔（Isidore of Seville）认为，已知的世界之所以"被称为奥比斯（orbis），因为它就像一个轮子，海洋围绕着它流动"。海洋一定比陆地小得多，因为次经《以斯拉续篇》（Book of Esdras）讲上帝创世："第三日，神说，天下的水要聚在一处，使旱地露出来。"然而，海洋还是令人生畏，是环绕大陆的路障。海洋或许太狂野，也可能是

14

太浅薄、太泥泞，荆棘载途，无法穿越。人们要穿过赤日炎炎的热带去南方尚有可能，但冰天雪地的北方才是世界的尽头。[16]

障碍不只是生理上的。海洋是邪恶之地，圣经中所说的大海怪利维坦（Leviathan）就住在那里。敌基督"骄傲的人"倒骑在海龙头上，就像维京人乘着蛇头船。[17]《创世记》和《约伯记》证实了地理学家的共识，即大海难以驾驭，海龙是混沌之龙，还有深渊潜伏以待。《启示录》预言大海将不复存在，人们理解为邪恶终将灰飞烟灭。[18]

这片鲜为人知的海介于天地之间，连通了我们熟悉的海岸线和陌生的海域，等待着人们去探索。爱尔兰人浮想联翩，写出了航海传奇故事《依姆拉姆》（immrama，意思是"航海记"），[19]讲述了隐士们为求避世隐逸，是如何走向大海的。他们乘船远航，去西边寻找应许之地——极乐岛。

这些都是充满奇迹的寓言，其中也有非常实用的建议。8世纪的《圣布伦丹游记》（Voyage of St Brendan）记叙了他去天堂和地狱之门的传奇经历，还说明了如何为这样的航行造一艘船，先用牛皮和橡树皮包裹木框架，做出小圆舟，再在船身上涂抹动物脂肪。据说，圣徒和同伴们还带了备用的兽皮和脂肪。[20]大海可以被利用，但只有圣人才会去尝试，尽管有些奇迹令人生疑——比如每年都被困在一头温顺的鲸背上几个月，不过有些看似荒诞的事情却可能成真。

水手们看到漆黑的峭壁背后，有一座高山从海上升起，山峰笼罩在像云一样缥缈的烟雾之中。高山喷出冲天的火焰，然后似乎又吸了回去。岩礁一直延伸到大海，泛着如火的红光。布伦丹和船员们发现加略人犹大（Judas Iscariot）蜷缩在一块光秃秃的岩石上，海浪拍打着他的头，他说这是难得的喘息。入夜，他返回山区，那是大海怪利维坦的巢穴。因罪孽深重，他饱受恶魔的折磨，"就像坩埚里熔化的铅块，日夜"被灼烧。[21]

罪人与恶魔、高山用喷发火焰来欢迎被诅咒的灵魂等意象，并没有相应的历史记载，但对信徒们却是极富感染力的训诫。据说，布伦丹掉头离开山岛后，一直向南航行，这说明这座岛一定位于遥远的北方。爱尔兰的远北是火山岩质的冰岛，也就是《游记》描述的地点，那片海域处在地球的一条主要断层线上，确实会有小岛突然冒着烟浮出水面。布伦丹航行去的都是已知的地方。

修士迪奎尔（Dicuil）描述了爱尔兰北部的所有岛屿："在这些岛屿中，有的我住过，有的我去过，有的我见过，有的我在书上读到过。"[22]他很有可能从未走出过赫布里底（Hebrides）群岛或奥克尼群岛，但其他人走得更远，有人最远走到了世界极北的神话小岛图勒（Thule）。迪奎尔引用了古典作家的说法，听说有个岛屿，夏季"白天和晚上都有阳光照射"，而冬季却见不到白昼。他还写道，"神职人员从2月1日到8月1日一直住在岛上，他们告诉我，[夏至前后]，夕阳就像躲在小山背后，那么短短一瞬，根本不会黑暗。"他说，晚上的光亮足够人们择出衬衫里的虱子。

这个图勒听起来很像冰岛。

此外，12世纪早期的《冰岛人之书》（*Book of the Icelanders*）写道，870年前后，诺斯人第一次踏足冰岛，发现了久居那里的教士，但教士们不肯与异教徒同在一地生活，于是都走了，留下了"爱尔兰书籍、铃铛和牧杖，从这些物件可以看出他

16

们是爱尔兰人"。[23]迪奎尔还写了很多故事，比如有人天生长着马蹄，有人耳朵大到可以盖住全身，麋鹿的上唇下垂得厉害，只有倒着走才能进食，还有捕捉独角兽的辛苦，因为它们会发出很大的噪声。这些故事透露了一个事实，即持续、热络的海上活动。

北海还没有建立像地中海那样纵横交错的贸易航线和战争路线，依然富有传奇色彩，所以人们冒险出海，自知是在探索世界的边缘。大约在 1075 年，德意志北部城镇不来梅的主教亚当（Adam of Bremen）书写了不来梅前几任大主教的秘史。他开头写了海港，他在港口从水手们口中了解了大海的情况。他推测，北向航线要经过奥克尼群岛附近的海域，那里海水盐度很高，船需要强风助力才能通过，继续驶向冰岛，而冰岛的黑冰年代久远，稍有不慎就会燃烧。"挪威是最北端的国家，再往北走，你会发现杳无人烟，只有海洋环绕着整个世界，无边无际，令人望而生畏。"这里会骤降黑雾，翻起滔天巨浪，你会体验到那种被卷入深海再被抛上浪尖的惊险刺激。如果你像国王哈拉尔·哈德拉达（Harald Hardrada）一样，还坚持前进，就会到达"衰败世界的黑暗边界"，"他沿原路折回，好不容易才平安逃出巨大的深渊"。[24]

人们都想跨越深渊，去探索另一边的天地。大约在 13 世纪之交，《挪威史》（*History of Norway*）的作者自认为对北方的危险和奇观了如指掌。他知道那里有漩涡和封冻的海岬，能让巨大的冰山倒栽进海里；还有吞噬水手的海怪、鬃毛披散的马鲸和无头无尾的巨人。[25]他说，海水沸腾、大地起火、大山冒出海面的景象还历历在目，但他见多识广，不信这是不祥之兆。他说，唯有上帝能洞悉一切，我们无法参透天机。

他感兴趣的不是大海的恐怖，而是人们漂洋过海的见闻。在不来梅的亚当笔下，北方到处都是不会走、只会跳的单足人，还有食人族（"既然有意避开他们，那么就应该默默忽略他们"）。北方有哥特人、蓝皮人、龙族崇拜者，还有"最仁慈的民族"普鲁士人。有人长着狗头，有人前额正中长着一只眼睛。如果阿玛宗人要传宗接代，她们会引诱过路的商人，或者强迫她们的男性俘虏就范，或者只是喝下海水也能怀孕。她们生下的男孩头都垂在胸前，女孩都会长成漂亮的女人，赶跑所有心怀不轨的男人。世界的边缘也是理性的边缘。[26]

从布伦丹的故事开始创作到《挪威史》撰写的那段时间，许多船一直在向北向西航行，载人运货，在这片传说是恐怖之源的大海上乘风破浪。这种变化意义深远，但还没有完成，北方是个充满故事的地方，在冰雪之外，还有巨大的未知。然而德意志诸邦和荷兰的神秘主义者过去用海洋象征敌对的净化空间，现在他们改用沙漠作为隐喻。大海太热闹、太实际了，沙漠依然纯洁且完全陌生。人们开始认识大海。13 世纪，神秘主义者哈德维希（Hadewijch）写到大海时，她说大海不再像以前看到的那么可怕，深渊不再对生命构成威胁，也不再是世界的尽头，反而可以帮助她思考上帝的狂暴本性和人在爱中迷失的样子。一转念，利维坦就消失了。[27]

18

北方还有其他怪兽，它们去过很多地方。海关档案中几乎找不到有关北极熊和北极熊皮的信息，但这些凶猛的活兽作为贿赂被带到了挪威，而且大获成功，它们有时甚至会出现在法国和英国的宫廷里。[28]地处边缘的北方变得像非洲和亚洲一样，成了遥远、陌生的地方，但也是可以认识、通商和利用的奇迹之源。

以中世纪艾于敦（Audun）的故事为例。艾于敦一贫如洗，还要赡养母亲，他不得不投靠冰岛西峡湾（Westfjords）的亲戚。不过，他很幸运，得到了一只熊。在冰岛，几乎所有东西都能赊账，因为人们春天也要吃饭，可他们用来交换食物的羊毛和布料要到夏天才能备好。他们依靠来自挪威的船长供应物资，所以这些船长迫切想知道谁真正讲信誉。艾于敦尽心尽力地帮助了一位船长，船长为表示感谢，提议捎他去格陵兰（Greenland）岛。他卖掉了自己的羊，用来补贴母亲日后的家用，因为按照法律规定，他必须为母亲备足六个季节——三冬三夏——的生活补给，才能出海远行。[29]

在格陵兰岛，艾于敦遇到一个猎人，带着一只"脸颊红扑扑，特别漂亮的"北极熊。他倾囊买下了这只熊，猎人劝告他这样做很不明智，但艾于敦说他不在乎。他想把这只熊献给国王，借此扬名天下，这只熊与几个世纪后献给教皇的犀牛一样，都是奇异稀罕的礼物。

艾于敦带着北极熊乘小船在海上漂泊数日，是很疯狂，但也不是不可思议。一位主教从冰岛去大陆参加祝圣，就带了"一只来自格陵兰岛的白熊，这种动物是最珍贵的宝贝"，这头野兽最后进了皇帝的动物园。1125年，格陵兰人希望有一位自己的主教，于是他们给挪威国王送去一只熊以争取他的支持，这一招很管用。[30]事实上，北极熊还去到了更远的地方。挪威国王哈康（Håkon）与英格兰国王亨利三世（Henry Ⅲ）达成协议，赠送了猎鹰、毛皮、鲸牙、一头活麋鹿和一只活北极熊。[31]北方的怪兽似乎可以驯养，冰岛的法律规定，"如果一个人有一只驯服的白熊，那么他可以像对待狗一样对待它"，但在冰岛的浮冰上，见到北极熊的概率微乎其微。

艾于敦发现自己身无分文，处境岌岌可危，身边这只熊饥肠辘辘，就算生吞了他这个看护人也情有可原。他的南行之旅耗费了太长时间，即使从格陵兰岛出发时，这只熊还是幼崽，可它天天见长，现在一定饥饿难耐。挪威国王开价要买下这头野兽，但艾于敦回绝了，他想继续前进。他历经千难万险到了丹麦，但他眼下山穷水尽，只有一只快要饿死的熊。一位朝臣愿意给他们提供食物，条件是他要拥有这只熊一半的所有权。艾于敦别无选择，只能点头应允。

这是个故事，所以丹麦国王自然会搭救艾于敦和他的熊。丹麦国王还资助艾于敦去了一趟罗马，就连挪威国王也承认，艾于敦当初拒绝把熊卖给他没准是正确的决定。挪威国王像丹麦国王一样，愿意给他船只、食物和时间，但不愿给他白银。艾于敦坚持带着熊到达丹麦，赚了一大笔钱，想做什么都可以。他不再是一个人徘徊在远北的深渊边缘，生活在对怪物的恐惧中，相反，他可以靠怪物去赚钱。

这个民间故事讲述了一个人和一只熊的传奇经历，但也表现了金钱、旅行、贸易和野心，标志着现代世界依稀可辨、还未发展成熟的历史时刻。当然，这只是我们对故事的解读。

这就是这段真实隐秘的历史如此重要的原因。这涉及各族人民对于他们是谁、他们如何思考、他们来自哪里以及他们为什么统治的认识，即他们怎么看待自己的问题。

欧内斯特·勒南（Ernest Renan）写道，"遗忘，甚至是历史性的有意误记，是形塑民族的一个关键因素"①，他表示历史对民族主义来说是危险因素。埃里克·霍布斯鲍姆（Eric Hobsbawm）还补充道："我认为现代历史学家的主要职责就是研究这种危险因素"。[32]

20　　民族历史的叙事总是有办法变得极其不完整。爱尔兰人从古至今都迷信圣徒和学者之岛的概念，这个概念并无不当，只可惜它忽略了掠袭者、奴隶贩子和商人。一些荷兰人对中世纪的东西都心存戒备，他们认为这都是天主教的产物，因此是错误的，有违他们的爱国之心，但16世纪新教之前的历史一片空白，要想还原很困难，也可能很愚蠢。1885年，阿姆斯特丹国立博物馆（Rijksmuseum）以仿中世纪的辉煌首次开放时，全是哥特式的尖顶和塔，国王威廉三世（William Ⅲ）宣布："我永远不会踏入那座修道院。"挪威人的态度更难揣摩，因为中世纪是挪威独立而强大的时期，丹麦人和瑞典人还没开始接管并改写这个国家的故事，所以挪威人不会漏掉中世纪，而是选择略去接下来的四个世纪，"四百年的黑夜"。1814年，挪威国民议会——最高民主机构——首次召开会议时，议长反常地宣布："挪威的王座现在重新立起来了。"[33]

　　还有更糟心的。我想讲一个北海地区流传的小故事，但又怕被误解为想借此重申北方的优越性：在南方大地上，每到柠檬树开花的时节，人们一有闲暇就会坐在树下，向更优秀的人讨教，而又高又瘦、金发碧眼的人有意要统治矮小结实、皮肤

---

① 引用中国社会学学会民族社会学研究会秘书处、北京大学社会学人类学研究所主办的《民族社会学研究通讯》第113期，袁剑译的欧内斯特·勒南于1882年3月11日在法国巴黎索邦大学所作的演讲《民族是什么?》。（本书脚注如无特殊说明，均为译者注。）

黝黑的人。作为矮壮肤黑的北方人，我对此很不高兴，因为北欧萨迦作家笔下的仆役和奴隶看起来都像我这一点实在令人恼火。

有些罪恶还会用北方的传说为自己开脱，他们曲解关系的故事，以证明血腥的隔离是合理的。德意志民族主义总是念念不忘与斯堪的纳维亚攀扯关系，他们认为瓦格纳（Wagner）是改编了《尼伯龙根之歌》（*Nibelungenlied*）中的屠龙英雄故事和冰岛诸神，写出了《尼伯龙根的指环》（*Ring Cycle*），弗里茨·朗（Fritz Lang）又根据瓦格纳的歌剧，拍出了电影《尼伯龙根》（*Die Nibelungen*），目的就是制作一部完美的中世纪史诗，表现"德国在追寻过去的理想"，这部电影还受到了戈培尔（Goebbels）的赞扬，其称"这部史诗电影演绎的并不是我们的时代，却这么超前、这么现代、这么有话题性"。[34]

伟大的撒克逊诗歌《救世主》（*Heliand*）①——9世纪以北海史诗的格律复述的福音书——的重新发现激发了许多牵强附会的幻想。19世纪，奥古斯特·维尔马尔（August Vilmar）认为这首诗表现了"所有伟大而美丽的事物，德意志民族及其心灵与生命所能提供的一切"，赞颂了他认为德国人特有的品质，比如"德国人拥有可动财产的欢欣鼓舞"。他还推断，所有德意志土地对基督教的皈依证明德国是单一民族，"纯洁而坚定，诗人将其内在统一和内部团结移情……到他写的神圣故事中的人身上"。[35]《救世主》中有关撒克逊人的细节描述被解读成泛德意志神话，说明耶稣与俾斯麦站在一起。维尔马尔拍手称快，因为诗文对"懒散"的南方人（主要是犹太人）

21

---

①　该长篇史诗是9世纪上半叶，用古撒克逊语写成的。

横加指责，凸显了"日耳曼"门徒的优越性。他的思想阴魂不散。第一次世界大战期间，这部用撒克逊诗句讲述的福音书不知何故成了"关于德意志男子气概的精练故事"。[36]

20 世纪 30 年代，汉萨同盟（Hanseatic League）的历史——贸易城镇联合起来，以便有效地颠覆国家政权——不知为何也变成了德意志民族主导地位的声明。仿佛汉萨同盟偶尔一次的成功，便可抹除几百年来无所作为的事实。在 20 世纪 30 年代的法国重要期刊《年鉴》（*Annales*）上，有些论文现在看来不值一读，因为这些文章声称，在商人联盟背后有各种"强大的精神和智力力量"，从账簿上构建出形而上学。[37]这还不是最恶劣的。因为奉行罪恶的种族主义观念，党卫队（SS）变成了一群完美的、近乎神秘的北欧暴徒，他们识人不仅会甄别头部的类型和形状，还会追查过去的蛛丝马迹。绝无冷嘲热讽的意思，在战时的挪威，有海报上画着一个维京人赞许地站在一个党卫队员的身后，自由海盗和外国警察奇怪地联手对抗布尔什维克主义。[38]

22　　一不小心，历史就会成为帮凶，所以我要澄清一下。我赞颂北方对欧洲文化的贡献，并不代表我忘记了南方的辉煌。这是脉脉相通的故事。我只讲其中一部分，是为了张本继末，因为这部分经常被忽略。

德国人的民族主义显然走错了路，错的样子还特别难看。相比之下，英国人可以读一些英格兰和不列颠 19 世纪的历史文本——比如决心高唱圣歌，挥舞旗帜——并试着找出其中的荒谬之处。

这将会是个错误。这些文本仍有非同小可的影响力。

　　英格兰人有个学童都耳熟能详的故事。5世纪，盎格鲁－撒克逊人如何猛攻不列颠海岸，驱逐甚至消灭了不列颠人和凯尔特原住民，永远地改变了这个岛屿。我们变成了日耳曼人，我们开始讲英语。我们变成了异教徒世界里的基督徒。我们有资格成为一个独立的国家，这在此前的六个世纪意义重大，我们拥有每个国家都需要的关于起源的故事。

　　我们在这方面有当之无愧的权威。比德（Bede）是伟大的学者，他有权进入贾罗（Jarrow）修道院卷帙浩繁的图书馆，《英吉利教会史》（*Church History of the English People*，又作 *Historia ecclesiastica*，以下简称为《教会史》）[39]就是他的著作。这部书完成于公元731年前后，是我们可以查到的最接近他所描述的入侵时间，但也不是十分准确。比德讲过他怎样做研究，着实令人钦佩。他请坎特伯雷（Canterbury）的一位修道院院长告诉他坎特伯雷发生的事情，而这位院长则利用了长者的记忆和相关的记载。与此同时，未来的坎特伯雷大主教经教皇许可，前往罗马去翻查梵蒂冈的藏书箱，还给比德捎回了教皇格列高利（Gregory）的信件。比德说，他写到圣卡思伯特（St Cuthbert）在林迪斯法恩（Lindisfarne）岛上的生活时，与所有他能找到的可信证人通信或交谈。

　　但比德本人可信吗？他书写了对他来说意义重大的时代，也就是基督教传教和成功的时代。他说，他在写更早的时代时，会承传以前的作家，这很自然，因为他相信这些权威人士。[40]他的书不是科学论著，也不是现代意义上的史学著作。他没有深究手头的资料来源，就把它们精心编撰成了一本历史纪事年鉴。他的书自然是撒克逊人对撒克逊人胜利的记述，是一本基督教专著。一名撒克逊修士也不太可能写别的内容。

23

　　这就是麻烦开始的地方。比德说，早在撒克逊传教士到来之前，不列颠有一位名叫沃蒂根（Vortigern）的国王就邀请撒克逊雇佣兵穿越北海，前来帮助布立吞人击退敌人。他和盟友此前曾向罗马求助，但罗马人事务缠身，无暇顾及，而皮克特人和爱尔兰人仍在劫掠。比德说，公元449年，三艘长船载着大批人马抵岸，这些人本应是帮忙保家卫国的朋友，结果他们也像敌人一样打算征服不列颠。吉尔达斯（Gildas）——比德编写6世纪章节的资料来源——打了个传神的比喻，他写道："野蛮的母狮有一群幼崽冲出了巢穴，乘着三根龙骨到来。"[41]他们发现这个国家很富有，布立吞人又很怯懦，于是他们从家乡召集了更多的战士，组建了一支规模更大的海军。朱特人、撒克逊人和盎格鲁人都来了，亨吉斯特（Hengist）和霍萨（Horsa）是他们的指挥官，他们身后还跟着大批的移民，人数之多使布立吞人隐隐不安。布立吞人的感觉没错，撒克逊人即将用武器对付盟友。他们几乎蹂躏了整座岛屿——比德称之为"垂死的"岛屿。房屋倒塌，基督教教士在圣坛上被打死，没有人愿意出来收埋惨死的主教。跑上山的布立吞人成批地被屠戮。有些人饥饿难耐，不得不向敌人投降，有些人干脆逃去了国外，有些人躲进深山老林，凑合活着。布立吞人走了，英格兰是撒克逊人的了。[42]

　　这段故事有些沉重，有些不好理解。一开始，比德不仅站在撒克逊人一边，似乎还站在异教徒一边，反对基督徒。他不得不相信基督教在不列颠出了问题，布立吞人是咎由自取，因为他们罪孽深重、酗酒成性、傲慢自大，包括瘟疫都是他们的报应，他说，那场瘟疫突如其来、凶猛万分，以致万户萧疏，没有活人去埋葬死者。撒克逊人是上帝的下一个惩罚，因为

"恶人必遭报应"。尤其令他感到气愤的是，布立吞人无论是神
职人员，还是平头百姓，都抛弃了"基督的轻轭"。他还说，布
立吞人受异端邪说蛊惑，被宽慰人心的观念腐蚀，认为人根本
没有沾染原罪，可以自由选择善恶。比德简要叙述了布立吞人
在巴顿山（Mount Badon）的胜利，这与他前文描写的所有幸存
的布立吞人非死即逃的内容似乎自相矛盾，但他话锋一转，切
入主题，开始讲述撒克逊传教士的到来和他们的迅速成功。这
些是撒克逊人在向撒克逊人布道：英国会出什么乱子？毕竟，
不列颠人——似乎还在——没有外战可打时，就会陷入内乱。[43]

　　比德的文字影响深远。他给了英格兰良好的开端和基督教
信仰。他把历史改成了撒克逊人的故事。这个故事被用来解释
英格兰是如何形成的，为什么英格兰人算是一个种族群体。但
如果根本没发生过入侵呢？如果真实的故事只是讲述千丝万缕
的联系，撒克逊人多年来应邀协战，如塔西陀（Tacitus）所言，
英格兰东部讲日耳曼语的"贝尔格"族人（Belgic peoples）甚
至在公元 43 年罗马人到来之前就已经存在了呢？罗马人肯定
招募了日耳曼雇佣兵，组建了由日耳曼士兵组成的小型机动野
战部队，这些士兵临时住在平民家里，有大把的机会与之亲
近，播撒他们基因的种子。撒克逊雇佣兵确实来过不列颠，帮
助过布立吞人，但需要大量的船只，才能运来足够填满整个岛
屿的人口。撒克逊人是否也随机应变，借不列颠妇女之腹繁衍
后代了呢？最准确的估计是，当时岛上有 200 万土著居民，而
新移民最多有几十万，但更可能只有几万人。[44]

　　如果布立吞人被赶走了，为什么考古学家在研究这一时期
的人类遗骸时，并没发现什么变化呢？[45]当然，检查残存的尸
骨这项工作需要主观判断，而研究某个有钱有势之人的遗骸总

是更容易些，因为这种人负担得起一座明显的坟墓，里面装满叫得上名的财宝。但有些技术方法能提供客观证据。检查牙釉质，比对同位素，可以断定死者在哪里长大，证明他们似乎并非来自撒克逊人的领土；测量头骨，发现当地人的头骨在诺曼征服后才开始变大；DNA 检测结果更是混乱，表明人类大迁徙肯定在很久以前就发生了。

25

如果身体没变化，那语言呢？这么多讲日耳曼语的新移民涌入，或许可以解释为什么盎格鲁 - 撒克逊语成为英语的基础和根源，但英格兰似乎早就存在讲日耳曼语的民族——贝尔格族（Belgae）。罗马统治时期，不列颠就有"撒克逊海岸的伯爵"，就像海峡对岸的高卢（Gaul）一样，守着 9 个沿海堡垒，保卫着海岸线，[46] 但"撒克逊"海岸这个叫法是因为它必须防御撒克逊人，还是因为那里早就有撒克逊人了呢？《高卢史》（*Gallic Chronicles*）提到，423 年，英格兰就有一块撒克逊人的领地，这比比德说肯特（Kent）郡出现第一位撒克逊人国王的时间要早 20 年。如果你选择相信比德精心编辑的故事，那么这些问题无关痛痒，但如果你也满腹疑团，这些问题就是重要提示，足以发现历史的另一种样貌。

比德坚持认为撒克逊人在英格兰建立了基督徒的新世界，将旧世界的异教徒布立吞人扫地出门。问题是，物质遗存的记录表明，这个地方并没有被彻底改造过，更别说人了。罗马遗址被再利用，新建筑有时建在古老的浴室和教堂上方，旧建筑物有时也仍在使用，我们得知这一点，是因为在凯尔文特（Caerwent）罗马大教堂的台阶上发现了晚期的盎格鲁 - 撒克逊硬币。毕竟，罗马人留下了不少资源。石头建筑坍塌了，取而代之的是木结构建筑或空地，这可能是 6 世纪瘟疫和战争造成

的创伤及可怕的经济影响。古罗马城镇——比如多切斯特
（Dorchester）——被用来做教堂和修道院。这些下沉的建筑看
起来像是新奇的景观，到中世纪仍在使用，但它们的历史有时
可以追溯到公元 2 世纪。我们很难找到突变的证据。然而，比
德给英格兰人讲的似乎也是我们需要的故事，英格兰人越过北
海，就像以色列人穿过红海一样，获得某种自由。

我们独特的身份原来是个错误，甚至是个谎言。

请注意，欧洲各地的所有联系，包括跨越宗教、官方和
语言边界的联系，都可以用移花接木的话术来歌颂。维京人 　26
被誉为最早的欧洲人，至少一些法国学者认为，他们打烂了
人的脑袋的同时，也打破了文化壁垒，[47]这也构成了我们散漫
的新自由主义欧洲的神话基底。在这一版本的历史中，查理曼
（Charlemagne）——专制的帝王，奴隶贸易的大亨，经常野蛮
地侵略邻国——成了安定团结的关税同盟的守护神，因为至少
他试图统治南北两方。我认为他不会感到荣幸。经官方认可，
个人之间自如的思想交流、欧洲人的共同文化都变成了特定中
央机构的基础设施，这些机构的主要特征是，它们似乎根本没
有注意到异见者之间已经存在的思想交流。

这就是我们要把这个故事讲清楚的原因。这是一个新视
角，可以重新审视我们究竟是谁。

我们必须离开喧闹的海边，摆脱塞西尔·沃伯顿熟悉的度
假胜地的干扰。北海不只是千余处海滩之间的水域。北海看似
灰暗，看似微不足道，但它也有过辉煌的历史。我们可以从栋
堡海滩上的石头开始发问，谁把它们搬到那里？为什么要把它
们搬过去？他们到底在做什么？

第一章 货币的发明

公元 1 世纪，罗马军队在北海海岸演习，大概是现今比利
时和荷兰的交界处。普林尼·塞孔都斯（Plinius Secundus）[①]
是其中一名指挥官，后来，他在撰写著名的《自然史》（*Historia
naturalis*）一书时，想起了在那里看到的景象。

那里有大片的盐沼，根本看不到树木。他无法断定自己是
在陆地上，还是在海上。有些房子建在小丘上，看起来就像水
上的船，或许更像沉船，他推测房屋必须这样建造，才能躲避
每天最汹涌的潮水。身处陌生的沼泽，他貌似有些紧张，因为
他是生长在内陆的罗马人，习惯了脚踏实地。现在，他放眼望
去，到处都是流动的黏土，溪流和沟壑纵横交错，潮汐将海水
冲进冲出。他可能已经离开了帝国，因为这片海岸与大陆隔
绝，中间的潟湖和盐沼泥炭就像分隔各民族的森林一样，是比
河流更好的边界。要进入沼泽，接触生活在那里的水上民族，
你必须了解沼泽，还必须受到欢迎，因为你无处可藏。

老普林尼研究了水上民族，他认为不值得费力去征服他
们。他写道，鱼是他们仅有的财产。[1]

七个世纪后，人们的观点并没有多大改变。乌得勒支主教

[①] 史称老普林尼，罗马学者、作家，公元 23 年出生于新高卢（现今意大利
境内）一个富有家庭，与小普林尼是养父子关系。老普林尼一生著有七
部书，但只有《自然史》存留至今，且影响巨大，其他仅余片段。

（Bishop of Utrecht）拉德博多（Radbodo）对住在沼泽地里的弗里斯兰人非常刻薄，他写道，他们像鱼一样生活在水中，除了乘船，很少去别的地方。他们粗鲁、野蛮、拒人千里，是一群浑身总湿漉漉的乡巴佬。[2]然而，这两篇记述字里行间透露出，弗里斯兰人重构了所有横跨北海的交通线路和纽带，直到丹麦北端的日德兰半岛，甚至更远。随着罗马城镇的衰落，他们在北海沿岸建立的新型城镇日渐繁荣起来。他们在莱茵（Rhine）河左岸的多雷斯塔德（Dorested）建都，这里是莱茵河的分岔处，冲积形成的三角洲成了北方贸易的天然转盘。他们统治了北海，控制了所有的水路贸易，所以北海一度被称为弗里斯兰海。

弗里斯兰人还有另一项创举，帮助塑造了我们的世界，他们改造了货币。他们在贸易航行中带着硬币，用钱来买卖营商。其他地区要么现金告罄，要么靠礼赠和物物交换为生，要么只把货币用在税务和政治上，但弗里斯兰人坚持走到哪里都要用货币。这个想法可不简单，随之产生的是关于物品价值以及如何在纸上计算这种抽象价值的概念——现实世界中物品所共用的价值，比如一口锅、一堆谷物、一条鱼、一块木板，或者莱茵河游船上的一个座位，尽管它们看起来毫无共性。弗里斯兰人的价值观念影响了他们去过的所有地方。交易意味着接受价值，利用价值，甚至尝试用价值这些数学术语去看待世界。

货币会改变人们的思想。

这个故事很容易被忽视，但老普林尼在那里漏掉了这么多，实在有点意外。他看到小丘上的房屋像沉船一样东倒西歪，很可能是渔民的窝棚，可他没有看到那些坚固的房子有足足 1 米厚的草皮墙。他没有注意到沼泽地真正的事业。

　　他只字未提在大海的起点、陆地的尽头矗立着两座隔河相望的罗马神庙，供奉着尼哈勒尼亚这位掌管死亡、贸易和生育等大事的女神。在她的祭坛上，盐商感谢她保佑航行一帆风顺，经销陶土、鱼露、葡萄酒、布料和陶器等物品的商人们也感谢她护佑货物安全运抵英格兰。有时，同一个商人还会在河的两岸向她致谢。[3]在北岸的科莱恩斯普拉特（Colijnsplaat）神庙，女神只管阳间的要务，而在南岸的栋堡神庙，也就是我们发现海下有石头的地方，女神展现了她黑暗的一面。她站在帷幔旁，挡住了去往下一世的通道，她身边还蹲着一只猎犬；她守护亡灵出海，看着他们驶向西方的极乐岛。[4]实用的货物和神奇的旅程在栋堡的海滩上穿梭如织，上演了无数生与死的故事。

　　一百年后，老普林尼也没有什么可遗憾的了。栋堡被遗弃，海盗迁了进来，有些是当地人和弗里斯兰人，有些来自南部的法兰克王国。[5]罗马逐渐失势，后来，沧海横流，大约在 2 世纪末淹没了神庙。沙丘移位，航道改变，城镇也不复存在，空余一片脆弱的沙滩，只消一场风暴就能吹出新的风景线，奔腾不息的大海冲走了海岸上所有让商人们感谢女神庇佑的生意。直到故事重新开始前，栋堡将近四个世纪都没有生命或商业的迹象。

　　但在沼泽里，还有从欧洲中部沿莱茵河而来的重型驳船，这些船很坚固，是用厚橡木板打造的平底船，船长 30 米、宽 3 米，头尾都有舵桨。它们满载石板、石头、葡萄酒或盆盆罐罐，被连拉带拖地划到下游，到达沼泽后，人们再把货物搬上海船。[6]从沼泽出发，货船可以沿着海岸岛屿的背风处经海路向

29

南或向北航行，南下可以先到现今的加来（Calais），再横渡到英格兰，或者直接过海到现今约克（York）、伦敦甚至南安普敦（Southampton）的市场；北上可以先到丹麦半岛，再水陆联运进入波罗的海，到达瑞典的比尔卡（Birka）和海尔戈（Helgö）。这片沼泽控制着半个大陆的贸易。

30 　　人们不太熟悉这段历史，部分原因是书面证据太少。我们不知道"弗里斯兰人"在 7 世纪的伦敦是指"商人"，只有比德在《教会史》中提到，某个来自诺森伯兰郡的年轻贵族落入麦西亚人的手中，在市场上被卖给了"弗里斯兰人"。弗里斯兰人没法铐住这个孩子，于是同意他赎身。[7] 比德说他仔细核实了这个故事，所以我们可以假设弗里斯兰人是务实的商人，不经营麻烦的商品。我们很难证明 8 世纪的约克有弗里斯兰人的聚居地，只有阿尔特弗里德（Altfrid）在圣徒柳德格尔（Liudger）的传记中提到，当时有个弗里斯兰商人与当地公爵的小儿子打架，最后男孩死了。所有弗里斯兰人，包括柳德格尔在内，都迅速离开了，因为他们害怕男孩的家人会发怒报复。弗里斯兰人和其他侨民社区一样，都很团结。[8] 我们认为，弗里斯兰人有一种独特的船，与维京人的船很不一样，据《盎格鲁－撒克逊编年史》（*Anglo-Saxon Chronicle*）记载，896年，阿尔弗雷德（Alfred）国王下令建造又快又稳的长船，配备比以往更多的桨手，"它们既非按弗里西亚①船仿造，又非按丹麦船仿造"。②[9]

　　巴黎附近的圣德尼修道院（Abbey of Saint-Denis）有一份

---

① 即弗里斯兰（Frisian），今荷兰和德国西北部的沿海地区。
② 引用商务印书馆的汉译世界学术名著丛书之一、寿纪瑜译的《盎格鲁－撒克逊编年史》第 94 页，条目 896（897C，D）。

王室文件，保证修道院的修士有权保留他们在年度集市上销售葡萄酒的全部收入，并从客商"撒克逊人、弗里斯兰人或其他未知民族的人"那里抽取佣金。[10]所以说，弗里斯兰人在葡萄酒贸易中举足轻重。现代比利时的列日（Liège）主教很可能不得不派人去栋堡取他的德国和阿尔萨斯（Alsace）葡萄酒。

与此同时，圣徒的故事也隐藏着弗里斯兰人在莱茵河上下活动的线索。圣戈尔（St Goar）是住在莱茵河边的隐修士，他的小屋离令人生畏的洛尔莱礁石（Lorelei rocks）不远，那里的河水深达27米，水流湍急，过路的旅行者只能自求多福。一名弗里斯兰商人的船被急流冲到了下游的岩礁上，他向圣徒求助，才得以脱险。他从船上拿出了一件极好的绸衣作为谢礼，所以他肯定是运送珍奇贵重物品的中间人，因为弗里斯兰产羊毛，并不产丝绸。另一名商人的船由纤夫拉着逆流而上，船上只有他们主仆二人，商人拒绝停下来向圣戈尔祷告。他控制不住船舵，激流不断把船拖入险境，所有的纤夫都丢下了绳索，只有一个人例外。船撞到了对岸，最后一个纤夫的尸体也被找到了，他溺死在绳索的尽头。商人顿悟，或许祈祷自有道理。溺水的纤夫苏醒过来，他站起身，咳了几口血，又回去领着纤夫们继续拖船。感恩戴德的商人留下了整整1磅重的银币来答谢圣徒，这表示他携带的银币远远不止1磅，看来他的生意很不错。[11]

这些零散的线索现在可以与从地下挖出来的或被冲到海滩上的实物证据结合起来，共同讲述一个几乎湮灭在历史长河中的故事，因为失败者的故事往往无人传颂。古老的弗里斯兰人是狂热的异教徒，所以他们在停止砸碎过路的圣徒的头骨并接受基督教后，就不该再怀念他们异教徒的过去。他们成了查理曼建立的法兰克帝国的臣民，众所周知他们以自己独特的身份和过去为傲，这种骄傲驱使他们沿着莱茵河向帝国势力发起凶残的袭击，结果一败涂地，他们注定要接受帝国的历史。更糟的是，他们没有适合建纪念碑的土地。他们生活在水的世界，涨潮和沙尘暴随时都可能掩埋或摧毁他们的过去。他们是"异教民族，由于水域阻隔，分成了许多农业村庄，这些村庄有各种各样的名字，但都属于一个民族"。[12]即使在他们控制海上航线的那些年，大海也能葬送他们。834年，满月之日，海水席卷大地，引发了大范围的洪灾；838年，山河摇摆，骄阳炙烤大地，空中群龙飞舞，圣诞节前后，狂风打破了平常的潮汐规律，海水涌进内陆，摧毁了沿岸的房屋，夷平了高高的沙丘；死亡人数可能多得无法统计，尽管有异常准确的报告称2437人死亡。[13]出海要应对各种各样的难题，但有时比无所事事地待在陆地上更安全。868年2月，一颗彗星划破长空，狂风大作，洪水东冲西决，夺去了许多手足无措的生命。那一年，饥荒特别严重，人们为了活命只能同类相食。[14]

然而，弗里斯兰人在艰苦的边缘地带生活得很好。他们长久以来都是分散和独立的。

他们最早在艾尔米尔（Aelmere）湖东岸留下了足迹。艾尔米尔是封闭的淡水湖，后来被海水淹没，一度变成咸水湖须德海（Zuiderzee），如今又变回了淡水湖艾瑟尔湖（IJsselmeer）。他们像北欧其他民族一样辗转奔波，有些人是生活所迫，有些人是雄心勃勃，有些人是流离失所。他们向东到了威悉河（Weser），向西到了莱茵河、默兹河（Meuse）和斯海尔德河（Scheldt）的三角洲。因为政治边界的变动，法兰克人想给邻居取个名字，弗里斯兰的叫法才传开了。过去栋堡神庙所在的泽兰的岛屿和沼泽，现在成了弗里斯兰较近的部分。

弗里斯兰人在寻找安身之地，而莱茵河对岸以航海技术闻名的日耳曼民族也在迁移。盎格鲁人、撒克逊人、朱特人，许多人乘船去了英格兰。有些人经陆路长途跋涉到了高卢。有些人选择留在新的弗里斯兰领地，成为弗里斯兰人。在护照、证件、国家身份甚至国家历史的概念出现之前，人们认同的是你当下身在何地，而不是你出生于何处。你的身份是现在时。

弗里斯兰人和撒克逊人的语言很相似，说明他们从未与迁移到英格兰的同胞和表亲断了联系。所以，这些水上民族与陆地和海洋都有联系，南至高卢，东至萨克森（Saxony），北至日德兰半岛（Jutland），西至英格兰。

人类的另一波迁移给弗里斯兰人带来了生计。6 世纪，大批部落涌入东欧，阻断了斯堪的纳维亚和拜占庭之间的旧贸易通路，也就是贯穿现今俄罗斯的河道航线。斯堪的纳维亚人想要的商品只能通过其他途径和来源获取，于是他们想到了弗里斯兰。据我们所知，在大约公元 800 年维京时代开始前的两个世纪里，所有东西都是通过弗里斯兰商人运到斯堪的纳维亚的。[15] 他们天然就具备垄断的条件，不需要主动创建。

33

弗里斯兰人沿着海岸建了船台，这样他们就可以修造平底船，自如地在沙丘和海岸之间的浅水中移动。平底船可以被拖上任何一片沙滩，它们的船头船尾高高翘起，涌来的潮水冲到船下，船就能漂起来。水路是最轻松的贸易航线，所以海滩也顺理成章地成了市场。久而久之，市场扩建成了全年营业的定居点，又迅速发展成独立的小城镇——"蘑菇"镇。

内陆城镇或是仰仗王室的恩典，或是依靠领主的赋税，或是依附教堂或修道院的存在，这些经济体都是为了供养它们的主人。修道院是工厂、农场和作坊，生产各种各样的物品，有圣职人员的鞋，有圣骑士的鞍具、佩剑和盾牌，还有皮革、布料和黄金。修道院里有建筑工、铁匠、玻璃工，但他们的努力都是为了自给自足。他们制造的物品不是用来销售或交易的，他们收取周围城镇的货物，也是当作贡品，不是为买卖。[16]

在沿海地区，人们只能靠自己打拼。弗里斯兰人重开了自罗马覆灭以来一直休眠的贸易航路，还开辟了一些新路线。他们卖锅、卖酒、卖奴隶，无论人们想要什么，他们都能运输和销售。弗里斯兰人成了商人的代名词，他们是投身贸易、纵横四海的商人典范。北海成了真正的"弗里斯兰海"。

水上民族选择了他们的立足之地。他们曾经可以直接在盐沼表面建设家园，但是要比老普林尼路过时再早 500 年。后来，海面再次上升，海水冲进陆地，人们面临抉择，最合情理的策略就是逃跑，全世界也不乏这样的先例。水上民族原本可以像其他民族一样，迁去欧洲别的地方生活，可弗里斯兰人选择留下来，在世界的边缘坚守他们的家园。

34　　为此，他们必须自己造地。他们在沼泽上堆小丘，在小丘上搞建设，小丘成了他们永久的定居点，这就是人工高地（terpen）。他们完全拥有这些土地，这是同时代封建制度下的农民绝不可能拥有的权利。我们可以看出，他们在这里安居乐业，因为房子被反复重建，一个世纪里不止翻新过两回，但总是在同一个地点。[17]他们还必须合作，各家各户、高地之间分工协力，因为即便是后来水井取代了黏土砌成的老式蓄水池，不再需要收集雨水了，找到淡水也绝非易事。饮用水的供应取决于社区的纪律。[18]合作是弗里斯兰人的习惯，并不总是遵照法律。

因为农场要处理垃圾，所以人工高地越堆越高。每个小丘最初都是一个农场，但随着面积的扩大，小丘相互融合，形成了地势更高的村庄。人工高地顶部的空地周围是居民社区，房子的后门通向放养牛羊的盐碱牧场，前门则隔着公共空间彼此对望。

住在沼泽地的人必须会摆渡，否则寸步难行。他们饲养牲畜，因为大多数谷物在盐碱地里都种不活。他们的处境要好过内陆的农民，内陆的农民一年到头都忙着耕作、播种、照料和收割。他们养牛放羊，不必日复一日面朝黄土背朝天，总在为下一茬庄稼辛苦劳作。牛羊为他们节省了力气，给他们留下了充裕的时间。

他们的农业养殖还有其他优势。其余的欧洲人皆以谷物为食，主要吃面包、饮啤酒、喝稀粥，最多在火上煨一锅或甜或咸或肥厚多汁的菜肴来佐粥下饭。歉收意味着挨饿，即使在最好的年景，粮食产量也很低，仅够人们维持温饱。相比之下，弗里斯兰人生活富足。他们放牧，主要是牛，所以他们有奶有肉，还有鱼和野味，一年四季吃喝不愁。除了巴黎附近的塞纳河流域和科隆附近的莱茵河流域之外，老普林尼不屑一顾的沼泽曾是西欧人口最稠密的地区。[19]

当然，沼泽地并不贫瘠。那里有莎草和灯芯草，还有足够堆草垛的禾茟，在一个晴朗、宁静的礼拜日，圣安斯加（St Anskar）正在布道和传教，看到冥顽不灵的异教徒们出去割草，他们的草垛被自然燃起的火焰所吞噬，安斯加认为这是对他们大不敬行为的惩戒。[20]他们有牛皮可以制革，便利的是，沼泽上长着海薰衣草，它的根可以用来鞣革。盐沼泥炭可以做成修葺屋墙的草皮。沼泽里还有常见的大叶藻，这种海草的灰可以生产盐，用来腌制肉类，其茎长可达 1 米半，也有十几种用途，比如填塞床垫，制作椅座，铺盖屋顶，垫衬沟渠，甚至编织篱笆，用来阻挡流沙。大叶藻也是极好的褥草，可以铺在畜栏里，日后还能埋进土里，给菜园施肥，促进芜菁、蚕豆、油菜、大麦和燕麦苗壮生长。[21]

人工高地的人们生产不了他们想要的一切，甚至生产不出他们需要的一切。他们既不能酿造葡萄酒，也不能种植许多谷物，但这两样他们都想要。他们准备驾船顺流而下，到阿尔萨斯去买葡萄酒，到斯特拉斯堡（Strasbourg）去买粮食。他们还需要木材来搭建草皮房子的屋顶框架。因此，他们必须通过交易来获取必需品，他们把用动物制成的产品——羊皮纸、骨头、皮革、羊毛、用羊毛织成的布料——运出去，以购买他们无法自产的东西。他们早就懂得如何为基本产品增值，他们创立了一种弗里斯兰品牌。现代威廉港（Wilhelmshaven）附近有一家农场饲养了两个品种的绵羊，可以生产两种不同的羊毛，织造各种各样精细的布料。[22]

人工高地的生活有点儿像岛屿，居民对当地有着强烈的归属感。人工高地看似与世隔绝，但那里的居民大多是四海漂泊的水手。弗里斯兰人因旅行出名，他们的女人在后方默默守候和坚贞不渝的故事也让人津津乐道。《埃克塞特书》（*The Exeter Book*）中有一首 9 世纪的诗，将人工高地上弗里斯兰人的婚姻写成了道德榜样，报告了这种爱的仪式。诗中写道："他的船回来了，他受到了热情的欢迎，他的弗里西亚妻子对他万般疼爱。他供养她，她迎接他，清洗他被海水弄脏的衣物，给他换上干净的衣服。她在陆地上给了他憧憬的爱情中所希望的一切，那就是妻子对丈夫的忠诚。"

这位诗人很写实。他知道有些女人忠贞不贰，有些女人则喜欢新奇，趁丈夫不在，就勾搭陌生人。查理曼编纂的弗里斯兰法典表示，可以容忍人们为了销毁不检点的证据而残忍杀婴的行为。[23]但诗人也记得水手，"他在海上漂泊日久，总是惦念家中的爱人，他不能着急，只能耐心等待旅程结束。只要好运再次来临，他就能回家了——除非他身染恶疾，或者大海阻止他返航，再或者海洋夺去了他的生命"。[24]

大海能杀人，但大海也是交流的捷径：可以增进联系，而不是加深隔阂。虽然罗马的道路网络保留了下来，但长年累月负荷沉重，这些道路都坑坑洼洼，布满了车辙。罗马的驿站系统还在营运，人们在长途旅行中能歇脚换马，但与海运或水路相比，还是很烦琐，而且陆路速度较慢，往往不如水路安全。海上确实有海盗出没，但从罗马时代到 17 世纪，之所以有海盗一直在北海活动，是因为他们知道平民甘冒遭遇抢劫的风险，也不愿舍弃舒适的海上交通。海上还有风暴，但有祈祷者和圣徒可以平息风暴，圣徒们的传记讲述了许多海上奇迹的故事，这些故事往往证明了人们对恶劣天气的普遍恐惧。信徒依附教会，如同水手坚守船只，而船也成了信仰的象征。

圣徒也明白，没有哪次航行可保万无一失。威利布罗德是传教士，也是乌得勒支的第一任主教，他让 30 个皈依的男孩从丹麦坐船前往弗里斯兰。出发在即，他坚持要给他们所有人施洗，因为"长途航行千难万险，还可能遭到当地土著人凶猛的攻击"，即便做了这么多预防工作，他们还是有可能溺水身亡，永受地狱之苦。[25]长官格里波（Grippo）刚结束出使英格兰的外交任务，在返程途中，他遇到了猛烈的风暴，意识到最好是让船随波逐流，直至风平浪静。他忍受了一夜狂风巨浪的洗礼，甲板积水很深，他不得不苦等太阳升起，才能望到前方的老式灯塔——可能是查理大帝在布洛涅重建的罗马塔——才敢将几个小时前降下的船帆再升起来。[26]

　　这一切惊心动魄，分不清是现实，还是恐惧。一方面，淡水被认为是神圣而美好的恩赐，可以延续生命、提振精神，而咸水则是应受的惩罚，是船可能坠落的悬崖，海洋是利维坦等可怕的生物栖息的深渊，据《约伯记》所述，"它在骄傲的水族上作王"，在地上没有像它"造的那样无所惧怕"，它使"深渊开滚如锅"，它长着可怕的利齿，呼出的气息能点燃煤炭，经行的水面上会留下一道磷光。[27]另一方面，人类可以猎食较小的可怕生物。基尔代尔（Kildare）的圣布里奇特（St Bridget）用新鲜的海豹肉款待客人，圣卡思伯特对鸭子下不了手，有时就会吃搁浅海豚的肉，圣科伦巴（St Columba）预言艾奥纳（Iona）岛附近会出现一头巨大的鲸鱼，他说上帝会保护同门修士免受其利齿的伤害，可他没想过要拯救鲸鱼。[28]

　　有些诗篇生动地描写了基督徒对于弗里斯兰领地的印象，陆地是天堂，海洋是地狱，海上遍布野兽，要经受重重考验，还有罪恶的诱惑；海岸线是陆地与海洋之间的战场，善良的人们则在内陆过着勤劳而高尚的生活。[29]"大海是主人放开船舱，放开对上帝的依赖之处；他们明白自己身处险境。"毕竟，大海是异教英雄的归宿，陌生和邪恶的事物比比皆是。但大海也是弗里斯兰人的工作场所，他们认为没有理由急着归附基督教。他们习惯了同舟共济，因此固守旧的观点，认为航行隐含着各种美德——忠诚、信任和能力。

　　弗里斯兰人像罗马人一样使用船锚，他们用沉重的锁链把锚拉起来，再在浅水或沙滩上放下去。有时升了锚，平底船还陷在沙子里一动不动，他们就用有 V 形金属头的鱼叉把船撑出去。[30]船的主要动力是人力，桨手们坐在海箱上，听从船长指挥，不过有帆为桨手助力，因为没有人能逆风前进，所以每次航行都必须等待合适的风把船向前吹。威利鲍尔德（Willibald）在圣徒传中写道，716 年，卜尼法斯从英格兰起航，肩负使命去招抚弗里斯兰人，他爬上一艘快船的船舷，水手们忙得团团转，他们都在等待顺风吹起来，便可扬起大帆。[31]威利鲍尔德提到这张帆时，用的是拉丁语"carbasa"，这个词通常是指亚麻布，但我们知道大多数帆都是用羊毛编织而成的。威利鲍尔德在写一艘普通的船载着卜尼法斯的遗体渡过艾尔米尔湖时，"鼓胀的帆"用的是"vela"这个更常见的单词。[32]难道快船需要不同类型的帆吗？

　　海洋不是陆地那样的壁垒，所以海的世界有不同的形状。我们会觉得很难辨认。

　　假设你从栋堡渡海到英格兰东海岸 7 世纪才开放的伊普斯威奇（Ipswich）贸易港，那么你的货物可能是莱茵兰（Rhineland）的锅，或者玻璃，或者用来碾磨谷粒的熔岩磨石。[33]站在奥韦尔（Orwell）河畔，极目远眺，如果你只考虑到达目的地所需的时间，那么挪威的卑尔根比英格兰的约克要近，即使你的船到卑尔根依赖的是桨手的体力，但从现代地图上看，约克的公路距离只有 340 公里，而卑尔根的海路距离是 510 公里。日德兰海岸比英格兰中部城市伍斯特（Worcester）更近，联系也更紧密。你可以走海路到位于现代法国和比利时交界处的昆托维克（Quentovic）港，用时只需陆路到达伦敦的一半，如果你有更快的船，顺风顺水，到日德兰半岛会比到伦敦还早。陆路旅行没有海上旅行的优势，比如夏季盛行的风，几乎可以把诺斯人从加来吹回家乡。尽管人们习惯贴近海岸航行，夜晚睡在陆地上，但其实船在开阔的海域行驶，远离英格兰海岸的浅滩和洋流才更安全。[34]

39　　斯堪的纳维亚人迁到约克，弗里斯兰人迁到伊普斯威奇，撒克逊人迁到伦敦，这些事稀松平常，几乎没有记录。你不需要从港口登陆，因为平底船可以在任何一片沙滩靠岸，所以像昆托维克这样的大型海关港口都藏进了河口，或者像多雷斯塔德一样，盘踞在莱茵河口上游。另外，出海并不一定要建造巨轮，招募大量船员，虽说船上人越多，击退掠袭者的可能性就越大，这个主意听上去不错，但沿海航行没有分担的必要，因为成本和风险并没那么高，一个人就能行。

可以说，海上即将出现翻天覆地的变化。

纵观 7 世纪甚至 8 世纪，大部分远洋贸易都像是礼尚往来，国王、首领或皇帝为了巩固联盟、结交朋友、保持臣民忠诚，通过海上航线到处运输奢侈品。商人更像是护送，而不是经销，他们运输贿赂和奖赏，安排搬运，方便其他人把它们送出去。弗里斯兰人则不同。他们有自己的喜好，他们运送货物是为了满足自己。从 6 世纪起，他们就从南方的法兰克王国购买陶罐自用，只因为他们喜欢这些容器。[35]他们还从英格兰和斯堪的纳维亚购买珠宝，从挪威购买用鲸骨制作的编织板条。他们甚至会保存纪念品，在他们收藏的硬币中，有来自红海的漂亮的玛瑙贝。[36]

他们的生意需要货币，不是预备带进坟墓的金银财宝，而是实实在在的钱、用于交易的硬币。在高卢，铸造硬币唯一的优点是方便运输黄金。在英格兰，罗马人离开 200 年后，硬币才再次被当作货币使用。莱茵河以东直到雷根斯堡（Regensburg）才有造币厂，而且铸造的硬币寥寥无几。[37]正是弗里斯兰人重新发明了货币，并将他们的思想传授给了查理曼治下的法兰克人。

黄金一直与权力、礼节、收买和纳税有关，所以黄金是政治硬通货。罗马人也是以这种方式使用黄金的，大地主向国家上缴黄金，国家再将一些补贴（照例）返还给最不缺钱的人，也就是大地主。6 世纪，黄金仍源源不断地流入国库——这些国库属于法兰克国王，不再属于罗马皇帝——但几乎只进不出，所以黄金是不流通的财富，只适合保存、清点、埋藏，还有盗窃。[38]黄金通常是礼物，但赠送并不一定出于本心，这表明了你的地位和立场，认为谁是盟友，谁是主人。你不一定事事都会得到回报。你不能因为赠予教堂黄金，就指望得到相应量的救赎。你肯定也不会用金子换一车粮食、一船琥珀或一群奴隶。回报是极其抽象的，人人都有自己的盘算。在中世纪早期的史诗中，黄金最常见的形态甚至不是硬币，而是小小的金戒指，诗人用它来衡量流通中的礼物，无论礼物多么贵重，最终体现的都是收礼人和送礼人的身价和地位。[39]

罗马帝国崩解后，衰落的城市不再是生活的中心，突然之间，人们需要一种比黄金体积更小、价值更低、使用范围更广的交易货币。不仅是国际贸易在航行中途经各地，需要一种通用的价值标志物；农民把他们的货物拉到当地市场，也需要用某种硬币买卖。[40]他们不能只是换回更多与自家农货同类的谷物、卷心菜或豆子，哪怕是街坊邻居在卖的东西。他们需要一

40

种媒介来买布买锅，买其他地方或其他人生产的物品，不管怎样，卖布卖锅的商人需要的豆子、卷心菜或谷物也是有限的。

白银发挥了作用，通常会在当地被铸造成又小又厚的银币。弗里斯兰人铸造的银币一面是古神沃登（Wotan），他头发刺立，胡须下垂，眼睛瞪得像护目镜；另一面是蛇形怪物，长着爪足，尾巴高翘。英格兰的盎格鲁-撒克逊人效仿弗里斯兰人，在银币上刻了形似箭猪的动物，有时也会刻国王的头像。[41]

41   这种德尼厄尔（denier）银币①在幅员辽阔的法兰克领地很稀有，直到8世纪30年代，法兰克人占领了弗里斯兰，霸占了当地的造币厂。自此以后，造币厂就成了法兰克人前往弗里斯兰的路途中最常见的风景，从大约公元700年起，这条贸易路线上就经常能找到散落的德尼厄尔银币。最常发现银币的地方是弗里斯兰，但德尼厄尔银币和一水之隔的盎格鲁-撒克逊人的硬币不太容易区分。埋在地下的记录表明，弗里斯兰即使不是这种实用货币的发源地，也是流通中心。[42]但钱多的不是内陆地区的乡村，而是贸易港口。栋堡的沙滩上出土了近千枚早期的希特斯（sceat）便士，[43]这些硬币从栋堡随商人们行走四方，不仅传到了弗里西亚人的英格兰表亲和贸易伙伴手中，还沿莱茵河一路向南传到了马赛（Marseilles）和地中海。在阿基坦（Aquitaine），弗里西亚硬币比品质低劣的法国钱币更受欢迎。

白银必定来自别处，因为弗里斯兰没有矿。为了能够铸造硬币，弗里斯兰人首先要赚钱，他们向法兰克人出售奴隶、毛皮、鱼和五颜六色的布料。白色、灰色、红色、蓝色的布价格昂贵，在东方很受欢迎——因此查理曼在给巴格达的哈里发选

---

①   由查理曼发行的银币。

礼物时，不仅想到要送几只凶猛敏捷的猎犬，用来追捕狮子和老虎，还想到要送一些弗里西亚布。[44]弗里西亚的斗篷主要面向大众市场，虔诚者路易（Louis the Pious）在复活节时会给低阶的朝臣分发斗篷，贵族则会受赠腰带和丝绸，马夫、厨师和杂役会得到亚麻布、羊毛和刀具。[45]

弗里斯兰人因汲汲逐利而臭名昭著，他们善于迎合潮流赚钱。在高卢，当短外衣风行时，弗里斯兰人还按老式长款的价格出售，皇帝不得不出手干预。[46]在莱茵河流域和波罗的海沿岸，他们兜售小巧的"天堂钥匙"，这种钥匙是青铜材质，钥匙上有一个圆形手柄，还有金属刻的基督教护身符——十字架。弗里斯兰人可能勇敢地抵制改宗，但他们却挖空心思地想从中牟利。[47]他们用筹集到的现金购买法兰克人的谷物、葡萄酒、金属、陶器和玻璃，其余的白银不管什么形状，都可以被他们加工成硬币。贸易不仅让硬币派上了用场，如果没有贸易，弗里斯兰人一开始就不会有金属来铸造硬币。

同样的道理，法兰克人也必须从其他地方获得白银，他们在中东、拜占庭等地找到了资源。8世纪初，就连皮卡第（Picardy）科尔比（Corbie）修道院的修士也希望从法兰克皇家仓库中得到来自异域东方的商品，包括胡椒、孜然、丁香、肉桂、椰枣、无花果、稻米和莎草纸。北欧人喜欢东方的药物，尤其是樟脑，可以治疗当地医学束手无策的疾病。法兰克人必须通过交易来换取这种奢侈品。但除了劳动力，他们没有什么中东需要的商品，所以他们只能卖奴隶，再从东方哈里发国家换回迪拉姆（dirham）银币。北海各地都发现过阿勒颇（Aleppo）的硬币。

很长时间，白银都并非来自矿藏，而是由人们流通和转手

42

得到。直到 10 世纪 60 年代，萨克森才发现了银矿，当地的德意志人暴富，有了足够的银钱从斯堪的纳维亚购买毛皮，再卖到英格兰赚差价。[48]当时，银币已从方便携带的贵金属变成了自身实力的象征。硬币成了可随身携带的价值标志物，得到了所有人的认可。硬币不需要像牲口一样庇护和喂养，也不需要像田地一样耕耘和收割，最重要的是，硬币不会死，硬币的价值永存。乱世凶年，人们可以把硬币埋起来，待日后再挖出来用。法兰克人的法律传达了等价交换的价值观念，说明了黄金和物品如何折算成白银。例如，杀人犯有义务向被害人的继承人和亲属支付抚恤金，而抚恤金（即偿命金）的数额是固定的。起初，抚恤金是以苏勒德斯（*solidi*）① 金币计价，也可以用等值的物品或易腐品兑付：一头奶牛值 3 苏勒德斯，一匹马值 12 苏勒德斯，一把剑和剑鞘值 7 苏勒德斯。自从银币投入使用，汇率就变成了硬币之间的换算，不再与实物挂钩，比如12 枚德尼厄尔银币可兑换 1 苏勒德斯。[49]货币价值成了公认的理论，深植于现实世界。生命本身也被明码标价，约等于1664 枚纯银硬币。要理解这样的等式，你必须养成用银币付账的习惯。[50]

43

这个想法有多么激进，怎么说都不为过。货币把千差万别的东西变成了等价物，比如一船木材等于一船盐，至少是价值相当。你可以运用这个抽象概念，把货物的价值记在羊皮纸或木筹上，通过加减乘除，进行计算和估价。买卖双方必须对金

---

① 苏勒德斯（单数 solidus，复数 solidi），罗马帝国使用的足值金币，一直用到拜占庭帝国覆灭。最初由罗马帝国皇帝戴克里先下令铸造，1 苏勒德斯重量是 1/60 罗马磅黄金，后来拜占庭帝国发行的略轻，1 苏勒德斯重量是 1/72 罗马磅黄金。

钱有相同的理解，认同货币是超越有价物本身的价值量度的概念。后来，商人们在查理曼统治时期确认了这一点，虽然硬币被剪边，还掺假，但价值不变。

我们必须要有一种方法来说明一件东西如何等于另一件东西，然后进行运算，所以买鱼或买玻璃杯用的是同样的方程。新的思维方式就这样形成了。

现在出海的人都是职业商人和职业水手，而不是偶尔撑船出门揽活的农民。他们是值得特别关注的一类人。查理曼在给麦西亚国王奥法（Offa of Mercia）的信中说，他赞成真正的朝圣者背着旅途所需的一切东西，但"我们发现有些人为了商业目的，瞒天过海混进朝圣者队伍，是追逐利润，而不是为宗教服务"。[51]

商人们在莱茵河口上游约 200 公里处的多雷斯塔德建立了内陆总部，这里是莱茵河的分水岭。起初，他们有一片天然的河滩，非常适合停船上岸，但河道蜿蜒，经年累月，水陆之间便形成了湿滑的浅滩，因此他们修建了入河的堤道，每户都有一个突堤，随着河床向东蚀退，突堤越修越长。堤道上加铺了木板，货物可以在上面装卸。这些商品种类繁多，有上等的玻璃、昂贵的武器、买家指定样式的盆罐，均来自不同的产地，并非粗制滥造的本地货。就连他们井边的木桶都是从莱茵河上游的美因茨（Mainz）进口的。这些房子很长，形似小船，向陆的一头较宽，临水的一头较窄，房子与水面垂直，每户都自称有通向莱茵河的专用通道。[52]

多雷斯塔德是生财宝地，拥有帝国第二活跃的造币厂，仅次于查理曼宫廷御用的造币厂。[53]在查理曼时代，这座城镇商贸繁荣，是帝国的主要海关口岸之一。最有可能的是，货物经

44

过多雷斯塔德的港口，从海船转移到内河船上，这样更容易核查货物的价值，收取皇帝的份额。这座城镇也是旅行者的中转站，可以为他们从莱茵河上游到大海的长途旅行预订服务，安排交通，提供临时的落脚地。但并非所有的旅行者都能如愿受到欢迎。约克的学者阿尔昆在一首诗中劝告朋友们，赶快扬帆远去，离开多雷斯塔德，因为商人赫罗特贝克特也许不会向他们敞开家门，只因"这个贪婪的商人不喜欢你的诗"。很明显，阿尔昆希望商人们能尽本分，为尊贵的异乡人提供高床软枕，而"讨厌的赫罗特贝克特"（niger Hrotberct）让他失望了。[54]这位商人因此千古留名，他的法兰克名字是我们唯一查到的多雷斯塔德商人的名字。

再仔细观察，这个港口就更古怪了，只有人工高地的人才想象得到这样的港口。莱茵河畔千门万户，但每家都自成一座孤岛，木栅栏标明了各家的边界，建筑外部还有环绕的走廊，可以看到邻居的动静，完全是人工高地的风格，休戚与共又相互独立。每家有两口水井，一口供人用，一口供动物用。城镇的北部有很多农场，通过木板路相连，它们养殖的动物多到镇上的人都吃不完。每家商户都是小规模的作坊，或鞣制皮革，或雕琢琥珀，或做基本的锻造，或制作绳索和篮子，也许还织布。仓库存货不少，生产的物品超出了城镇的需求。[55]多雷斯塔德是港口，也是集镇，人们保持着人工高地的习惯，饲养动物，能生产什么就生产什么，拿自家的产品去交易，尽力把生意做好。

这些都需要组织。弗里斯兰人喜欢结队航行，这意味着他们必须计划和安排航程，并分享信息。我们之所以知道这一点，是因为教士拉根伯特（Ragenbert）被派去北方，前往现今的瑞典，他先到石勒苏益格（Schleswig），"那里有船和商人要与他同行"（只是不走运，他遭遇强盗袭击，没能活下来）。[56]后来，他们成立了公会，是宣誓才能加入的兄弟会，但也许他们一直都有协会，能让成员互相通气，组织船队，捍卫他们利益。11世纪，在波罗的海的锡格蒂纳（Sigtuna），弗里斯兰公会还竖立了石碑，以纪念那些名字明显不是弗里斯兰人的成员，好像在11世纪以前，"弗里西亚人"仅指商人，而"公会"基本与商会同义。[57]

弗里斯兰人还定居在日德兰半岛，他们要么住在港口海塔布（Haithabu），要么住在石勒苏益格，那里有许多基督徒"在多雷斯塔德受洗"，[58]再不然就住在汉堡（Hamburg），弗里斯兰人进进出出的地方。886年，莱茵河上游的城市沃尔姆斯（Worms）被大火烧毁，据富尔达（Fulda）的编年史家记载，"弗里斯兰商人的居住区"城里最繁华的地段熊熊燃烧。[59]他们还拥有莱茵河上科隆（Cologne）和美因茨（Mayence）城中最好的街区。他们长年客居异乡，大多葬身海外，但待时机合宜，总会将尸骨带回故里，约克郡（Yorkshire）的葬礼看起来就非常像弗里斯兰人治丧。他们还在亨伯河周边和诺森伯兰（Northumberland）郡留下了遗迹，撇开殉道不谈，这或许有助于解释为什么诺森布里亚的传教士这么容易就打动了弗里斯兰的兄弟。

他们甚至还生活在贸易世界的外围。在挪威南部奥斯陆（Oslo）峡湾口的凯于庞（Kaupang），有一座弗里斯兰人的房子，那片水域避风，是从北海穿过卡特加特海峡（Kattegat）到波罗的海的必经之地，也是两海贸易的交会之地。在那里发现的玻璃口杯很像是法兰克人和弗里斯兰人会用的杯具，也就是说符合南方的饮酒习惯；还有双头衣钩，当地的衣服完全用

46

不上，但弗里斯兰女人都需要；还有铜胸针，很漂亮，但没什么交易价值，也不值得偷，所以它们只是当地人在用的小物件；还有织机的砝码，这或许证明织布是小规模的室内活动。人们在岸上度过了一生，无论男女，都喜欢社交，喜欢饮酒，喜欢亲切的家乡风格。这所房子很特别，因为它有两条可供躺卧的侧廊，占用的空间比周边的房子要大得多，想是工作人员搬运货物进进出出，需要找个地方待在一起，所以他们肯定是外国人。

这所房子并没有使用很久。从 800 年到 840 年前后，凯于庞从季节性的基地变成了常年有人住的定居点。那些年，弗里斯兰人牢牢控制着北海南部的贸易，盛极一时，但贸易摩擦也频繁出现。这所房子经营的是基本商品，即原材料，与从前为了国王和大人物的利益而运输的那些精致花哨的小零碎完全不同。弗里斯兰人经销的铜合金锭，买家很可能是凯于庞的工匠，他们还留下了一大堆碎铁片，说明他们可能在出口铁。从凯于庞出发，有多条水陆相继的山谷路线，通到辽阔的哈当厄（Hardangervidda）高原。这片荒原没有绿树，但出产的矿石品质非凡，用这种矿石冶炼的铁脆性小，能精炼更优质的钢，锻造更锋利的斧头，都是值得远销的商品。他们还带来了琥珀，弗里斯兰海岸上经常有琥珀被冲上来，他们切割和雕琢琥珀，很少会留下废料。他们将碎银（hacksilver），也就是切碎的银器带到了凯于庞，当作货币使用。当然，他们把货币这个伟大的概念也带到了北方。[60] 不过碎银的数量表明，日常交易还是很少用到硬币。

47　　　千万别以为贸易就表示和平，弗里斯兰人可是睚眦必报。

南方的法兰克人对他们的领地、航线和生意觊觎已久，于是动用武力夺走了。拉德博德（Radbod）是法兰克人接管前弗里斯兰最后一位自治的国王，他沿着莱茵河航行到科隆，复仇心切，一路上大肆破坏，途经之地皆满目疮痍。[61] 几年后，一位编年史家形容弗里斯兰人是"海上硬汉"（gens dirissima maritima），凶神恶煞，可怕至极。[62]

公元 837 年，维京人来袭，将栋堡的法兰克士兵统统杀死。[63] 他们还掳走了许多妇女，掠夺了无数的钱财，他们溯莱茵河而上，向多雷斯塔德进军，他们许多人为这场胜利牺牲了性命。[64] 法兰克人抢断了弗里斯兰人的生意，弗里斯兰人也善于反戈一击。后来，丹麦人统治了弗里斯兰，弗里斯兰人一有机会，就和维京人一起出海掠袭，尽管维京人也在接手他们的基地、港口和生意。他们适应了新环境，但他们的统治地位也结束了，只因他们把自己的方法毫无保留地传授了出去。

弗里斯兰人最后只能在法律的边缘做他们的生意。在乌得勒支和阿纳姆（Arnhem）之间的蒂尔（Tiel），商人们抱怨弗里斯兰人冷酷无情，不尊重法律，说他们与丛林大盗联手，致使蒂尔与英格兰的商路不再安全。修士阿尔珀特（Alpert）注意到，除了早上喝醉、对通奸不闻不问（只要妻子保持沉默）以及满嘴脏话之外，弗里斯兰人异常团结。他还注意到，他们发誓要彼此支持，就算撒谎也要义气相挺。他们风雨同舟，不仅凑钱买酒，开怀畅饮，还集资经商，分享利润。他们坚持人工高地的原则，哪怕帝国军队最终将他们赶出了丛林和贸易区，并在现代鹿特丹附近的壕沟和护城河中与他们正面交锋。1018 年 7 月 29 日，这是弗里斯兰人最后一次伟大的胜利。[65]

但是，弗里斯兰海已经有了新主人。

第二章　图书贸易

48　　　除了修道院院长切奥尔弗里思（Ceolfrith）和一个聪明的男孩，没有人还活着，没有人会诵读、布道或唱诵圣歌。这个男孩是本地人，出身名门，大约 16 岁，名字很少见。他叫比德，尚未被冠以"圣徒"或"尊崇者"的名衔。

　　686 年，太阳躲到月亮背后，天色越变越暗。日食一结束，海边就暴发了瘟疫。疫病传到了大不列颠岛诺森布里亚（Northumbria）的贾罗（Jarrow）和威尔茅斯（Wearmouth）等修道院，席卷了沿海所有的小港口。疫情发展很快，许多人一病不起。老院长埃奥斯特温（Eosterwine）病得奄奄一息，他把修士都召唤到榻前。比德回忆道："出于他的第二天性，他满心慈悲地给了他们每人一个平安吻。"[1]那时，没有人担心接触病人会染上疾病，大家普遍认为，疫病是由一种不明原因的瘴气、一种迷雾引起的，所以老院长的仁慈险些害死了他们所有人。

　　修士们死后，石砌的教堂悄然无声，就像墙壁上的画被剥落或图书馆的书被搬空一样凄凉。修道院失去了往日的荣光。音乐还没有写下来，只能用心记忆，口耳相传。如果没人唱下去，音乐就会失传。这家修道院的修士都是由罗马圣彼得大教堂（St Peter's）的首席领唱"亲自"调教的，[2]所以素歌是他们的一大财富。他们是不列颠最早唱格列高利圣咏的人。但现在，唱诗班空了，熟悉的轮唱——彼此交替唱诵圣歌的声音——消失了。

切奥尔弗里思伤心欲绝，终日以泪洗面，他沉默了一个星期。他需要把熟悉的仪式再操办起来。他开始独自吟唱，跟着男孩比德加入进来，两个人代替了十几个人，唱出了这些旋律。单薄的声音在小小的石头圣坛上久久回荡，他们做了必须做的事情，他们让音乐有了传承。[3]

瘟疫来得快，去得也快，比德有生之年又看到修道院兴盛起来。新一代的见习修士渐次入院。王国出现了新的政治危机，尤其是暴君奥斯雷德（Osred）胡作非为，使修道院成了最受欢迎的避难所。716年，切奥尔弗里思决定去罗马，他抛下了"修道院里大约 600 名弟兄"。[4]

这就是比德熟知的世界。他 7 岁被带到修道院，献身于教会，他的父母可能身份显赫，而且肯定住在附近。除了到另一家修道院学习，比德几乎没离开过自己的修道院。[5]他从不去朝圣，也没走过从英格兰东北部的家乡到爱尔兰的固定路线，他不像其他人那样外出学习、传教或逃避现实。他原本可以走陆路，沿途落宿教堂旅舍，照例在每处住上三天三夜；他原本可以在苏格兰西海岸的艾奥纳岛上见到在修道院工作的职业水手；他原本可以沿着前辈和同人的足迹，先到福斯湾（Firth of Forth），后去克莱德湾（Firth of Clyde），再到对岸的德里（Derry）。即使林迪斯法恩和艾奥纳的基督教社区之间的关系不如从前紧密，这些仍是常规路线。[6]比德几乎足不出户，一直生活在他封闭的新家庭里。修道院所有崇高的情感都能引起他的共鸣。

在切奥尔弗里思之前，贾罗和威尔茅斯两家修道院各有一

49

位院长，分别是贝内迪克特·比斯科普（Benedict Biscop）和西弗里思（Sigfrith）。这两人同时病入膏肓，比德还记得，西弗里思是如何被人用小床抬着去看他的朋友贝内迪克特，又是如何被放下，才能让他们并排躺在同一个枕头上。他们两张脸靠得很近，但都没有力气去亲吻对方，修士们不得不俯下身，帮他们把头转向彼此。比德写道："那一幕让人潸然泪下。"后来，贝内迪克特决定将两家修道院交给一个人管理，这个人就是切奥尔弗里思，比德讲述了这两个人的美德如何让他们心意相通，"比任何家庭关系都更亲密"。[7]切奥尔弗里思是比德生命中最重要的人，这位父亲从不赶他出去，所以当切奥尔弗里思决定再去罗马时——这一次有去无回——比德经历了他一生中唯一承认的一次危机。在一篇圣经评注的序言中，他说自己失魂落魄，感觉"心如刀绞"。[8]

比德常年待在修道院里，他了解外面世界的唯一途径就是读书、学习和发问，他只能用书来构建他的整个世界。比德常去的图书馆有大约 200 份手稿，都是由那些认为阅读书籍与欣赏图画、文物、音乐同样重要的人苦心搜集来的。修道院创始人贝内迪克特·比斯科普的第三次罗马之行带回了"大量有关神圣知识各分支的书籍"，其中"有些是以优惠价格买的，有些是祝祷者的礼物"。[9]图书贸易非常繁荣，情况也很复杂。比德可以在贾罗修道院读到《使徒行传》（Acts of the Apostles）的希腊文和拉丁文古抄本，这些抄本一直在撒丁岛（Sardinia）流传到 7 世纪，后来在德意志地区失传了。[10]比斯科普第四次去罗马，带回了"各种精神宝藏"，但"首先他带回了一大堆各式各样的书籍"。其他的东西——圣徒的遗物、圣像、罗马风格的音乐，甚至保证修道院永远不受外来干涉的承诺——在比德列出的清单上都排在后面。比德说，他的良师益友，也就是第三任院长切奥尔弗里思将"两家修道院图书馆的藏书数量翻了一番，他的热情与贝内迪克特创建修道院时不相上下"。[11]

这些书就是比德的心血。他说，从 30 岁成为教士"直到59 岁"，他都在潜心研究《圣经》，搜罗并给教父们的著作做评注，一边摘录，一边添加自己的解释，他还校正了一本从希腊语翻译过来的蹩脚的译本。[12]他奉主教之命，整理书籍并做好摘要，因为这些书数量很多，篇幅又长，只有富贵之家才能拥有，而且这些书内容深奥，只有饱学之士才能理解。[13]他要汇集贾罗和威尔茅斯图书馆的丰富资源，将所有时代和来源的手稿都抄录出来，分发给那些没有像样的图书馆的修道院。[14]书籍不是用来收藏的精美物品，珍贵却只能束之高阁；书籍是传播思想和信息的实际载体，要送出去，与人分享。

51

比德了解制作书籍的整个过程，从构思到口述内容、再到书记员记录并整理成文。中世纪，书记员做记录会用到罗马速记法"蒂罗符号"（Tironian notes），点、弓形、泪滴形、曲线、波浪线和直线以五种不同的方式倾斜，组合起来写在纸面不同的位置，可以表示不同的含义。代码是读写能力的重要组成部分，是课堂上讲授的基本知识。[15]比德还知道抄写员如何工作，如何做出不错的甚至精美的手抄本。他制作了一本色彩鲜艳、装饰华丽的圣经《阿米提奴抄本》（Codex Amiatinus），后来被献给了教皇。[16]

他在修道院内狭小的缮写室（scriptorium）里工作。每个人的笔迹都要一模一样，整齐划一，不带个人特色。贾罗修道院抄写用的是安色尔体（uncial script），这种圆润的字体很像

学童时代的字迹，但每个字母都要大写。选用合适的字体有其
深意，因为安色尔体源自罗马，而贾罗是倚仗罗马的修道院。
艾奥纳岛上的爱尔兰修士用的是小岛体（island script），他们
可以蓄发，而贾罗的修士们入院就要剃头，并且只能用罗马字
体书写，因为怕与异端扯上关系。罗马教会和北方的凯尔特教
会仍在争论如何确定复活节日期等问题，所以选用字体也是选
择立场。抄写员有时可以在书页的装饰上发挥和创作，为他们
制作的书籍增光添彩，但抄写员要获得艺术家的声誉，还得再
等几个世纪。抄写不能署名，这是修道戒律。[17]

52　　　抄写员要手握鹅毛笔，蘸着用橡树瘿和铁盐制成的黑墨水
写字。他们在羊皮纸上书写，这种纸是用绵羊皮或小牛皮制成
的，经过剃毛、抛光和切割，直到它具有类似麂皮的质地，颜
色是介于白色与黄色之间的象牙色。如果他们需要描边涂色，
金色用金箔，银色用银箔。图案和图像中的黑色通常是碳，白
色是白垩粉或贝壳粉，蓝色早先是菘蓝，后来用的是更昂贵但
更易得的青金石，紫色来自地衣，黄色取自砷盐，橙色和红色
来自烤化的铅，而绿色则是抄写员把铜浸泡在醋里生成的铜
绿。抄写员要想做出一本像贾罗修道院献给教皇的圣经或林迪
斯法恩修道院制作的福音书那样精美的装饰手稿，他必须既是
化学家，又是艺术家，尤其要擅长调制微妙的颜色，比如令人
惊艳的亮粉色。[18]

　　　白天适合书写，因为白天光线好，抄写员通常一天倒两
班，每班 3 小时。一名抄写员在一份手稿上写道："低头伏在
羊皮纸上笔耕两个三小时真辛苦啊。"另一名抄写员在一份 8
世纪的手稿上说："不会写字的人认为写字毫不费力。虽然写
字只用三根手指，但抄写员全身都要使劲。"爱尔兰抄写员喜

欢在空白处写些闲言碎语，比如"我好冷""这一页很难，读起来很吃力""噢，我旁边要是有一杯陈年佳酿就好了"。他们的笔记可能是写给同事看的，因为有时要四个或更多人的团队一起合作完成一份手稿，[19]但有些笔记纯属个人感慨，比如一名抄写员在抄到加略人犹大用亲吻出卖耶稣的段落时，在页边添了一句："卑鄙！"

晚祷过后，还要切割、抛光和整理皮纸。如果想让文字对齐，用尖笔或锥子刻画这一步就至关重要，因为书的每一页都是分开抄的，但成书的页面必须对正。仔细校核抄好的文稿也是抄写员的职责之一。校核要检查字母，确保字母正确，还要添加标点符号，这一步通常在全文抄完后才开始做。[20]标点符号就是点，词句之间停顿越长，标点符号就越多，出现在每一行上方的位置也就越高。

除了写书，比德在生活的方方面面都受到了管束和限制。他的修道院不是严格意义上的本笃会修道院，但他却雷打不动地遵守着本笃会的稳定规则，待在原地。他明知，爱尔兰人认为如果不去罗马、不去圣殿、不外出学习，就不可能成为真正的基督徒，但他还是选择不做像他院长那样的朝圣者。他的大部分作品都是对《圣经》细致入微的讲述，一卷接一卷，这种工作最适合在封闭安静的房间里完成，如他所言，他对缮写室里那种轻快、细致的工作再熟悉不过。那么，是什么解放了他的思想，让他开始思考自己所处的时代，思考月亮如何影响大海，思考还有什么比上帝的愤怒更能解释瘟疫呢？

首先，修道院根本没有与世隔绝，瘟疫证明了这一点。比德写道，在瘟疫暴发后的短短数月间，"曾经人丁兴旺的大村

53

庄和大庄园只剩下零星的一小部分居民，有时甚至连这点儿人都没能活下来"。[21]修道院也难逃同样的厄运，因为修道院大多都位于沿海，海边是瘟疫登陆的地方，瘟疫经海路传播最快；而且修道院与大村庄和大庄园唇齿相依，因为修道院是市场，是盐这类商品的交易中心，总是人来人往。村民们前来做礼拜，修士们出去为乡里乡亲服务。即使在偏远的林迪斯法恩岛上，疫情也持续了一年，人差不多都死光了。就连林迪斯法恩修道院也无法与世隔绝。

外来的零碎知识慢慢传入了缮写室。在贾罗修道院为教皇制作的《圣经》中，文士以斯拉（Ezra the Scribe）头顶的金色光环上有奇怪的符号，可能是经文匣（tefillin），即有些犹太人携带的小皮盒，里面装着《摩西五经》（Torah）的部分经卷。以斯拉还穿戴了正统犹太大祭司的头饰和胸甲。[22]后来基督徒被禁止携带《约翰福音》（St John's Gospel）来治疗头痛，这是同一想法的变异，说明有人了解真正的犹太习俗。书页上典雅的图案看起来就像精细的地毯，这在很大程度上要归功于科普特艺术，以及中东和后来诺森布里亚使用的祈祷垫。修士们在装订圣卡思伯特自用的《圣经》时，是以明显的科普特风格缝合包边，这本《圣经》作为一种生命之书随圣卡思伯特一同埋葬。

这些精致的装饰表示人们在尝试使用新技术和新工具。8世纪初，林迪斯法恩的埃德弗里思（Eadfrith of Lindisfarne）开始用铅在纸的背面勾画草图，然后将草图固定在透明的兽角或玻璃框架上，并在后方放置强光源，这样他就可以边绘制页面，边斟酌自己的设计了。他独自一人工作，所以他的发明当时没有推广出去，这些发明和他一样无声无息，但是很了不起，他做出了第一个灯箱和第一支铅笔。[23]

比德所做的远不止摘录汇编现成的文本，他还检查和修改，删减了部分内容，为一些旧观点做了补充说明。他用心良苦。他在书写历史时，要选择该相信哪些古书，他将英格兰特定的历史事件恰到好处地融入了整个世界宏大的圣经故事中，从而重塑了历史。[24]他在尝试另辟蹊径，以便看清自己在时间长河中所处的位置。

他对别人认为天经地义的事情感到不解，比如瘟疫。当时是英格兰人和他们的教会最幸福的时光，[25]他们在基督教国王的统治下，有司铎的教导，整个英格兰都在学唱圣歌，瘟疫怎么可能是上帝的意旨？如果疾病是上帝对罪人的审判，是"恶行的报应"，[26]那么瘟疫应该发生在异教徒当道的时代，为什么上帝现在要惩罚他言行端正的子民呢？

比德动笔撰写教科书《论自然》（*De rerum natura*）时，他运用了经验，眼光超越了《圣经》和一般的权威著作。他将瘟疫与夏末秋初的雷暴联系起来，认为瘟疫与过度干燥、炎热或多雨导致的空气腐败有关。他没有宏大的理论，但他会观察并提出问题。尽管他不知道原因，但他对瘟疫流行季节的判断是正确的。这种疾病是通过老鼠身上的跳蚤传播的，而老鼠主要以夏季航船上运载的谷物为食。[27]

他看到月亮升空，比太阳还高，于是发问，谁都知道月亮距离地球更近，但这种景象又该怎么解释？他的解说是优雅的思想实验。他让读者想象他们在夜晚走进一座巨大的教堂，因为是某个圣徒的纪念日，教堂里灯火通明，其中有两盏灯特别明亮，一盏高悬在远处，另一盏挂得低但近一些。你刚步入教堂，看到近处的灯似乎比远处的灯要高，你越向前走，近处的灯在视觉上还会越来越高，直到你走到它的下方，真相才会显现，这盏灯看起来更高，是因为它离你更近。[28]

他还顺便提到，如果你知道五十乘九乘法表，就更容易算出月亮的年龄，这说明他算过。他运用了数学，尽管使用刻板的罗马数字很难处理复杂的求和问题。与他同时代的奥尔德赫姆（Aldhelm）曾抱怨，要记住加减乘除运算过程中的所有数字实在太难了，他只有"天恩加持"才能做到。[29]比德的方法是用手，而不是在纸上算，他用手指伸直和弯曲的不同组合进行计数，可以数到 9999。之后，他还说，你需要用到身体的其他部位，但他没有具体讲解。这种方法对于宁静的修道院里的男孩、静悄悄的缮写室里的抄写员来说，有别样的吸引力。只要商定一套简单的代码，为 23 个罗马字母设定对应的数字，房间里的人就可以无声地交谈。[30]

比德修正了盎格鲁-撒克逊人如何来到不列颠以及他们如何带来真正的基督教的故事。他为《圣经》撰写的评注在欧洲各地很受欢迎。不仅如此，他还是编出计算表册（computus）的英雄，这可能是他当时最卓越的成就，但如今连计算表册这个词都不常见了，更何谈他的思想。比德融合了数学、天文学和关于宇宙如何形成的观点，建立了真正合用的历法。凡是与数字有关的事物都有神圣和神秘的元素，正如一篇爱尔兰文章所述："拿走数字，一切都将烟消云散。"历法与医学也息息相关，因为诊断和治疗都与天文时间有一定关联，但计算表册的主要用途还是计算复活节日期。

整个基督教年都是由复活节日期决定的，但根据教会规定，复活节每年在不同的星期日，是流动的节日。复活节不仅是最重要的节庆，以纪念赋予基督教意义的重大事件，也是仅有的两个基督教节日之一，任何人在这一天都可以受洗入教，除非他们身陷永劫的险境。另一个基督教节日是圣灵降临节（Whitsun），[31]通常比复活节晚 7 个星期。如果复活节日期不确定，没有人知道何时开始大斋节（Lent）长达 40 天的斋戒，所以日期必须提前定好。这不像伊斯兰的斋月，可以通过观察满月和昼夜平分日来确定。确定复活节日期需要演算。

这涉及统一 13 个月的犹太历和 12 个月的罗马历这两种不同的历法。福音书说，基督死于犹太人的逾越节（Passover），逾越节是在犹太农历"正月"的第一个满月。这似乎说得够明白了，不过早期的教父认定这是指春分后的第一个满月，这就是麻烦的开始。春分的日期是根据与犹太历不同的罗马历确定的，罗马历是太阳历，而太阳年的天数不是整数，所以实际的春分日往往与官方日期不一致，这使事情变得更加复杂。

确定复活节日期也是政治问题。教会是统一的教会，所以五湖四海的教众不能在不同的日子庆祝复活节。教会是由罗马统治的，不管爱尔兰教会怎么想，复活节日期必须听从罗马的决定。但爱尔兰人坚持认为，从罗马传来的消息不一定可靠，因此他们设计了自己确定日期的方法，而这些方法与罗马的方法并不一致。比德是真正的罗马人，他打算找到这个问题的普世答案。

他必须激进一些。他现在要做的不是历史学家，而是展望未来，说明以后怎么推算时间。他必须为未来许多年找到适当的名称，日耳曼人和罗马人都没有这样的先例，他们都是以在位的国王、皇帝或执政官来取年号，所以比德的修道院始建于国王埃克弗里思（Ecgfrith）统治的第 29 年，而不是我们以为

57

的公元 674 年。[32]他通过思考，结合实例，利用书面演算解决了现实的问题，这几乎是前无古人的做法，他们的科学就是自觉地记录事实。比德需要从数字中得出实际的结果，（尽管）数字具有神圣和神秘的意义。他还不得不与爱尔兰人讨论，并找到罗马欣然接受的方案。

他演示了月亮年和太阳年是如何以 19 个罗马年为周期重合的。有些作家在他之前就算出了这个周期，但是他赋予了他们权威并传播了这种思想，因为只有他公开发表了文章。为此，他必须了解太阳和月亮的运动。他开始翻阅图书馆里的权威文献，这些文献阐述了很多关于月亮如何运行的观点。主教们说，月亮越圆，牡蛎就越肥美；满月过后砍伐的木头永远不会腐烂；月光越亮，露水就越丰沛。比德还亲自观察了月亮的圆缺及其对世界的实际影响。

他认识到爱尔兰人早就掌握的规律，月亮的相位与潮汐的强度和高度之间的联系。他让大家都注意到了这一点，还对此进行了完善。他推断，每天月亮升空的早晚与潮水上涨的早晚有关，如果不知道地球是圆的，他就不可能认识到这种规律。[33]由此，他构建了一个理论，潮汐不是从北方深渊中涌出的水，也不是月亮凭空创造的水，而是月亮在牵引大海（"好像海洋万般无奈地被拖着前进"）。他观测了潮汐对应月相的不同变化，观测的时间间隔精确到分钟。为了了解历史，他与沿海的许多修道院保持着通信，从西边的艾奥纳岛到南边的怀特岛（Isle of Wight），他可能还请各地的修士都帮他做过观测。[34]不管他是怎么做到的，他确实知道不同地方的潮汐时间可能有差别（"我们这些生活在不列颠海沿岸不同地方的人都知道，只要一个地方开始涨潮，另一个地方就会开始退潮"）。他发现，月出和涨潮的时间每天都会推迟一点，正好比前一天晚47分半。

比德的著作是天文信息的宝藏。八个世纪后，他的著作终于印刷出版——1529年在巴塞尔（Basle），1537年在科隆——这并不是出于古文物收藏者的兴趣。尽管需要注释来说明所有艰涩难懂的部分，但它仍有直接的实用价值。[35]事实上，他的传世之作比他写作的初衷更历久弥新。我们迄今仍用"基督纪元"（Annus Domini），即基督诞生的元年来推定事件发生的年份，这是比德的发明，是他解决历法问题的一部分办法。当时，基督教刚刚走出人们预料世界末日随时都可能来临的末世论阶段。比德想要改写世界历史及其年代，以证明世界还有很长的寿命。他纵观过去和未来，想找到自己所处的时代，因此他建立了众所周知的西历。

比德不仅与活人争辩，有时还会反驳死人的观点，这在尊重权威的教会里可能会引火烧身，他也知道这个道理。有一次，他听说，有人与主教共进晚餐，指责他是异端。他吓坏了，向朋友普勒格温（Plegwin）倾诉，他听到这个消息，脸色煞白。他说这种浑话肯定出自"醉醺醺的农夫"之口，简直就是"蠢货的辱骂"。但被人遣责，而且被戳到痛处，还是令他如坐针毡。他的过错是，在计算世界的七个年代时，暗示每个年代不必像通常所说的那样，正好是一千年，他形容"这个世界的年代不稳定"。[36]他总对别人的假设提出质疑，这后来似乎成了他伟大甚至卓尔不群的美德。

二十年后，他写新书时，还在愤怒地论辩。

基督徒和传教士买书、抄书、分享书。书上写着他们的教义，因此被赋予了一种特殊的权威，毕竟，他们是《圣经》中的天选之民。因为所有的信息必须写在纸上或记在心里才能传播出去，所以他们肯定把读写方法带到了北方，我们应当感谢他们教会了我们文化，而不只是拉丁语。但故事远比这三言两语要复杂。早在圣帕特里克（St Patrick）传教之前，爱尔兰就形成了读书和写字的习惯，而带来这股风气的正是海上往来的贸易。

因为在传教士到来之前，爱尔兰并不孤立。塔西佗说，在公元 1 世纪，商人们就对爱尔兰的港口熟门熟路。尽管舶来的拉丁语单词，用爱尔兰语很难发音，但拉丁语还是潜移默化地影响了爱尔兰语。拉丁语的细布 *purpura* 变成了爱尔兰语的 *corcur*，爱尔兰语的长船 *long* 来自拉丁语的 *navislonga*，爱尔兰语的 *ingor* 来源于拉丁语的 *ancora*，意思是锚。这些都是关于航海的词汇，关于航行和船只运载的货物，这些词早在公元 5 世纪前就在爱尔兰语中出现了。军事词汇也有交融，只是基督教传教士用不上这些表示军团、士兵、武器的单词以及用来致敬罗马诸神的工作日名称，比如墨丘利（*Mercúir*）表示星期三（和水星），萨杜恩（*Saturn*）表示星期六（和土星）。

爱尔兰人在帝国之外，所以他们不必遵守罗马的规则。他们不必读书写字，谋求在帝国的官僚机构中升迁。他们通过聆讯证人、宣读誓词、关注社区的记忆来解决土地所有权的问题。他们第一次在石头上刻字，用的是爱尔兰的欧甘（*ogam*）文字，他们只是简单地刻下逝者的名字以作纪念，这些石碑如界标一样坚固，比记忆更加可靠。但爱尔兰人与罗马人通商，需要理解罗马人的语言和文字。他们在前往高卢或威尔士的航行中，很快了解到罗马人与他们语言不同，文字也不同。与此同时，他们还在研究自己的爱尔兰文字。欧甘字母表脱胎于木筹上用来给牛羊计数的记号，但这些字母的另一个目的可能是迷惑罗马官员和商贾，因为他们只认识本国文字。

　　这也就是说，帕特里克在 5 世纪到爱尔兰传教时，占尽了 60 先机。他带着律法书和福音书，宣扬《圣经》的信条，而爱尔兰人早就养成了阅读和写作的习惯，他们对此有所了解。7 世纪写成的爱尔兰法律中隐含了一些线索，有法律条文规定，合同可以通过其他东西来证明，比如"神圣古老的文字"，证人可以证明逝者的协议成立，但前提是他们的证词与刻在石头上的相关文字并不矛盾。文字已成为爱尔兰法律的基本表现形式。[37]更非同凡响的是帕特里克的经历，7 世纪的修士缪尔舒（Muirchú）讲述了这位传教士如何与国王洛圭尔（Lóeguire）的德鲁伊比拼法术，从而证明自己的信仰。国王命他们二人将经书扔进水里，看看哪位神值得崇拜。德鲁伊说他宁愿认输，因为他听说过洗礼，帕特里克的上帝显然是水神。缪尔舒写这个故事是在 200 年后，他想当然地认为爱尔兰人自古就有书，不过也有可能他并未夸大其词，德鲁伊确实有某种形式的书，也许是金属片，也许是木头或石头，总之可与《圣经》相提并论。帕特里克教一些人学会了字母表，让他们担任教士和主教，但并不是所有人都需要学习这些功课。[38]

　　爱尔兰人很早就写下了爱尔兰语，这一事实非常重要，这表示书籍是有用的。

　　书籍是可爱的东西，可以像珠宝一样，封进圣龛，摆上祭坛，放在没人能读到的地方，或者作为大礼献给罗马教皇。

　　卜尼法斯肩负使命去弗里西亚传教，他写信给女修道院院长埃德布加（Eadburga），向她求取一本光彩夺目的书——

《彼得书》（Epistles of Peter）的"金字抄本"——以便"使听我讲道的凡夫俗子见之即对《圣经》表示尊重和崇敬"。[39]随着年岁渐长，他看书还要求字迹清晰。他专门向温切斯特主教（Bishop of Winchester）讨要了一本特别的《先知书》（Prophets），他知道这个抄本书写工整，因为"我的视力日渐减退，看不清那些满是缩写的小字"。[40]

卜尼法斯的书是用一串串字母写成的，单词之间没有分隔。这些书要大声读出来，需要读的人能理解书上连串字母的含义，自行断句，也需要听的人能听懂拉丁语。西欧的许多民族都属于拉丁语族，他们能听懂古老的拉丁语，但爱尔兰人讲的是另一种不同的语言。大声朗读一段文字与日常对话完全是两回事，他们得不到任何提示去领会文义。他们希望文字可以用眼睛看，而不是用耳朵听。他们想要看清词语的结构，以便解读文章的意思，因此他们开始在单词之间留出空格。他们推介了最杰出的发明，标点符号。这样书上的单词不仅清楚，文章的起承转合也更明白了。[41]

独自安静的阅读现在变得容易多了。默读可以让人思考书的意义，更好地理解书的内容，4世纪，圣安布罗斯（St Ambrose），就因默默读书而被人诟病，传说即使有客来访，他也照读不误。现在，这种习惯被推广开来。修道院新规定，大声朗读的人会受到惩罚，读书要压低声音，以免显得不合时宜，搅扰别人安静的阅读。[42]

供人阅读的书可以简单快速地抄出来，因为它们最重要的是实用。爱尔兰抄写员训练了盎格鲁-撒克逊抄写员。第一批去英格兰的基督教传教士必须派人从高卢或罗马取书，但到比德的时代，他们的藏书还经常借给高卢去抄录。法国北部的科尔比修道院抄写了比德、卜尼法斯和名气稍逊的塔特温（Tatwine）的很多著作。[43]哲罗姆（Jerome）根据那不勒斯（Naples）的手稿，贾罗和威尔茅斯修道院以及林迪斯法恩修道院根据那不勒斯（Naples）的手稿，写出了哲罗姆（Jerome）《武加大译本》（Vulgate Bible）最严谨、最可靠的抄本，它迅速成为整个北欧的标准版本。[44]到 7 世纪，英格兰已经建成了标志性的图书馆。盎格鲁-撒克逊人走出去，在日耳曼人的土地上建校讲学，他们成了文教事业的传教士。8 世纪 80 年代，学者阿尔昆把他在约克学会的新书写技巧带到了查理曼的宫廷。他提出了一个新想法，要"深入研究文字。"[45]

　　盎格鲁-撒克逊抄写员们也在活动，而且不只是去各地传教。他们向查理曼的宫廷传授了图书馆的新理念，即图书馆应该藏书丰富，管理有序，便于学习。[46]查理曼收藏了许多历史书籍和"古人的事迹"，他常命人在侧大声朗读，包括他最喜爱的圣奥古斯丁（St Augustine）的著作。阿尔昆辞别宫廷，想去抄录老普林尼的《自然史》，查理曼要求给他也寄一本。还有一次，他写信只是为了请人帮他在宫廷的书柜里查些东西。这种对书籍和制作手抄本的爱好逐渐流行起来。[47]直到 9 世纪，第一波传教浪潮过后很久，盎格鲁-撒克逊人仍会渡海去德意志地区的修道院潜心写作。[48]他们写的书有些很好看，甚至很精彩，但大多数都是随处可得的信息。每个人都可以出于不同的原因，在空闲时间阅读，用文字独立、清晰地记录万千思绪。[49]

　　人们想读比德的书。海外的盎格鲁-撒克逊人想看他讲述撒克逊人的胜利。英格兰教会的发展鼓舞了广大读者，因为英格兰传教士的不懈努力使弗里斯兰人和德意志人皈依了基督

62

教。9 世纪，比德的书传到了现今瑞士边境的圣加伦（St Gallen），当地的修士瓦拉弗里德·斯特拉博（Walahfrid Strabo）整理了一套重要的教学文集，其中就包括比德的语录。他的书被收藏在康斯坦茨湖（Lake Constance，也叫博登湖）的修道院之岛赖谢瑙（Reichenau）和巴伐利亚（Bavaria）维尔茨堡（Würzburg）大教堂的图书馆里，还出现在法国中部图尔（Tours）这样的腹地。比德的著作从世界的边缘，漂洋过海，走向了全世界。

这是礼物的世界，交换礼物是不可避免的惯例。礼物沿社会阶梯上下流动，国王赐予骑士，让骑士保持忠心耿耿；骑士献给国王，请国王慷慨解囊；主教赠予红衣主教，红衣主教再送给教士；从爱尔兰到诺森布里亚，到弗里西亚，到罗马等地。礼物使臣民团结一心，各得其所，各司其职。礼物关乎权力，是代表权力的有形符号。传教士卜尼法斯在德意志时，总派人把白银送到罗马，并带回薰香，有一次还送了毛巾和浴巾。他有时会送一些不起眼的东西，比如"我们按自己的样式制作的四把小刀"或"一捆芦苇笔"，因为礼物更多是传达讯息和表达心意，而不是索求回报，给予才是礼赠的要义。有时，卜尼法斯的礼物就像今天赠予王室的国礼一样属于外交礼节，但意有所指。他送给麦西亚国王一只鹰和两只隼，希望国王记取逆耳忠言，改掉不管不顾的性习惯，尤其是别再去女修道院寻欢作乐。

卜尼法斯告诉女修道院院长埃德布加，在他收到的所有礼物中，他最欣赏的是"书籍的安慰和衣服的抚慰"。[50] 赠送和分享书籍成为向世界传播思想的途径。

比德等人在贾罗修道院制作的华美的《圣经》是献给教皇的礼物。书也会随圣徒的遗体一同入殓，作为礼物永远陪伴他们。因此，作为礼物的书有时与供人阅读的书截然不同，这种差别后来变得有点可笑。英格兰著名书法家厄恩温（Earnwine）赠给国王克努特（Canute）和王后埃玛（Emma）一本精美的《圣咏集》（book of psalms），他们很快就将它作为礼物送到了科隆。伍斯特主教去科隆替国王办事，自然收到了一份回礼，碰巧就是厄恩温的这本《圣咏集》。他把它带回了英格兰，它绕了一圈又回到了老家。[51]没人需要去读这类书。

书籍还会被分发，这样它们就可以一遍又一遍被复制，文字本身就是恩赐。卜尼法斯和比德一样，求知若渴。有时他很清楚自己要找哪一本书，有时他又到处打听书名。他向以前的学生要"你在教堂图书馆里找到的任何你认为对我有用、但我可能不知道或者不是文字形式的东西"。[52]光是知道哪些书存在、哪些书对你有用都不容易，这就是为什么比德会在《教会史》的末尾附上他所有作品的清单，包括他研究的圣经书籍，他写的英雄诗，他编校的希腊语篇的译本，他论述时间和事物本质的著作，他写的赞美诗、警句和有关拼写的书。[53]这听起来有点像现代平装书的封底。9世纪，穆尔巴赫（Murbach）修道院的一名图书管理员根据其他图书馆的目录，并翻查手稿中后附的参考文献，列出了修道院需要的书籍清单，他还借鉴了比德的清单。[54]他在一些作者的名字旁边做了笔记："我们正在寻找他其余的作品"或"我们想找到更多其他的书"。[55]

当时，书的世界并不是后来修道院图书馆那种上锁的房间，里面满是锁住的卷册。书籍是流通的。有些领地没能直接从贾罗修道院得到比德的《教会史》，就会复制查理曼宫廷图

64

书馆的副本，并依令分发出去。[56]卜尼法斯无奈地告诉女修道院院长布加（Bugga），他还不能把她想要的书寄给她，"因为工作的压力和频繁的出行，我还无法完成您要的那本书。等我抄完了，我会寄给您的"。[57]如果抄写也是一种研习之道，那么日理万机的传教士大主教为别人抄书就没那么稀奇了。一位主教告诉一位修道院院长，他还不了书，因为"古特伯特（Gutbert）主教还没还回来"。[58]古特伯特当时是坎特伯雷大主教。一位年轻的修道院院长没能按时还书，他说，因为举足轻重的富尔达修道院院长需要时间给自己抄一本。[59]

这样流通的不只是《圣经》和教会方面的书籍。后来，神圣的图书馆主要包含教父们的作品，他们是教会故事的缔造者，不过当时有个修士想要收集苏维托尼乌斯（Suetonius）的作品和关于恺撒们的风流韵事。[60]但在比德的时代及之后的几个世纪，修道院和大教堂也关心罗马的异教遗存。早在文艺复兴将古典文化和拉丁文本带回大众视野之前（如果当初没有人费心保护它们，复兴就不可能实现），爱尔兰人就常借维吉尔（Virgil）的诗抒怀。7世纪，有一位教师说他刚刚得到了某些珍贵的"罗马人"的抄本，他口中的罗马人可能是指罗马的学者，也可能是指深受罗马影响的爱尔兰学者。[61]8世纪中期，一位名叫布尔金达（Burginda）的修女抄写了一篇关于《雅歌》（Song of Songs）的评论，并认真地给收到这篇评论的"杰出青年"写了一封长信。她的拉丁文不怎么好，虚拟语式乱一气，可她知道如何引用维吉尔的诗句，所以她肯定在修道院图书馆里各种宗教典籍的旁边看到过维吉尔的作品。格洛斯特（Gloucester）女修道院院长埃克伯格（Ecburg）在信中也借用维吉尔华丽的措辞，恰如其分地表达了她与姊妹离别的痛苦："到处都是虐心的悲伤，到处都是恐惧和死亡的画面"，几乎是直接引用。[62]

然而，异教诗人是个问题，他们的作品不可或缺，但很危险。学者阿尔昆小时候读过维吉尔的诗，还照此风格写过几句，但他当上修道院院长后，却禁止见习修士阅读维吉尔的作品。[63]在加洛林王朝的学校里，维吉尔可能是孩子们读到的第一位异教作家，他的作品主要是作为样例，教孩子们学习诗歌的格律，[64]但他被牢牢地贴上了异教徒的标签。修道院把异教徒的书编入教科书和语法书的门类，但这些书只供选读片段，参考文体，而不能深究意义，并且要在严格的监督下阅读。谁都不应该关注爱情、声色和争斗这些具体内容。

如果你有门路，你可以从神圣的图书馆借书。梅肯的埃卡德（Eccard of Macon）这位富有的贵族在遗嘱中写明，要把他从弗勒里（Fleury）修道院借的书送回去，显然，他没打算立即归还这满满一箱书。科隆大教堂的图书管理员在书单的最后仔细地记下了借阅书目，但他不得不留出几页空白，以防热衷借书的埃尔姆鲍尔德斯（Ermbaldus）决定借走更多的书以"履行他的神职"。[65]

要了解法律和宪章，要统治和了解你所统治的对象，阅读即使不是必要的，也是非常有用的办法。信徒拥有关于法律、上帝、农业和战争的书籍，这些都是贵族需要掌握的知识。我们之所以知道这一点，是因为他们在遗嘱中写明要把书留给儿孙，每本书都赠予特定的孩子，所以书也是贵重的传家宝。压箱底的书往往少不了历史书籍，比如教皇的历史、法兰克人的事迹。我们猜测，拉丁文长诗和查理曼的宫廷史话是写给平信徒看的，并且是相当庞大的平信徒读者群。但有权有势的人家并不鼓励孩子过多接受这方面基础文化教育。8 世纪，有个名叫杰拉尔德（Gerald）的男孩读完《圣咏集》后，被人规劝要放下书本，是时候学习正经的本领了，比如射箭、骑马纵狗打猎、训练鹰隼。但不久他又开始看书了，只因"他浑身长满小斑点，久未消除，人们认为他无法治愈。所以他的父母决定让他更专心地学习文字"。难得的是，后来"即使他变强壮了，他仍在继续学习"。

书籍可以是传家宝，也可以是资产。在比德的时代，贝内迪克特·比斯科普在罗马买了一本好看的宇宙志，这本书描述了整个已知世界。他回到英格兰后，博学亦爱书的国王奥尔德弗里思（Aldfrith）提议用土地来交换这本书，赠予修道院足够养活 8 户人家的河滨土地。[66]这桩交易说明书籍是修道院极其重要的财富。查理曼要求在他逝世后，把他的藏书以"合适的价格"出售，所得钱财用来周济贫苦百姓。[67]他知道书籍会有市场。

同时，书籍还有被盗的风险。波罗的海的海盗抓住了前往瑞典的"北方使徒"安斯加，又放了他，让他继续赶路，但他们不反对收下他携带的 40 本书。[68]9 世纪，本笃会的卢普·德费里埃（Loup de Ferrières）愁眉不展，不知该怎么把比德的书送给大主教，因为这本书太大了，无法藏在人身上，甚至无法装进袋子里，就算能藏起来，"他还得担心强盗抢劫，他们肯定会被这本书的美丽所吸引"。有个例子更能说明问题，阿登高原（Ardennes）的一座修道院丢了一本用金粉抄写、珍珠装饰的《圣咏集》，这本书后来完好无损地出现在市场上，被一个女信徒诚心诚意地买走了，这说明价值连城的是这本书，而不是附带的珠宝。[69]

平信徒们可以从缮写室雇抄写员来为他们抄书，但他们别指望这些圣洁的人对价钱也满不在乎。11 世纪，在埃尔弗里克·巴塔（Ælfric Bata）的教学文本中，有个抄写员说："对我来说，没有什么比你给我现金更珍贵的了，因为谁有现金，谁就能得到他想要的任何东西。"有些平信徒选择自己抄书。有个人随军执行任务，很可能是一名普通士兵，他花了大量的时间抄写圣徒的传记。还有个叫拉加姆贝图斯（Ragambertus）的人，他抄写了塞内加（Seneca）的书信，并在手稿上用华丽的大写字母做了注释："拉加姆贝图斯，一个蓄着胡子、微不足道的平信徒，抄写了这篇文字。"[70]

有些人抄书是出于爱，有些人是出于恐惧。贵妇人朵达（Dhuoda）听说她的大儿子威廉（William）年满 16 岁就要出征，忧心忡忡，于是抄了一本小书，让他随身携带。"我希望你，"她写道，"当你被世俗的重负压得喘不过来气时，就读一读我送给你的这本小书。"她写到其他妇人儿孙绕膝的快乐，写到她即将与威廉分离是多么焦虑，写到她多么渴望自己是个有用的母亲。她博览群书，但她读的可能大多是布道书的节选、圣徒的传记和教父的著作。她熟记《圣经》，读过奥维德（Ovid）等人的诗作，所以她挑选了一些自认为对离乡背井的儿子有帮助的东西。时至今日，她的痛苦仍跃然纸上，情真意切，慈爱的母亲眼看着自己的孩子突然被拽进了血雨腥风的成人世界，她形容自己"心如火焚"。她希望儿子坚持阅读，用读书加固道德之盾，以抵御他将要面对的朝堂上的尔虞我诈和战场上的殊死搏斗："威廉，我英俊可爱的儿子，我劝你，即使你俗务缠身，也不要放下书本。"[71]

书籍制作耗时耗力，还需要技巧。制书需要宰杀小牛，抛光皮纸，制作墨水、颜料和笔，画定准线。书稿必须一笔一画地手工抄写，经过校正，再加上标点和装饰。书页必须缝合起来，才能保持正确的顺序。这些都是必需的工艺。书籍还需要文字，要么抄现成的书，要么有人编排并口述。当然，书籍的内容很重要，比德就帮助人们改变了对许多问题的看法，比如严格意义上的复活节日期，如何确定我们在历史长河中所处的时代，不列颠发生了什么才成为基督徒和盎格鲁－撒克逊人的家园。但书籍本身也有价值，即使它们只是用来阅读的实用品，而不是珠光宝气、精美绝伦的艺术品。

68　　　书籍逐渐成为独立的存在，不再只是阅读的载体。结果焚书也有了特殊的意义。

　　戈特沙尔克（Gottschalk）证明了这一点。他是修士，也是诗人，身上有流浪者的气质。他从不在一家修道院久留，思想总是标新立异。他大概是比加尔文早出生 700 年的加尔文主义信徒。他认为每个人下地狱或上天堂早已命中注定，是上帝的旨意，现世再怎么积德行善或作恶多端都无法更改命数。

　　这不是教会的观点，所以 849 年，他被传唤出庭，在皮卡第小镇奎尔济（Quierzy）举行的神职人员大会上，为自己的不当言论领受责罚。他原以为教会会容许他申辩，所以带了自用的《圣经》文本和教父的著作，这些都是他阐明观点的支持文件。他想说，如果你们想看的话，这些都是证据。他以为会有讨论，但他太乐观了。他到现场才发现自己被指控为异端，要受鞭笞之刑。他被打得半死，并被告知余生都要保持沉默。随后，他又被告知，只有他宣布改邪归正，才能被葬在圣地。他想都没想就拒绝了。

　　教士们坚持要烧光他的书。他们收走了他的圣经选段、教父的著作以及很多地方都能找到的正经书籍，当众将这些书付之一炬，仿佛一把火就可以烧净戈特沙尔克所有离经叛道的思想。他们做出决定，谁都不该重蹈覆辙，任何人都不可再读戈特沙尔克读过的书，他的观点和思想应该像他的嘴巴一样被堵死，他们要扼杀异见。现在他们明白了，阅读可以改变一本书的用途和意义，大火的余烬就是残酷的证明，只要是书都不安全。[72]

第三章 树敌

69   大约从公元700年起，维京人的船就四处活动。他们并没有像离弦的箭一样冲出北方，而是一直在做贸易，到处航行。他们知道哪里有财富，更妙的是，他们知道哪里的财富便于运输且靠近海岸。他们来到南方，与西欧想要毛皮和海象牙的人建立了定期联系。他们带来了波罗的海东部和俄罗斯内河流域出产的奢侈品，[1]这些货物非常昂贵，用小船少量装运就价值不菲，比如琥珀，当时深受人们喜爱，几乎和钻石一样值钱。维京人是拜占庭的雇佣兵，是基辅的商人，他们可以在黑海、地中海、西班牙的大西洋沿岸自由来去，后来还去到了北美。他们沿贸易航路游弋，方便打探各地的情况，从而决定去哪里劫掠、在哪里处置战利品，毕竟他们不能吃镀金的圣髑盒，也用不上几百米的细布。

      他们是难以捉摸的海盗和帝国掠袭者，因为他们懂得如何抢风航行，所以他们不必看风决定路线，也不必等风来才出海。一位安达卢西亚（Andalucia）的宇宙学家惊讶地报道，他们有"横帆的大船，可以向前航行，也可以向后航行"。[2]拥有一艘完全靠人力驱动的大船是位高权重的标志，但他们并不依赖船桨和人力，他们的船有单帆，有些帆是用羊毛编织而成的，[3]最大的可达100平方米。一艘船是金钱、时间和生命的投

70 资。光是织一张16米见方的帆、用半公里厚的木板打造船身

就要花费 30 周的工时，何况还要准备木料，装配桅杆和桁杆，熔炼钢铁，制作寸钉和铆钉以接合船体。[4] 船不仅显示了船主有多富有、多强大、多尊贵，也是他的生命寄托。

维京人的军队离开港口会扬起风帆，然后用人力将船划向大海，冲进奔涌的海浪。即使开了帆，桨也不能停下。划桨利于操纵战舰或后来问世的重型货船，而帆能增强船的耐力，提高船的速度。在维京人到来之前，撒克逊人可能就有船，北海上可能也有其他的船，[5] 但只有带帆的维京船才称得上是非凡的机器。维京船可以在四五天内穿越北海最宽的水域，大约 600 公里，而且他们不需要贴近海岸航行，也不需要在陆地上过夜。

因此，诺斯人的世界和其他民族的世界不一样，甚至与弗里斯兰人认识的世界也不一样。古斯堪的纳维亚语文本清楚地指明，他们的世界中心在北方，而不是在世界地图上偏南的耶路撒冷，他们的总部也不是教会猜想的罗马；维京人并不认为自己处于世界的边缘。他们可以大展拳脚的世界比罗马人、撒克逊人和布立吞人的更广阔。他们知道大洋的西边有陆地，但他们不知道这片陆地的形状和确切位置。他们无视正统的基督教教义，认为人类可以生活在地球热带以南，当那里是盛夏时，北方是隆冬。他们整日凭风御海，视野开阔，所以他们可能早就认识到，大地是个球体，并不像学究们想象的是球上的一个平面。他们掌握了航海的诀窍，懂得如何利用地球的弧度躲避陆地上的追踪。他们学会了欺骗敌人，就像萨迦中奥拉夫（Olaf）国王戏弄埃尔林（Erling）一样，缓缓降下船帆，装作自己正向着地平线越行越远。[6] 他们充分利用了地球是圆的这一点。[7]

71 　　他们能辨认航行的方向。13 世纪，磁罗盘传入北方，但维京人早就有简单的太阳罗盘。太阳罗盘的工作原理如同日晷，通过观测一根棍子在一天中不同时间投射出的阴影来判断方向，每天阴影最短、即太阳最高时，阴影的两端指向南北。虽然太阳罗盘遇到雨、雪、雾等天气用不了，但航行季节是天光无尽的夏日，太阳罗盘很有优势。这种罗盘是诺斯人的必备之物，因为北方的寒冬万物萧索，人们经常要在白茫茫的雪景中行进，皑皑白雪会掩埋地标，抚平所有地物特征，他们需要这样的装置来指路。[8]一旦有了罗盘，他们就可以在一望无垠的大海上航行，前往遥远的美洲探索。

　　至于他们是谁，他们是什么身份，这个问题很容易回答，他们是敌人，他们是异族，与其他民族格格不入，他们在海上的光辉事迹令人感到如芒在背，避之唯恐不及。他们认为航海是值得记录、歌颂和尊敬的壮举，[9]但这种想法在当时并没有引发共鸣。他们伟大的故事没人记载，也没人传颂，所以他们的习惯和历史鲜为人知。只要有机可乘，鉴于他们所做的事情——突袭、掠夺、奴役——其他人也会做，所以他们被当成真正的敌人一定另有原因：他们肯定是恶魔。谁都搞不懂恶魔在做什么。

　　不过，还是有迹可循。起初，法兰克帝国不断向北扩张，让丹麦人心神不宁。734 年，铁锤查理（Charles the Hammer）带领法兰克人夺占了距丹麦南部边境仅一步之遥的弗里斯兰。三年间，丹麦人日夜不停地修筑防御工事，建起了一道坚固的橡木栅栏，高 2 米，贯穿南部边境；他们还在日德兰半岛南部的海湾筑起了拦河坝。如果没有强大的国王，号令地方贵族俯首听命，他们不可能建成这样的屏障。快速而大规模的行动必须有人组织和指挥，何况这还需要海军支援。有人大权在握，

让丹麦领主总感到低人一头，他们已经习惯了独断专行，还不 72
如去海上碰碰运气。[10]

越往北，王权的影响就越弱。尽管有些人早就自称为"挪威人"，但"金发王"哈拉尔（Harald Finehair）仍在殚精竭虑地构建着他能统治的挪威。国家变小了，但贵族的纷争依旧。挪威没有多少可开垦和耕种的土地，即使在第一个千年的最后几个世纪，温润的气候也无法化腐朽为神奇，提升这片土地的价值，这里遍布沼泽、湖泊、高山和破坏土壤的针叶林。[11]财富只能来自别处，也就是海洋，觉得自己被边缘化的贵族甘愿乘船远去。

离开是出于对世界的好奇，有人在维京时代之前就萌生了这种念头。在距斯德哥尔摩不远的梅拉伦湖（Lake Mälar）畔的海尔戈，有个村庄住着几户经营大农场的人家，有人在农场地下发现了 6 世纪和 7 世纪的物品：一把来自埃及的科普特青铜勺，可能是洗礼用具；一套刻画爱情场景的金箔；出人意料的是，还有一尊佛像。佛像的前额有金色的种姓标记，眉毛和嘴唇是彩绘的，斗篷上有精美的刺绣，身下还有造型繁复的莲花宝座。它很可能是在克什米尔（Kashmir）制造的，就算在克什米尔，它也是名副其实的稀世珍品。据我们所知，没有斯堪的纳维亚人去过印度，两地远隔千山万水，还有整个伊斯兰世界横亘其间，就算阿拉伯商人认为他能在西方找到买家，也不太可能冒着被异教之物玷污的风险。佛陀在拜占庭无人不知——它是通俗史诗《巴拉姆和约萨法特》（*Barlaam and Josaphat*）①

---

① 该史诗取材于大乘佛教经典《佛说普曜经》，是基督教翻版的佛陀生平故事，主要讲述的是印度王子约萨法特在修士巴拉姆的教化下皈依了基督教。

的主人公——也许是往来欧亚的犹太商人把这尊佛像当奇珍异宝带来卖了。但为什么瑞典湖边的农民会想要它呢?[12]尽管这尊佛像是大美之作，但对他们而言没有宗教意义，也就不具有法力。或许是它满足了他们对大千世界的好奇心？

大约 8 世纪中叶，斯堪的纳维亚人开始从波罗的海沿现今俄罗斯的大河水系探索。这似乎很奇怪。一方面，他们袭掠了北海或爱尔兰海沿岸富有的目标，得手后，卷着财宝扬帆远去。海尔戈与北海相距甚远，发现佛像的农场还找到一件来自爱尔兰的青铜艺术品：8 世纪某根牧杖的龙形曲柄，龙的眼睛一蓝一银，下颚是珐琅的，旁边绕着一颗人头，还有一头狼和一只鸟。这样的东西不难得到，但斯堪的纳维亚人也要付出非常的努力，他们要从陆地上穿越沼泽和森林，披荆斩棘进入俄罗斯，他们要敢于面对不怀好意的动物，提防野兽伏击，忍受蜇咬和刺痛，他们在河上行船时遇到咆哮的奔流，只能推船或弃船，因此更易遭到土匪的偷袭。这些著名的掠食者在岸上必须保持武装警备，以免成为他人的猎物。他们在穷乡僻壤必须步步小心，因为那里人烟稀少，没有朋友帮衬。有证据表明，8 世纪，俄罗斯西北部只有一座城镇。斯堪的纳维亚人自己——他们的兄弟有青铜、黄金，甚至还有一尊佛像——是周遭最富有的目标。[13]

他们决心冲破俄罗斯，可能有一个原因是白银。俄罗斯和斯堪的纳维亚都没有白银矿源，但是阿拉伯哈里发国家著名的迪拉姆银币流入了北方。开辟贸易路线可以带来巨大的价值，用毛皮、琥珀和奴隶换回白银。就算一个人身无长物，他还可以出售服务，比如加入瑞典和俄罗斯王国在东方的"友好"部队，担任拜占庭皇帝的宫殿守卫，成为拜占庭以外黑海和里海之间可萨人的雇佣兵。到 8 世纪，沿伏尔加河航行已经司空见惯。维京人只用了一代人的时间，也就是到 9 世纪的前几十年，就摸索出了如何利用大河水系定期旅行，并最远抵达君士坦丁堡。他们敢于穿越穷山恶水，开疆辟土。波罗的海沿岸的人都听说过北方的白银从何而来，他们原本也可以踏上通往亚洲的商路，但只有维京人选择按图索骥去寻找财富的来源。

　　这反映出文化差异，维京人想要求变。漫漫严冬，人们举步维艰，只能依靠有限的土地勉强糊口，而大海显然是他们的出路。他们没有多少家财需要守护，也没有什么近敌需要防御。他们有十足的理由勇往直前。

74

　　奥瑟尔（Ohthere）对此了然于胸。9 世纪晚期，他在英格兰南部觐见了国王阿尔弗雷德，他说自己是"那片土地上首屈一指的人物"。国王渴望结识陌生人，因为他们熟悉世界上千奇百怪的角落。奥瑟尔给国王带来了海象牙，也许是交易的样品，也许是支付的保护费，也许只是礼物，一种正式场合的社交礼节。他肯定是商人，因为他沿途寻访了一些贸易站点，比如挪威南部的季节性定居点凯于庞。[14]

　　他面对阿尔弗雷德侃侃而谈，介绍了自己和本国的情况，他的回答被记录下来，编进了阿尔弗雷德正在翻译整理的历史学家、地理学家奥罗修斯（Orosius）的著作《反异教史》（*Histories against the Pagans*）。因此，我们得知，奥瑟尔拥有的野生动物比家畜还多。他的鹿群中有 600 只驯鹿"未售出"，它们的肉和皮都可以售卖，还有 6 只是领头鹿，可以充当捕捉野生驯鹿的诱饵。"但他只有 20 头牛、20 只羊、20 头猪，耕地也不多，用马犁地就够了。"南方人很诧异，因为他们都用牛耕田。

奥瑟尔说他"住在所有诺斯人中最北的地方"，靠近西海，在我们所知的哈罗格兰德（Hålogaland）海岸的最北边。他没有提到地名，或许他认为毋庸赘述，但他肯定住在鳕鱼冬季产卵地的附近，所以隆冬腊月也能填饱肚子。岸边鲸脂坑里的鲸油点亮了漫长的冬夜，这可能是沿海狩猎和放牧的萨米人的杰作。[15]他的财富主要依靠这些游牧民，他所拥有的兽皮、骨头、羽毛（即羽绒）、貂皮和水獭皮外衣（在南方的售价是黑貂的三倍）以及用海象皮制成的船绳都是值钱的商品。至于南方人熟悉的农耕，他说，在北方谷物能够成熟的边缘地带，有土地"可以放牧，也可以耕种，就在海边……不过有些地方还是岩石嶙峋，东边往北都是荒野，与有人居住的土地平行"。[16]

75

奥瑟尔住在世界边缘的穷乡僻壤，靠近被认为是包围世界的海洋。他只能在4月到9月旅行，那时风不是太猛，敞篷船上的寒冷尚可忍受，而且有光。[17]他旅行时，总是彻夜不停地前进，因为风靠不住，随时都可能改变。他在南下的旅途中，看到了爱尔兰、奥克尼群岛和设得兰群岛（Shetland），但他知道同辈人都在冰岛（并从那里向西探索）。他知道从他北方的家乡起，"这片土地向北延伸了很长一段路"，他听说那一带"都是荒原，只有零星几个地方有芬人扎营，他们冬天打猎，夏天在海边捕鱼"。他告诉阿尔弗雷德，他决定继续往北走，因为他预计可以找到供应海象牙和海象皮的货源，同时他也想"考察这片土地向北延伸了多远，查访荒野北边是否真的杳无人烟"。

他一直在探索。

他向北航行，北方在他看来是天空的特定象限，而不是精确的罗经位点，他要保持宽广的大海始终在船的左边。南下时，他总能找到指示方位的航标，知道哪里适宜上岸和过夜。越往北走，他了解的就越少，只能多观察，多探索。

他与荒野擦身而过，那里乱石纵横，天气严寒，但他还是坚持前行。"然后他就到了猎鲸人能到的最北边"，这于他而言已是尘世的地界边界。他说，他从前去过那里，曾在两天内捕杀了 60 头鲸鱼（也可能是海象）。"后来，他继续向北航行，又往北走了三天。"

他见陆地向东延伸，就等风把他往东吹，行至白海（White Sea）口，他又等待北风送他南下。他无法借助地图的指引，因为地图上只标示了北部迷宫般的岛屿，岛屿背后就是他耳闻已久的传奇世界。他听说那里有狮鹫栖居，是阿玛宗人的地盘，被亚历山大大帝（Alexander the Great）锁在长城之外的蛮族也生活在那里。[18]他遇到几个在荒郊野岭露营的渔民和猎人，将信将疑地听他们讲述了更离奇的故事。但他只相信自己亲眼所见和亲身经历。

这片陆地上没有定居点，直到他来到白海沿岸，才在宽阔的河口发现人烟。他没有过河，因为他看到对岸有人活动，他早有耳闻这些定居者并不友善。他整装待发是要探索未知的海洋，不想冒险去面对寻常的人类障碍。最后，他决定返航。

这一切都是新鲜的发现。奥瑟尔在白海的航行范围远远超出了他的同辈，他意识到有个世界等着人们去探索，他不像某些水手只走常规航线，比如说，轻车熟路地在敦刻尔克（Dunkirk）和多佛之间的海峡上往返。他的航行意义非凡，但你要明白为什么一个人会这么敢想敢干。他的同辈人中，若谁致富有方，他们的财富大多也是南方人才视若珍宝的动物产品。因此北方人不得不远途奔波，把他们的货物换成金钱。奴隶在本地一文不值，必须运到远方才有市场。旅行本身就值得钦佩，有时还有意外之喜，比如一艘载有贵重物品的货船、一座金银满仓的修道院、一个安身立命的地方，这些都是大好的机会或光明的前程。名门望族的子孙带着他们的追随者，去更广阔的天地奋斗和生活。

其他人也有同样的思想倾向，比如基督教传教士。自命不凡的不来梅主教亚当在写北国传教的故事时，还写了一本地理书，表露了他想知道"这片土地延伸了多远"的热情。他的故事有浓厚的传奇色彩，肯定不是一手资料。比如，他提到狗头独眼的食人族堵住了奥瑟尔前往北地的去路。[19]不过，他的书仍值得一读。他认为北方人是优秀的战士，因为他们不吃水果，他们"攻击别人比别人滋扰他们更频繁"，但即便如此，"贫穷迫使他们走向世界各地"。[20]也许是家里的人太多了，他们不得不远走他乡。

然而，这太简单了。维京人四海为家并不只是生活所迫。他们辗转奔波是为了利益，为了占有，（领主是）为了摆脱国王的权威，（平民是）为了逃避领主的势力。不断增长的人口尽管在现代人看来微不足道，但在当时确实很重要，因为人是商品。他们可能会被抓住，然后被关押，如果有人愿意，可以支付丰厚的赎金为他们赎身。他们也可能被留下，作为诺斯人旅行的必需品，当农场工人、妻子或厨师。870 年前后，诺斯人开始在冰岛空寂的土地上定居，他们从爱尔兰海各地掳掠奴隶；冰岛一半以上的妇女都是盖尔人。他们出发去美洲和弱小的殖民地文兰（Vinland）时，还带着一个名叫蒂尔基尔（Tyrkir）的日耳曼奴隶，专门做家务。[21]

更有利可图的是，奴隶可以大规模出售。8 世纪执事保罗（Paul the Deacon）写道，北方是有益身心的地方，适合人们繁衍生息，日耳曼尼亚（Germania）这个名称就取自万物"萌发"之意。他说："这就是无数的奴隶被赶出人口稠密的日耳曼尼亚，卖给南方人的原因。"北方人手中的阿拉伯银币，无论是丢在斯凯岛（Isle of Skye）上的，还是埋在宝库里的，都是他们挣来的；所有运抵北方的丝绸和实践阿拉伯新医学所需的各种香料，都是他们买来的。

他们用人来付账。

阿拉伯世界急需人来做工。瘟疫损耗了人口，劳动力供不应求。和平解不了燃眉之急，战争才能带来俘虏。他们的非洲劳工很不安分，经常闹事。阿拉伯人迫不得已，只能去奴隶市场——远至北方与西方的乌得勒支和繁华的威尼斯（Venice）——而且他们愿意出高价，所以如果将奴隶运到地中海东边，卖价是北方的两三倍。[22]845 年，这些数字引起了莫城（Meaux）教会理事会的注意，查理曼帝国的商人们将大量的人类资产从众多虔诚的城市转移到"无信者和我们最凶残的敌人手中"。问题不只是奴隶们所面临的悲惨生活，理事会抱怨道，"他们是在扩充王国的敌人数量，壮大敌人的力量"。理事会想要确保只在基督教世界内贩卖奴隶，并说这是为了他们不朽的灵魂。[23]

奴隶贸易利润丰厚、市场广阔，维京商人想分一杯羹。他们自己开辟了可靠的贸易路线，向东穿过波罗的海，途经俄罗斯西部的诺夫哥罗德（Novgorod），然后向南到达里海、黑海等地。他们有毛皮、象牙、琥珀、蜂蜜、蜂蜡和好剑，可以卖给阿

78

拉伯人，也可以卖给不里阿耳人（Bulghors，又译作保加尔人）、可萨人、俄罗斯人等沿途的中间商。奴隶是他们经营的另一种商品，而且是很不错的商品。[24]他们野心很大。都柏林的国王、诺斯人的首领奥拉夫①横渡爱尔兰海，外出征战，于 871 年带回了200 船俘虏，有"盎格鲁人、布立吞人和皮克特人"。他将至少 6000 人带回爱尔兰出售，因为苏格兰和威尔士的市场消化不了这么多奴隶。[25]

维京人会趁乱抢劫、掳掠，但最重要的是绑架。只要东方市场需要劳动力，诺斯人的贩奴船就会起航。他们的奴隶贸易帮助打破了北方所有的边界，包括遗传、文化和政治。

公元 800 年以前，几乎没有人近距离接触过诺斯人，他们可能很美丽，可能很可怕，但往往令人厌恶。他们习惯一群人挤在一起长途航行，只带少量的水，也不做什么遮挡，完全没有隐私的概念。他们知道冬日漫漫，无聊至极，所以他们爱喝酒。他们对旅行永远充满热情，那些出行前的仪式让他们仍能感觉到家的存在。他们随时随地都在展现他们的文化。至少在丹麦的海泽比（Hedeby），无论男女，都涂着某种擦不掉的化妆品（可能是文身），以吸引别人注意他们的眼睛。[26]他们希望别人害怕他们的目光。

阿拉伯商人伊本·法兰（Ibn Fadlān）说，他遇到维京人的地点是在基辅以东伏尔加河畔的不里阿耳营地里。他奉命去那里，规劝这个笃信萨满、策马游牧的民族成为真正且安定的

① Amlaíb，史称"白王"，生卒年月不详。853 年，"白王"奥拉夫来到爱尔兰，在都柏林称王。

穆斯林。他看到罗斯人（生活在东方的维京人）来此地做生意，大吃一惊。他写道："我从未见过比他们更完美的身体，他们就像棕榈树。"他们全身纹满了墨绿色的繁复图案。他们很脏，除了泡一泡污秽的公共浴池，几乎不洗澡，他们"就像流浪的驴子"。他们与女奴交欢时从不回避同伴，如果买家赶巧在这样不便的时刻登门造访，"这个男人不感到心满意足，不会起身离开她"。他们还好饮酒，喝的可能是蜂蜜酒，也可能是发酵的马奶。他们明知"健忘之神苍鹭盘旋在酒宴上空，伺机偷走人们的智慧"。[27]但年深月久，他们还是贪恋美酒的滋味。882 年，阿尔弗雷德大帝让丹麦国王戈德弗里（Godfrid）接管弗里斯兰，要求他保护弗里斯兰不受包括丹麦人在内的入侵者的侵袭。戈德弗里同意了。但不到三年，他就提出了新的要求。他在无法畅饮美酒的地方待不下去——"这酒在弗里斯兰的供应太少了"。[28]

如果一个维京人生病了，他会被单独安置在远离他人的帐篷里。如果他能挺过来，大家会欢迎他回归。如果他死了，而他又很穷，罗斯人会为他造一条船，把他放在船上烧了。如果他很有钱，他们会按照习俗，举行一场火、性和谋杀交织的仪式，以确保大家都知道他是个富有的维京人。

他们会在死者的女奴（或男奴）中找一个自愿为他殉葬的人。这个女奴要尽情喝酒，尽情唱歌，表现出无比的快乐。他们会把死者的船拖上岸，架在木框板上。等一切准备就绪，他们会挖出他的尸体，除去上面的覆盖物，此时尸体还没发臭，但皮肤已经变黑，[29]他们会把尸体连同一条被砍成两半的狗和几匹跑到力竭被宰杀的马一起放上船。女奴要与船周围各帐篷的主人行淫，每个人都要对她说："告诉你的主人，我这

80

么做只是因为你对他的爱。"据伊本·法兰所述，殉葬的奴隶也可以是男孩，所以看来维京人遵循的是海上的规则：最好的性是可得的性。他们的这一习俗自然会受到无礼的戏谑。有人戏称，伟大的雷神索尔（Thor）为了偷回魔锤，乔装成女人，他很害怕别人认为他有"龙阳癖"；在海尔吉·约尔瓦德松（Helgi Hjörvardson）的歌中，粗鲁的食人女妖告诉小王公阿特利（Atli），"虽然你有种马的声音"，但动情的却是屁眼。[30]

夜幕降临，他们会竖起一道像门一样的木框，然后吊起女奴，让她从上面张望，仿佛这就是通往天堂的大门。她第一眼看到等待她的父母，第二眼看到守候她的亲戚，第三眼看到召唤她的主人。她要一直喝酒，喝到神志不清。在船上，六个男人强奸她，然后，两个男人用绳索紧紧套住她的脖子。一个干瘪的丑老太婆走上前来，象征死亡天使，用刀刺她，直到将她刺死。男人们不停地猛敲盾牌，这样就没有人能听到女奴的哭喊，尤其是不能让其他奴隶女孩（或男孩）联想到有一天他们也可能会为主人殉葬。

死者最亲近的男性亲属要脱光衣服，一只手捂住屁股，另一只手举着一块燃烧的木头，倒退着向船走去。他把木头扔上船，众人会跟着他，逐一扔出自己手中燃烧的木头。船上火焰舞动，帐篷也被火光包围，尸体在狂风中被烧成灰。[31]

伊本·法兰的叙述有一定的真实性，我们从马恩岛（Isle of Man）巴拉蒂尔（Ballateare）残存的维京人坟墓中可以找到证据。墓中有一具裹着斗篷的中年男人的尸体。高处还有个很年轻的女子，她双臂抱头，头骨都被打碎了。[32]她必须死掉，他才能下葬。

这种风俗吓坏了虔诚的穆斯林。基督徒们也深感震惊，指责维京人负类反伦。教会忙着宣扬关于家庭单元的教义，强调家庭不是部落或群体，而是父母与子女；提到忠诚体现在很多方面，不仅包括奴隶和船员的赤胆忠心，也包括女儿和儿子的血浓于水。这与维京人的观念相差甚远。教会还忙着将性塞回一夫一妻制的婚姻框架里，而维京人仍保留着一种开放的、公开的、神圣的性。随着丹麦人步入更文明或至少更南方化的社会，他们甚至改变了婚姻的官方含义。基督教地区的法兰克法律允许把妻子分成一等和二等，更不用说"年轻时的妻子"了，她们只是男人在缔结严肃的契约和有产婚姻，甚至选定妾室之前的权宜之计。9 世纪，康布雷的哈利特盖雷（Halitgaire of Cambrai）编制的忏悔清单谴责已婚男子包养情妇，但赞成没娶妻的男人有情妇。这种生活方式在丹麦语中被称为"more danico"，意思是维京人式的婚姻。[33]

维京女人更是独树一帜，她们以性、冷酷和武艺而名震四海，就连她们的情人都认不出她们盔甲加身的模样。她们有主见，雷厉风行，即使在婚姻问题上亦是如此。965 年，据商人伊布拉·伊本·雅各布（Ibrāhīm ibn Ya'qub）报告，在港口城镇石勒苏益格，"妇女可以主动提出离婚诉讼。她们可以随时选择与丈夫分开"。[34]这听起来离婚只不过是在证人面前的正式声明。当然，女性的独立使男人以为女人一定很放荡。一位乐观主义者说："他们的女人都不会拒绝男人。"

她们被认为是战士，至少她们在传奇和故事中的形象大多如此。诗歌中的谷德伦（Gudrun）替她死去的哥哥们报仇，如她所言，因为"我们是兄妹四人，我们看似不可征服……我们加速行船，每个人都是船长，我们在命运的指引下漫游"。[35]维京女人可能打扮得像男人，接受士兵训练，12 世纪，

81

萨克索·格拉马蒂库斯（Saxo Grammaticus）在《丹麦人的业绩》（*History of the Danes*）中写道，她们"志在战斗而不是亲吻"。[36]他还以批评的口吻写道："她们把本该用在织机上的双手奉献给了长矛。"他讲述了维京女人阿尔维德（Alvid）一波三折的故事。阿尔维德不想嫁给阿尔夫（Alf），于是化装成海盗逃出了家门。她偶然遇见一群海盗在悼念死去的首领，他们群龙无首，急需一名新船长，结果她阴差阳错地当选了。她在"担任首领期间招募了许多志同道合的少女"。后来，她在阵前与阿尔夫短兵相接，不慎被撞掉了头盔，阿尔夫顿时醒悟，"他必须用亲吻而不是武器来战斗"。萨克索是一位谨守传统的教牧人员，他最后写道，阿尔夫含情脉脉地抚摸阿尔维德，两人还有了一个女儿。[37]

女性的选择有时也会影响家庭、遗产继承和名誉等大事。如果父亲没有儿子可与女儿争锋，那么女儿可以选择扮演儿子的角色，担负儿子的责任。在冰岛的传说中，赫沃（Hervör）从小就擅长舞刀弄枪，装扮成男人的样子出去抢劫，她手下有一队孔武有力的维京男人。这一切都始于别人对她名誉的轻视，一个奴隶胆敢说她父亲也是奴隶。她想用家族的宝剑去战斗，就这把宝剑的使用权与父亲的亡灵争论起来。故事说，最后她的父亲同意了，并祝她战无不胜："我愿你能取十二个人的性命。"讲故事的人是传统的捍卫者，他们认为赫沃的要求没什么不妥。她的故事非同凡响，但她的所作所为可以想象。[38]

789年，一位名叫比杜赫德（Beauherd）的管事正好在多切斯特，他听说有三艘外国船驶入了英吉利海峡的波特兰（Portland）港。法律规定，但凡有人登陆，必须立即进城，报告同行人数。于是比杜赫德骑马去港口迎接，据埃塞沃德（Æthelweard）的《编年史》（*Chronicle*）记述，他"以为来者是买卖人，而不是敌人"，因为在哈姆维克（Hamwic）大贸易中心（即现今南安普敦所在地）附近，商人多如牛毛。

但比杜赫德错了，据《编年史》记述，结果"他们将他杀死"。[39]

这个故事在《盎格鲁－撒克逊编年史》中还有另一个版本，坚称比杜赫德不知道他等到的会是什么人，也不知道他们是干什么的，所以他希望迫使他们前往国王住地多切斯特镇亮明身份，但不同版本的纪事都提到他被杀。"那些是第一批来到英格兰人土地上的丹麦人的船。"[40]

三年后，诺森布里亚的天空开裂，"狂猛的旋风和闪电，又看见火龙在空中飞舞。一场严重的灾荒立即继这些朕兆而来"。[41]一支维京舰队从挪威出发，在奥克尼群岛的夏季基地集结，他们都是不服官方管束的海盗。他们大多数人计划绕过拉斯角（Cape Wrath）前往赫布里底群岛，还有一小群人沿着苏格兰东海岸航行，寻找容易下手的目标。[42]他们在林迪斯法恩上岸，这家修道院里有丰富的神龛，还有虔信徒们赠送的礼物。《编年史》记载："异教徒将林迪斯法恩的天主的教堂大肆破坏，又抢又杀。"[43]

久闻大名的维京人来了。

约克的阿尔昆明白这意味着什么，他编撰的整段历史——包括撒克逊人来到英格兰以及基督教信仰的胜利，很快将土崩瓦解。阿尔昆是查理曼宫廷的重臣，身处欧洲的权力中心。据艾因哈德（Einhard）的《查理大帝传》（*Life of Charlemagne*）记述，他是学者、牧师、顾问，是"世上最博学的人"。阿尔昆听到林迪斯法恩的消息后，写信给诺森布里亚国王埃塞雷德（Ethelred）道："我们及祖辈已经在这片可爱的土地上定居了 350 年，以前从未在不列颠见过这样的恐怖，从未在异教徒手中遭受过这样的苦难。"他哀悼"圣卡思伯特教堂鲜血四溅，珍宝被夺，异教徒洗劫了不列颠最神圣的地方"。[44] 阿尔昆在写给林迪斯法恩主教希格鲍尔德斯（Higbaldus）的信中，再次提到了他的恐惧："异教徒玷污了上帝的圣殿，圣坛周围洒满了圣徒的鲜血，他们摧毁了我们的希望之所。他们在上帝的圣殿里践踏圣徒的身体，就像在大街上踩了粪便。"[45]

几年前，他随口问一位盎格鲁-撒克逊朋友，[46] 现在，他无疑将丹麦人和诺斯人视为不可教化的敌人。丹麦人想改天换地，野心昭彰，必定因为他们是异教徒。他们烧杀抢掠，毁坏修道院和教堂，只因他们别无他法来阻止基督的前进。

84　　阿尔昆的逻辑很特别。他安慰希格鲍尔德斯，说"上帝越是惩罚你，就代表他越爱你"，就连耶路撒冷和罗马也曾沦陷，所以异教徒的攻击意味着希格鲍尔德斯是对的。阿尔昆认为首先是旁人的罪孽导致了这个问题，他担心乱伦、通奸和淫乱会在这片土地上泛滥，[47] 但他最担心的还是教会，不列颠的教会该如何"捍卫圣卡思伯特和众多圣徒都没能保住的尊严"。他激励希格鲍尔德斯，"要有男子气概，要奋勇抗争，要保卫上帝的安身之所。"毕竟，对传教士来说，上帝也是移民，搬到了新的领地，很容易受到维京人等后来者的挑战。

阿尔昆很注重男子气概，讲究谦逊、得体。他在写给希格鲍尔德斯的下一封信中谴责了过分的炫耀，坚持认为"虚荣的衣着不适合男人"。[48] 他希望男人有朴实的阳刚之气，能够通过战斗保住过去几个世纪的成功，能够面对维京人的胁迫临危不惧。但是，这种阳刚之气不能仅限于军事表现。阿尔昆还给一位林迪斯法恩的教士写信，这位教士曾被北方人俘虏，后来又被赎回，阿尔昆告诉他应该远离"武器的喧嚣"，独自祈祷。[49]虔诚亦是一种武器。

次年，麦西亚国王奥法授予肯特教会想要的一切特权，包括免税权，这项特权至少可以追溯到肯特国王维特雷德（Wihtred）于 695 年颁布的法律，其中第一条规定就是"教会免税"。[50]但这一次，事态严峻，形势逼人，教会不得不缴税，因为"肯特要出征，对抗海上的异教徒，追击他们四处活动的舰队。"这种"活动"并不是简单的航海旅行，而是"迁徙"，也就是说异教徒打算移居。[51]在之后的 200 年，抗击异教徒的条款被写入了土地授予书，这就是将坎特伯雷的土地授予女修道院院长塞勒斯吕特（Selethryth）作为避难所的原因，也是国王将土地赠予大主教以换取金戒指时要求对方履行的责任。[52]国家进入了战争状态。

奥克尼舰队穿过赫布里底群岛，如《阿尔斯特编年史》（*Annals of Ulster*）所述，"不列颠诸岛惨遭外邦人蹂躏"。但他们并非次次都能遂心。796 年，一支小舰队驶入泰恩河河口，奔着贾罗修道院而去，但这一次，修士们早有防备。维京人的头目就地被格杀，有些人侥幸乘船逃走，却在泰恩茅斯（Tynemouth）被逼上岸，并被屠杀。

四十年来，英格兰没有再受到攻击，但他们也没有遗忘敌人。他们必须旗帜鲜明有认定的敌人可以审判和谴责，有对手可以证明军队的正义和君主的圣明，纵然他们自己的习惯和策略也相差无几。他们不会忘记维京人，就像忘不掉镜子中血淋淋的自己。

教会提出了特定的敌人，他们犹如恶魔，不知悔改，双手沾满鲜血，任谁击败他们都可以引以为荣，起码受苦受难也问心无愧，因为殉道者最值得尊敬。在《阿尔斯特编年史》中，维京人就是这样的敌人，他们不再是竞争对手，争夺同样的战利品，追求同样的优势。这些记录之所以为人所知，是因为它们被保存在数百年风雨不倒的机构里，比如修道院或大教堂，这些机构饶有兴致地记录了他们是谁、他们做了什么、他们拥有什么。这些机构与国王和国家关系紧密，有时就像官僚机构，没准还要自掏腰包，给无计可施的统治者出谋划策。他们的故事都是正史，万古长青，因此盖过了其他故事。

然而，想一想查理曼——维京人的仇敌——及他的帝国继承者的所作所为。他的军队只能靠偷来的货物和索要的贡品来支撑，而军队的忠诚则要用马匹、白银、黄金或武器来换取。如果事出紧急，比如维京人袭击，这位伟大的皇帝会亲自招兵买马，争取他能得到的最大支持。他同意那些没有多少财产的人少服兵役，他允许小地主只提名一人代表他们所有人而战。这些挺身而出的人必须受到奖赏。兵贵神速，他们没有辎重车队，这意味着基本物资供应不足，为了填饱肚子，他们就会糟蹋途经的土地。著名的例子是 860 年，查理曼昔日的三名部下在科布伦茨（Koblenz）会师，军队驻扎了一段时日，对那片竭诚相待的乡村造成了巨大的破坏。这些军队和维京人一样，喜欢轻便的黄金，为此他们会毅然决然地摧毁别人的圣地。他们卷走了撒克逊人伟大的树庙伊尔明苏尔（Irminsul）①中的金银，然后将其付之一炬。有一两次，他们甚至成功地击退了维京人。885年，一支弗里斯兰军队打败了一帮维京人，缴获了"大量的金银财宝及其他动产，从首领到小兵都发财了"。[53]

考虑到查理曼的习性，你会发现维京人不是袭击者，而是同一场暴力游戏中的另一组玩家。诺斯人索要贡品，而查理曼不仅要求进贡，还要求向与他权力紧密结盟的教会缴纳什一税。查理曼和维京人一样，经常越境袭掠，如果他认为此地不宜定期收取贡品，就会大肆掠夺；如果他不想占领和定居此地，就会接受进贡。他们的不同之处在于维京人统治和利用的是海洋。

维京人发动袭击时，查理曼刚刚打败了最令他恼火的邻居撒克逊人。他的朝臣们进言，撒克逊人烧杀抢掠成习，是冥顽不灵的异教徒，他们不会像基督徒一样思考，因此难以捉摸。法兰克人想要控制莱茵河及上下游的往来贸易，而撒克逊人始终是法兰克人的威胁。他们似乎与法兰克人决心要征服的民族关系非常好，尤其是弗里斯兰人。他们在没有国王的情况下自主生活，并引以为豪。据比德报道，如果战事迫在眉睫，他们就抽签选出一名主将，所有人在战争间都要服从他的命令，但等战争结束，"主将身份就会失效，恢复人人平等"。这对查理曼个人来说是种侮辱，因为他希望他们臣服于他，而这对一位国王来说也是个现实问题，因为他希望统治他们。

公元800年，查理曼大获全胜，他甚至宽宏大量地承认了　87

---

① 传说是一棵连天接地的白蜡树，用来支撑世界，不仅是撒克逊人崇拜的图腾，也是他们智慧和知识的源泉。

撒克逊人的法律，但他也明白，要管束他们，他必须拥有比国王更高的权力。[54]圣诞节那天，他到圣彼得（St Peter）墓前祈祷，教皇给他戴上皇冠，人们高呼他的新名号，奥古斯都（Augustus），罗马人的皇帝；人们祝愿他"万寿无疆，永远胜利"。查理大帝说（至少他的传记作家艾因哈德说他说），如果早知道这样，他就不会去教堂了。

这位新皇帝不宣教，他直接进攻。查理大帝没有试图说服撒克逊人改信基督教，而是颁布了新法律。他规定，如果一个人坚持异教仪式，将被处死；如果他躲起来拒绝受洗，将被处死；如果他不遵守教规、承担义务，将受到严惩。不让孩子受洗的罚款相当于30头牛，没有自由或出身低微的人也不例外；社会阶层越高，罚得越多。就连死人也要遵从法律。只有墓地，不再有土冢，也不再有火葬；协助火葬的处罚是死刑。传教士们恭恭敬敬地等到法律生效，再出去布道，恫吓人们，谁也不敢说自己还没皈依。

改宗的传说光芒万丈，写满了大义凛然的殉道者、口若悬河的传教士，还有真理的胜利。然而，改宗的过程实则极其灰暗，有时残酷，有时肤浅，有时代价高昂，与心灵和思想没有多大关系。9世纪20年代，传教士安斯加北上拯救斯堪的纳维亚的灵魂，就连他的传记作家林贝特（Rimbert）也承认，他"为了赢得人们的灵魂，在北方地区散尽千金"。他的第一批修士是在奴隶市场上买来的男孩："他开始买丹麦男孩和斯拉夫男孩，以便训练他们为上帝服务。"令安斯加愤怒的是，男孩们最终成了贵族的仆人，因为这位贵族控制了他们的修道院，所以他们从未获得过自由。林贝特北上前往瑞典时，安斯加送给他们一行人"他们需要分发的任何东西，以确保朋友的安全"。[55]

平信徒的做法也大致相仿。日耳曼人路易（Louis the German）买通各路异教徒来帮助他对付父亲。他的对手秃头查理（Charles the Bald）也以牙还牙，贿赂不里阿耳人，鼓励他们攻击日耳曼人路易。宗教和政治的惯用手段看起来十分相似。[56]

不过，并不是每个灵魂都要靠收买。有时，平息海上可怕的风暴或者全身沾雨不湿也能使人心悦诚服。这表明基督教的神能自发地展现神力，不像索尔这样的神还需要魔法装备助阵。请注意，为了确保万无一失，基督教的十字架背后仍刻有索尔的巨锤。有时，只要改变国王或朝廷的信仰就够了，皇帝很乐意动用自己的皇权、影响和资源向君主施压，为改宗添柴加火。虔诚者路易就是这么做的，他把丹麦国王哈拉尔赶出王国，与其说是为了传播信仰，不如说是为了今后"基督教的子民会更乐意向他施以援手"。[57]

9世纪初，一位不知姓名的诗人志存高远。他重述了四部福音书的故事，至少说服了撒克逊人——也许还有弗里斯兰人——相信基督的历史。他写了大量的诗句，可以在宴会上高声唱诵，就像讴歌国王丰功伟绩的诗作一样篇幅宏大。他的诗是写给酒宴大厅里的听众的，因为修士和教士不需要这样的劝说，所以他很可能是在向王公贵胄演讲。他用的是撒克逊语，但夹杂了一些北海沿岸的词语。要找到他的名字似乎希望渺茫，但我们知道有一位吟游诗人常在宴会上演唱，他的曲目都是《贝奥武夫》（Beowulf）这样伟大的史诗。他唱过弗里斯兰国王的故事，也唱过他们丹麦和日德兰半岛的亲戚。他有理由

成为狂热的基督徒，因为传教士柳德格尔治好了他的眼疾。他
的名字叫贝恩勒夫（Bernlef），《救世主》很可能就是他的
作品。[58]

89　据《救世主》所述，四部福音书的背景从地中海被挪到
了寒冷的北方世界。北方以冬日计算年岁，那里没有广袤的沙
漠，只有黑压压的森林和隐蔽的林地，耶稣的门徒就像首领召
集的一群人，期待他们赤胆忠心。托马斯（Thomas）在危急
关头告诉其他门徒："坚定地与主同在，末日之际随主赴死，
这是领主的选择。"[60]天使向撒迦利亚（Zacharias）显现，预言
他会晚年得子，撒迦利亚不敢相信，但他后来接受了这个事
实，天使告诉撒迦利亚，要以绝对忠诚（treuwa）的美德来培
养未来的施洗者约翰（John the Baptist），这样约翰才能成为
基督的"开路先锋"。[61]

这首诗写的显然不是普通人，诗中的普通人都面目模糊。
马利亚（Mary）成了"贵族女人"，约瑟（Joseph）也是贵
族，报信天使无视牧羊人，与他的马夫和哨兵在马厩里交谈。
婴儿耶稣没裹襁褓，而是珠宝加身。他长大后，召集门徒，门
徒们都认为他慷慨大方，他从不吝惜黄金和礼物，还免费提供
酒水，至少蜂蜜酒管够。他的做派很像撒克逊贵族，安斯加也
学会了这样去招抚他想改变的异教徒。对耶稣而言，门徒反而
成为"一股来自许多民族的强大力量，一支神圣的军队"。[62]

福音故事和撒克逊人的世界开始融合。耶稣受洗，代表圣
灵的鸽子降临，但鸽子没有落在他顶着光环的头上，而是像沃
登的神鸟渡鸦一样，停在他的肩头。门徒们在湖岸边等候他，
那片湖其实是海，有沙滩绵延、沙丘起伏，他们驾着"钉得
很牢"的船出海，这些船是用木板交叠钉合而成的，船头有

翘起的"高角",很像维京人的船。他们像纵横北海多年的老手一样迎风航行,以防海浪拍打船舷。[63]

拉撒路(Lazarus)起死回生,但不是像福音上所说的从洞穴里复活。按照古老的撒克逊圣传,他是从顶上有一块石头的坟冢里出来的。基督也是从这样的坟墓中复活的。大祭司和法利赛人的会面很像查理大帝严令禁止的那种撒克逊人的集会。《新约》(New Testament)可追溯到《律法书》的"正如经上所记",而《救世主》则有讲法律的人,他们对口传的撒克逊法律倒背如流。盐不是调味品,而是用来治病的,撒克逊人就把盐当药物使用。门徒们要求学习神圣的如尼文,于是他们得到了主祷文,得到了接近上帝的魔法。彼拉多(Pontius Pilate)的妻子做噩梦,梦见了耶稣之死的后果,《救世主》说,这些梦是蛇魔的杰作,戴上日耳曼传说中的重要法器魔法头盔,就看不见了。[64]

有时,诗人必须深吸一口气,彻彻底底地解释圣经。贵族们习惯于在法庭上通过宣誓来证明自己的清白,所以很难告诉他们耶稣禁止起誓。他们只应回答"是"或"不是"。诗人认为,如果每个人都赌咒发誓,但不是每个人都实话实说,那么誓言的价值何在?谁又能相信誓言呢?但有的段落,诗人保留了圣经故事的情节,但改变了其中的含义。圣经说,基督在客西马尼园里明知酒杯不会离开他的手,他的命运已然注定,他喝下杯中酒以示认命。而诗人写基督一饮而尽是为了上帝的荣耀。认命未免太温和,而诗人改为基督向酋长致意。基督将钱商逐出圣殿,但在《救世主》中,钱商是高利贷者,自然都是犹太人。《救世主》中的犹太人是"另一种人",基督告诫他们:"你们犹太人从不尊重上帝的殿堂。"整首诗写得活灵活现,北方人的美德、南方人狡诈和不可靠的本性以及南方犹太人的形象都跃然纸上，反对基督的犹太人变成了"傲慢的人"和"邪恶的氏族"。基督不再是犹太人，他的门徒也不再是犹太人，他们都是北方人。一些可憎的思想正在破壳而出。[65]

文化即使不能融合，也能混杂，福音书也会巧妙地改变以迎合新来者。没有酋长会骑驴进入耶路撒冷，也没有酋长会给追随者洗脚，所以耶稣荣进圣城、为门徒洗脚需要全新的解释。即便是被遗漏的故事——没有浪子回头，就没有家庭冲突，没有心地善良的撒玛利亚人，就没有社会差异——也不如留下的教训那么发人深省。撒克逊门徒被教导要谦卑，要温和，这几乎就是圣经中耳闻能诵的八福词，只不过有福者从哀恸的人变成了为自身恶行而痛哭的人；"渴望正义"的人变成了"想要公平审判的战士"，因为贵族听众期望自己成为审判者；仁慈的人被告知要善良，还要有"英雄的胸襟"；而"和事佬"仅限于那些"不想因自己的行为挑起任何斗争或官司"的人，这种祝福对战士阶层来说似乎很别扭。至于那些"为了正义而受到迫害"的人，在诗中也出现了，他们可能是桀骜不驯的撒克逊人，正因查理大帝和诸侯们的关注而备受折磨。[66]在这种情况下，查理大帝的传教士很难劝说落败者要有耐心。《救世主》认为，省略基督"我来并不是叫地上太平，乃是叫地上动刀兵"这一句应许很机智。

这是政治炼金术。国王和皇帝早就知道，受过良好教育的神职人员可以成为有用的官僚，他们可以撰写文件，审核文件，对文件提出异议，而教会的结构，即教区的设置将征税和管理制度推行到了王国的每个地方。教堂和修道院往往看起来像堡垒，戒备森严，有时为了自卫还会使用暴力。他们对贸易路线的兴趣，以及与葡萄酒、绘画、书籍和文物之间的联系，赋予了他们世俗的名望。剩下的就是把战士阶层纳入体系，让理想和基督教要义成为他们的精神支柱，允许常规战事在本该宣扬和平的宗教中发生。贵族战士决定追随基督，需要《救世主》提供的励志故事，证明他们尚武的职业是神圣的，战争对木匠和渔民追随者来说也很有意义。

一旦这种观念建立起来，一种新的、高尚的、审慎的军事风格就会开花结果。当然，血腥的战斗不可避免，但也会适时体现骑士精神，比如比武决斗，有规则的战争，关乎荣誉、势在必行的战争，为了上天堂（以及在世间获得更多钱财、更多土地或迎娶大家闺秀）的斗争。很明显，既然北方人是基督的子民，他们就有权加入十字军，有权追击南方人，尤其是讨伐异教徒。骑士精神的表现和底色，包括十字军东征的野蛮行动，都取决于上帝和战士制度的结合。

92

维京人对此没什么兴趣。他们想打哪里就打哪里，想抢什么就抢什么。

799 年，他们摧毁了阿基坦附近的部分岛屿，但他们发现这并不容易。他们损失了一些船，还死了一百多人。陆上的军队无法击退他们，因此查理曼下令配备人手，组建舰队，并于802 年、808 年和 810 年订购了更多的新船。那时，他的舰队遍布所有可通航的河流。[67]这还不够。804 年，丹麦国王戈德弗里本应在靠近两国边境的石勒苏益格港会见查理大帝，但他最终没有露面，因为朝臣建议他要保持距离。四年后，他决定加强从波罗的海到"西海"（我们所说的北海）的边防，将商人们从失守的港口雷里奇（Reric）转移到石勒苏益格，他一定知道查理曼喜欢搞突袭。后来，正当新皇帝考虑出征敲打戈德弗里之际，传来了令人震惊的消息，一支由 200 艘坚船组成的北欧舰队沿着浅海航行到弗里斯兰海岸附近的岛屿，他们大肆破坏，还上岸与弗里斯兰人大战了三场，并带回去 100 磅白银，作为贡品献给了国王戈德弗里。[68]这位小国国王接二连三地滋扰查理曼帝国薄弱的边疆。

这就是战争转向海上的时代。双方舰队在海上作战，即便没有同等的战船，也有同样的雄心。弗里斯兰被毁一年后，查理大帝检阅了他在根特和布洛涅的舰队，修复了布洛涅古老的罗马灯塔，以便指引舰队安全返航，他还启用了一系列警告信标，并命令诸侯随时做好战备，以防维京人再次来犯。[69]新的敌人改变了权力的边界，使海岸线看起来好似软肋。

然而，就在同一年，查理大帝还与另一位丹麦国王、戈德弗里的继承者亨明（Hemming）讲和，双方各派出 12 名贵族参加会谈，他们要 "按照他们民族的习俗" 宣誓。[70]你可能遭到野蛮的攻击，但仍要尊重敌人的法律和风俗，甚至在某些情况下还要对他保留一丝信任。维京人和查理大帝都心知肚明，他们身处同一场游戏当中。

基督徒们为此齐声哀号，悲鸣不已。他们说，正如《先知书》上的预言："必有灾祸从北方发出，临到这地的一切居民。"795 年、802 年和 806 年，艾奥纳岛的神殿和修道院三次遭到袭击，有 68 名修士惨死；807 年，第四次袭击迫使修道院将其人员转移到爱尔兰内陆相对安全的凯尔斯（Kells）。这就好似耶路撒冷再次沦陷，罗马被异教徒洗劫一空，他们的圣地、他们的住所、他们的文化都被破坏了，而最糟糕的事情还在后头。

855 年前后，努瓦尔穆捷岛圣菲利贝尔（Saint-Philibert de Noirmoutier）的编年史家埃尔门塔（Ermentar）写道："北方人的数量不断增长。各地基督徒都饱受屠杀、掳掠、蹂躏、焚烧之苦，只要世界存在，这些明显的痕迹就会遗留下来。"[71]三个世纪后，《伊利之书》（*Liber Eliensis*）仍无比激动地提到，公元870 年，一群"邪恶的暴徒"如何抵达"处女修道院"——坐落于英格兰沼泽边缘的伊利（Ely）女修道院，"狂徒的利剑高高举起，落在白净、圣洁的脖颈上"。这些事可能并没有发生过，但修辞用得很贴切，很符合维京人的形象。按修士们后来的说法，维京人难以忽视的破坏力让神职人员心烦意乱，是导致修士和修道院不完美的因素。[72]

欧洲的另一边，在康斯坦茨湖的小岛上，修士瓦拉弗里德·斯特拉博（外号"斜眼"）谴责异教徒谋杀了与（"王族"）人脉深厚的修士布拉特马克（Blathmac）。[73]布拉特马克明知"丹麦的异教暴民难抑满腔邪恶的怒火，常在那里叫嚣"，但他仍义无反顾地去了艾奥纳岛。他一心想要在身上留下圣痕，即使殉道也在所不惜，所以他愿意以身犯险，而丹麦人这些凶残的武装暴徒就是他达成心愿的最佳机会。斯特拉博以"艾奥纳殉道士"为题作诗写道，如你所料，他正站在上帝的一边，沐浴着金色的曙光做弥撒，一帮可恶的家伙怒气冲冲地闯了进来。手无寸铁的布拉特马克临危不惧，他说自己不知道在这座金碧辉煌的神殿里，卡思伯特的遗骨被埋在何处。"即使上帝告诉我，我也决不会让这消息传到你们的耳朵里。"他让丹麦人拿起剑，他们照他说的做了。他们砍断他的四肢，撕开他冰冷尸身上的伤口，他就这样带着圣痕殉道了。[74]

94

他的胜利和他的圣徒地位，全靠他安排自己成为牺牲者。如果没有惨死，他只是社会上一个体面的神职人员。在他的二元世界里，他需要敌人。我们与他们、对与错、虔诚与邪恶势不两立。罗马世界心中有数，知道蛮夷在边境虎视眈眈，但它并不依靠反对势力的存在来肯定自我。而基督教，尽管被他们传入了越来越多的地区，改变了人们的思想，改变了他们与国王和领主相互依存的生活方式，基督徒却仍坚持认为他们饱受排挤，流离失所。

825 年前后，爱尔兰修士迪奎尔写道，爱尔兰的隐士们在不列颠北部的岛屿——很可能是法罗群岛——上与世隔绝地生活了近百年。他还在他的地理学专著《寰宇览胜》（Liber de mensura orbis terrae）中抱怨道："这些岛屿仿佛从世界肇始就被遗弃了似的，现在由于诺斯人这帮强盗的存在，岛上已经没有隐士了，只有数不尽的绵羊和铺天盖地的海鸟。"[75]

这就是我们耳熟能详的故事，诺斯人的破坏力，他们四处掳掠，侵扰离群索居的隐士，突袭北海南部海岸所有欣欣向荣的新城镇。这些城镇倚仗教堂、修道院或其他封建权力，是为旧势力服务的新基础。诺斯人攻击它们，就是攻击北海世界脆弱的体系。但这些来自北方的终身旅行者和掠袭者不只是焚烧和破坏，他们还误打误撞地创造了一种新的城镇，这种城镇的生存不用仰人鼻息，不用依赖国王、领主或教会，有点类似我们的城镇。

我们可以在爱尔兰看到这一切，因为这里就是发源地。

第四章　定居

12 世纪，一位编年史家告诉世人："如果一根脖子上能长
出一百颗铁头，如果每颗头有一百条千锤百炼、坚不可摧的金
属舌头，如果每条舌头都声如洪钟、滔滔不绝地叫嚷，那也远
远不足以列举爱尔兰人民——无论男女老少，不管是普通信
徒，还是神职人员——在这些无情的异教战士手下遭受的痛
苦。"[1]维京人来到爱尔兰，奏响了传说中预言的序曲，干旱、
强雷暴、饥荒、洪水、瘟疫、痢疾和天花。所有这些，再加上
严重的狂犬病暴发和持续不断的血痢问题，末世思想的阴云在
8 世纪的最后 15 年里挥之不去。[2]

继而，真正的麻烦才开始。圣帕特里克岛被烧毁；伊尼什
默里（Inishmurray）的修道院被大火吞噬；艾奥纳岛猝不及
防，三番五次遭到袭击。地方领主组织抵抗，神职人员也不甘
示弱，他们往往都与领主沾亲带故。有时好几年都没有发生突
袭，但八年的风平浪静之后，霍斯（Howth）在 821 年又惨遭
洗劫，据《阿尔斯特编年史》记载，异教徒"掳走了大量妇
女"。[3]虽然水手们也需要情人、妻子和泄欲工具，但这些女人
最可能是为奴为婢。

平安夜，克朗莫尔（Clonmore）修道院被烧成焦土，又有
"许多俘虏被带走"。[4]阿马（Armagh）的圣地被攻破，"大量的

97　　人……被俘虏"。奴隶贸易的暂停和突然重启也许与阿拉伯市场的需求有关。

到 837 年，博因（Boyne）河上有 60 艘维京人的船，利菲（Liffey）河上也有 60 艘，每支船队至少有 1500 人。这是一次组织有力的远征，或许有王室的支持，但大多数冒险家还是来自诺斯人在苏格兰的基地。据《阿尔斯特编年史》记载，他们力战爱尔兰东海岸诸国，进行了"无数次屠杀"。爱尔兰流亡者认为，爱尔兰被踏平了，"维京人所向无敌地占领了周围所有的岛屿，并在那里定居下来"。然而，没有人能确定维京人想要的是战利品，还是领土，或两者兼得。甚至没有人能确定他们受何人指使，背后到底有没有势力撑腰。他们溯河而上，进入湖泊，整个冬季都在内伊湖（Lough Neagh）度过，几乎成了定居者。他们可能把湖心岛用作俘虏的营地，因为从那里出发，他们可以闯入劳斯郡（County Louth），掳获奴隶，带走"主教、神父和学者，并处死其他人"。5

爱尔兰国王们注意到，入侵者不仅登陆、抢劫、破坏和掠夺，还变成了邻居，这着实令他们担忧。爱尔兰人暂时停止了内斗，一致对外，将维京人视为死敌。他们战胜了诺斯人，一度似乎把诺斯人赶出了爱尔兰。这些胜利显然很辉煌，因为成王败寇，而且从长远来看，这些胜利也很有用，因为它们提供了叙写光辉历史的素材——伟大的国王如何除掉大敌——这样的故事可以流芳百世。

但是，据《阿尔斯特编年史》记载，849 年，"一支由140 艘船组成的海上远征队奉外族国王之命，前来管束此前到达爱尔兰的外国人，结果搞得整个爱尔兰鸡犬不宁"。6

爱尔兰人发现，除了需要合力对抗的维京敌人外，外国人至少还有两种。他们早就认识从苏格兰北部和西部岛屿基地过来的挪威入侵者和定居者，金发人（Finngaill）。现在，丹麦国王的舰队又从他们的英格兰和苏格兰基地带来了黑发人（Dubgaill）。[7] 众所周知，这两派看似水火不容，但又经常合作，所以他们可能是盟友，也可能是对手或敌人，他们的心思深重，不是单纯的邪恶势力，他们和爱尔兰人一样懂政治。

有一阵子，诺斯人为了决定谁来统治，相互之间摩擦不断。丹麦人接管没多久，挪威人就奋起反击，先是852年，他们召集了160艘船，但仍与对方实力悬殊；后来到853年，他们集合了足够的人马和战船，终于夺回了权力。只要都柏林的控制权问题尘埃落定，至少在北方人之间，互惠互利的交易就可以开始了。爱尔兰精美的金属制品流向北方，海象牙、琥珀和毛皮运抵南方。爱尔兰人有时被迫进贡，但维京人一方也会交出人质。上流社会的爱尔兰人可以考虑与维京人通婚。伦斯特（Leinster）国王的女儿嫁给了约克的维京王，也就是后来都柏林的维京王，之后，她又嫁给了爱尔兰国王，但爱尔兰国王可不是维京人，所以她的第一任丈夫显然没有损害她的社会地位。与此同时，明斯特（Munster）国王迎娶了沃特福德（Waterford）维京统治者的女儿。他们一定有某种共同的语言。[8]

共存开始了。

爱尔兰人有根深蒂固的共同观念，超越了他们对首领、地方或国王的忠诚。他们有共同的歌曲和法律，有万物起源的故事，有圣徒和国王的家谱，还有特殊的宗教风格。北方人似乎也一样。他们语言互通，有共同的法律、神灵和故事。

双方还有其他令人不安的共同点，这很方便比较。维京人有狂战士（*berserkr*），他们两人成组或十二人一组出动，上阵"不穿铠甲，像熊或野猪一样疯狂；他们见人就杀，火和铁都伤不了他们"。他们战斗起来异常狂暴，这是可以利用的优势。[9] 爱尔兰人也有野蛮的芬尼亚勇士（*fían*），[10] 这个无法无天的兄弟会被称为"死亡之子"，他们"以异教徒的方式"到处搞破坏。异教徒在这里指的并不是像维京人一样的外来者，而是基督教传教士到来之前的爱尔兰人。芬尼亚勇士都是在社会上没有固定身份的人，他们要么是被流放的亡命之徒，要么年纪尚轻，要么还未能自食其力，所以他们很不安分。他们总是令人胆战心惊，尤其是他们在居民区里猫冬的时候。他们是荒原上的野人，确信自己有掠夺的权利。芬尼亚勇士像狼一样号叫着投入战斗，据说他们可以随意改变身形（这可能是因为他们像狗一样的发型）。国王和贵族的儿孙们都要在芬尼亚勇士团中接受军事训练，这意味着如果有一天在位的人死了，他们可能会摇身一变，从局外人变成统治者，从无地流民变成一方诸侯。

和狂战士一样，这些人也是国王和贵族可用的资源。他们可以当雇佣兵，成为像维京勇士一样优秀的佣兵和得力的盟友，在爱尔兰国王与对手势均力敌时助他胜出。毕竟，战争与其说是一场事件，不如说是一种占领，所以需要有偿的帮助。

然而，维京人还在到处掠袭，基督徒还在坚持不懈地表达愤怒。教士们很震惊，维京人竟敢"走到教堂门口"，他们亵渎了上帝的神殿，闯入修道院中心的神圣区域。人们为了安全才挤进教堂，结果不仅没有得到保护，还可能自投罗网，钻进了奴隶贩子的圈套。[11] 基督徒抗议的不是罪本身，因为罪是双方的通病；他们反对的是作恶的维京人。在挪威，人们发现了一些漂亮的胸针，是凯尔特人的图案和工艺，这证明维京人确实洗劫过教堂。这些胸针最初是配件，是从圣龛或圣书上扯下来的，背面正好就有别针。[12]但爱尔兰国王卡谢尔（Cashel）作为大名鼎鼎的文士和隐士，在822年随意烧毁了他的第一座修道院，包括院内的祈祷室，还在832年烧焦了另一座"教堂的大门"。[13]

圣地遭到袭击甚至毁坏屡见不鲜，但这发生在这样一个（就连维京人也开始皈依）基督教社会里似乎很奇怪。可见，修道院给人们的第一印象并不是神圣，而是它们与城镇、堡垒和宝库极为相似。

按照圣贝内迪克特（St Benedict，又译作圣本笃）制定的会规，修士们应该生活在四面高墙的世界里，围墙之内有菜园、水源、磨机和作坊，这样他们就"不必去外面闲逛，因为外出对他们的灵魂无益"。修道院的中心最神圣，适合建教堂、供奉圣物，其外是窑炉、工坊以及供定居者和帮工居住的房屋，再往外是农庄。这种宗教建筑群形似世俗的环形堡垒。[14]修道院通常建在高地上，四周有坚固的围墙和可供竖立栅栏的土堤，还有水沟可作护城河之用。修道院大多有圆塔，圆塔不仅是钟楼，还是他们保管文物和贵重物品的宝库，是个显眼的安全之所。

社区是围绕教堂而发展起来的。阿马定居点的南区是个神圣的社区，其中心是一座封藏圣物的大教堂，里面保存着一块浸过基督鲜血的亚麻布，还有一座为神职人员建造的教堂。这个社区有修士、修女、神职人员，也有已婚的平民，北部还单独建了一座教堂，供平民使用。这个社区收容病人、残疾人和弃儿。修道院逐渐发展成神圣的村庄，甚至变成了城镇。

100

这些社区有杰出的工程师。克朗马克努瓦斯（Clonmacnoise）修道院位于爱尔兰中心，它在沼泽中铺设了数公里的道路，通往香农（Shannon）河上的一座桥。这座桥长约 160 米、宽约 5 米，马车、动物、行人和骑手皆可通行，而这路和桥都是为修士和朝圣者修建的。[15] 在斯特兰福德湾（Strangford Lough）的内德鲁姆（Nendrum），他们在前滩挖了水塘，用石头和冬青枝条筑堤加固，涨潮时，海水就会蓄满水塘。他们还修砌了坚固的石渠，引水流过水车，带动磨石运转。他们的第一座潮汐磨坊建于 620 年前后，木材上的年轮证明了树木被砍伐的时间，边材状况良好，也证明了这些树木在砍伐后不久就被使用了。这是世界上已知最早的潮汐磨坊。[16]

101　　国王有权将军队临时安置在教堂里，说明教堂的空间有多大；国王还有权在修道院的土地上放牧，说明修道院被保护得有多好。修道院通常由创始人的家族牢牢把控，类似于王朝统治。修道院还很好战，它们不仅要为正义而战，相互间也争来斗去。845 年，时隔神职人员被免除兵役很久之后，两家邻近的修道院院长双双在一场战斗中被丹麦人杀死，他们各自掌管一支小军队，应征的都是神职人员。

到目前为止，我们谈论的都是世俗影响，但修道院易受攻击的真正原因是它们为别人提供的安全保障。修道院是避难所，逃亡者躲进修道院也会心安。提供庇护可能是危险的美德，如果敌人追上来，烧毁一个人的房子同烧毁他避难的教堂并没多大区别。教堂大多还是木质的——12 世纪才首次采用石头屋顶作为一种保险措施——所以一旦起火，火势会迅速蔓延。

如果国王纷争不休或土匪四处流窜，按避难权规定，修道

院可以提供保险库。当地人可以存放他们的贵重物品，包括牲
畜。995 年，单单一家修道院就有 2000 多头奶牛被牵走，这
远远超出了任何一个普通的宗教社区对奶酪的需求。教堂内部
经常储藏食物，所以闹饥荒时，不免有人会来抢夺。岛上的修
道院尤为注意防范这些风险，除非天寒地冻，水面结冰，否则
它们易守难攻。外人要进攻岛屿，不管是游泳，还是乘筏，都
很容易受到岛民的还击，他们很清楚该怎么做。

有些维京海盗上岸闯入修道院，就像杀死圣布拉特马克的
掠袭者一样，因为他们认为修道院好对付，而且到处都是镀金
的圣龛和精美的珠宝。他们的掠夺甚至对当地经济产生了良好
的影响，因为珍宝进入了流通，不再是圣坛附近的摆设，而教
堂的赞助人又不得不在被盗的空位上放上新的宝贝，以使教堂
保有荣耀。但更多时候，掠袭者是偷牛贼或奴隶贩子，他们想
要的也是爱尔兰人想从敌人手中获得的战利品。这就是为什么
爱尔兰人尽管嘴上说着震惊和亵渎，却仍像维京人一样频繁发
动袭击，而维京人也认为他们没理由仅仅因为改信了基督教就
停止掠夺。双方甚至还上演了联合行动。[17] 不管阿尔昆怎么想，
信仰都不是争议的重点。

维京人以他们的方式定居下来，这并不妨碍他们占领对岸
苏格兰皮克特人的领地，然后返回家乡击退爱尔兰人的进攻，
再奔袭苏格兰西南部的斯特拉斯克莱德（Strathclyde）王国，
他们带回了数量可观的战利品和大批的奴隶，令市场一时都难
以消化。他们抢掠的修道院越来越多，彼此之间也渐生嫌隙。
有些人安家落户，畜养了成群的牛羊，自然也就成了盗贼的
目标。

都柏林是这一切的中心，都柏林国王宣称自己是沃特福德等所有新定居点和贸易站点的霸主，假以时日，还会成为不列颠群岛上所有维京人的君王，即便当时他对能否控制都柏林都不太有把握。其他较小的贸易中心很憎恶这种说法。都柏林不过是水边的一排房屋和仓库，谨慎地建在用栅栏围护的堤防背后，看起来就像一个新型的城镇，但这个城镇不是圣地附带发展起来的，也不是酋长和族人建设的栖身之所，而是为实现和服务于自身目的。都柏林是贸易基地，有别于周边地区。第一批工匠和商人陆续迁入。墓地里埋葬了越来越多在此生活和逝去的妇女。你可以在城市经商、投身城市生活。诺斯人的故乡几乎没有城镇，他们的需求却推动了爱尔兰城镇的创建。

他们用木桩和栅栏标出了地块之间的边界，这意味着有人有权分割土地。他们在都柏林周围培育种植榛子树，为的是获得柔韧的枝条来编织屋墙。这种简易的建筑只有一层高，屋顶用茅草覆盖。要到房子跟前，你得走过用石子和沙砾铺成的街道，这些街道大多依循山丘等自然的轮廓起伏。房子都背对街道，这种模式与北方港口滨水区的仓库很相似，[18]所以你找到正确的入口后，必须径直穿过那块地上的第一座房子，才能到后面的房子里去找人。请求进入时一定要讲究礼仪，这代表某种修养。有些港口没有城镇，只有"可以同时停靠多艘船"的港湾，[19]但在沃特福德这样的地方，海滨很快就会建成一个热闹的小镇。

一旦安定下来，都柏林就成了维京人各路贸易的转盘。货物进进出出，还有掠夺搜刮的战利品，这些都可以换成现金，资助更体面的生意。[20]金钱或许可以解释为什么诺斯人吃的牛明显比爱尔兰人畜养的牛小，不管他们是自己养牛，还是买爱尔兰人的牛肉；牛现在是实际的食物来源，不再是保存财富的日常方式。白银开始变得更加重要，而维京人拥有大量白银。硬币比牛更容易看管，更容易偷窃，也更容易藏匿，无论你走到哪里，都能用。[21]

9 世纪中叶，都柏林太平安稳后，维京人开始在苏格兰建立定居点。与狭窄的挪威海岸相比，诺斯人在苏格兰的近海岛屿上发现了大量的土地，而且没有军队与他们作对。如果需要的话，内陆有充足的木材可以造船，还有羊群能产羊毛，他们可以将羊毛装船出口，远销海外。男女老少纷纷上岸，过起了平凡的日子。这些新移民把货币、砝码和量具带到了苏格兰群岛，[22]所以在斯凯岛上发现了阿拉伯硬币，在吉厄（Gigha）小岛上发现了商人用的磅秤。[23]农民、侵入者、海盗都被吸引到同一个世界，即水手们的沿海世界。

就连恐惧也改变了。在爱尔兰，人们仍然认为躲避维京人合情合理，这是少数几个可接受的不守安息日的借口之一。但更新更大的恐惧是，不知为何，他们再也分不清诺斯人和爱尔兰人了。爱尔兰人一想到此番情景就心焦气躁："他们中将有一位院长掌管每座教堂；／他们中将有一人继承爱尔兰王位。"到 850 年时，爱尔兰有两位国王从名字上看疑似诺斯人，他们声称当爱尔兰国王要面对很多变数，毕竟，爱尔兰充满了传奇故事，少不了明争暗斗。诺斯人似乎也养成了爱尔兰人的习惯。都柏林的首领奥拉夫委托爱尔兰诗人写诗［其中一首写道："我用歌曲作价，换他一匹阿哈尔（Achall）骏马"］，据说奥拉夫付钱很痛快，比有些诺斯人可靠多了。[24]

然而，维京人在爱尔兰并不安生，他们的王国，甚至他们

104

的帝国，总是在别处或在海上。他们的城镇都面朝外。866
年，他们的"维京雄狮"攻入英格兰，占领了诺森布里亚王
国的宗教中心艾弗里克（Eoforwic），这个小镇只有一所学校、
一位大主教和一个不怎么样的港口。他们离开时，小镇叫约维
克（Jorvik），也就是约克。小镇欣欣向荣，不到一个世纪就
发展成为一个恶臭的城市，[25]到处都是粪坑、堆肥和废物，热
金属工业蓬勃发展，人们冶炼钢铁、提炼金银，烧制铅玻璃，
呈现出自罗马时代以来从未有过的兴盛。小镇有工匠用兽骨或
鹿角制作梳子，有鞋匠和马鞍匠，还有珠宝匠用琥珀和黑玉制
作首饰。空地上分散的房屋被组织成街道和地块，这种新规划
与同一地点的曾经的罗马城市没有任何关联。这个城市在维京
时代还保留着教区教堂，或者说其中大部分教堂，因为诺斯人
和大主教都想从英格兰王国独立出来，自己掌权，所以他们要
携手合作。约克大主教与北欧王奥拉夫（Olaf）曾一同被围
困，当时奥拉夫贪图利益，杀气腾腾地对英格兰发动突袭。奥
拉夫那会儿还是异教徒，还没在英格兰人的影响下受洗。[26]这
个城市有独特的性格，融合了盎格鲁人和斯堪的纳维亚人的特
质，以至于后来诺曼人入侵英格兰时，约克负隅顽抗，这是诺
斯人后裔之间的交锋。

105 　　9世纪的英格兰英雄阿尔弗雷德国王承认，其他国王作为
纯正的英格兰人，却对丹麦人言听计从，可以说是丹麦人的
"傀儡"。他努力与诺斯人的东安格利亚（East Anglia）王国建
立了合作关系，互相承认对方有权施行自己的法律，并约定了
买卖马、牛和奴隶的商业规则。教会与丹麦人确实有陆上交易，
但有时交易附带非常具体的条件。比如，卡莱尔（Carlisle）修
道院院长声称，圣卡思伯特托梦给他，嘱咐他去买一个名叫古

思雷德（Guthred）的丹麦奴隶并助其称王，然后请求古思雷德国王赐予他曾经属于芒克威尔茅斯（Monkwearmouth）和贾罗以及其他破落修道院的土地。即使盎格鲁-撒克逊人夺回了丹麦的土地，北方人有时也会留下来，死守他们的土地使用权。[27]

当时，维京人需要约克作为军事基地，但据《盎格鲁-撒克逊编年史》记载，876 年时，"他们开始耕作，自给自足"。[28]正如都柏林吸引了工匠和商人、规划了街道、划定了工业区，维京人的影响也促使约克从定居点发展成了城市。

城市意味着更多可选的乐趣，有些是为了满足口腹之欲。约克有莳萝、芹菜、罂粟、香菜籽等品类齐全的调味料；有可食用的马勃蕈，这是森林馈赠的奢侈品；有采蜜的蜜蜂，有圈养的鸡，有大量的牡蛎，还有应季的贻贝、蛤蜊、淡水螺和海螺；有常吃的鲱鱼和鳗鱼，还有深海捕捞的鳕鱼、黑线鳕、鲟鱼和鲑鱼，鱼骨的残渣表明，维京人知道鱼不要煮太久。[29]葡萄酒产自莱茵河，皂石器皿来自苏格兰，胸针是皮克特工匠的手艺，不知这些工匠是怎么躲过维京人对皮克特人的屠杀的。撒马尔罕（Samarkand）的银币、拜占庭的丝绸、红海的玛瑙贝，全世界的商品都通过丹麦汇集到约克。

诺森布里亚时代的基础硬币变成了富含银的便士，这些硬币混入了维京之剑、雷神之锤和鼓舞人心的基督教信息。据《圣奥斯瓦尔德传》（Life of St Oswald）描述，"这座城市拥挤得无法形容，汇集了来自四面八方的商人，但最重要的是丹麦人，他们带来了丰富的财宝"。[30]

约克河畔还有个地方叫迪弗林斯泰恩（Divelinestaynes），或者叫"都柏林石"，据称是都柏林船只的卸货点，都柏林也是维京人最接近首都的码头。这个地方依然保持着原貌。说到诺斯人在布鲁南堡（Brunanburh）战役①后被赶出英格兰时，《盎格鲁-撒克逊编年史》还用诗句表达了他们"灰心丧气"地离开，"向都柏林前进"，"回到自己的国土"。[31]问题在于他们"自己的国土"，即爱尔兰，曾经也属于别人，这些人也想要收复失地，诺斯人只能战斗到底。968年，利默里克（Limerick）战役后，爱尔兰人"带走了他们年轻、聪明、温柔似水的姑娘，带走了他们身着锦衣玉带、娇艳欲滴的少妇，还带走了他们身材高大匀称、活力四射的男孩"。[32]这样一份诱人的清单表明，这里安定文明，正是那种维京人过去经常掠袭的地方。都柏林现在成了烧杀抢掠的目标，但这次是爱尔兰人主动出击。最后，都柏林的北欧王奥拉夫·奎兰②出征迎战所有爱尔兰国王，结果一败涂地。980年，塔拉（Tara）战役的"红色屠杀"终结了维京人在爱尔兰的军事力量。

不过，维京人在其他方面的影响依然存在。他们以掠袭者、移民、商人、奴隶贩子和战士的身份来到爱尔兰，不光开创了事业，还建立了都柏林、韦克斯福德（Wexford）、利默里克、沃特福德和科克（Cork）等城镇。这些城镇有爱尔兰国王都会鼓励的充实生活，当然还有税收；它们不会因为与失败的维京人有关就被拆除。事实上，爱尔兰诗人也很赞赏宿敌的生活方式，"驾船起航，御海凭风，维京人的贪婪与事业"。直到诺曼

---

① 奥拉夫·戈德弗雷德松（Olaf Guthfrithsson），都柏林国王，卒于941年。937年，他在布鲁南堡战役中被威塞克斯国王击败。

② 奥拉夫·奎兰（Amlaíb Cuarán），绰号"凉鞋"，都柏林国王，奥拉夫·戈德弗雷德松去世后继位。980年，"凉鞋"奥拉夫在塔拉战役中被米斯国王击败。自此，都柏林王国不再独立，爱尔兰人掌握霸权。

人占领英格兰很久之后，爱尔兰才不再购买英格兰的基督徒奴隶，主要是因为征服者威廉（William the Conqueror）并不急于改变现状。据马姆斯伯里的威廉（William of Malmesbury）报告："他从这项贸易中能分得一份利润。"[33]

维京人调整了整个北海地区的现实。他们沿着康什河（Canche）逆流而上，夺占了昆托维克，这是不列颠朝圣者前往罗马的必经港口，也是与英格兰进行贸易往来的商业中心。他们突袭了泽兰附近瓦尔赫伦岛上的新堡垒，它们是栋堡隐秘的历史——大海曾短暂地揭示了这段历史——的一部分。他们的船沿着莱茵河和艾瑟尔河（IJssel）向上游进发，抵达多雷斯塔德和代芬特尔（Deventer）等内陆港口，这一路到处都有他们的遗迹。他们在弗里斯兰留下了织布机用的鲸骨板条，在沿海一个隆起的土墩里留下了刻有盎格鲁-弗里斯兰符文的 T 形鲸骨手杖，还在各处留下了阿拉伯硬币和刻有斯堪的纳维亚图案的硬币。[34]查理曼帝国因为维京人的掠夺和索贡，损失了很多白银，不得不放松对造币的严格控制，没有人再费心确立硬币重量和类型的标准。还有相当数量的白银被埋在地下，可能是以备内乱不时之需，也可能是避免维京人来索贡的手段。[35]

维京人还播撒了他们的基因。他们出了名的不知节制。10世纪末，杜多（Dudo）在《诺曼人史》（History of the Normans）中写道："他们不管不顾地交配，生下了无数的孩子。"萨克索·格拉马蒂库斯也抱怨说："他们罔顾廉耻，似乎将贞操赶去了妓院。"[36]

更重要的是，维京人打破了常规世界的限制。他们进行海盗袭击，有时远至里海的中华帝国边境，9世纪到10世纪，

107

中国的侍卫队就吃惊地遇见了高个子、红头发、蓝眼睛的男子。维京人连通了挪威海岸与俄罗斯的不毛之地，甚至一路向南到达君士坦丁堡。在君士坦丁堡，维京人变成了瓦兰吉亚人，他们是侍卫，给皇帝打杂，负责收税、阉割敌人这样奇怪的工作。他们是力士，守护王座，个个都是大块头，因为皇帝严重怀疑矮小之人是否堪用。在一定程度上，他们可以得到战利品和信任，因为他们是朝堂政治的局外人。他们的特权稀奇古怪，比如有权在圣枝主日（Palm Sunday）偷走宫殿的装饰品，不仅包括昂贵的挂饰，还有寓意祝福的棕榈叶。他们是放荡的酒徒，这一点人尽皆知，甚至有讽刺作品写道，瓦兰吉亚人是审判葡萄的陪审团，葡萄自然被判有罪，被判砍倒和践踏，让人们痛饮葡萄的鲜血，直到他们失去理智。瓦兰吉亚人虽以暴力著称，但他们也有强烈的正义感，或许这么说有点儿突兀。如果一个瓦兰吉亚人试图杀死另一个人，他也必死无疑。如果一个瓦兰吉亚人企图强奸他朝思暮想的女人，她可以抓起他的剑，刺穿他的心脏，他的同袍们会为她鼓掌。他们会把这人的财产全都赏给她，并将他抛尸荒野，绝不埋葬。他们会说，他是自杀的。

许多人南下去了拜占庭，因此古老的瑞典法典不得不为那些生活在"希腊"的人制定特殊的遗产继承规则。[37]他们有些人阅历丰富，在从事雇佣兵前后都有令人拍案称奇的故事，比如哈拉尔·哈德拉达（Harold Hardrada）。

哈拉尔·哈德拉达统治过挪威一段时间。1066年，他率军进入英格兰北部，满怀希望能在那里称王。他也曾是瓦兰吉亚人。当年，他同父异母的兄弟奥拉夫被迫让出挪威王位，哈拉尔没等伤口愈合，就谨慎地选择了流亡他国。他成了基辅王子的指挥官，身为雇佣兵，他不希望主人干涉他的战争或触碰他的利益。据《谏帝书》（*Advice to the Emperor*）记载，没过多久，他带领500人乘全副武装的舰船前往拜占庭，传说他被一阵凉风吹到港口，望见城中闪闪发光的金属屋顶。上岸后，他没有吹嘘自己过往的功绩，因为担心拜占庭宫廷会怀疑这是王室或贵族的阴谋，他也没有要求很高的头衔，反而再次签约当了雇佣兵。他随巡逻队在爱琴海上打击海盗，因为维京人的航海技术千金不换。他先后去过西西里（Sicily）和保加利亚（Bulgaria）作战。据说他还在非洲打过仗，那一定是指北非。他是专家，经常带着一支久经沙场的小部队，被派去攻克小堡垒、小城市，仅在阿拉伯半岛，他就夺下了80个城镇。他写过一首诗，说道："吾远离祖国，刀剑染血。宝剑在阿拉伯人的城中歌唱，往事已矣。"

他的足迹至少向东延伸到耶路撒冷。萨迦写道，他"平安到达耶路撒冷，一路杀强盗、斩恶人"，"所有的城市和城堡都为他开放"，他向耶路撒冷的圣殿献上了"大量的金银珠宝，多到难以计数"。他很可能是跟重建圣墓大教堂（Church of the Holy Sepulchre）的泥瓦匠们一起去的耶路撒冷，还命令卫兵要护他们周全。既然他是瓦兰吉亚人，是皇家侍卫，他很可能在护送皇室成员，也许是皇后心虔志诚的姐妹。沿途不时有强盗出没，他把他们都解决了。城堡和城市没理由对他紧闭大门，他不是出征的十字军，而是和平时代的行者，当时哈里发的母亲是拜占庭人，他很高兴有基督徒来到自己的领地。

可哈拉尔知道是时候该回家了，他和其他维京人一样，经常思念故乡。他想成为挪威的国王，与新国王马格努斯（Magnus）并驾齐驱。他希望在哪儿跌倒，就在哪儿爬起来。

但问题是，拜占庭皇帝正在对付发动政变的将军，同时还准备迎战步步紧逼的罗斯人。哈拉尔太有用了，不能就这么放他离开。

拜占庭的港口上悬挂了铁索，以防有人沿着博斯普鲁斯海峡活动，但哈拉尔必须穿过这道海峡才能进入黑海，到达通往家乡的河流。他的解决办法很简单。他带了两艘船，径直驶向铁索处。他指挥水手们划桨，吩咐不需要划船的人把所有货物和铺盖都塞到船尾。船头翘起，勾住了铁索，船停下不动了。哈拉尔又命令船上的人集体跑向船头，船头受力下倾。其中一艘船卡得太牢，船身裂开了，许多人因此丧命。另一艘船则斜着滑入水中。

哈拉尔·哈德拉达自由了，可以回家了。

事实证明，哈拉尔是一位慷慨的国王，世人铭记他帮助冰岛人度过饥荒，还惠赠厚礼。他"因（其）漫长而成功的旅行扬名立万"。他雄心壮志，挪威还不够他大展宏图。1066年，英格兰王位虚悬，哈拉尔趁机加入了角逐。他的侵略军在一个名为斯坦福德桥（Stamford Bridge）的村庄撞上了防守的盎格鲁-撒克逊人。经过一番激烈的厮杀，那里尸横遍野，哈拉尔也战死了。

萨迦写道："他以维京人的身份外出闯荡，收获了名望和财富，征服了所有他能征服的人。因而他也倒在了另一位国王的土地上。"

这一切都发生在温暖的年份，那时大海一望无际，北方大地草木葱茏，后来天气回冷，北方海域开始结冰。诺斯人充分利用了这次机会。他们早就习惯了暗无天日的严冬，并不会举首戴目期盼夏天，但他们知道什么季节适合旅行，什么时候应该动身。

公历纪元（Common Era）以来，无人像他们一样，定居在空荡荡的土地上。825 年前后，他们来到法罗群岛（Faroe Islands），吓得一些隐士仓皇而逃，这招致修士迪奎尔的不满。他们注意到候鸟每年都往北飞，猜测远方还有陆地。860 年前后，他们开始谨慎地探索冰岛海岸。他们发现了爱尔兰隐士的踪迹，但这些隐士风闻诺斯人血腥又固执，也吓得跑掉了。隐士都能在这么偏远的地方生存下来，他们因此信心大增。他们看到了鱼、鸟和海豹，看到了漫山遍野的矮树林，还有浮木，最重要的是，这里天地辽阔，气候温和。他们就像是牧民，看到了空旷的牧场。[38]

结果，一个四顾无敌的小帝国横空出世，这几乎是一种无害的开拓。毕竟，在诺斯人出现之前，冰岛和法罗群岛根本就没有法律，没有习俗和规则，没有议会来做决策或审判罪犯，没有农场来划分土地和生产粮食，没有贸易，也没有墓地来保存共同的记忆。几个世纪以来，新冰岛保持着一种奇特的民主，在现代意义上，它比古希腊制度都要民主。冰岛没有国王，没有地主，没有分封的勋爵，许多男女都有独立的农场。他们设立了阿尔庭（Alþingi）议会，每个人都可以投票选择愿意追随的首领。

他们没有城镇，也没有一般城镇应有的等级制度。他们的社会秩序实在太新奇了。权威不是基于头衔或姓名，而是基于人们的认知或对彼此的了解。农民开始用属于古斯堪的纳维亚语支的冰岛语书写，或者至少请教士代笔，因为他们需要具象化的记忆来确知他们制定了什么法律，谁拥有什么，边界在哪

111

里，他们最初是怎么来到冰岛的，以及他们来自哪个家族。他们为自己构建了过去，这具有实际意义，因为这设定了规则，决定了谁拥有什么，所以他们要记录下来。如果你对刀光剑影感兴趣，他们还用萨迦演绎过去，编写了一段英勇甚至光荣的历史——萨迦中演绎的过去。当时写作成本很高，所以只有重要的事情才会被记载下来。要写完一则萨迦，你首先必须杀死50~100头小牛，才能凑够牛皮来制作皮纸。[39]

时过境迁，农场合并成了大庄园。教会接管了一半的土地。挪威国王和丹麦国王先后统治过冰岛，引入了外来的税收概念。但在公元1000年前后，冰岛本身就在讲述故事：关于人们在这片曾经被认为是世界边缘的水域之外怎样生活，如何满足对土地和空间的渴望，以及整个社会如何自我创造。

人们的追求总是永无止境。世界还没有变冷，大海还像以前那么开阔。那些迟早会被冰雪覆盖的土地眼下仍然生机勃勃，肥沃多产。总有人有充分的理由继续前进。红发埃里克（Erik the Red）"因为一些杀人官司"离开挪威，前往边境的冰岛，没多久，他又因为杀人，不得不离开冰岛。他要重起炉灶，必须找到新的边疆。

他听故事讲，冰岛以西有许多岛屿，格陵兰海岸附近就有岩礁小岛，贡比约恩小石岛（Gunnbjarnarsker）。这个岛臭名远扬，因为岛民对来访者蛮横无理，他们的带头人也是因为逃避谋杀罪责才搬来的。埃里克明智地绕过岩礁小岛，走近白色冰川覆盖的陆地，然后沿着海岸向南航行，寻找宜居之地。他沿海岸来回探索了三个冬季，给每个标记的地点都取了名字，对比各种可能性以便选择。他看到可以放养牛羊的牧场，看到丰富的鱼类资源，还看到可以猎捕的海象（海象牙价值不菲，海象皮能制作强韧的绳索）。他看到这片平川旷野很像冰岛，也很像法罗群岛。又过了两个多世纪，海洋开始结冰，因纽特人才向南迁移到格陵兰岛，开始挑战欧洲人。事实证明，即使身怀绝技的因纽特人，猎捕北欧绵羊也比猎捕野生海象要容易得多。

埃里克找到了梦想之地，他在那里可以天马行空地创造，尽情地做自己，不用顾及别人的想法。他将此地命名为"格陵兰"，如他所言，"这地方有个好名字，人们才会心向往之"。他日子过得很滋润。他有房有地，生活自由自在。[40]他不再是亡命之徒了。《格陵兰人萨迦》（Saga of the Greenlanders）说道："他备受尊重，人人都服从他的权威。"[41]

格陵兰人进一步向西探索并非迫不得已，他们这样做纯属偶然。萨迦在谁先走得更远这一点上开始出现分歧。有的说是一个名叫比亚德尼（Bjarni）的商人，他在北风和浓雾中迷失了方向，不知身在何处，但他认为自己可能已经离开格陵兰岛了。有的说是红发埃里克的儿子莱夫，他的故事更有分量。有一则萨迦说，莱夫受命将基督精神带到格陵兰岛。他原本没抱多大期望，没料到教义会受到欢迎。几乎各地的诺斯人都皈依了基督教，但在天寒地冻的格陵兰岛，猎人出门打猎总是有去无还，就算平安回来，也可能一无所获，所以他们通常会邀请一位"小先知"来晓示未来，并施展魔法以逢凶化吉。小先知总是一身黑衣，戴着白色的猫皮手套，胸前挂着珠宝。她坐在塞满鸡毛的高脚椅上，以各种动物心脏为食，听着那些就连善良的基督徒也从小就听的魔法歌曲。她说，她要花些时间，才能听到歌曲召唤过来的灵魂。

在从挪威到格陵兰岛的航途中，莱夫被风吹离了航线，在

113

海上颠簸了多日。当时导航主要靠观测日月星辰，很容易迷失方向，在茫茫大海上漂泊无依。莱夫发现他正沿着一片陆地的海岸线航行，那里属于世界边缘的水域之外，本不应该出现陆地。这片陆地上有森林，有自然播种的小麦，可能还有野生的黑麦和葡萄。后来，他辗转来到格陵兰岛，渴望再次回到这片未知之地。他的父亲红发埃里克原本打算亲自率队与他同去，但在登船前意外坠马，弄伤了肩膀，摔断了肋骨。埃里克很幸运。因为莱夫的船队又严重偏离了航线，他们看到了爱尔兰，看到了冰岛，整个夏天都在来回奔波，直到冬天临近，才好不容易回家。

萨迦写道，在接下来的一次航行中，有 3 艘船出发，船上有 140 人，其中大多数人来自格陵兰岛。这一次，格陵兰人登上了未知的海岸。他们发现了像石头一样平坦的冰原，但看似没什么发展前景，于是他们驾船向南，看到白色的海滩上隆起一片低矮的森林。他们又在海上航行了几天，看到有座岛屿环抱一个小海湾。那里有浅滩，有他们从未见过的大鲑鱼，冬天很温暖，牛可以放养在草地上，草地从不结霜，也不枯萎，还有胡桃，一种诺斯人以前不认识的胡桃树。船员们在沙滩上挖沟，第二天早晨，发现沟里全是比目鱼。那里有很多鹿，多到它们睡觉的那座小山看起来就像粪堆。不止如此。有一天晚上，日耳曼奴隶蒂尔基尔失踪了，他对莱夫来说就像养父一样，莱夫很担心，带了 12 个人出去找他，迎面遇到蒂尔基尔满面春风地回来。莱夫问他为什么回来这么晚，蒂尔基尔说，他只是比别人走得远一点，但他发现了葡萄藤和葡萄。莱夫问他能否确定，蒂尔基尔回答说他很确定："我出生的地方可不缺葡萄藤和葡萄。"

萨迦有时会用不同的人物讲述同一个故事，有时会把同样 114
的故事讲两遍，有时故事之间还会相互矛盾，所以如果听故事
的人想了解一段历史，必须自己慢慢拼凑。在上一段故事的另
一个版本中，有一对般配的苏格兰奴隶，男人叫哈基（Haki），
女人叫赫克亚（Hekja），他们奔跑得比鹿还快，所以被派去沿
着海岸向南跑，三天之内跑回来。他们照吩咐做了，还带回了
沿路发现的葡萄和小麦。小麦很重要，因为格陵兰人必须从挪
威运来谷物，但这个故事中始终没变的是树上攀爬的野生葡萄
藤。葡萄代表葡萄酒，而葡萄酒是比黄金更难得的财富。葡萄
酒的保质期不长，它不是精酿的酒水，而是首领的饮料（前文
讲过，弗里斯兰的维京首领对分封给自己的领地不产葡萄酒这
件事耿耿于怀）。如果莱夫·埃里克松（Leif Eriksson）有了葡
萄酒，他就能借此在格陵兰建立威望，甚至掌控权力。所以，
他自然而然地以葡萄藤命名了这片新陆地，文兰（Vinland）。
他已经走到了美洲。

萨迦接下来的内容更加离奇。故事里没有龙，但有个大
腹便便的独腿怪物。有个像当地人一样皮肤黝黑的女人，突
然出现在北欧女人古德里德（Gudrid）面前，说她也叫古德
里德。令人费解的是，她又像幽灵一样消失了。还有个杀人
不眨眼的女魔头，她是阴谋家、骗子、斧头杀手（我们后面
会讲到她）。然而，最奇怪的是，诺斯人好像穿越了时空。
他们提前经历了同样紧张的局势，这样的威胁和冲突在 600
年后摧毁了英格兰在弗吉尼亚的第一个殖民地，也让新阿姆
斯特丹的荷兰人生活举步维艰。诺斯人必须处理好与当地其
他民族之间这种紧张甚至血腥的关系。他们要权衡留下来的
风险，反思内部争斗如何粉碎了探险的初心，当然，也免不

了要考虑性的问题。

我们想理解这些故事，需要以现实为基础，下面就讲个例子。在纽芬兰（Newfoundland）北边的兰塞奥兹牧草地（L'Anse aux Meadows）上，有一个可容纳 100 人的营地遗址，这里是通往文兰的门户，[42] 是经过勘察的据点。这个营地靠近大海，是诺斯人感觉最自在的地方，它守着宽阔的海湾，向南可通达圣劳伦斯河（St Lawrence River）流域的麦田和葡萄园。建造这个营地需要漫长而艰苦的劳作，仅三个大厅就要砍伐并加工 86 棵大树，还要用 1500 立方米的草皮做成墙壁。大厅的风格说明营地的建造时间可以追溯到 11 世纪初，如萨迦所述，这完全符合人们印象中冰岛人的风格，与他们最初在格陵兰岛的建筑风格一模一样，没有石头地基，石墙里面还有草皮墙，还有壁炉和下沉式小屋。这些建筑有严丝合缝的屋顶，所以他们是打算过冬的。事实上，从格陵兰岛到美洲海岸的航行季节很短，如果想在一年夏季往返，就没有多少时间认真地勘察这片陆地。营地的仓库不是一般的大，看似诺斯人想把他们需要的东西都带过来，或者把大量的货物运出去。营地建有三个大厅，表明可能要安排三艘船的船员，这与萨迦的说法吻合。住在营地的人一定历经艰辛到过南方，因为我们认出他们吃的是胡桃，纽芬兰不产这种坚果，它比野生葡萄生长的地方还要靠南。所以大量的格陵兰人确实来过文兰实地勘察，他们一直都习惯向西走。鉴于当时格陵兰岛的人口数量（不超过 500 人），这个可容纳 100 人的营地算是大工程，必然隐含着一项重大决定，他们计划去开拓新的世界。

然而，格陵兰人只是在勘察，并没有定居，因为他们没有搭建畜棚或围栏，以保护他们当作种畜的动物，他们只带来了牛奶和肉等必需品。他们希望先探索几年，再考虑是否安家落户。他们的父辈在迁入冰岛前考察了好多年，红发埃里克在格陵兰岛定居前也探索了三个冬季。萨迦讲述了诺斯人在文兰三年多的故事，实物遗存也证明了他们在文兰待的时间不超过十年。他们带了修船、捕鱼和冬季保暖所需的物件。他们有简易的铁熔炉，可以就近取材，制作铁钉来修补船只。他们伐木砍柴，木桩还留在原地；他们留着拳头大小的石头，用来沉渔网；他们的大厅里有壁炉。他们离开是计划好的有序撤退，他们留下的大多是破损的东西。

116

那么，为什么这次探险证明美洲太远了呢？也许第一批探险者总想结束航程，返回格陵兰岛，他们探险的目的是考虑日后到文兰定居，可最终他们并没有迁过去。冬季的兰塞奥兹牧草地深受大西洋气候影响，与格陵兰岛和冰岛很像，除了鱼和漫山遍野的针叶林，没有什么别的东西。但吸引他们的在于，故事都说文兰有葡萄和小麦，还有大片的阔叶林。问题是，想得到这些好东西，就要南下，要面对两个敌人，当地人和自己人。

当地人第一次来访，诺斯人就觉得脊背发凉。他们身材矮小，皮肤黝黑，面颊宽阔，头发乱蓬蓬的，还总瞪大眼睛扫视新来的人。等看够了，他们就撑着独木舟走了。第二次，他们浩浩荡荡地来了很多人，远远望去，水面上就像撒了煤球。他们想用兽皮和毛皮交换诺斯人的红布、剑和矛，但诺斯人带来的武器并不富余。当地人讨价还价的方式也很特别。红布快换完时，他们接受每张兽皮能换到的布料越来越少，就好像交易的重点是否交换，而不是坚持价值。他们还愿意换牛奶。

交易进行到一半，诺斯人养的公牛喷着鼻息、哞哞叫着从树林里冲了出来，当地人手忙脚乱地跑上小船就离开了，三个星期都没再来。第三次，他们像军队一样回来了。小舟鱼贯而行，他们在船上挥舞长杆，发出尖利的啸叫。诺斯人以为他们有战事，要出去打仗，结果一个羊内脏大小的黑色物体轰然落在了自己面前的海滩上，很可能是弹射过来的石头。诺斯人紧急商议，如果弹如雨下，他们就向上游转移，这样只需单面应敌，可以利用悬崖来保护后方。他们开始迅速撤退。

117　这时，一个名叫弗雷迪斯（Freydis）的女人走出营帐，她告诉男人们应当像宰羊一样杀掉当地人。她说，如果她有武器，她比谁都要英勇，尽管她有孕在身，还是想和他们一起到上游去。但她动作太慢了，当地人很快就追了上来，她旁边还躺着诺斯人索尔布兰德（Thorbrand）的尸体。据萨迦描述，弗雷迪斯被团团包围，她捡起死去同伴的剑，用剑身拍打自己裸露的胸脯，把当地人吓得拔腿就跑。她看上去就像个幽灵，身怀六甲，歇斯底里，形容可怖。诺斯人回来后，都夸赞她退敌有功，最重要的是运气好。

因为这场战斗，诺斯人的心理发生了变化。据萨迦所述，他们心有余悸，意识到“尽管这片土地自然条件优越，但他们将持续面对当地居民攻击的威胁”。当地人行踪不定，他们的独木舟船队时而向南，时而向北，神出鬼没，有时还会从茂密的森林中冲出来。诺斯人和他们讲不通道理。他们会猎杀，但似乎不认识铁。他们拿起斧头，先砍木头试一试，再砍石头试一试，然后就把斧头扔了，因为斧头砍在石头上断了，所以他们认定斧头没用。他们的存在令犹豫不决的诺斯人寝食难安，尤其是一个半世纪以来，诺斯人更喜欢移居到杳无人烟的地方。据萨迦所述，战斗过后，诺斯人“准备启程返回自己的国家了"。[43]

弗雷迪斯在《红发埃里克萨迦》（*Erik the Red's Saga*）中是女英雄，但在《格陵兰人萨迦》中面目可憎，人设完全不同。她恃强凌弱，嫁给了一个不中用的男人，只因贪图他的钱财。但她是红发埃里克的私生女，是莱夫·埃里克松同父异母的妹妹。她计划启航去西部一个叫文兰的地方，她找埃里克要他在那里的老房子。埃里克不肯将房子给她，但说她可以用。她找到了两兄弟，他俩有一艘船，她向他俩提议，他们驾船结伴去文兰，有福同享，有难同当。从一开始，她和她的丈夫就心怀不轨，多带了一些战士。她比兄弟俩迟一点儿上岸，发现他们已经先一步在房子里安顿好了，她问他们什么意思。兄弟俩说，她应当信守甘苦与共的诺言。弗雷迪斯告诉他们，埃里克只愿把房子给她住，并不包括他们。

兄弟俩听到此话，愤然离去，他们自己盖了一座新的长屋。冬天来了，两队人都想下下棋、玩玩棋牌游戏来消磨时光，用娱乐活动来打发死气沉沉的日子，但他们放不下彼此的怀疑和嫌恶。一天早晨，弗雷迪斯走到兄弟俩的门前，在门口默默地站了一会儿。兄弟俩问她有什么事，他们还说，他们很喜欢这片土地，可不明白为什么双方的关系会无缘无故闹得这么僵。她问他们是否愿意和她换船，因为她想离开，兄弟俩答应了，以为自此生活就能清静无忧。后来，弗雷迪斯回到丈夫身边，她爬上床，用又湿又冷的双脚把他弄醒了。她骗他说，兄弟俩拒绝了她的提议，还打她，伤害她，他有责任保护自己的女人不被单身男人欺负。[44]她说他是懦夫，眼下她离家千里，如果他不为她报仇，她就和他离婚。

她那没脑子的丈夫赶忙召集手下，趁兄弟俩还在熟睡之际

118

杀去了长屋。他的手下将兄弟二人和他们的船员五花大绑，带到了屋外。弗雷迪斯下令将他们全部杀死。兄弟俩的女人站在尸山血海中瑟瑟发抖，她丈夫的手下都不忍下手杀她们。弗雷迪斯喝道："斧子递给我！"她吩咐手下，如果他们运气好，能回到格陵兰岛，就说兄弟俩的人都决定留下来。她警告他们，如果说漏了嘴，就别想活了。[45]

虽然这些故事不能拼凑成历史，但或许有助于解释文兰发生过什么。首先，肯定有人谈过定居的事——要"留"在文兰——否则，弗雷迪斯不会让手下撒这样的谎。萨迦戏剧性地解释了为什么他们最终没有定居。事实很简单，诺斯人不愿承认他们被当地人搞得灰头土脸，因为英雄永远不会气馁。但他们遇到自己不了解又搞不懂的民族肯定会感到不安，不知道如何将其归类。有一次，诺斯人从岩石上救下两个当地男孩，认为他俩可能是"山精"。他们教他俩说话，自此以后，他们从不缺鱼吃，所以当地人可能是不用语言沟通的动物。当地人也有强大的法术，弗雷迪斯吓跑当地人后，诺斯人开始认为弗雷迪斯驱散的敌军只是幻象。他们很难接受魔法制造的幻觉，感觉脱离了真实的世界。

营地明显分成了几派，船与船之间、船员和船员之间起了内讧。这次探险没有明确的目的，也没有明确的任务。据萨迦所述，各派力主合作，意味着他们一开始就预感到会分道扬镳，小社区内还分化出不同的小部族，最终，他们也没能实现凝心聚力。诺斯人被外面不可理喻的敌人吓慌了神，扭头在内部树立了更多的敌人。

奇怪的是，这些过错都推给了一个女人。这很反常，因为人们从一开始就想当然地认为，弗雷迪斯家世不凡，可以委托船只，筹划探险，甚至安排使用早在文兰建成的营地。其他女人以前也做过类似的事情。《红发埃里克萨迦》中提到都柏林国王的遗孀深思者艾于德（Aud the Deep-Minded），她在凯斯内斯（Caithness）森林里秘密造了一艘船，带着 20 个自由民和许多被维京人俘虏的奴隶，经奥克尼群岛到冰岛。艾于德是船主，她组织船员，甚至带领船上的自由民皈依了基督教。她是冰岛的母亲，也是冰岛的教母。萨迦作家们也尊重女性有所作为。

弗雷迪斯可能很邪恶，她也许有能力驱除当地人的魔法，但最重要的是，她代表了另一种极大的焦虑，那就是性的破坏力。有些妇女和她一样，随同丈夫来到文兰，但大多数男人外出远行不能带妻子，他们一别就是三年。男人们担心，像弗雷迪斯这样的女人会利用丈夫的嫉妒心去杀人，挑拨已婚男人与单身男人为敌，光是这一点就让她拥有了令人不安的力量。即便证明她是个斧头杀手，确实杀过人，但她审时度势，总能奸计得逞，还能振振有词地为自己开脱。可就算没弗雷迪斯这样强势的女人，性的破坏力也有案可稽。萨迦直白地写道："很多纠纷都是因为没有妻室的男子对有夫之妇穷追不舍。"[46]

意见不合，相互猜忌，却要在漫长的三年里形影不离地同居一地，没有片刻的喘息，也没有家人的抚慰，这一切让营地的关系越绷越紧。一个人饿极了，可能会发疯，就像索哈尔（Thorhall），人们发现他跪在悬崖边，喃喃自语，目不转睛，抓耳挠腮，试图找到正确的祈祷方式，以求神灵给他们送些吃的。别人问他在做什么，他说无所谓，没有他们的建议，他也活了大半辈子。诺斯人习惯于在格陵兰岛的夏季组织航运、储备物资，最重要的是，他们建立了忠诚和责任的固定模式，可以保证自己人吃饱穿暖，生活安稳踏实。他们以前从未遇到过这样怪异的民族，言谈举止像野兽，但会杀人，这些人的存在阻断了诺斯人寻梦文兰之路。

他们左思右想，认为可能是自己走得太远了。

身为维京人是赔本的买卖。12 世纪，奥克尼的斯韦恩·阿斯雷法松（Svein Asleifarson）拥有家族庄园，80 名追随者都窝在他家的大厅里过冬。《奥克尼伯爵萨迦》（Orkneyinga Saga）中写道，除了"那些地位比他高的人"，他是"西方世界古往今来最伟大的人"。[47]维护这样伟大的形象要付出巨大的代价，因为追随者需要肉、酒和钱。因此，他坐镇监督完春季播种后，就会去赫布里底群岛或爱尔兰掠夺，他称之为"春之旅"。他会赶在仲夏前回来，等到庄稼收割完毕，颗粒归仓，他又会动身踏上他的"秋之旅"，外出掳掠，直到第一个冬月才会返航。他有的季节是农夫，有的季节是维京人。

他率领 5 艘大船进行了愉快的旅行，这些船都装配了合用的划行设备，可靠又灵活。他们首先要解决赫布里底群岛，但麻烦在于，他们是季节性掠袭者，人们知道哪个季节应该把自家值钱的东西埋藏起来；岛民们早就摸清了规律。马恩岛也好不到哪里去。斯韦恩显然并不担心他劫掠的定居点上都是像他这样，上溯几代都来自挪威的人。

他在远海时来运转，劫下了两艘满载奢华绒面呢的英格兰货船。他登上这两艘船，只给船员们留下了食物和身上的衣服，然后他驶往赫布里底群岛，与手下分享战利品，向别人吹嘘他抢劫的经历。他还用抢来的绒面呢给船做了遮阳篷，以便大家都能欣赏他的斩获。如果他可以是农夫，也可以是维京人，那么他们可能此刻是受害者，下一刻又是仰慕者。没有什么是一成不变的。返航途中，他命人将绒面呢缝在船帆的正面，这样他的船就可以在战利品的加持下威风凛凛地驶进海港。

斯韦恩衣锦还乡后，举办了盛大的宴会，但有个人没有恭维他，那就是哈拉尔（Harald）伯爵。相反，伯爵劝斯韦恩不要再烧杀掳掠了。他说，平安回家多好，"大多数滋事者注定要身首异处，除非他们自愿停手"。斯韦恩承认自己年纪渐长，越发吃不消战斗的艰辛。他说想再干一票，就金盆洗手。伯爵叹道："老伙计，死亡或荣耀，很难说哪个先到啊。"

这位掠袭者最后一次出动。他在赫布里底群岛又不太走运，那里家家户户戒备森严。继而他航行到爱尔兰，大肆搜刮财物。最后，他来到都柏林这个同样是维京人建立的城镇，几乎没遇到抵抗就进了城。都柏林的居民都是商人，忙着做生意，没有做好对付他的准备。那一天，他成了这座城镇的主人。他派手下控制了全城，开出了让他和平离开城镇的价码。他让镇民们选出了几名人质，然后耀武扬威地回到船上。

但其实这个城镇民风彪悍，都柏林人并不打算把劳动果实拱手送人。他们受够了这个过气的老海盗，受够了他的套路，尽管几个世纪前，他们也是这么讨生活的。

他们认为斯韦恩这帮人是危险的破坏性动物，必须以牙还牙，赶尽杀绝。他们在地上挖了坑，铺上稻草做好伪装，等着看这帮奥克尼人是否会落入陷阱。

结果这帮人真掉进去了。据说，斯韦恩是最后一个咽气的。[48]

122

第五章　时尚

　　夜晚，天干物燥，卑尔根海滨一间长长的木质仓库突然燃起熊熊大火。这是 1248 年挪威海岸发生的一场火灾。国王和侍卫都在城里，城里挤满了人，尽管所有人都在救火，他们还是"控制不住火势"。圣马利亚大教堂的尖塔也烧着了，"火的威力太大了，火星溅进城堡，城堡片刻便火光冲天。许多人没来得及跑出来就被烧死了"。[1]

　　英格兰编年史家马修·帕里斯（Matthew Paris）平安撤离了海岸，"复仇烈焰的力量"，他笃定地写道，"像喷火的龙一样，拖着尾巴飞了起来"。他断定这是"严厉的神圣复仇"。[2]

　　国王划着小舟奔向停在近海的驳船，"拿了几只大水壶。他们用水壶装满海水，再把水壶拖上码头，把海水泼到火上，火才被扑灭了"。[3]但他的石头城堡"大部分已化为灰烬"，帕里斯写道，11 个教区只剩下 4 座教堂以及"国王的宫殿、小礼拜堂和住所"。[4]

　　几天后，帕里斯正在主持弥撒，突然一道闪电撕开了阁楼的茅草屋顶，吓坏了正在里面避雨的王子，接着闪电又击中了马修·帕里斯的船，"桅杆被劈得稀碎。其中一小块碎片还弄伤了一个刚从镇上买服饰回来的人"。[5]

　　三天前，城镇刚经历过毒燎虐焰，现在暴风雨又掀翻了屋顶，可有人还在忙着买"服饰"，买漂亮、时髦的衣服。时尚的历史一定比我们想象的更长、更奇特。

冰岛伟大的萨迦有人们所期待的一切，英雄、杀戮、恶龙、世仇、伟大的航行和巨大的恐怖，也有一些少见的故事，讲的是好打扮的男子。

例如《奥克尼伯爵萨迦》中的卡利（Kali），他离开了挪威五周，去英格兰北部的格里姆斯比（Grimsby）港参加了鱼龙混杂的大型聚会，他在那里碰到了来自奥克尼群岛、赫布里底群岛和苏格兰的人。他回到卑尔根后，整日在小酒馆里晃悠，卖弄他学到的东西。萨迦写道，"卡利是个花花公子，穿着时髦，眼下他刚刚从英格兰回来"；他看到了国外的风尚，并把流行的式样带了回来。不止他一人这样。他的新伙伴约恩（Jon）是彼得·塞克松（Peter Serksson）的儿子、也"是个对衣服很讲究的人"。[6]萨迦写道，卑尔根到处都是外国人，他们需要有人欣赏他们的穿戴。如你所料，卡利和约恩后来结下血海深仇，他们经常醉酒斗殴，伺机报复，但他们一直都很有型。

在《平和者奥拉夫萨迦》（Saga of Olaf the Gentle）中，13世纪的小说家斯诺里·斯蒂德松（Snorri Sturlson）讲述了大约一百年前，卑尔根还是新城镇，富人们如何开始定居，俱乐部如何成立，酒宴如何成为家常便饭，"那时，新的服装时尚就出现了"。男人们穿着紧身马裤，脚踝上戴着金环，长袍缀有缎带，高跟鞋上面有白色丝线刺绣和金线花边。这种打扮对于天寒地冻还要在港口工作的水手、商人和战士来说完全不实用，这才是时尚的主旨。卑尔根男人穿的垂褶长袍很快就成为南方贵族的标志。他们还设计了新的、做作的礼仪来搭配他们的时尚。在奥拉夫国王的晚宴上，会有斟酒人斟酒，秉烛人手持点燃的蜡烛，站在每位宾客的身旁。[7]一百多年后——1174年，这是萨迦唯一一次给出了确切的年份——一个人可能会因为穿着过时的衣服，在社会上受到谴责。据《哈拉尔王萨迦》（*Saga of the Sons of Harald*）所述，沉闷的政治家埃尔林"穿着老式的衣服——长腰长袖的外衣（长罩衫），还有长袖衬衫和紧身上衣，法式斗篷和高及小腿的鞋子"。当时他是摄政王，萨迦对"他让国王穿着类似他年轻时穿的衣服"这一做法颇有微词。国王规规矩矩地长大了，但"他独立后，穿得很华丽"。[8]

　　值得注意的是，卑尔根的民众也追求时尚。卑尔根位于挪威海岸，是被峡湾环抱的港口城镇，那里有大量的木结构建筑，经常被烧毁，留下了大片的土地供考古学家调查研究。在不同年代的地层中，从 11 世纪到 13 世纪，考古学家发现了各种鞋子——女鞋、男鞋和童鞋——而且很多鞋子都以丝线刺绣来装饰，这很不寻常。12 世纪，卢卡（Lucca）才开始生产丝绸，暴躁的巴黎神职人员动不动就谴责人们穿"蠕虫的粪便"，但丝绸对南方人来说仍是奢侈品，大部分得从中东进口。在后来的彩绘手稿中，权贵都穿绣花鞋来彰显地位、炫耀财富。但卑尔根的证据并非来自城堡或富人聚居区，而是到处都有。[9]这个城镇有那么多鞋，甚至有用旧的成人鞋改小的童鞋，所以显而易见，早在丝绸成为巴黎上流社会的标志之前，大量的丝绸纱线就已经运到了挪威海岸。整整一个世纪后，法国王后纳瓦拉的让娜（Jeanne of Navarre）看到布鲁日（Bruges）女人和根特（Ghent）女人穿丝绸、戴珠宝，魅力四射，仍会大发雷霆。"我以为我是唯一的王后，"她厉声说道，"可我现在看到了上百个王后。"[10]

贸易搅动了世界，让新事物可以一定的价格提供给新的人群。丝绸就属于这个运动中的世界。东方的丝绸可以经俄罗斯的河流，穿过波罗的海，或者用威尼斯的大帆船运到佛兰德海岸。时尚也在不断变化，它属于那些思想跳出定式的人，他们愿意试着接受别人的习俗和风格。时尚与修士或朝臣的制服无关，时尚是人们主动选择要改头换面。时尚并非始于高高在上的宫廷，当时早就有艺术家会记录胸部的弧度和衣裙的长度，时尚也不只是女人才关心的问题，在格里姆斯比的泥地里格斗的男人们对此也感兴趣。

126

在挪威之外的大海上，甚至在 15 世纪晚期，冰霜开始爬上草地，定居者被迫离去的过程中，时尚在格陵兰岛也有迹可循。早在已知最早的裁衣纸样——16 世纪从德意志地区和西班牙传入——出现之前，格陵兰岛的定居者就知道如何裁剪新样式的衣服，而且他们很在意剪裁。[11]不过，他们的生活还很原始，要精打细算地过日子。他们没浪费羊的一根筋、一块骨头或一个器官，羊的阴囊变成了装东西的小口袋，角变成了吃饭的工具，骨头变成了用来缠绕纱线的卷轴，胫骨有时还会被做成长笛。他们也不浪费羊毛，因为他们要用羊毛来织船帆，制作御寒的衣物。他们付给教士的酬劳是一种名为瑟姆厄尔（vaðmál）的布料，瑟姆厄尔的意思是"布的计量单位"，因为布通常和钱一样，是一种支付手段。

所以，他们很早就学会了不要浪费布料。他们发现，旧办法——用织机上取下的布料直接制成幅宽相等的衬衫，而不费心接缝或剪裁——可能造成浪费。他们改成了量体制衣，先仔细裁剪，再把各部分缝合到一起，制成衬衫或衣裙。北极圈的冬日昏暗无光，而农夫和农妇在极短的时间内就能缝制出合身的衣服。这是意识和经济性问题。当时衣服大多是套头的，但他们的衣服有扣眼，这是一种创新，在南方甚至成了丑闻。他们的衣服还有别具一格的衣领，这种衣领从肩部向外延伸，边缘可以用茜草染红，而茜草必须进口。格陵兰人都戴兜帽。这是锦上添花的选择，不像人们把北极兔的皮毛缝成衣服是为了寒冬腊月里保暖。他们还引进了英格兰的红色菱纹布和爱尔兰的粗纺织物，这些都不是必需品，只是因为他们喜欢和欣赏。他们也将本地独具特色的条纹布、格子布和提花布外销出去，这样其他人也可以有更多的选择。

当时，定居者们不堪挨饿受冻，纷纷离去，格陵兰海岸沿线只有最后一艘船还在航行，船长是格陵兰人约恩（Jon the Greenlander）。他被风吹离了航线，驶入一个峡湾深处，在那里，他发现了一具尸体脸朝下躺在断壁残垣中，成了这个荒废的定居点最后的殖民者。"他头上的兜帽缝得很好，"约恩注意到，"其他衣物部分是瑟姆厄尔布的，部分是海豹皮的。"即使身处欧洲遥远的西部，面对欧洲人殖民实验的悲惨结局，约恩注意到并报告的仍是一顶"缝得很好"的兜帽。[12]

时尚——选择如何穿衣，随意改变形象——不只存在于巴黎的街头或佛兰德浮华的宫廷，但凡是人们炫耀地位、挥霍金钱、浪费光阴的地方都会有时尚的影子。时尚远不止14世纪的彩绘手稿中那些漂亮的长袍，还有那些姿态拘谨的女士，她们明显是因为衣服所限，行动不便。卑尔根的鞋、格陵兰的衬衫都标志着时尚是人们在艰苦的贸易中萌发的一个愿望。

既然涉及贸易，有一点值得安慰，运输物资的船只可以把责任推给别人。担负骂名的通常是法国人。14世纪30年代，那不勒斯国王罗伯特一世（Robert I）将男士短夹克的风潮归咎于法国人，尽管他本人就来自昂茹（Anjou）。15世纪中叶，佛罗伦萨（Florence）禁止女人穿深V形领口的衣裙，因为怀疑这是法国款式。英格兰人也认为花哨的衣服都来自法国，就像1509年，教士亚历山大·巴克利（Alexander Barclay）在《愚人船》（*Ship of Fools*）中所说，其"譬如天花"。[13]

曾几何时，父母会把衣服遗赠给孩子，因为他们知道这些衣服在他们去世后还可以穿很久，更重要的是，这些衣服具有一脉相承的意义。863年，一对贵族夫妇——皇帝的妹妹和意大利伯爵——起草了遗嘱，指定要把他们用黄金编织和装饰的衣服留给长子和次子，他们还把象征地位的徽章传给了后人，确信儿孙能继续佩戴它们。[14]毕竟，社会秩序是固定的，人人都能看懂衣物传达的意义。

128

修士素净的衣服对俗人来说意义重大。与圣洁之人穿同样的衣服能获得法力。两个世纪以来，人们认为在临终时穿上修士服，就能站在正义的一边迎接最后的审判，直到1357年的《俗人教理问答》（*Lay Folks' Catechism*）明确指出，一个人即使"他死时穿着基督在人间穿的衣服"也不能保证他在天堂有一席之地。布吕埃尔的尼古拉斯（Nicholas of Bruère）花了10马克才有机会住进修道院，"在弥留之际按圣贝内迪克特的习惯"穿戴整齐，但他是个十足的倒霉蛋。[15]

如果你是被迫穿这些朴素而有意义的衣服，那就不同了，圣洁之人也会违抗命令。比德说，林迪斯法恩的修士们"被劝阻不要穿昂贵的染色布，应该满足于天然羊毛"。[16]阿尔昆从查理曼宫廷给希格鲍尔德斯写信说，他担心教堂的气势、谦逊和礼仪，因为教堂刚刚被维京人破坏和烧毁。他谴责放肆和炫耀，坚称"衣着上的虚荣不适合男人"。[17]9 世纪，教会理事会不得不下令，要求修士修女规范着装；12 世纪，修士"衣着不雅——穿着便服——前后敞开"去做弥撒会被训斥；13 世纪，修士如果不按规定着装，就会被逐出教会。教会禁止修士们穿任何开口的、紧身的、短小的、打褶的衣服，尤其不能穿有新式纽扣的衣服。要坚持这一点并不容易，因为如果圣洁之人收入可观——每年不少于 200 马克，这本身就是对安贫乐道誓约的侮辱——他就有资格穿得和"同等收入的骑士"一样光鲜。金钱总有办法破除规则。[18]

与此同时，贵族和王室需要穿制服，以辨别他们的身份，表明他们的忠诚。1303 年，法国人开始制作制服，规定谁有资格参加最高法院的开幕式，时尚有了它的官僚用途。巴黎大学的学生和教授因为严肃的装束，在人群中很有辨识度。人们穿的毛皮成了他们地位的标志：白貂皮是贵族家庭的象征，因为白色毛皮很稀有，而国王的弄臣和王子的奴婢只配穿羔羊皮。不过，规则也会改变，1430 年以后，雅士们对天然未染色的羔羊皮就情有独钟。

在 14 世纪的比武大赛上，女士都穿着同样颜色的衣服，衣袖上绣着同样的图案，她们用配色协调的缎带引领骑士们走向比武场，这种设计就像现代剧院里的合唱团一样，是刻意营造的一种效果。1389 年，在圣德尼（Saint-Denis）举行的庆典上，女士礼服是馥郁的深绿色，左袖上用金丝银线绣了国王的纹章，五月的枝叶中盛放的金雀花，搭配的缎带是洒金的绿绸。女士们隐藏了个人特征，成了团结一致的活动招牌，她们对于从头到脚一身红的王后来说，也是讨喜的背景。[19]

　　街上的行人也展现了他们的阶级。专业人士身着长袍，贵族可以像 13 世纪佛兰德的贵族一样，穿着短上衣来炫耀自己的臀部。普通人根本无心改换风格，他们甚至对风格没有概念，至少特权阶层是这样认为的。在佛兰德，女士服装几百年来都一样，男士服装到 15 世纪出现了一点儿变化，就是他们把腰带从臀部提到了腰部。[20]问题是，规则可能被弃之不顾。长袍曾经专属于文人、律师和教士，但在 1467 年，雅克·杜克莱尔（Jacques du Clercq）注意到"不管多么低微的身份，就连游子都穿着垂至脚踝的长袍"。

　　如果衣着本身有这么明确的含义，衣服就是危险的，任何人都可能打开错误的衣柜，假装不同的身份，冒充不同的阶层。在 13 世纪的《玫瑰传奇》（Le Roman de la Rose）中，有个角色叫伪装者（Faker），他说自己擅长换装，所以他可以"是骑士，是修士，是主教，是特遣司祭，是办事员，是教士，还可以是学生，是校长，是城堡主，或者只是个在森林里干活的人。简而言之，我可以是王子，也可以是侍从，我喜欢什么阶层，就可以扮成什么阶层"。[21]衣服定义了他，而他选择了自己想被别人如何定义。这就是时尚的本质，你可以随意变换服装造型，只要摸准时间和场合，你就可以肆无忌惮地挑战规则。

130

　　在稳定的社会里，这可能很荒唐，像是建议孩子们去泡吧，或者让人联想到某个头戴王冠、身穿长袍的狂欢节女王。在阶级、地位和金钱都在更替的时代，千变万化的时尚令人不安。北海地区的旧庄园日暮途穷，这意味着贵族的土地正在失去原有的价值。曾经只是集市的新城市方兴未艾。没有人必须再待在原地，如果你离开了土地，有机会在城市的新工房和新工厂里找到不错的工作。有些商人赚得盆满钵溢，他们想要财富带来的荣光。所以他们的穿着打扮会效仿贵族。

这些问题错综复杂，援引法律至少能让问题看起来简单些。如果法律规定了谁能穿什么，谁不能穿什么，那么或许所有问题就会迎刃而解。因此到 13、14 世纪，法律开始规范人们的着装，试图制止人们的逾矩行为。人们总是心平气和地接受现实，复旧如初，各就各位，穿着得体，符合身份。权力不喜欢看到对手。1279 年，法国国王颁布法令，规定贵族不得拥有 4 件以上白鼬皮（松鼠皮）制作的礼服，也不能用价格超过每巴黎码 30 苏（sou）①的布料。国王要突显君主的气派。[22]

然而，服装技术的发展开始让人们有了各种各样的选择。裁缝这门手艺，至少从裁剪布料到制作合身的衣服，可以追溯到 13 世纪早期的伦敦。[23]与此同时，法国北部和莱茵河沿岸也出现了专业的裁剪师和缝纫师，他们是最早的裁缝。量体裁衣在宫廷里很常见，人们总感觉裁缝是宫廷的一分子，这一点不必明说，也不违反法律。

在意大利的城市里，这些法律只适用于女性，原因令人费解：因为她们的衣饰太贵了，男人们结不起婚，导致鸡奸蔚然成风，所以说时尚分散了人们的注意力，让人们忽略了补充佛罗伦萨城市人口等严肃的问题。[24]在北方，这些法律的适用对象则完全相反。英格兰人更关心男人的衣装，而不是女人的服饰（这在北方相当普遍）。[25]当然，英格兰希望维持其稳固的阶级制度，但同时也要保护本国贸易不受外国商品的影响。这一

① 又称索尔，中世纪法国使用的一种低面值硬币。图尔铸造的比巴黎铸造的价值低 1/5。

切都难掩道德上的焦虑，所以有关时尚的法律旨在修正人们的灵魂，整理他们的口袋和衣柜，使他们成为更好的人。如果他们安分守己，显然就会更好。

法律接连出台，以确保人们不会穿不符合身份的衣服。在英格兰，年收入低于 100 英镑的人不能穿毛皮；在埃诺（Hainault），仆人不能穿貂皮或丝绸；在 1430 年以后的苏格兰，工人阶级不能穿颜色鲜艳的衣服；1485 年，法国开展了一次关于金线织物的经济情况调查，调查对象仅限于贵族，他们生活豪奢，每年至少有 2000 里弗（livre）① 用来购买金线织物。这些法律表明，只要有钱，即使身份不符，他们外表看起来也要光鲜得多。[26]

如果你无法讨论时尚带来的所有令人担忧的社会变化，时尚就成了需要好好谈论的话题。时尚变成了一个道德问题。

开始是嘲讽。12 世纪，克莱尔沃的圣贝尔纳（Bernard of Clairvaux）就对新一代的骑士产生了（"不是军事，而是恶意的"）怀疑，因为他们的头发遮着眼睛，还常被自己长长的衬衫绊倒和缠住，双手埋在宽大的衣袖里；但至少他们不像某些贵族那样，坚持扎紧外衣的袖子，每天都要把袖子缝进去。[27]衣服不需要实用，这本身就是一种宣言；男女都要将手袋系在腰带上，因为他们的衣服没有口袋。

其次是诚实的问题，因为时尚允许人们在合理的范围内改

---

① 中世纪法国使用的一种货币，也是中世纪和近代早期法国的记账单位。里弗体系最初由查理曼建立，1 里弗 = 20 苏（sou），1 苏 = 20 德尼厄尔（铜币，相当于英国的便士）。1360 年，法国铸造了与里弗等值的硬币法郎，取代了原有的里弗，但在会计中里弗与法郎同义。

132 　　变自己的体型。长的鞋尖是从波兰传入的概念，据说是一位昂茹伯爵的发明，因为他患有严重的拇囊炎。[28]直到 15 世纪，女性都是量身定做衣服，以凸显她们高耸、坚实、浑圆的胸部，丰满的臀部，纤细的玉足以及突出的小腹。13 世纪晚期，诗人让·德默恩（Jehan de Meun）因此陷入思考："你常常看不出她们是否怀孕了。不管她们多瘦，她们的臀部都很大。"[29]据外科医生亨利·德蒙德维尔（Henri de Mondeville）所说，在他那个时代，金发很时髦，金黄色是"最美丽和最常见的颜色，男人女人都喜欢"。染发剂自然必不可少，还有简单的脱毛剂，成分包括鸦片、醋和天仙子，或者用煮刺猬的油，进行一种原始的毛发移植。外貌成了事业。有些女人可能会束胸，以避免胸部过大的"耻辱"。年长的妇女可能会用剃刀刮掉皮肤的表层，这样就会长出新的年轻的肌肤。[30]

　　任何受道德约束的人显然都不赞同。1400 年前后，一首作者不详的诗《无红衣的理查》（Richard the Redeless）讲述了智慧（Wisdom）下凡，穿着过时的"有益健康"的衣服在王府里游荡，因为衣服"不太长"这一过错，他受到了斥骂。他经常被指责、嘲笑、呵斥，甚至被关在门外，还受到"乳臭未干的男孩"的排挤，他们时髦的长袖成了"拖地的袖子"。[31]

　　瑞典的圣比吉塔（St Birgitta of Sweden）走向了极端，他宣称衣服是瘟疫的起因，尤其是合身的、经过剪裁、浆纱和拼接的衣服。就好像船带来了思想和风尚，也带来了疾病一样，这是一个似是而非的论点。五颜六色的布料和条纹代表着邪恶，在丹麦一座教堂的墙上，画里的凶手该隐（Cain）穿着红色条纹裤，无辜的受害者亚伯（Abel）则穿着素色袜子，大家一眼就能看出谁好谁坏。而在另一座教堂的墙上，描绘的情侣显然是露水夫妻，因为他们穿着两种颜色的衣服，就算有人不理解画中隐含的"色欲"之意，也能看透这一点。[32]

让·德默恩担心丈夫们会下地狱，因为妻子在穿衣打扮上的开支会逼他们放高利贷，做出"甚至更坏"的事情。他虔诚地希望"女人做这一切都是出于善意，为的是避免她们的丈夫私通"。[33] 1562 年，一份英格兰公告表示了对时尚追随者的担忧，"比如那些出身卑贱的人，没什么能力维持生活的人"。更糟的是，时尚的变化进程似乎在加速。14 世纪 90 年代，克里斯蒂娜·德皮桑（Christine de Pizan）抱怨时尚一天一变，女装和男装越来越精致，毁了很多人："就像羊群，如果人们看到谁在服饰方面做了什么奢侈或大胆的尝试，他们就会立刻效仿，并说别人做什么，他们就必须做什么。"[34] 1577 年，威廉·哈里森（William Harrison）谴责道："我们国家（甚至从朝臣到车夫）荒唐愚蠢……若长此以往，我们没有一件衣服能比第一件衣服穿得更久。"[35]

服装是外化的政治，因为服装反映了社会的裂痕和变迁。服装是个道德问题，因为服装是骄傲、贪婪和浪费的标志。服装也是个不可阻挡的经济问题，因为服装涉及庞大的羊毛和布料产业，也涉及所有丝绸和染料的海上贸易。勃艮第（Burgundy）公爵养着一个由鞋匠、裁缝、裁剪师、皮匠和刺绣师组成的团队，还雇了一名裁缝，专门打理他的衣柜，只为他一人效劳。其他手艺人可以为那些想要看起来像公爵甚至帝王的人提供服务，他们的手艺都能赚钱。毫不奇怪，经销布料的商人总是城里最富有的人，他们销售的商品是人们在公共场合如何定义自己的要素。[36]

133

服装行业可能被指责在某种程度上破坏了国家的平衡，是外来入侵，是顺势而为的怀柔战术。1549 年，托马斯·史密斯（Thomas Smith）在《论英国本土的公共福利》（*Discourse of the Common Weal of this Realm of England*）中，反对伦敦的男装店突然大量销售"法国或米兰（Milan）的帽子、眼镜、匕首、剑、腰带"这些在过去二十年里突然出现的服饰。他看到优质的英格兰羊毛被运到国外染色，制成帽子或绒面呢，再返销回来。"我们是多么愚蠢啊，竟眼睁睁地看着我们的财物被这样不断地掠夺？"[37]与此同时，伦敦的服装业也发展得相当不错。欧洲各国都有能力生产长筒袜，但伦敦制袜用的是极好的精纺毛线，人人都喜欢，因为很时髦。这些长筒袜销往法国、荷兰、德意志地区，价格并不便宜。愤愤不平的菲利普·斯图贝斯（Philip Stubbes）写道："过去，一个人全身从头到脚都穿戴整齐，花的钱也不及这样一双长筒袜。"[38]

帕斯顿家是诺福克（Norfolk）的乡绅家庭，他们和大多数同阶层的人一样，更关心自己的衣着，而不是赶时髦。但他们免不了要出门旅行。

15 世纪中叶，约翰·帕斯顿（John Paston）去了一趟勃艮第，赞叹不已。他在给母亲的家书中写道："除了亚瑟王的宫廷，我从没听说过这样的地方。"[39]在一次比武大赛上，他看到那些华丽的装备惊呆了，"黄金、丝绸、白银"和"黄金、珍珠、宝石"比比皆是。宫廷的波谲云诡，森严的等级制度和社会阶层的差别，还有形形色色的女人，都让他久久不忘。七年后，他的地产经理约翰·派佩（John Pympe）说他听闻，"布鲁日的那些戴着高帽子的夫人，给了你们一些人热烈的鼓掌"，女人上阵自有她们的战术，"她们的红唇和大腿使人神魂颠倒"。[40]

帕斯顿一家陷入了英格兰王朝战争的泥沼，他们名下的土地在合法性上不断受到质疑，他们的生活不甚富裕，彼此的书信写满了现实的烦恼。玛格丽特（Margaret）认为丈夫送给孩子们的帽子太小了；小约翰说他在威尔士过圣诞节需要多备一件礼服，因为"我们每天都得穿，没有替换的话，一件礼服很快就穿坏了"，他还需要两双"袜商那里现成的有后跟的"长筒袜，因为"我没有完好的长筒袜可以穿了"。他还需要一顶骑马戴的帽子，他希望送帽子的人"把帽子戴在头上，以免压坏了"。

玛格丽特身怀六甲，需要一根新腰带，"因为我已经打蜡了"（意思是整洁优雅，她是在讽刺），"我不束腰带可能稳不住，但我只有一条腰带"。她想要的不是伦敦的礼服，而是来自伦敦的布料，以便在当地做一件衣服——对她来说，布料仍比剪裁更重要——但是且看这家人是如何寻找他们想要的伦敦货的呢？后来，玛格丽特抱怨道："我逛遍了镇上所有的布店，这里的选择实在是太少了。"一个人尽其所能追求的格调，都来自别的地方。

帕斯顿家的人偶尔会要求搭配衣服，穿"优质粗纺呢"——这是魔鬼的颜色，丧服黑——的礼服，"披白色羔羊皮"，但仅此而已。这家人并不热衷于效仿显贵，即使他们对王公贵族的喜好一清二楚。约翰·帕斯顿整理了一张清单，列出了他的主人约翰·霍华德（John Howard）爵士在 1467 年 1 月送给妻子的礼物，有金戒指、金项链、金手链和金腰带，上面镶嵌着红宝石、珍珠、钻石，还有绿宝石、蓝宝石和紫水

135

晶；有荷兰布，有绿色和黑色的天鹅绒（当时天鹅绒极其昂贵），还有锦缎和金线织物；有五把银匙；有昂贵的貂皮，有被称为白鼬皮的松鼠皮，还有用貂皮镶边的礼服；有一张床，床上铺着深红色的锦缎，挂着各式各样的帷幔，还有阿拉斯（Arras）的挂毯。这张清单很长，但帕斯顿一家当时不出入宫廷，似乎对此不大关心。他们有其他的烦恼，如何保住自家的土地，如何熬过战争活下去。[41]

城镇则不同，在城里，你必须按规矩做事。1393 年，一位老先生写了一本家政手册《巴黎持家指南》（*Le Ménagier de Paris*），事无巨细地训导他的少妻，家务管理容不得一丝马虎。他指出，那些说不在乎外表或不关心自己的人都是伪君子，他们其实很在意自己是否受到尊重。他说，新婚妻子必须"穿着得体，不要穿新样式的衣服，不要太俗艳，也不要太朴素"。因此妻子穿着打扮既不能太随意，又不能太艳丽，必须遵守规则。这位老先生甚至考虑到了他妻子的新式内衣，即使内衣通常不外露，但"你首先要注意，你的内衣领子和你的睡衣、长袍或外衣，不可叠乱了。"[42] 短裤方面的礼仪还没制定出来，但多明我会修士让·德博姆（Jean de Baume）说，不知忏悔的人就像穿着脏衬衫睡觉的坏孩子，而好孩子"至少每两周"换一次内衣裤。[43]

16 世纪，第一批时尚书籍问世，书中都是其他时代或其他地方的人怎样穿戴的图片。这些书帮助定义了时尚的概念，即长久的渴望成为某个人或去往某个地方。

这些书展示的是服装，也是人们的生活方式，这些书不仅是多姿多彩的情报报告，也是教人如何通过风格来区分好人坏

人的道德课。1562 年，宫廷装订师弗朗索瓦·德什普斯
（François Deserps）在巴黎编著出版了第一本时尚书籍，献给
了时年 8 岁、后来的法国国王亨利四世（Henry Ⅳ），不知道
这个男孩有没有翻看过这本书。这本书讲述了苏格兰男人穿着
宽大的裤子，荷兰人追求极致的干净，布拉班特（Brabant）
女人把头发梳得"像上过浆的亚麻"，还有泽兰的长裙。为了
引起男孩的兴趣，书中还穿插了一些海怪、身披藤条的直立猿
猴以及独眼巨人库克罗普斯的图片。

　　这些图片都是根据一位船长的素描绘制的，他是法属加拿
大的拓荒者，是了解外国风土人情的军人，是"去过许多不
同国家的葡萄牙人"，是在商业圈打拼的人。[44] 这是严肃的资
料，有一名士兵和一位商人作保。弗朗索瓦不太赞赏时尚，但
他也知道时尚必不可少，例如，在吕贝克（Lübeck），男人是
天生的猎人，手腕上停着猎鹰，无论男女都不"太在意时髦
的服装"。这本书解释说，这种多样化的存在，一方面是因为
不同的宗教，在血腥的宗教战争中，人们自然会担心多样化的
问题；另一方面是因为人们对其他民族和国家的好奇。[45]

　　切萨雷·韦切利奥（Cesare Vecellio）曾在他堂兄提香的
画室工作，1589 年，他在威尼斯创作了"世界"服装图册。
他刻画了英国女人"盛装打扮"，安特卫普女人"头上戴着漂
亮的草帽，无论什么年纪，都可以独自外出"；他还迷恋北方
女人，她们用嘴叼着燃烧的树枝照亮道路（"为了方便，也可
能是为了安全"），还沿小路铺上腐烂的橡木碎片，这样真菌
发出的微光就能指引回家的路。他指出，无论多么高贵的荷兰
女人都"从事贸易"。服装似乎是民族志的另一个证据，体现
了外国的风物民俗，但他也抱怨说，很难确定外国人穿什么衣

137

服，"因为他们想怎么变就怎么变，完全是他们的随想曲（*capriccio*）"。[46]

任性至极的时尚可能会滋生丑闻。

菲利普·斯图贝斯因此惶惶不安，他是职业道德家，害怕上帝会因为任何事而对所有人进行审判。1583 年，他出版了《剖析流弊》（*Anatomie of Abuses*）一书，以流畅的文笔和敏锐的视角向英格兰国民提出告诫。他不喜欢音乐，说音乐是"通向所有淫秽和肮脏的道路"；他不认同演员，说演员是"矫揉造作的伪君子……口是心非的两面派"；他不认同律师和放高利贷，因为他们可以夺走一个人的家；他甚至不赞成教堂在节日酿造烈啤酒；他不喜欢足球，说足球是一种"血腥的谋杀练习"；他也不喜欢舞蹈，说舞蹈就是人们为了"亲来亲去，相互垂涎"。总而言之，他认为"如果不迅速改革，长此以往，三大弊害将吞噬整个英格兰王国（Commonwearth of England），即精致的食物、华丽的建筑、奢华的服饰"。

"英格兰的居民穿着大胆，每天都在变换时髦的装扮，他们无非是想让淫荡的伴侣赏心悦目，让肉体的情人春心荡漾。"他专门提到那些把鲜花别在胸前的女人，"我毫不怀疑她们会因此得到许多湿吻，也许还会收获更多的友情，她们明白我的意思"。他认为感官享受是"我们眼前邪恶的例证是罪恶的挑衅"。他痛恨这些令人眼花缭乱的变化。"魔鬼每天都要推出这么多新的时装，假如我是算术专家，我也永远无法算［数］出其中的一半。"

当然，他少不了还要嘲笑几句。在伊丽莎白一世时代，人们脖子上那些"又大又怪的轮状绉领"之前还好好的，被雨水打湿后，"大飞边扬起又落下，就像抹布一样随风飘动，又像风车的帆"。人们的帽子与"他们脑海中摇摆不定的幻想"相为表里。一个人穿着拖鞋走路，"每一步都滑来滑去，像要摔倒……他们的拖鞋在泥土里啪嗒啪嗒上下翻飞，把烂泥都甩到自己的膝盖上"。至于紧身上衣，人们穿着既不能干活，也不能玩耍，因为它们又僵硬又闷热。

斯图贝斯并非有意成为讽刺作家，而是传教士的使命使然。人们为这些荒谬的事情所付出的努力令他感到震惊。他不是轻描淡写，而是直截要害地写道："耶稣基督穷苦的信徒衣不蔽体地死在门口，与此同时，数百万套衣服却放在他们身边任其腐烂。"他讨厌女人涂脂抹粉，卷烫头发，说她们"像狰狞的怪物，而不像贞洁的女基督徒"。他讲述了魔鬼被抓到在浆洗绉领和卷发的故事。他还讲述了关于金发流行的故事，这些故事都相当吓人："如果哪个孩子有一头金发，他们就会把他引诱到隐秘的地方，为一两个便士就剪掉他的头发。"

他担心的是，他确信的世界正在从根基上被动摇。在这个世界上，所有人家的女儿都想要漂亮的衣服，"尽管她们的父母已债台高筑"。他认为骄傲之罪在于"穿戴……比我们的身份、职业或生活条件所需要的更华丽、更奢侈、更贵重的服饰"。他抱怨说，我们"很难分辨谁是贵族，谁值得尊敬，谁是真正的绅士"。[47]既定的社会秩序应该反映在服装上，但如果任何人都能买到特权的衣饰，这种秩序就被破坏了。在这个时代，就连权贵的遮阴布也地位不保，从贵族的裤裆滑落到平民百姓的私处。[48]愤怒的斯图贝斯坚称："并不是所有人都要穿一样的衣服，每个人乃要按各自的等级，服从上帝的安排。"

他还担心，另一种确定性也会消融，那就是性别。尽管他认为男人穿柔软的衬衫会变得"软弱、柔弱和虚弱"，但他担心的不只这一点。他看到男人都变得女里女气，他的意思是，男人都太喜欢女人的陪伴，享受与她们上床的乐趣。他认为女人都打扮得像娼妓，连女孩们看起来也像"淫娃、婊子、妓女和鸨母"。他很反感看到女人像男人一样出入公共场所，他最担心的是两性之间的差别会逐渐模糊，他似乎认为，这在很大程度上归咎于人们的穿戴。他一看见穿紧身上衣的女人，就特别难受。他说，这样的女人"被称为雌雄同体并无不当"。[49]

当然，他的话有对有错。除了在宫廷和修道院里，人们的穿着不再受宫廷或修道院的规定限制。斯图贝斯肯定也意识到了，曾经广泛认同的社会秩序已经被扰乱了，而从服装上就可以看出这一点。阶级、地位、权力和金钱不再是理所当然的了。

在这样不可逆转的变化过程中，他帮助制定了上千次的道德说教、上千次的世俗布道，反对时尚，反对瓦解舒适、稳固的等级制度，反对年轻人有时会让长者分不清他们的性别。他教导文人和传教士，可以对着任何身穿新奇衣服的人怒吼，告诉他们穿用父辈的衣物才是美德。他让改变和选择看起来像是罪过。

第六章　书写法律

他在教堂待了三天，每天只吃豆瓣菜、水和无酵面包。现 在是星期天，是做弥撒的日子，他接受神判的时候也到了。

他刮完脸，赤着脚走出来，只穿了一件羊毛衬衫。[1]周围的人帮他脱去衬衫，顾及体面，又给他套上新的亚麻罩衣。他们用结实的绳子把他捆起来，把他的双手绑在膝盖后面，并留出绳子的一头，在他最长一根头发够得着的位置打了个结。他们拽着绳子轻轻地将他放入受过多次祝福的圣水池里。

这场在教堂门口举行的仪式可能类似监狱版的洗礼，旁观者和立法者都明白其中的联系。[2]但这场仪式是关于正义，而不是救赎。这个人已经宣誓说他没有犯下被指控的罪行。如果圣水接受他，他沉下去，至少沉到他最长一根头发那么深，他就是无辜的。如果他浮上来，那一定是因为圣水拒绝接受他，他的誓言就是假的，他的罪行就被证实了。[3]

这些指控可能涉及极其严重的罪名，比如巫术、谋杀，或者嫌疑人和他的朋友都宣誓说他是无辜的，结果证明他们都做了伪证。他可能受到"多项指控"，声名狼藉，没有人愿意为他宣誓作保。他可能想洗清自己的罪名，或者证明自己不是骗子，证明自己关于土地所有权的陈情是事实。在这个世界里，没有我们认为是金科玉律的文件和档案，没有书面记录来核实证词或建立先例，神判就可能是确立事实，甚至阻止权贵爆出丑闻的一种方式。

神判就像后来的法庭审判一样，充满了仪式感，看起来有如魔术一般真实可信。但区别在于，神判宣称是上帝的直接参与，而它缺乏人类法律高于一切的观念及国家机器的支持。

神判没有法官和陪审团来理清事实、决定谁对谁错，也没有检验证据和盘问证人的公开程序。相反，神判要求上帝显明只有他知道的事：谁在说真话。神判的优势是上帝的裁决无法抗辩，所以神判可以解决莫衷一是的悬案。比如，证据不足，坏蛋即将被释放；或者一个人恶名昭彰（*notorium*），他被定罪，只因所有人都肯定他有罪。问题是，神判对待上帝就像对待恶意证人，总是逼问他并非主动提供的信息。

直到 13 世纪初，神判似乎都合情合理。因为这个世界没有我们熟悉的那种国家形态，没有权力能够自行管制、审判和宣战。相反，这个世界由小社区构成，人们彼此知根知底，名誉就如同生命，因为谁也不会搬离，在人人都休戚相关的情况下，很难解决争端或推理犯罪。家族关系更是密不可分，以至于教会在 1215 年不得不修改关于"血缘亲疏"的规则，说明多少亲等的近亲可以结婚，因为在欧洲的一些村庄，人们循旧例，不能与外人结婚。[4]

在这样一个世界里，文字才刚刚开始变得重要起来。当时，没有什么档案记录，也没有什么法律书籍。判定有罪与否的方法必须非常简单，证据也必须是直观的、戏剧性的。神判是当时社会普遍接受的习俗，与罗马帝国曾经施行的、直到 11 世纪和 12 世纪才被重新发现的共同法完全不同。

142　　　这种法律体系需要国王或教会这样的作者和权威，起草一部适用于所有人的法律，也需要书本这样的载体，以便随时随地都可以查阅、传播和分享法律，还需要有学问的人，能够解读法律。这样的法律不可避免地会与旧习惯和老规矩相抵触。尽管各个城镇的仪式有所不同，但神判的意义都是一样的，每个人都能看到神判的过程；而被重新发现的罗马法则很神秘，需要律师上过大学，被灌输了一种不同的思维方式，摆脱了地方习俗的影响。在神判过程中，唯一的专业人士是神父，但他不审问，也不判决。在依照惯例判案的地方法院，没有人会拿出一部法律书，确保他们言行得当。没有什么伟大的抽象名词——王权、法律、帝国、国家，所有不同名头的权力——来承担起诉的责任。

律师之法意味着观念的改变，这种改变意义深远。在根据呈堂证供的庭审中，关键在于判决。因此最奇怪的是，法兰克人在进行神判前，总要读一段福音。

这段福音是："你们不要论断人，免得你们被论断。"[5]

律师之法是罗马教会重新发现的罗马法，但这并不是故事的全部。律师之法起源于爱尔兰、威尔士和新的定居地冰岛，这三个地方都在罗马帝国之外。

这三个地方都培养律师。克洛因（Cloyne）、科克和斯莱恩（Slane）的修道院有点类似法学院，不只向修士、教士和神职人员开放。尽管斗转星移，大多数手稿不是丢失就是损毁，但从7世纪到11世纪初，爱尔兰仍有77部法律文本流传下来，这印证了爱尔兰人非凡的法律学术成就和对文字记录的热忱。律师们也得到了应有的认可。在社会秩序中，轻罪法庭的工作人员只等同于农民，但最重大的"审判的辩护人"则被认为是显贵阶级。在那个时代，有罪必偿，偷猪的代价要根

143 据猪的年龄、体重和健康状况来判定，杀人的代价也会根据被害人的价值而浮动。杀害法官的代价极高。

律师之法最重视的是纸面上的文字。档案、特许状、转易契和历史纪事源远流长，中世纪的文化素养比我们过去根据史料推测的要高得多。但书写能力，而不只是阅读能力，仍是一种特权，人们经常要付钱请别人代劳。任何成文的东西都有一种近乎神奇的特质，文字记录的内容似乎比现场目击者的口供更正确、更真实、更重要。王室政府、教会机构开始在如潮的羊皮纸上冲浪，批阅大量的文件，律师们则管理着这种信息的流动。等到律师之法全面建立后，每个法律案件都需要遵照特定的书写程序，形成一套正式的文件。首先是诉状、正式否认（书）、支付所有账单的财力证明，然后是答辩状和反诉答辩状，直到案件明确可以上法庭为止；律师还要向法庭呈交各种意见书。证人名单必须连同要询问的问题和预期的答案一起列出；最终获准出庭的证人，公证人将记下他们说的每字每句，以便案件的当事人，通常是他们的代理律师，可以用红墨水在他们的副本上做标记，标出他们认为对己方有利或对对方不利的要点。

因此，律师之法的首要条件是书写，运用文字的魔力，发挥写作的作用。

书写的力量与北海的如尼文一样古老，书写的历史几乎与公历纪元一样悠久。如尼文是易于雕刻的符号，大致基于罗马文字和帝国文字，如尼文不仅有用，还很特别，因其可能具有神秘的魔力。如尼文常被刻在木头或石头上，被涂成红色，解读如尼文必须慎之又慎，正如古老的诗歌所言，"很少有人精通如尼文"。[6]精通如尼文是值得骄傲的资本，12世纪，卡利·

科尔松（Kali Kolsson）在奥克尼掌权之前引以为豪的九项技能之一就是精通如尼文，其余八项是（下）象棋、滑雪、作曲、射猎、双桨划船、朗读、写字和赋诗（他唱道："我很少糟蹋如尼文……"[7]）。他还刻了石碑，宣称自己是西海最伟大的如尼文专家。[8]

刀锋或剑柄上刻有祝祷胜利的如尼文，[9]船头和船舵上刻有祈祷一帆风顺的如尼文，[10]产妇临盆时有帮助分娩的如尼文，与别人的妻子打交道时还有坚定意志和保持理智的如尼文。如尼文可能是"非常伟大的符号，非常强大的符号"。[11]他们可以用放纵情欲的如尼文诅咒一个心有不甘的女人，让她找个三头妖怪做情人；[12]他们可以用如尼文让一个因悲伤而失语的女人开口说话。[13]恶毒的人可能会破坏一个贤良的妻子为她出海远航的丈夫而雕刻的如尼文。[14]未知的如尼文可能是生人勿近的警告——维京人有一首诗，讲述了一只邪恶的杯子，上面刻着动物内脏、蛇和海藻的标志，杯中盛着一种酒水，可以让人忘掉过去。[15]仅仅按字母表的顺序，写下全部 16 个弗萨克字母（futhark）都是一道幸运符。因此，符文棍是人们生活的智慧，以及对危险的认识，与教室没什么关系。

还有刻在石头上的如尼文，是为了纪念逝者，缅怀伟大的旅行家，或者声明是他们的遗产继承人。如尼文石碑是矗立在道路、桥梁或堤道上的档案，说明了谁是它们的建造者，它们是为了纪念谁。在挪威的达纳（Dynna），一位妇人为纪念她失去的女儿，建了一座桥，并在桥上立了一块如尼文石碑，上面刻着新奇的基督教形象，因为基督徒不赞成建造宏伟的坟墓。石碑上写道，爱女阿斯特丽（Astrid）"天生有一双巧手"，她制作了挂毯，纪念圣诞之星、婴儿耶稣和前往马厩的智者，她的图片被雕刻在石碑上。[16]如尼文石碑通常是借石头祷告，直接向上帝、圣母马利亚甚至雷神索尔吐露心声，尽管在北欧传统中，人们认为直接对神讲话可能很危险。[17]

在瑞典的希勒舍（Hillersjö）有一块石碑，上面刻的如尼文状如一条扭动的蛇身，记载着整个家族的历史，包括谁英年早逝，谁继承了遗产，蛇眼的部位只刻了一个单词"解释"。[18]如尼文石碑还被用来纪念那些未能返回的旅行者，这是证明他们死亡的一种方式。去乡离家的人也会这样悼念亡者，为的是保住他们的遗产继承权。[19]

145　　如尼文还记下了一些个人故事的片段，关于失落、愤怒或野心。我们无从得知"背信弃义、欺骗莫逆之交"的赫罗斯凯蒂尔（Hrossketil）是何许人，但背叛成了他洗不去的历史污点，因为这句话被刻在了石头上。[20]我们只能猜测为什么托尔里（Thorir）会刻下"母亲的离世对儿子来说是最糟糕的事"这句话，[21]或者为什么寡妇朗内尔芙（Ragnelf）会请求上帝帮助她的独生子拥有"比他应得的更好"的灵魂。[22]马恩岛的梅尔·洛雄（Mael Lochon）家出了点状况，他很尊敬养母玛尔穆拉（Malmura），还说："有个好养子胜过有个坏儿子。"[23]

石碑是为了纪念逝者，这意味着它们必须讲述生命的故事。有些人在突袭中死去，有些人在维京人的探险路上成了亡魂，有些人在激烈的王侯争战中丧生，有一块石碑上写道，它的赞助者及其臣民"出去会见弗里斯兰勇士，瓜分战争的战利品"。[24]有些人是拜占庭的雇佣兵，死于与伦巴第人的战斗，至少有个名叫拉恩瓦尔（Ragnvald）的人"在希腊是武装部队的首领"，也就是说，他主管拜占庭的雇佣军。[25]有些人是光荣的税农，比如乌尔夫（Ulf），他三次航行到英格兰，追索丹麦人认为他们应得的贡品。[26]还有许多是商人，与合作伙伴一同出海，结果可能和遭遇战乱一样，身陷险境，悲剧收场。儿子纪念死在货船上的父亲；妻子刻下如尼文，说明她的丈夫"溺亡于霍尔姆（Holm）的海中"——他的船（knørr）"沉没了，只有三人获救"。[27]有些石碑是标记，标明此地埋藏着从远北的巨人之地带回来的满满一船黄金，还有些石碑则述说了不幸。一艘商船跑到了格陵兰岛最糟的一侧："他们航行到很远的海上，可悲的是，他们没有食物，也没有干衣服，海浪将他们冲上一片被寒风吹裂的大冰原，那里寸草不生，毫无生机。幸福被不幸的命运断送，人就会过早地死去。"[28]

这些石碑是立在道路上的公开声明，过往的行人都是读者。随着时间的推移，读者学会了写字，书写技能普及开来。符文棍被用作标签，标示仓库里的每袋货物归谁所有。后来，符文棍还有了更多的用途。1170年前后，卑尔根有个情种在符文棍上写道："我深爱那人的妻子，爱得无比热烈，火对我来说都是冰冷的。我是那女人的情人。"也许还有人写道："我爱那人的妻子。"有人夸口说："我在斯塔万格（Stavanger）的时候，英格约格（Ingebjörg）就爱我。"几年后，有人写了一句恳求的话："爱我吧，贡希尔（Gunnhild），我爱你。吻我吧。我懂你。"或许这些只是涂鸦，但又像是留言，没准贡希尔真会看到这条信息。13世纪，有些符文棍读起来才更像是厕所的墙壁，"史密斯和维格迪丝（Vigdis）睡了"只是吹牛，"这女人多可爱，愿那混蛋填满她"[29]是愿望，但也有一些奇怪的家庭信息。13世纪上半叶，有人在一根用来传递消息的木棍背面写道："于达（Gyda）说你必须回家"，还加了一些现在没

146

人能看懂的符号。有人认为传递消息最简单的方式就是写对方能看懂的东西，比如给酒吧里流连忘返的丈夫捎信儿。[30]

当然，律师之法需要的不只是神奇而有用的书面记录。律师之法还必须能够做到习俗所做的事，反映社会中所有关系和权力的形态和性质，说明谁拥有什么、谁是自由的以及社会的等级，所以律师之法看起来是自然发展的必然结果。法律与习俗之间的角力持续了几个世纪，因为习俗有时很管用。

尽管专家们表示神判是亵渎神明，是无知的迷信，但在律师之法出现之后，神判并没有被肃清。毕竟，神判就像一场戏剧，表现了原告与被告之间的冲突，最后一刻再揭晓判决结果，让观众都拭目以待。神判是一锤定音，而法律往往是有条件的。神判是公开仪式，社区各个阶层、各种身份的人都可旁观，就像生活中的一幕场景，而法律则是在封闭的房间里评判正义，交由外人审慎处理。

神判仪式有几十种地方规则。如果受审的是自由民，不受封建主的管制，他必须从沸水中取出石头，或者从火中抓起烧红的金属（通常是犁头），并拿着它至少走9步（"9步要按受审之人的足长丈量"，正义是度身定制的）。犁头要事先放进火里烧红，一旦祝圣开始，就不能再添柴拨火了，烧红的犁头要留在余烬上，直到最后的祈祷文念诵完毕。[31]犁头躺"在火上以待发现真相"。[32]

水必须煮沸，被告和原告必须分别由两个人来检查，必须让每个人都看到过程，知晓结果。被告把手伸进沸水，若有一项罪名，水要没过手腕，若有三项罪名，水要没过手肘；[33]然后，他的手和胳膊会被包扎起来，用蜡封住。考验他的烫伤能否愈合。三天内，他应该差不多好了，否则他就是有罪的；再次验伤时，每个人也都能看到。

如果受审的不是自由民，而是封建主的下人，他会被捆起来，赤身裸体地扔进冷水里，因为裸露的肌肤会杜绝欺骗。这种判决要的是立竿见影，似乎在没有自由的人身上浪费整整三天毫无意义。他要么沉下去，要么浮上来。这不是酷刑，因为痛苦不影响结果，尽管痛苦可能会导致认罪。痛苦被人们热情高涨地留给了惩罚。

受审的人地位越高，受的苦就越少。教会的规定五花八门，但895年的特雷布尔会议（Council of Tribur）规定，大人物只需要12个人为其宣誓作保，仆人则要经受严酷的冷水或热铁考验。[34]教士不用水或火来考验，如果修士和教士被指控犯罪，比如在修道院监守自盗，他们就会被要求把圣餐面包塞进嘴里，因为有罪之人会被噎住。1119年之后，骑士被免除了神判，除非他们被指控为异端，那他们就要和其他人一样接受热铁考验。贵族更喜欢决斗，他们相信上帝会让有理的一方获胜，这种道德考验在其他形式的神判被废除之后，仍然沿用了很久。当然，贵族可以雇勇士为他们上场拼命。社会攀爬者想要与达官显贵享有同样的特权，从12世纪起，新兴城镇的居民们就在争取豁免令。

148

妇女通常只能接受热铁考验，因为女人下水不太庄重，有人批评"教士们用无耻的眼睛热切地盯着那些在下水前被剥光衣服的女人"。[35]即便如此，女性还是会选择神判来证明她们的德行，比如一名妇女被指控通奸，她没有其他办法能够证明自己的清白。风流韵事很难找到两个可信的目击证人，一扇小心关紧的门或一块遮挡严实的窗帘就可以推翻整个案件，但挽回不了一个女人的名誉。传说伊索尔德（Isolde）被指控与特里斯坦（Tristan）通奸，她的国王丈夫就让她用热铁来证明自己的清白。[36]她毫不犹豫地拿起了灼热的金属，然后让人把她的手包扎起来，用圣蜡封住，三天后，绷带被拆开，人们查验她的伤口是否像无辜之人那样愈合了。[37]在齐格弗里德（Siegfried）和布伦希尔德（Brunhilde）的故事中，谷德伦用"神圣的沸水锅"证明她没有通奸。"她光洁的手伸进水底"，抓起了沉在锅底的宝石；诬告她的仆人也经受了沸水的考验，结果被严重烫伤。那个仆人后来被带到泥炭沼泽，羁押在篱笆墙下，没一会儿就死了。[38]

美德不只意味着没有罪过。大约963年，在撒克逊国王哈罗德的宫廷里，有个名叫波波（Poppo）的神职人员，他在宴会上大声争辩说上帝只有一个，最后国王命他证明这一点。他被关押了一夜，第二天早晨，他被带到一块"又大又重"的烧红的铁跟前，要证明自己所言非虚，他必须把这块铁拿起来。据他的传记作家说，他毫不犹豫地照做了，"并且一直拿着它，直到国王亲口喊停。他向大家展示了自己毫发无伤的手，他使所有人都相信了他的信仰"。[39]

人们还可以借助神判是上帝的裁决这一点来终止麻烦，就连皇帝也希望假借神判来平息风波。查理大帝在遗嘱中分割王国时，明确指出"若对王国的范围和边界存在任何争议，凭人的证词也不能澄清或解决，我们就将这个问题交给十字架来审判"。也就是说，在弥撒期间，他的继承人们要站在教堂里，像被钉在十字架上一样张开双臂，直到一人倒下，另一人胜出。查理大帝试图在强敌环伺的情况下，维护领土和平，他想要人人都能心服口服的判决，这样至少在帝国内部应该

149

"没有任何形式的斗争"。⁴⁰

所有这些都取决于神谕显现的过程，这个过程缓慢而从容，直到身体触水或手碰到热铁的那一刻。如果考验只是将圣餐面包塞进一个人的嘴巴，看他会不会噎住，那这面包必须适当圣化。如果要用到火，教士会提前警告有罪之人远离祭坛，要求他摘除随身携带的各种法宝和护身符，确保他不受"恶灵操纵，没有亵渎神明，不能施展法术"。⁴¹要伸进沸水的手必须先用肥皂仔细清洗。⁴²水本身就可驱邪除魔，所以水可以"审判活人，审判死人，审判人类"。点火前，在教堂入口处的地面上要泼洒圣水，负责将被告放入水中的人必须虔诚地亲吻福音书，⁴³那些在教堂里等待经受烈火考验的人必须不吃不喝，远离男女之事，他们要足够干净，才能接触圣水。⁴⁴

神判不像法律程序那么不讲人情、一板一眼。神判会让原告或被告有充足的时间再三考虑。

教会并不赞成神判。神判是地方惯例，形式多变，而教会想要的是普遍的成文法。他们在习俗中找不到诫命。

此外，神判是日耳曼人的，有几分异教色彩，不是罗马人的传承，这对法律学者来说是极大的冒犯，因为他们正在整理古罗马的法律文献，努力使之适应今非昔比的现代世界。⁴⁵人们在比萨（Pisa）发现了6世纪的手稿《查士丁尼学说汇纂》（*Justinian's Digest*），这是一本法律文摘，摘录了许多伟大的罗马法学家的著作。人们在博洛尼亚（Bologna）找到了同一本文摘的篇章和节选，博洛尼亚的法学院迫不及待地投入研究。到11世纪的最后25年，一本法律教科书面世，最初用于讲解教会和教规法，但也可供世俗法庭使用。⁴⁶教士有《圣经》，律 150

师有《查士丁尼法典》，教会法庭有 12 世纪博洛尼亚教师格拉蒂安（Gratian）汇编的《教令集》（*Decretum*）。《教令集》收录了所有可能影响教会法决定的文本，从教皇的书信到教父的著作，再到罗马法的节选，还有相当多的教规甚至圣典。格拉蒂安的《教令集》被一遍又一遍地复制，被称为"西方历史上读者最广泛的书籍之一"。[47]

格拉蒂安将习俗定义为"一种约定俗成的法律，在缺少法令时公认的条例"。如果没有书面法令，案件就必须根据诉讼当事人所在地区的法律来判决，即使像瓦卡留斯（Vacarius）这样的教皇法官代表——他从坎特伯雷到约克，再到林肯郡（Lincolnshire）教授法律，最后成为约克郡的荣誉教士——也必须学习各地的习俗。[48]法律往往还是地方习惯和地方常识的问题。

如果没有强大的国家来执行普遍律令，这种情况很可能会持续下去。教皇与皇帝之间的长期斗争是个问题，世俗人士也没有拒绝不了的理由去帮助传播教会法。皇帝深知自己的权力取决于习俗，取决于重视习俗的民众，他需要人民的拥护。教皇可以在罗马制定法律，博洛尼亚的法学院也可以整理并讲授这些法条，但在世界的边缘，"共同法"（*ius commune*）必须据理力争，懂得谈判和妥协，尤其是在教皇与皇帝较劲时，还要明白退一步海阔天空的道理。成文的规则几经删减和增补，有时甚至改得面目全非。几个世纪以来，法律是几部不断完善的相互竞争的作品，包括教会法、教规法、私法、公法，还有记忆中祖辈传下来的规矩。

1215 年，第四次拉特兰会议（Fourth Lateran Council）决定谴责用决斗解决争端的做法，谴责教士不该卷入总是以流血告终的法律事件。会议还禁止教士祝福或圣化任何烈火或冷水神判需用的东西。1222 年，教皇洪诺留三世（Honorius Ⅲ）进一步取缔了世俗法律中的神判。神判被剥夺了神圣的外衣，它的逻辑不再成立，法律转而占据了优势。诚然，神判经常死灰复燃——17 世纪，女巫还会被沉塘——教会不得不一再颁布禁令，但接受神判的人预先都会被警告说，上帝不会与他同在。

这是由来已久的争论。9 世纪，教皇就公开抨击神判的概念。里昂的阿戈巴尔（Agobard of Lyon）说，神判是错误的，因为"上帝的审判是天机，无法参透"。[49]上帝不会因为受人威逼就说出他知道的事情。12 世纪初，像沙特尔的伊沃（Ivo of Chartres）这样的教会律师只有在用尽所有正常的举证方法后，才会同意施行神判，但出于某种原因，他赞成对一个被指控与岳母上床的男人进行热铁考验。势利的主张也渗入了关于神判的争论中，每当英格兰法官对中产阶级的专业人士宣判时，这种态度尤为明显。图尔奈的斯蒂芬（Stephen of Tournai）认为，既然神判被认为可以阻止最严重的罪行，那么它们应该只用于品行不那么可靠的下层阶级。[50]中产阶级认为他们不需要这么严厉的惩罚。

唱诗者彼得（Peter the Chanter）在巴黎教神学，同时也是圣母院（Notre-Dame）的领唱，他个人好研究神判的问题。[51]曾经，有个人阴差阳错地被指控谋杀，前来咨询意见，说他得到一个机会，可以通过冷水考验来洗脱罪名。彼得给他讲了正确的神学，并告诉他，屈从神判是一种罪。这个人拒绝了神判，结果被绞死了。

彼得仍然认为神判有违诫命，因为神判诱使上帝干预人类

右边页码：151

事务。他不明白，既然神判是两个人的决斗，以证明孰是孰非，为什么双方都竭尽所能地寻找最好的斗士，似乎没有人相信上帝的判断。他想不通，如果故意甚至悬赏要杀死另一个人，这样的得胜者能有多神圣。他还对神判的方式深表怀疑。有罪之人可以学会把肺里的空气吐净，慢慢沉入水底，装作他是无辜的；如果三个人被要求拿起同一块热铁，最后一个人明显有不公平的优势，因为热铁会冷却。

他收集了一些关于神判出错的故事。一个人被指控偷了教皇的东西，他没能通过热铁的考验，只好交了罚款，但后来赃物出现在别人手里。两个朝圣者同路去耶路撒冷，但其中一人迟迟未归，于是另一个被告谋杀。这个人经受了冷水的考验，结果他浮力太好，坐实了罪名，被绞死了。没过多久，他的"受害人"就回家了，原来他顺道去了一趟孔波斯特拉（Compostela）的圣雅各（St James）墓。

即便如此，教会反对神判并不是因为神判不公正，而是因为观念。教会认为教士身份特殊，与众不同。教士被禁止结婚，被鼓励要保持贞洁。教士宣誓入教，已经表明了自己的信仰，他是专业人士。还有很多受过良好教育的人可以管理新型国家的官僚机构，所以教士没有义务承担这一职责。他们可以远离平凡的世界。如果他们要与世俗保持疏离，就很难继续处理神判这种寻常的俗务，但神判依赖他们的祝福，所以他们的缺席永远改变了仪式。

律师们做好了取而代之的准备。1150 年前后，有些地方出现了开班授课的法律学者，其中一些人在教会法庭工作，但在欧洲大部分地区，还没有所谓的法律职业。有人被称作

"辩护人"（*advocati*），但这个词的意思模棱两可，有时仅指证人，有时指教堂的赞助人或比武决斗的胜者，有时指法官的顾问，偶尔还与我们现代所称的辩护人同义，指出庭为他人辩护的第三方。

到 1230 年，世道变了，一种职业形成了。律师在新成立的大学里接受正式培训，这些大学是由一群巴黎和牛津的教会律师开办的。据一位学者修士说，镇上到处都是律师，他们以此谋生，经常声称自己与修士或教士从事的是同一类职业（*professio*），都要郑重其事地表明意向。法官只听取具备资格的律师的意见，这意味着律师可以建立职业壁垒。他们在复兴罗马的传统，但有所取舍，他们摒弃了诗人马夏尔（Martial）和尤维纳利斯（Juvenal）所嘲讽的传统，即辩护人只能得到很低的报酬，比如一袋豆子、一块发霉的火腿、存放很久的洋葱、劣等葡萄酒或一小把香料。[52]

153

这些人有的是名副其实的法律学者，有的则是 13 世纪坎特伯雷大主教数落的那种，"他们只听了半本法律书，就自以为是地去公开辩护"。这样糟糕的律师、这么拙劣的水平迫使法院认识到提高职业门槛的重要性，因此法院规定，从事法律行业的人必须认真学习，至少受过三年的专业培训。律师自认为是行业中的贵族，他们代理财产交易，牵线搭桥，查证摸底，而公证员也表现得比书记员高人一等，要相应地收取费用。在教会法庭上，律师自认为很像教士。他们还想要至少骑士的社会地位，尽管他们更愿意被认为更高贵。

当然，这种看法并不是所有人都认同。诗人布洛涅的马蒂厄（Matthieu of Boulogne）是个憎恨女人的诗人，他很少认为女人胜过男人，但他说律师比妓女还差劲，因为妓女只卖屁股，而律师出卖的是更高贵的器官，舌头。[53]他们当然希望靠他们的经验和专业知识获取报酬，而不仅仅是他们付出的时间。在《农夫皮尔斯》（*Piers Plowman*）一书中，作家威廉·朗格兰（William Langland）描绘了这样的律师形象，他们"从不肯为弘扬仁爱耗费口舌。你若想不掏钱就让他们开口，不如去称量莫尔文山间的迷雾"。[54]英格兰的牧师有一长串问题要问告解室里的律师，以防他们遗漏了任何一条罪行，比如帮助客户作伪证、用侮辱性的语言来掩饰无知、收费过高，其中有一项罪行，律师们也认为很严重："你是否对微薄的薪水感到满意，比如说 4 便士或 6 便士，代理……一个大案子……?"[55]

事实证明，专业是最有力的概念。这有赖于在新建立的大学——比如北方的牛津和巴黎的大学——联合起来的院校和教师，以及资格的概念，即学位。法官只听取具备资格的专业人士给出的意见。这创造了律师阶级，他们获得了执照，可以在法庭上发言，也可以引经据典，进而还创造了专业阶级的概念，进而又为中产阶级的概念奠定了基础——凭借自身专业技能获得权力的人，他们既不是骑士，也不是农民，而是社会的中坚，他们能告诉骑士和农民该做什么。

医生看着律师设计的这一切，大学教育、专业知识、受人尊敬的学位、社会地位的攀升和收入的增加，医生也想成为专业人士。

格拉蒂安的法律教科书和律师在北方出现，也是顺应时势。北海一带的新商业城镇发生了令人眼花缭乱的变化，阶级动荡、人口流动、外国人和外国思想不断涌入，因此，公民们需要某种不变之法来解决生活中五花八门的问题。过去财富属于贵族或教会，现在则由自主经营的新商人阶级分享，从前离不开土地的男男女女如今可以来到城市，创造新的生活。[56] 所有这些变化此时此地正在发生，因此从逻辑上讲，只有在遥远的过去才能找到稳定的画面。

罗马帝国的法律是意大利不可磨灭的记忆，塑造了当地的民风民俗。罗马法是教会法的基础，而民法又是以教会法为蓝本，说明罗马法有很好的适用性。相反，在意大利的北部和西部，翻越阿尔卑斯山，顺莱茵河而下，穿过北海，这种法律只是零星地传播。有些地区搞不懂罗马旧帝国的统治，对新帝国也没什么热情。有些地区甚至在查理曼这样侵略成性的帝王统治下，还保留着自己的法律与习俗。长久以来，人们要么抵制，要么对共同法的宏伟思想漠不关心。

然而，在新人的压力下，旧习俗不得不改变，不可避免的是新人想用金钱来获得社会地位。

城镇里满是新富阶级，他们与基层农村没有什么紧密的联系。他们想要土地和土地不轻易出售是出于同一个原因。地产体现的是一个家族的身份，是他们的财富、名望和历史，是他们在动荡不定的世界中的未来收入，以及他们在晚年买到照顾和关心的金钱来源。土地大部分都是祖传的，几乎不能被合法地出售、转让或赠与。

家族争端主要是关于哪些继承人或亲属有权处置土地，如果这些纠纷无法皆大欢喜地解决，他们的争吵就会延伸到土地上生长或房子里储存的任何东西，乃至储藏室和地窖里的粮食。凡是房子的附属物都会随房子一起传下去，在英格兰，包括看家护院的猎犬，还有饲槽、鸽子、烤箱、百叶窗和铁砧。

如果是动产，则可以考虑分割出售。根特曾有关于树木分配的诉讼案件，因为木材稀缺，是值钱的燃料和建筑材料，所以森林是宝贵的资产。但苹果树被认为是可出售的动产，因为人们可以采摘果实，柳树也是动产，因为人们可以在春天剪下新抽芽的枝条来制作绳带，编织座椅和栅栏。房屋也被认为是动产，这也讲得通，因为房主可能想要分割、重建或出租房子，没想过要把房子原封不动地传给继承人。可移动就意味着可变，也意味着可供出售。新的罗马法律允许这么做，但习俗作梗，两方还是会为了谁该继承以及如何继承的问题而无休止论战。[57]

　　法律是必要的，即使最圣洁的人也在从事商业冒险。一些修道院院长很有商业头脑，但并非所有人都具备这方面的才干。西多会（Cistercian Order）的修士们来到约克郡的山谷，在荒地上放羊，靠卖羊毛为生。他们有时需要现金，就会借钱周转，有时也会充当中间人，为小农户和布商提供信贷。他们向农民预付现金，以购买未来供应的羊毛，因为收取利息是不道德的，所以他们会心照不宣地设定一个人人都知道不现实的交货日期，等过了这个日期，他们就以不得不再次上门取货而造成的不便为由，收取一笔"罚款"。他们还为陷入债务危机的土地所有者垫付现金，因此他们的地产越来越多。主教和王室成员把钱交给他们打理，这是一种活期账户，可以兑现支票，至少是授权托管。简朴的修道院意外地变成了银行，变成了国王、商人和教皇的金库以及农民的信贷来源。他们缺少的是资本，他们没考虑这么多。如果事情出了问题，他们亏欠的钱、他们冒险投入的钱就可能是祸端，当年国王关闭犹太人的钱庄、成为修士的主要债权人，就证明了这一点。他们的资源并不是流动的，比如教堂、修道院、宿舍。如果修士们没有资源、没有办法、没有现金来自救，一错再错，只能破产。他们的 18 座修道院，还有喷泉修道院（Fountains Abbey），都曾被抵押或取消赎回权。[58]

如果单纯的修士都会陷入这一系列的法律和财务困境，可想而知普通人会发生什么。一名男子声称，他被马贩子、医生、客栈老板和贼头贼脑的店小二骗了，信差还不给他送信，他要去法院告状。如果他没有契约（specialty）——加盖印章的书面文件——来证明他与马贩子、医生、客栈老板或信差之间的约定，那么法庭可以用"宣誓断讼法"（wager of law）——被告和他的 11 个朋友只需当庭宣誓否认任何责任——来裁决。旧习俗胜过了新法律，除非你深谙其道，大事小情都付诸笔端。法官也认为这不切实际，1374 年，卡文迪什（Cavendish）大法官裁定，即使没有任何文件，这样的案件也可以审理，"因为这点小事，一个人总不可能找书记员来订立契约"。

欧洲各地的客栈老板现在都有责任"保证［他们的］房客不会因为客栈老板或服务员的违约而蒙受任何损失"。如果有人在夜间偷了你的东西，你可以提诉"非法侵入"。1369 年有个案例，一名医生为一个人医治受伤的手指，诊疗费相当于那人很大一部分薪金，但最后那人手指没保住，医生因此吃了官司。1387 年，一个马贩子隐瞒了他要卖的马有些病弱的情况，结果被告上了法庭。现在，任何出了问题、涉及金钱的事情，都可能通过法律程序了结。

法律的确立绝非一蹴而就。比如，一名医生在伦敦承诺要治好一个人，但他却在米德尔塞克斯（Middlesex）实施治疗，而中世纪的法律要求陪审团掌握第一手的实情，所以首先必须

157

开听证会，决定听证会在哪里举行（法院决定在伦敦举行）。同样的错误，比如不偿还债务，可能是违约，债务人不用坐牢；也可能是侵权，属于法定损害，他可能会被关进监狱，直到还清债务为止。（侵权行为的损害赔偿金是惩罚，但违约行为的损害赔偿金只是补偿。）原告只想要回他的钱，这可以理解，但律师们首先要给被告的错误定性。风险是并不总能达成共识，法官们直到1482年仍就一个人是否应该对自己没有任何过错的债务负责这一问题存在分歧。首席大法官布莱恩（Brian）语出惊人地写道："假如一个人跟我打包票说，教皇明天会来威斯敏斯特（Westminster），结果教皇没有来，尽管被告没有过错，但他还是违约了。"[59]

经济生活的寻常事务也需要各种文件，但文件并不总能发挥作用。14世纪，纽伦堡的乌尔曼·施特勒默尔（Ulman Stromer of Nuremberg）发现，造纸厂雇人工作需要签订书面合同，以防熟练工人带着自家的技术跳槽到另一家造纸厂。施特勒默尔要求磨轮机装配工签终身合同，纸张专家签十年合同，还要求一户拥有秘传技术的意大利家庭发誓不教别人造纸，也不帮助任何想在德意志地区造纸的意大利人。这家意大利人"庄严起誓"，"本合同的条款已在公共记录（sub publica manu）上登记"。他们还希望有更多的意大利人从伦巴第（Lombardy）来造纸厂工作，他们计划让施特勒默尔把造纸厂租给他们，这样他们就可以自己经营了。尽管文件齐全、誓词言犹在耳，但这家工厂始终没有正常运转起来。施特勒默尔被逼无奈拘拿了他们，把他们锁在小塔楼的房间里。他在塔楼里耐着性子等待了四天，他的手下终于同意签署一份全新的合同，承诺遵守第一份合同的约定，而且不会在纽伦堡以外的地

方起诉。然而，但这也不管用。不到四年，施特勒默尔恼羞成
怒，觉得自己受够了，于是把造纸厂租给了别人，让别人为他
造纸，"这样我就跟这烂摊子毫无瓜葛了"。[60]

有时现金短缺，法律可以提供巧妙的解决办法。14世纪
末，自从意大利人从塞尔维亚（Serbia）和波斯尼亚（Bosnia）
带走大量的白银后，英格兰的杂货商就很难找到足够的硬币来
维持布料生意。他们需要大量的信贷。1396年，杂货商约
翰·霍尔（John Hall）为了得到贷款，订立了一份赠予契约，
将自己所有的货物和动产赠予他人，这种契约最常用来规避财
产被法律或债权人没收的风险，霍尔以此换取了价值500英镑
的债券。他的货物还在他的仓库里，他甚至可以起诉任何损坏
它们或试图拿走它们的人——只有债券持有人在他不还钱的前
提下，才可以没收它们。他有了现金可以周转。从15世纪40
年代起，这种旧文件的新用途越来越多，这种方法可以发挥信
贷的作用，弥补金银严重短缺的问题。[61]

远洋贸易的规模加剧了问题的复杂性，而法律又跟不上变
化。想一想11世纪以来在丹麦水域运输货物的船只，它们的
残骸散落在远海上，表明它们走的是远洋航线，许多是真正的
帆船，船上没有容纳桨手的空间，船身造得很大，可以装载多
达五六十吨的货物。这意味着商船要雇用专业海员，他们在启
航前总要达成协议。船和货物可能分属于很多股东，他们在启
航前可能要订立一种原始的保险契约，即船长拿出一笔押金，
交由货主们保管，如果他没能将货物安全运送到目的地，货主
们就用这笔钱抵偿损失。无论有什么样的规则和习俗，无论这
一切如何组织，船只出海，浮浮沉沉数百年，直到13世纪，
法典才被编纂出来。[62]

159 　　从前，船上的搭档只持续一次航行就散伙了，这种伙伴关系可以在码头上敲定。但到 13 世纪中叶，合伙经营成了意大利大型贸易公司的基本模式，公司的股份可以买卖，持股人按比例分配利润，分摊亏损，分担销售和交付的责任，这些人可能只是在北海海岸交易票据，彼此并不认识。持股并不是全新的概念。12 世纪，法国加龙（Garonne）河畔就有一家经营风车的有限公司，其股份可以在市场上交易，价格根据加龙河的水流强度、收成状况和洪水发生的概率而变化。[63] 但这只是当地的知识，现在，投资者还需要了解风暴、海盗、两个市场上的商品价格和货币价值。中世纪，小镇市场靠赊销经营，流通的硬币不多，摊主知道每个顾客的名字、地址，也记得他们买鸡蛋、面包或卷心菜赊了多少。现在，大洋两岸记账，需要用不同的语言、不同的货币，因为商品的价格和价值都在不断变化。[64]

　　人们觉得需要用法律来管理这一切，在财产转手时提交证明，审核合同，解决合同纠纷，处理抵押贷款、信贷和风险隐患，很久以后，还需要为海上航行合理规划保险。律师让这一切运转起来，包括皇家法庭和日新月异的城镇，这些城镇现在比任何农村的封建领地都重要。弗里斯兰船主单枪匹马带着货物往返于海岸和莱茵河的时代已成遥远的记忆，现在有不同阶层的本地商人和金融家，有专门运货的船主和船长，还有在远方港口负责买卖的代理人。他们需要粗通会计知识，需要可靠的信息和律师，才感觉心里有底。

　　把这些事项都写下来至关重要。只有这样，才能开始严肃的谈话。

最能证明文字重要性的就是伪造品。几个世纪以来，伪造一直是教会的习惯。9 世纪 40 年代，圣安斯加受命去传教，劝导斯堪的纳维亚人皈依。他先前搞得一团糟，需要政治背书才能继续开展工作，所以他伪造文件来支持自己的说辞，谎称自己得到查理大帝的首肯，要合并汉堡和不来梅，在北方建立主教教区。他还用假文件来证明自己是大主教，这纯属多此一举，在他的职业生涯的某个阶段，他的确是大主教。但他仍然需要书面证据，于是就伪造了一份。他的弟子林贝特也想掌理汉堡-不来梅教区，所以他重新编造了故事和证据，仿佛伪造文件就像是种修正主义，在满怀希望地改写历史。[65]

9 世纪，有些修道院——比如，法国的科尔比——的修士热衷于写下他们认为教皇和理事会显然一直想颁布的法令和命令，以帮助解决历史问题。两个世纪后，造假成了修道院的专长。如果小修道院需要特许状来证明他们的土地所有权，威斯敏斯特、坎特伯雷、达勒姆（Durham）以及后来的格拉斯顿伯里（Glastonbury）等著名的大修道院就会提供伪造服务。他们屡次被告诫，造假有损教会和王国的权威。索尔兹伯里的约翰（John of Salisbury）写道，假的教皇印章"对普世教会来说是极大的威胁，因为只凭一个印记就能让所有教皇的嘴巴张开或合上"。

然而，修士们乐此不疲。他们是档案保管人，是记录管理者，他们很愿意改良历史，以正视听。林肯郡克洛兰（Crowland）的修士们编造了惊险的故事情节，讲述了 1091 年的大火如何摧毁了他们的修道院。他们说有一位英勇的院长，一路闪避沸腾的铅流和熔化的铜液，跑去唤醒熟睡的修士，将他们从烈焰中拯救出来。当然，这位英雄还救出了重要的特许状，年轻的修

160

士们才有机会学习撒克逊文字。伪历史表示，这些特许状在大火中幸存下来，正好证明了他们宝贵的土地所有权。

人们越是尊重文字，造假的就越多。在征服者威廉的所有官方文件中，大约有 1/3 是在他死后很久约 12 世纪才写的，其中超过 1/3 的文件完全找不到任何早期的依据。有时，最冒险的伪造是为了最伟大的事业。1360 年，奥地利试图通过出示由尤利乌斯·恺撒（Julius Caesar）和尼禄（Nero）签署的证明，与查理四世（Charles Ⅳ）谈判，争取独立。但很不走运，皇帝认识人文主义者彼特拉克（Petrarch），而彼特拉克的藏书室里有几封尤利乌斯·恺撒的亲笔信，可以与他们出示的证明进行比对。冒充恺撒笔迹的人错误地使用了复数形式，他在写"朕尤利乌斯·恺撒"时用了"we"，这不是罗马风格。彼特拉克写道："这个蠢货不懂这些规矩。"

有些人伪造成习。在 15 世纪的 40 多年间，士兵约翰·哈丁（John Hardyng）制作了至少 20 份意在证明苏格兰曾受英格兰统治的文件，其中至少有 17 份是伪造的。他称苏格兰在 11 世纪就承认英格兰国王是君主，他还撤销了对部分苏格兰人的叛国罪指控，因为他们声称效忠英格兰国王不算是叛国，他拿出了许多苏格兰国王的宣誓誓词，每份都有精心伪造的印鉴，19 世纪的学者说，这些文件虚假得"最明显"。没有证据表明英格兰国王使用过这些文件，但哈丁仍然认为伪造它们是值得的。他曾为许多英格兰北部的领主服务，他们失去了苏格兰的土地，却依旧抱有幻想。他活脱脱就是个醉心伪造的狂热分子，除了伪造笔迹、蜡和羊皮纸，他还自己出版了一本历史书。

剑桥大学宣称本校历史悠久，也存在伪造的问题。1381

年，老师们在暴民的逼迫下，放弃了"自开天辟地以来历代英格兰国王授予他们的各种特权和专权"，同意接受当地公民的统治，为确保万一，公民们用刀划开了封印，在市场上烧掉了古老的特许状。1429 年，剑桥大学希望不受大主教、主教、执事长和众多官员的干涉，但他们没有特许状了，所以他们只能求助于幻想。实际上，剑桥大学始建于 13 世纪，是牛津和巴黎的避难所，当时这两所学校都经历了短暂而深重的危机，但剑桥提供了 7 世纪的教皇信件。他们说，很遗憾原件毁了，但古老的副本还在。除此之外，这些信件还表明，教皇洪诺留本人也曾在剑桥学习，比其他人早了大约 600 年。

162

这种骗术行之有效。剑桥大学编造了一段精彩的神话历史，涉及阿尔昆、查理曼和亚瑟王。据说 531 年，亚瑟王立誓要保证剑桥"研究学问不受干扰"，理由是这位传奇的不列颠国王"在剑桥博士的说教下"皈依了基督教。这一幻想旨在使剑桥心怀大学该有的理想，不忘古代不列颠知识分子生动的梦想，一以贯之地秉承学习至上的思想。剑桥大学的起始现在看来如此久远，如此奇妙，甚至如世界的起源一样神秘。除了展现远大的抱负，这些文件还有实际的效用，让主教们不再插手大学事务。[66]

这种伪造并不简单，不像伪造特许状，让人们"为他们的财产心烦意乱"，从而趁机夺占土地，也不像你在需要钱时伪造的银行票据，或者在内战期间为混淆视听而捏造的先前国王对敌人的指控。伪造有时是一种手段，可以把真东西衬托得更加真实，可以强化机构想要树立的形象，也可以抱诚守真地表达政治观点。城镇可以伪造宪章，以便更好地管理政务，英格兰西部乡村巴恩斯特珀尔（Barnstaple）就是这么做的，而且成效显著。

重要的是有形符号：文字。

神判被禁，至少神判被认定是无神意、非官方的做法，但教会仍未根除秘密犯罪的顽疾。有些教士并不贞洁，甚至不是独身；教会里还存在职位和权力的买卖。这些案件很难找到确凿的证据，因此神判是最便利的解决办法。

现在出现了一种新的程序：起诉，或称诘问式诉讼（*processus per inquisitionem*）。这需要思想的根本转变。教皇英诺森三世（Innocent Ⅲ）确信，犯罪绝不能不惩罚，否则恶人只会越发猖狂；起诉是为了公众利益，不再是私人行为。按照旧规矩，原告提出指控，支付起诉费用，宣誓保证指控的真实性，如果他不能证明自己的说法，就要支付损害赔偿金。现在，和现代法庭一样，原告只是证人。如果被告被判有罪，他支付的是罚款，而不是赔偿金。

这个过程似曾相识。被告必须发誓会说真话，而不只是发誓说他是无辜的。对真相的检验不再是有多少体面的人愿意为他宣誓作保，而是他经不经得起咄咄逼人的盘问。再也没有轻易地决定，再也不向上帝求问答案；相反，法官必须摸清事实，通过推理做出判决。假设一名教士被指控与一个女人有不正当关系，法官不必非要找到两个床边证人；他可以研究证据，证明教士和女人生活在一起，形同夫妻。[67]

推行共同法的运动免不了要对抗地方习俗的影响。教皇格列高利七世（Gregory Ⅶ）相当尖刻地指出："基督没说'我是习俗'，而说'我是真理'。"毕竟，习俗可能是异教的、残忍的，甚至更糟糕。律师之法是一种方法，可以制衡习俗，阻止陈规陋习卷土重来；律师之法也是实际命题，统治者们纷纷效仿教皇，建立了由书面记录和通用规则组成的官僚制度。

这包含相当多唬人的举动。在阿拉斯，公民们喜欢破坏和烧毁罪犯的房子，因为罪犯不守秩序，这是古老的日耳曼习俗。现在，这种习俗在城镇宪章中被称为法律（lex）。就连佛兰德的伯爵们在编写全新的刑法法典时，也保留了这样的习俗——"因为本镇的法律正好有这一条规定"。时过境迁，他们改变了措辞，现实也随之改变。首先，拉斯的城市宪章只是简单地写下了公民的"法律与习俗"（lex et consuetudo）；随后，根特的宪章规定了"菲利普伯爵（Count Philip）命令根特公民遵守的习惯法"，以便人人都知道是谁在发号施令；后来，宪章还会列出"伯爵规定全郡都要遵守"的命令。

城镇公民往往认为他们有权修改和制定当地规则，也知道将这项权利写入宪章是明智之举。1127 年，根特人围攻了布鲁日的城堡，佛兰德伯爵好人查理（Charles the Good）被上层革命者肢解杀死。市民们放进来"大胆的劫掠者、杀人犯、小偷等所有准备趁火打劫的人"，他们计划从城堡地道粗陋的墓室里偷出伯爵的尸体，让修士从城堡的窗户把尸体递出来，然后"用麻布袋子裹好抬走"，这样他就可以魂归故里，长眠于根特的修道院。这样无情的计策和这么多人的参与并不奇怪，十天后，新当选的伯爵发现，"为了使我们的公民对他有好感"，明智的做法就是授予他们"这项权利，让他们可以日复一日自由地修正习惯法，并根据时间和地点的需要加以改进"。[68]

时移世易，这样的让步越来越少。伯爵们可以对公法进行

164

一些小改革，然后命令私法也要遵守这些规定，而私法主要涉及交易和商业领域，过去都是依照惯例裁决。阿尔萨斯的菲利普（Philip of Alsace）就是这样改变了根特的法律，他下令，凡是为已被定罪的人做担保，如不按时付清罚款，非要被关上法庭才肯交钱，保证人就要支付双倍的罚金。刑事案件属于伯爵的公务，但他在新规则中加了一句：本规则适用于"所有事务"，既适用于业务纠纷，也适用于犯罪问题。他还制定了私法。[69]

习俗是强大而可取的观念，13 世纪的立法在三个世纪后可能就是习俗问题。1293 年，伊珀尔（Ypres）的城镇法令规定，两个有世仇的家族握手言和，必须包括彼此的私生子。1535 年，这条规则被再次写入习俗清单，几乎只字未变。古老的法律变成了习惯。大量的习俗被记录下来并公开发布，与罗马法律有同等重要的官方地位。事实上，对佛兰德的大多数人来说，崇高的罗马法从未触及他们的生活。15 世纪前，佛兰德的大部分法官还不是拥有大学学位、博览法律书籍的职业律师。

15 世纪早期，让·范登贝格（Jan van den Berghe）撰写了一部佛兰德法律体系方面的权威著作，分析了体系内部的运作机制，但他认为学习当律师就像学习其他手艺一样："按理说，前辈有义务教导后辈。"他认为"一个人见识得越多，就越专业"。他不认为书本和课本就是一切。面对涉及婚姻、金钱、死亡等棘手的案件时，他说他会请教懂法律的人，仅仅因为"只要习俗与成文法不相抵触，就应该根据成文法做出判断"。法治仍然是有条件的。[70]

　　如果商人需要解决商业纠纷，或者神职人员想要证明土地和收入的所有权，他们希望尽快得到结果，就会习惯性地避开办事慢、花钱多的法院。[71]

　　如同烦琐的罗马法在 12 世纪被重新发现一样，仲裁也被重新起用了，这一古老的制度目的是在法庭之外迅速解决纠纷。人们把证据交给仲裁人，给予他们尽可能广泛的权力，这样他们做出判定就不会拖延，人们期待的是和解，而不是裁决。

　　法律现在不只是地方法和习惯法，不只是一国之法，还可能是国际法。如果争议双方都是外国人，那么可以根据他们本国的法律做出判决。法律的传播和货币的流通一样，都离不开贸易。后来，像布鲁日这样的大港口都设了领事法庭，负责处理本国公民的问题，比如酗酒、赌博、船只损坏、货物丢失、劳资纠纷或水手斗殴等，前提是没有人员死亡。如果案件牵涉到商人，地方法院也会加快审理，因为集市上经常爆发纠纷，但集市不出一周就结束了，人们要么出海，要么赶路。从 1190 年起，布鲁日规定，法院必须在三天内做出裁决，而且每周至少开庭两次。

　　但如果商人定居在城市，那么仲裁就是最好的解决办法，争议的问题往往是债务。没有人愿意讨债，因为这会损害债务人的信誉，给他的其他债权人带来无穷无尽的烦恼，而且偿还贷款的日期向来都不太准。债权人要有耐心，可以先友好地去信提醒。希尔德布兰特·韦金胡森（Hildebrandt Veckinchusen）在布匹和运盐生意上亏了钱，他无法让西吉斯蒙德（Sigismund）皇帝偿还欠款，在安特卫普（Antwerp）、科隆、吕贝克又四处碰壁，筹集不到资金。他欠韦茨（Weits）和库珀尔（Kupere）

的钱迟迟未还，两位债权人的第一反应是故作礼貌地写信询问：
"希尔德布兰特，亲爱的朋友，你要知道，我很惊讶你还没把
钱还给我们，因为我们可以好好利用这笔钱，我们很需要这笔
钱。"后来，韦金胡森在安特卫普的一家旅舍里与所有债权人
围桌而坐，劝说他们再等等，等他完成债务重组。然而，他们
等来等去，欠款始终没有到账。愤怒的商人围堵了希尔德布兰
特在安特卫普的代理人，要求他立即回城，他回来了，但还是
没钱还债。经过数月的等待，一位热那亚的银行家终于失去了
耐心，把他送进了布鲁日的债务人监狱。[72]

在这种情况下，谈判比文件更重要。12 世纪，一位教皇颁
布教令表示，追求真相应该"简单而纯粹"（*simpliciter et pure*），
不要深究罗马法的变化，他似乎认为，这些变化可能会妨碍追
求真相。仲裁人明显喜欢把律师排除在他们的程序之外，1259
年，一份判决书就谴责律师是"浪费时间的人"。司法再次成为
私人问题，因为仲裁只有在双方同意接受结果的情况下才能生
效，仲裁没有检察官，也不是公益事业。换句话说，习俗"讲
着"拉丁语又回来了。要证明有多少法律已经变成一套仪式、
程序和专家，就看有多少案件是刻意在没有法律的情况下——
"没有律师的吵吵嚷嚷"（*sine strepitu advocatorum*）——解决的。

过去，社区知道人们应该如何表现，什么是得体的，什么
是正确的。社区各有各的规矩。只要人们无法远离彼此，就不
得不学会容忍。现在，更多的是由法律和职业律师阶层来决定
行为的意义，是古怪、疯狂，还是错误。

1285 年，办事员理查德·勒佩森纳（Richard le Pessoner）
生病了。一天晚上，他醒来，看到房间里还在熟睡的主人布拉

泽·沃尔特（Brother Walter），突然"发疯了……［然后］在魔鬼的唆使下，［他］猛击睡着的沃尔特的头部"，先是用模型，然后用支架，他把能举起来的家具都用了个遍，砸得沃尔特"脑浆都出来了"。他把事情的经过告诉了兄弟们，他哈哈大笑，坦白承认："我杀死了我亲爱的主人。"

他的笑声令人毛骨悚然，成了他精神失常的法律证据。入狱月余，理查德仍然疯疯癫癫，从某些方面来说，这不是坏事。早在 13 世纪，法律就规定，"疯子在疯病发作时犯罪，依法不应处以极刑，也不应没收他们的财物或实产"。大多数看似患有精神疾病的人，即使杀了人，也会被赦免。

古怪的行为只是诊断的一部分，对于法律来说，记忆也很重要。记忆测试和时下的痴呆症测试很相似：询问一周有几天，某人住在哪个城镇，一把硬币是多少钱。[73] 要保持良好的工作状态，要写遗言、订遗嘱，都需要心智和记忆，这是法律定义一个人身心健全的概念。一个先天有病的地主，他的收入会收归国有，但如果他是后天患病，他的收入就能保留下来，以备他日后康复。1298 年冬天，在林肯郡斯坦福德（Stamford）镇桥另一边的万圣（All Saints）教区，可怜的教士圣马丁的休（Hugh of St Martin）疯了，他穷困潦倒，连衣服都当掉了。他遭到虐待和抢劫，我们之所以知道这一点，是因为主教把所有对休"施暴"的人都逐出了教会，后来把所有趁休神志不清时偷他东西的人也都逐了出去。休被送去疗养了一段时日，七个月后，他又回到了工作岗位。休承诺会谨言慎行，其他教士也与他约法三章，如果他再犯错误，他们就告诉主教。[74] 人们普遍期望病人能恢复健康，法院也认为他们能判断病人的情况是否有所好转。

　　从前，神判是看一个人是在说谎，还是在讲真话，从而判定他是无辜的，还是有罪的。现在，法律不只关心一个人做了什么，还关心他这么做是出于什么原因、精神状态如何、有什么样的意图，他在事前、事中和事后的行为表现，以及他下一步可能做什么。法律打开了一扇通向灵魂的小窗。

第七章 俯瞰自然

马修·帕里斯写道，1250年10月1日，一轮又大又红的新月升空，预示风暴即将来临。浓雾弥漫。狂风刮落了树叶，刮断了树枝。海平面涨得比平日高很多，潮水一浪接一浪涌来，发出一种前所未闻的可怕的咆哮。"在黑暗的夜色下，"帕里斯写道，"大海就像着了火似的冲天翻滚，波浪就像在交战似的相互撞击。"

坚固的船沉没了。汹涌的海水冲垮了房屋和教堂。在佛兰德和英格兰，地势低洼的地区遭受了无法修复的破坏。海水冲入河道，淹没了陆地，草地、磨坊、房屋全毁了，"田里的谷物还没进仓，就被洪水冲走了"。[1]

这样的故事屡见不鲜，它们都有关于大自然如何给人类的生活制造难题。沙尘遮天蔽日，浓烟令人窒息，海水涌入陆地，人们居住的海岸线被冲蚀成新的形状，突如其来的风暴就像红月之夜那样，卷走了全部的收成，留下了嗷嗷待哺的饥民。大自然为所欲为，人类是它的受害者。这只是故事的一小半，更重要的一半是，人类对自然做过什么。人类有意无意、误打误撞、破坏性地重塑了地貌，改变了半个大陆的生态平衡。人类改造了自然，将风和潮汐变成了灾害。

当然，当时看来并非如此。新城镇需要粮食，却不能自己种植，因为没有空间，也没有时间。新城镇和新工业需要燃

170　料，需求量越来越大。这两种欲望叠加，引发了后续的连锁变化，从洪水和废墟到荷兰街道的仔细清洁和第一个有限责任公司的组织模式。人类把自己的意志强加给世界，尽管有时是无意之举。

这是人类与自然界抗争的编年史。

尼德兰海岸沿线形成了新的沙丘，出现了大片的沙地，可供耕种的土地越来越少。10 世纪，人类开始撤离海岸，向内陆的泥炭地带迁移。泥炭堆成的穹丘和垫层高出沼泽 4 米，看上去很像人工高地，就是从前他们用作避难所的那种小丘。一个世纪的干旱使沼泽容易进入，如果干旱能做到这一点，人类就能做得更好。只要有沟渠和运河，就能将水从高高的泥炭穹丘上排到洼地的水坑里，而且不需要什么新技术，每个农民都有挖沟掘渠的工具。只要排干水，土地就可以耕种了。在阿姆斯特丹北部的瓦特兰（Waterland），所有潮湿的泥炭地都这样变成了农田。

新的排水系统运行效果太好了，由此产生了第一个问题。[2]潮湿的泥炭可以留住植物的养分而不让其腐烂，还可以储存光合作用所必需的二氧化碳，减缓暴雨的冲击力。脱水的泥炭很疏松，轻若无物，体积只有原来的 1/10。随着底部的干涸和收缩，沼泽每年下沉多达 2 厘米，越来越接近地下水位。整个地区都在沉陷，接近沙丘前边的海平面。环境变得越发不利，岌岌可危。如果没有水，表层氧化，释放出里面储存的碳，泥炭就会变酸。人们把牛赶进干的泥炭牧场，它们的踩踏只会加速地面的下沉。

梅登布利克（Medemblik）镇坐落在艾尔米尔湖畔的瓦特

兰。它是中转站，货船从莱茵河过来，途经此地前往北海，再
到斯堪的纳维亚和英格兰。梅登布利克看似很安全。泥炭地越
往下沉，小镇所在的沙脊就越高。风暴潮带来的砂土又粘合并
覆盖了沙地。小镇周边都是麦田，种植着燕麦和大麦，经得起
偶尔的海水泛滥；还有盐碱滩，牛、山羊、绵羊和猪可以在那
里吃草。从动物的遗骸来看，绵羊都是自然死亡，说明饲养它
们为的是羊毛，而不是羊肉。一旦旧土地酸化、盐碱化，不再
适合种植谷物，总有更多的泥炭地可待开垦。

后来，海水就冲上了陆地。

起初，有一道古老的泥炭山脊挡在北海和艾尔米尔湖之
间，但随着泥炭酸化，地面下沉，这道山脊变得越来越不稳
定，最后被风暴彻底击垮了。海水涌进来，将淡水湖变成了微
咸、有潮汐的须德海，淹没了沉陷的土地，冲毁了小镇所在的
米登莱克（Middenleek）河南岸的部分地区，空荡荡的北岸也
在风蚀浪打下消失了。[3]

人们很固执，又一寸一寸将梅登布利克建了起来。地面用
泥炭和黏土抬高，堤岸临水的一侧陡峭、在陆的一侧平缓，这
样就形成了一道屏障，可以防止水渗过来。山脊上矗立着连排
的房屋。但贸易路线变了，现在，镇民必须出去做买卖，不能
坐等生意上门。开垦的土地几乎全毁了。盐沼植物在这片古老
的沼泽里扎了根。农耕停止了，牛羊取而代之。村庄迁到了更
高的地方，有时人们还会加高地基，以防像梅登布利克那样差
点被大水冲走。

这件事给人们上了一课，水必须要治理，而不只是疏排。[4]
人们必须开凿沟渠和运河，让水流到需要的地方，至少是无害
的地方，但也必须建堤筑坝，以阻挡水流进来。坡度和梯度每

个细节都很重要。从 1100 年至 1300 年，须德海周边大部分地区都修建了堤坝，以防止土地被大水冲走。这些堤坝是用切割的泥炭和黏土筑成，有时用芦苇铺垫，有时用海藻衬填。土地并不是以同样的速度下沉，因此形成了凹凸不平的景观，就像少了几块瓷砖的地板。为了防止洪水借地势泛滥，所有的土地都要抽干，排水渠必须建在高出田地的路堤上，才能有足够的梯度排水。里渠（the Rhee）就是这种又高又窄的水道，穿过英格兰的罗姆尼湿地（Romney Marsh），修建在过去开垦的土地上，只为汇集水流，冲开罗姆尼港口的淤泥。[5]

沙子、淤泥和沉陷的土地是整个北海地区必须面对的问题。从今往后，景观设计都要经过深思熟虑，就算闲置土地也是一种治理方案。

早在 1250 年之前，荷兰人就在治水方面享有盛誉。12 世纪，他们应邀到德意志地区北部的泥炭沼泽排水，开始在北海海岸建造"金环"堤防。他们的专长并不是修堤筑坝，因为第一批北上的人来自莱顿（Leiden），当时莱顿还没建成任何规模的堤坝，人们只是认为荷兰人了解水该如何治理。他们受当地领主之邀，不来梅和汉堡的主教就曾向他们发出邀请，他们不仅带来了专业知识，还获准定居并保持他们的荷兰法律。他们被授予沼泽和无排水设施的土地，他们是几个世纪以来公认的自由民。他们彻底打破了封建规则，在他们的领地，土地排水靠的是当地农民的集体努力，而不是上级的命令。如果德意志人排干了土地上的水，不管有没有荷兰人的帮助，他们也能享有荷兰人主张的权利："自由的土地，自由的人民。"[6]

后来，荷兰人为了土地或金钱，前往普鲁士和现在的波兰，如何治水的知识也成了再洗礼派前往东方的通行证，因为到 1581 年，尼德兰成为新教统治下的联省共和国，天主教徒们整天提心吊胆。他们似乎还启发了北海海岸的东弗里斯兰（Ostfriesland）——现代德国与现代荷兰的交会处——填海造地，这是当地农民组织的计划，是迪特马尔申（Dithmarscha）"农民共和国"成立的序曲。荷兰人坚持一种特定的景观风格，例如，房屋沿路排列，成排的房屋建在堤防上，后面是开垦的土地。然而，他们的政治理念更重要。"自由"这个词触动了他们去过的地方。

在家乡，人人都知道水必须要监测和控制。大家要同心合力。只不过，大家也知道，城镇需要越来越多的泥炭。荷兰开始有接近工业规模的啤酒厂，需要泥炭作为燃料来保持炉火不熄。阿姆斯特丹有砖窑，有染布坊，后来还建了制糖厂，这些都需要热能。荷兰的泥炭甚至远销到南方的安特卫普。在泥炭产区，人们最先从沼泽边缘开采干涸的泥炭，但需求与日俱增，荷兰人不得不向英格兰的诺福克学习，诺福克的矿工早在12、13 世纪就深入沼泽腹地，开始挖掘草皮下的灌丛泥炭了。1300 年前后，泥炭坑里积满了水，池塘也开始泛滥，水阻碍了泥炭的开采，他们必须想办法把水底沉积的泥炭挖出来，再用船运到陆地上，这就是"沼泽摆渡"。诺福克湖区因此形成了新风景，星罗棋布的沼泽岛屿和潺潺的溪流孕育出一片脆弱的湿地。荷兰人本该引以为戒，如果耗尽了易得的资源，开始使用同样的技术，将会有什么样的后果。[7]

泥炭开采成了一门产业，不再是小农户和农民的副业，因为采掘泥炭需要越来越多的人手。旧的排水渠、小堤堰、水坝、水闸和运河能保持土地干净可用，但这些设施也需要持续的维护。境况本就艰难，黑死病的暴发更是雪上加霜，造成当地人口锐减，没有足够有力的后盾来保障土地的安全。[8]

佛兰德出现了一种新的权力机构，水务局，其职责是保护土地不受洪水和海浪的侵袭。其他地方的水务局只检查土地所有者做了什么，哪些可以批准，哪些应当谴责，但佛兰德沿海的水务局从 13 世纪下半叶就开始组织工作了。他们雇用劳工，通常是一家老小；他们也雇用承包商；他们还按土地面积向各土地所有者征收水税。

这些工作很了不起，因为没有资金就无法启动，而资金通常来自富裕的修道院，后来才开始向投资者募集，所以水务局本质上是一家为公共利益服务的私营公司。布鲁日的货币市场足够成熟，可以提供高利率的短期贷款。然而，这只是起步，资金成本过高，久而久之，治水的开支越来越大，要用新办法加固堤坝，要安装双门有铜配件的砖石水闸，要加装机械化的闸门。土地所有者投资水务局只为保护那些能让他们赚钱的土地，他们很精明，可以头也不回地舍弃整个岛屿，甚至放弃像比尔弗利特（Biervliet）这样的小镇，这个小镇曾经以盐和鲱鱼闻名，现在却与海岸隔绝，鼠患成灾。土地成了城市人的投资，不再是个人身份和地位的基准。水务局也是一种投资，股东的责任仅限于他们在水务局辖区内拥有的土地数量。

起初，治水只是农户决心要阻止洪水吞噬他们的一切，现在却变成了商业投资者赚钱的手段。商界新贵偏爱水涝地，因为这些土地可以完全按照他们的要求排水。高官显宦尤其喜欢大兴土木，他们建庄园，建村庄，修教堂，获得头衔，社会地位节节攀升，他们花钱把自己变成了大人物。[9]

人类先把土地搞得千疮百孔，然后发明了有限公司，以筹措资金，购买保障，挽救危局。这只是资本主义潦草的初稿，并不是真正的资本主义。经济现在决定着哪些城镇有生机，哪些城镇会湮没。贸易还创造了新型城镇。在瓦特兰，人们修建水坝是为了保护田地不受盐碱和潮汐的侵蚀，但水坝也阻挡了海洋与河流之间的货运，因此货物必须从一艘船被拖到另一艘船。城镇单靠这门生意就能赚大钱。在蒙尼肯丹（Monnickendam），公民们自己建了高地，又建了水坝，他们听到尼文丹（Nieuwendam）要建新水坝的消息后，火冒三丈，炮轰了对方的施工人员，还组成武装队伍冲了过去，为此，他们的一位市长在海牙（Hague）被斩首。[10]城镇对燃料的予取予求毁了土地，现在，土地遍体鳞伤的事实又导致周边开始了新一轮水坝和城镇的建设，比如阿姆斯特丹。

　　这个恶性循环无法停止，情况越来越糟。干燥的泥炭形成了泥沼，浅滩上布满污浊的死水坑，随着植物的生长和死亡，这些水坑的形状不断变化。泥炭矿工把运河开凿到泥沼的中心，有时直接穿过堤坝和路堤，泥水会随着矿工的小船流进泥炭穹丘。只消一场猛烈的风暴，整片泥炭地就会四分五裂，像小岛一样在水面上漂浮数月。1506~1509 年，可怕的风暴潮造访这里，破坏了泥沼松软脆弱的边缘，将水汇流成湖泊。阿姆斯特丹的南部因此诞生了一个新的湖泊——哈勒姆湖（Haarlemmermeer），这个湖存续了 400 年，面积超过 4 万英亩，湖大到西北和西南方向吹来的海风可以让湖水冲到岸上 1 米远。重力对湖泊排水作用不大，现在需要的是方向正确的风，驱动风车把土地抽干。土地本身就是一项技术成就。

　　这还有一些意想不到的好处。控制水流的水闸成了渔民的帮手，将游动的鳗鱼直接引入陷阱和渔网中。阿姆斯特丹每年通过哈勒姆湖和艾瑟尔湖之间的水闸可以捕获 10~20 吨的鳗鱼，新兴的企业家会将这些鱼装船运往伦敦。渔业过去只是基本的国内业务，现在变成了国际业务。

至于瓦特兰，因地处边缘，直到 17 世纪初，城镇才投资建造新堤坝、新风车，排干湖泊以开辟新牧场；农场才开始制作奶酪，每天往阿姆斯特丹送两次牛奶。

176　泥炭采掘还在继续，但现在看来就像在清除过去，是一种生理上的遗忘。完全人造的新景观已经成为现代的自然保护区。

几个世纪以来，荒废的土地变成了牧场，由此引发的变化产生了一个意想不到的效果，荷兰到处可见反复刷洗的门廊，擦得锃亮的窗户，清扫干净的街道。

荷兰省素有整洁的美名，但旅行者对荷兰人的评价并不总是那么友好。1517 年，意大利人安东尼奥·德贝亚蒂斯（Antonio de Beatis）作为红衣主教的特遣司祭走遍了低地国家，他最常注意到的是门阶上用来擦脚的布，还有用砂子打磨过的地面。1567 年，佛罗伦萨人卢多维科·圭卡尔迪尼（Ludovico Guiccardini）发现荷兰"到处都整洁有序"。据外国人报道，在荷兰的农村，牛和马车不准上街。这种对清洁的热情与加尔文主义的道德压力有一定的关系，但外国人甚至在加尔文出生之前就描述了这种热情，而贝亚蒂斯在低地国家游历时，加尔文才 8 岁。圭卡尔迪尼在荷兰时，这个地区理论上还属于佛兰德，阿姆斯特丹还是天主教城市，还在为自己从火中救出受奉圣体的奇迹而倍感自豪。加尔文主义赋予清洁以意义，但这不是清洁的起因。

人们养成擦擦洗洗的习惯始于腐烂的泥炭地，而事实上，这些地最后都变成了牧场。从 14 世纪起，黑死病夺去了许多人的生命，农民无法靠种植谷物养家糊口。他们在纳税申报单上以贫穷为借口，但态度异常坚定，"我们也很难每隔三年把田里的干草收拾干净"，"是的，我们养牛，但我们不能以此为生"。现在，一家农户很可能有一名船长——波罗的海贸易圈的荷兰船长有一半都来自瓦特兰——还有擅长纺织和缝纫的工匠，他们精良的手艺让邻近的城镇汗颜。

他们大多还饲养奶牛，这改变了他们的生活。一两头奶牛就能生产出足够的黄油，他们可以送到市场上去卖，现在，镇民们也有钱买，所以生意很好。大约从 1375 年起，荷兰北部出现了新的磅房，有些是专门用来称量黄油和奶酪的。北海沿岸德意志地区的坎彭（Kampen）有账目显示，每年有 400 吨黄油和 425 吨奶酪经过收费站；15 世纪晚期，有人在布拉班特的集市上售卖荷兰奶酪；16 世纪初，荷兰奶酪进入了丹麦市场。牛奶养活了荷兰一半的家庭，荷兰有 3/4 的村庄都生产乳制品。圭卡尔迪尼估计，这些乳制品每年的价值与从葡萄牙运到低地国家的精细香料相当。

黄油必须在一尘不染的条件下制作，否则就会变质，它对生产环境的要求比奶酪苛刻。在英格兰，黄油一般只供应当地市场，但荷兰要把黄油运出省，甚至运往国外。乳品间必须保持绝对洁净，因为一户通常只有一对奶牛，乳制品都是家庭生产，所以乳品间都是住宅的扩建部分。后来，小农场逐渐被大地主吞并，男男女女从乡下搬进欣欣向荣的新城镇，他们自然也就带去了清洁的习惯。阿姆斯特丹的市民雇用女孩来打扫房子，因为她们知道怎样才能保存黄油。[11] 加尔文主义给清洁赋予了精神层面的意义，但清洁早就是荷兰人的信仰了。

泥炭采掘这项看似简单的活动改变了一种文化，重新定义了世界对一个民族的看法，改变了筹钱做事的方式，重塑了整个地貌，还让乡下的农民与国际产生了联系，至少让鳗鱼和黄油贸易走出了国门。从来就不存在真正简单的改变。

以鱼骨为例，为了弄清楚过去人们都吃什么，考古学家筛查遗址的贝冢，并翻出一些骨头。公元 1000 年前后，英格兰的饮食习惯有明显的转变，人们从吃淡水鱼改为吃海鱼。鲱鱼大量流向内陆和上游地区，早些年在约克、伦敦和伊普斯威奇偶尔发现的骨头只是很小的一部分。盎格鲁-撒克逊语中甚至没有鳕鱼这个词，但在千禧年过后的几十年里，英格兰各地都在津津有味地吃鳕鱼。大约 10 世纪中叶，鲱鱼和鳕鱼被运到现今的比利时；11 世纪，波兰内陆开始出现鲱鱼交易；从 13 世纪起，海鱼成了法国餐桌上常见的佳肴。海洋渔业开始养活陆地。[12]

早有迹象表明人们在饮食上即将发生变化，但这并不容易解读。在苏格兰，皮克特人最早吃的是他们可以在岸边用鱼竿和鱼线钓到的鱼，但到大约公元 800 年前后，维京人到来后，有些人的饮食习惯就改变了，贝冢里突然多了一些骨头，包括必须在远海捕捞的鳕鱼，还有像塘鹅、鸬鹚和鹭鸶这样在更远的岛屿上筑巢的海鸟。这种差异是因为皮克特人学会了深海捕鱼并改变了饮食口味，还是因为大量的维京人结束了长途深海航行来到此地，这个问题只有他们自己才能解释。整个迁徙和征服的历史都建立在对这些骨头的解读上，因为食物代表着文化。[13]

10 世纪，在当时的拉丁语入门读物、阿尔弗里克（Aelfric）

178

的《对话录》（*Colloquy*）中，渔夫告诉老师，渔民仍然主要捕捞和贩卖鳗鱼、梭子鱼、鲦鱼、江鳕、鳟鱼及七鳃鳗，"以及任何在湍急的溪流中游动的活物"；当老师问他为何不出海捕鱼时，渔夫说："我有时会去，但很少去，因为出海需要大船。"[14]这种大船在千禧年前后开始出现，最大载重量从大约公元1000年前后的20吨增加到公元1025年的60吨及以上。如果你细查考古遗址的鱼骨，就会看出人们拥有的船和他们吃的鱼之间的联系。当时，新兴的城镇急需食物，但它们又不能种植，所以整个北欧的饮食习惯都改变了。保质期长的咸鲱鱼和干鳕鱼逐渐取代了鲜鱼，因为新鲜的鱼很难运输和保存，时节不对，还可能变臭。能够满足这种新需求的渔业早已建立起来。鲱鱼是人们不大可能失手的渔获。鲱鱼数量极多，等到合适的季节，它们破浪洄游，整个浅滩都会沸腾。我们可以肯定，挪威人至少自公元600年以来就一直在吃鲱鱼，人口最多的定居点吃掉的鲱鱼似乎也最多。他们还吃一点儿鳕鱼和杂七杂八的肉类，这表明他们是农民，带着补给下到峡湾，等待捕捉洄游产卵的鲱鱼。[15]

　　至于鳕鱼干，就是晒成板状的鳕鱼，从铁器时代起，挪威海岸的人就会悬挂晾晒鳕鱼。鳕鱼干涉及非常重要的取舍，首领给手下的人吃鳕鱼干，就不需要用大麦来喂饱他们，这意味着他们可以省下大麦来酿造啤酒。没有酒水，宴会都没什么意思，首领也别指望受到拥戴。鳕鱼干间接地成了政治权力的支柱。[16]商业与权力盘根错节，开始了长久的共舞。挪威得到了国王们的支持，国王们也以为掌控了挪威。鳕鱼干是非常赚钱的商品，波罗的海的汉萨商人大多跃跃欲试，想要参与鳕鱼干的运输和交易。国王需要资金来维系王国上下一心，汉萨商人知道鳕鱼干到哪里都有市场。威望现在变成了商业问题。

按照德意志地区汉萨商人的组织方式，鳕鱼大部分由北方渔民捕捞，从卑尔根上岸过磅后，再运过来。这是一种信用和现金交易，主要由一个港口包办，所以渔民并不清楚他们对商人的义务，也永远不会把鱼卖到别处，这是典型的公司商店。相比之下，鲱鱼在很多地方都是自由交易，大部分鲱鱼市场集中在瑞典南部海岸的斯堪尼亚（Scania）。每年 8 月 15 日圣母升天节那天，鱼市开张，收市时间则根据当季天气而定，不是10 月 9 日的圣德尼节，就是 11 月 11 日的圣马丁节。这是一种新的商业形式，开放、国际化、打破常规。

捕捞鳕鱼需要大船，但任何人都可以沿着海岸捕捉季节性洄游的鲱鱼。农民可以收割完庄稼再去捕鲱鱼，学生或任何有劳动能力的人也可以去一试身手。渔民们在海滩上劳作，他们用木头和草席搭建棚屋，在那里结网晒网。每天或每晚，他们都划着敞篷小船出发，船上有 5~8 个人，组成了一个临时公司——诺特拉格（notlag）。根据王室法令，他们不准在水底使用拖网，因为拖网会把比目鱼和幼鱼也捞起来，但除此之外，他们可以随心所欲地撒网捕鱼。他们打鱼回来，必须从指定的海滩之一上岸，卸下渔获，以便王室官员征税。不过这六个海滩已经不只是海关了。商人们在海堤后面舒适的住所里——比如，斯坎诺（Skanör）或马尔默（Malmö）——等候渔船归来，因为他们被禁止在渔获上岸前，乘船出去做交易或谈价格。一等到第一艘船靠岸的信号，他们就会跑去沙滩看鱼出价。拍卖是公开的，生意非常红火。

这只是市场的一角。每个渔村在海堤后面都有固定的定居点，就像殖民地一样，街道、商店、面包房、妓院、布铺、教堂，他们家里所有的东西都放在木屋里。国王允许商人们购买土地来建造小屋，他们也要确保自己可以提供很多东西来换鱼，比如细布、美酒，渔民一家过冬所需的各种奢侈品。海滩成了交易场所，鲱鱼就像货币，而且比大多数硬币更可靠。

内陆的妇女会掏空鱼的内脏，在每个桶里装入一定数量的鱼——830 条到 840 条不等——然后倒入卤水浸泡。这些桶装鱼经过检查、密封和盖章，无论买家是谁，无论距离多远，都知道谁对它们的质量负责。斯堪尼亚鱼远近驰名，以至于1395 年，马斯特里赫特（Maastricht）的一个鱼贩不得不在自家门前放一片棕榈叶，以表示他在卖其他种类的鱼。[17]

伟大的商业机器在欧洲将鱼运来运去，先买进新鲜的鱼，用标准的方法进行加工、包装，以便容易辨识；再打上商标，以示坚持品质；然后通过海洋、河流、公路把制成品运出去。在运输途中，鱼会缩水，卤水会蒸发，所以快到目的地时，鱼要重新包装。鱼现在成了生意，不仅事关渔民的生存，是渔民一家的口粮，这些供应链还冲破了大陆的边界。从前，首领们依靠鳕鱼干来保证自己人有酒喝，以维持他们的地位；现在，他们发现鳕鱼干还能为国王创造税收。金钱价值逐渐取代了威望的旧形式。

181

饥饿改变的不只是社会秩序。发展中的城镇需要粮食，也需要鱼、面包、啤酒、燕麦以及各种香草和蔬菜，好在火上炖出一锅美味的浓汤。为了吃饭，人类不得不改变地貌。

罗马人离开后，乡村看起来草木繁盛，树林里长满了灌木，树木与植丛高低相间，高大的乔木和低矮的灌木依水而生，勾勒出河流的轮廓，这是人类还没有改造之前的生态系统。河水清澈，因为林地吸收了雨水，保固土壤不会流失，湿地上也生长着很多植物，可以减轻固体物质受到的外力。所以洪水并没有将肥沃的土壤冲到下游去。

后来，树木被不断砍伐，森林被清理干净，田地越扩越大，原来河边灌木丛生的地方也种上了庄稼。粮食为王，为了种植谷物，人们还要用犁耙翻耕土地。这种农作制度意味着随时都有 1/3 的耕地处于休耕状态，地表暴露在外。暴雨或融雪形成的径流冲刷裸露的地面，很容易带走土壤，致使土地形状改变。萨克森的山谷中就有厚厚的表土沉积物，这一形成过程可以追溯到 8 世纪，其中以 11 世纪诺曼人到来时泰晤士河（Thames）上游盆地的变化最为显著，当时，尼德兰的老莱茵河（Oude Rijn）河口淤塞不通，莱茵河从此改变了流向。随着维斯瓦河（Vistula）三角洲的扩大，格但斯克和埃尔布隆格（Elblag）之间的海湾积满了泥沙。天长日久，布鲁日最终也输给了茨温（Zwin）河的淤泥。[18]

这种地貌的改变对鲑鱼等原本生活在流水淙淙、清澈见底的小河里的鱼类很不利，但还有一个障碍使它们的生存环境更加恶劣，那就是水磨。要把谷粒变成食物需要碾磨，最常见的就是水磨。每个水磨都有蓄水池，通过筑坝或围堰来拦河蓄水，这样才有足够的水释放到水车顶部的桶里，驱使磨轮转动。1 米的水坝、闸门和水沟道可以阻挡 2 米的泥沙和砾石，12 世纪英格兰中部德文特（Derwent）河上的一座水坝就是这样。水坝还阻拦了那些既需要海水又需要淡水的鱼类，这些鱼要在一边繁殖，在另一边成熟，比如鲟鱼、鲑鱼、鳟鱼和鲥鱼。与鲱鱼一样，这些鱼都是王室盛宴上的主要食材——1240年的圣诞节，英格兰的亨利三世就吃了这几种鱼，外加一盘七鳃鳗——但水坝、沉重的水车和平静的深水池打乱了它们的产卵习性，阻滞了它们的生命周期。

这些影响一目了然。11、12世纪，莱茵河三角洲经过排水，被开垦成农田，堤堰阻挡了河水的流动，鲟鱼数量骤减。直到1400年前后，猛烈的风暴潮打破了这些屏障，大鱼才有机会游回来。为了拯救鲑鱼，苏格兰人制定了法律，所有水坝都要为鱼留一道开口，所有围网每逢周六都要解除；13世纪初，苏格兰国王亚历山大二世（Alexander Ⅱ）颁布了法律，要求"各区应该自由流动，要保证一只3岁大的猪猡吃饱了，可以在小河里转圈，鼻子和尾巴都碰不到河岸"。

饥饿的城镇是问题的根源。直到15世纪初，科隆一直向城市下游的莱茵河排放污水，塞纳河下游也被巴黎的垃圾"感染和腐蚀"。人类的生产活动加剧了污染：沤麻取完纤维的废料、屠宰动物残留的血液和内脏统统被倒进河里。人们察觉到当下的问题，却忘记了以前做过什么，人们发现鱼类短缺，但没有深究原因，反而选择指责渔民。1289年，法兰西国王腓力四世（Philip Ⅳ）颁布法令，明确规定了渔网尺寸、可捕捞鱼的大小、产卵季节以外合法捕鱼的月份。他抱怨道："今天，我们王国的每条河流和每片水域，无论大小，都产出无几，这都该怪罪渔民的邪恶和他们设计的装置，因为这阻碍了鱼的正常生长。"

淡水鱼可能本就稀缺，但直到1300年前后，世界变冷之前，海鱼也面临生存难题，鲱鱼和鳕鱼都不喜欢水太温暖。此外，人们仍吃淡水鱼，即使这种平衡正在偏向更多的海鱼消费。在11、12世纪的石勒苏益格，人们留下的鱼骨表明，他们不仅爱吃鳕鱼，还爱吃鲈鱼、梭子鱼和鲷鱼；随后的两个世

183

纪，鳕鱼骨在数量上才大大超过其他鱼类。在 1500 年之后，巴黎卢浮宫（Louvre）附近富有的贵族们吃的海鱼更多；但此前，他们都吃鲑鱼、鳟鱼、白鱼和鲟鱼，直到这些鱼断供。[19] 远方运来的海鱼价格便宜，本地的淡水鱼则成了奢侈品，不过奢侈品也有市场。

这还带来了挑战。鱼类资源减少，养鱼表明人类可以控制周围的世界。建造显眼的鱼塘是权力的表现，象征了一种特权，证明鱼塘的主人能吃国王和主教吃的鱼。鱼儿在杂草掩蔽的静水池塘中茁壮成长，让养鱼这项平凡的工作变成了崇高的抱负。

高门大户可以改造他们的塔楼、宅院或城堡周围的土地，然后像 12 世纪威尔士的杰拉尔德（Gerald of Wales）吹嘘自家在马诺比尔（Manorbier）的城堡一样，吹嘘他们拥有最大、最深的池塘。人工痕迹越明显，建造难度越大，池塘就越好。诺曼人在征服英格兰后建造的第一个池塘——约克的"国王池"（King's Pool）——就是对城镇的全面进攻，需要淹没农田，拆除磨坊，改变道路。这是一种强加的景观。鱼塘证明了你与普通人的区别，因此经常建在庄园的边缘或围栏和院墙的内侧。约克郡罗斯韦尔（Rothweli）的池塘在通向正门的堤道两侧就能看到，表明这是高贵的红利；什罗普郡（Shropshire）霍普顿（Hopton）的小湖泊周围有步道，表现了装饰性的嗜好。没有人会以为它们是自然风光。

贪吃的梭子鱼是一种贪婪的食肉动物，从天鹅到鲦鱼什么都吃，因此它们被养在不同的池塘里。林肯主教在利丁顿（Lyddington）有个很大的梭子鱼塘，就建在其他鱼塘旁边。[20] 单独养殖梭子鱼是个好法子，可以防止"水狼"吃掉其他鱼；

这也表明，主教拥有一种很特别的鱼，它不仅好吃，而且头上的斑纹颇具意义，看起来就像耶稣受难时的钉子、鞭子、十字架和荆棘冠。主教不只想坐下享用美味的梭子鱼大菜，比如著名的塔耶旺（Taillevent）食谱中推荐的 chaudumé（用藏红花、姜、白葡萄酒和酸果汁混合制成的酱汁烤梭子鱼块，搭配用煮豌豆的烈酒浸泡过的面包[21]），美食不是重点，他想表明的是自己足够伟大，有资格吃伟大的鱼。

英格兰刚刚引进的扁角鹿和穴兔像鱼一样，被圈养在它们本不该出现的猎苑里。在达勒姆主教的猎苑里，鹿有"茅舍"容身，鱼有人工池塘。人们为鹿种植了树林，还在池塘边栽种了柳树，这样鱼儿就可以在树根之间嬉戏。鹿不是饲养的家畜，但它们被精心照料和管理，因为它们是骑士屠杀之梦、山寨版古老森林传说的指定猎物。

狩猎自有一套繁复、庄重的礼仪，每一步都经过精心设计，足以构成图画和诗歌中的隐喻，比如走投无路的雄鹿代表着濒死之际的基督。狩猎发生在树林和城堡之间，是野性和文明的完美较量。狩猎需要思考。真正的狩猎（*par force de chiens*）是挑选出最强壮的鹿，让猎犬们穷追不舍，猎仆们步步紧逼，直到大猎人策马驱前，用利剑刺穿这头精疲力竭的野兽的心脏。但猎苑里的狩猎并非如此，因为猎苑没有那么大的空间，而且扁角鹿耐力差，喜欢成群奔跑。猎苑能提供的只是精彩的表演，鹿被赶进围网或奔向弓箭手就位的看台。[22] 观众不得不将怀疑悬置，就像在剧院里看戏。

猎苑的围墙和栅栏是为了防止鹿乱跑，也是为了阻挡不速之客。1301 年，萨默舍姆公园（Somersham Park）就发生了盗猎事件，盗猎者破坏并烧毁了围栏，带走了鹿和野兔，仿佛边

185

界的存在就是一种侮辱。边界内，狩猎是一场盛大的私人表演，为的是在朋友面前证明自己的骑士技艺和社会地位。动物们也是这个舞台上的演员，树林里经过精心布置，马在其间可以自由驰骋，猎物也总是唾手可得。

边界外，猎物只能算作食物。1381 年，英格兰农民起义发生后，随之而来的就是人们对猎苑的演出和特权长达十年的血腥暴力袭击。[23]

大庄园的池塘不是享受垂钓的乐土，捕捞养殖鱼要排干池塘的水，理想情况是每三年左右捕捞一次，这对鱼这种迟钝的生物来说是一个缓慢的结局。这项运动更适合在河流和湖泊进行，人们用小鱼作饵，用鱼钩和鱼线钓鱼，我们得知这一点，是因为读了克雷蒂安·德特鲁亚（Chrétien de Troyes）关于圣杯的伟大故事《帕西瓦尔》（Perceval）。这个故事写于 1190 年前后，其中一段讲述了骑士帕西瓦尔在河边看到渔王（Fisher King），他的大腿受了重伤，不能骑马去打猎。显然，克雷蒂安认为钓鱼可以替代逐鹿或飞鹰，是体面的贵族运动，但只有在极端情况下才会选择。据吟游诗人瞎子哈里（Blind Hary）说，很久以后，苏格兰英雄威廉·华莱士（William Wallace）在"他想玩的时候"就去捕鱼。他会带一张锥形小网，在河床上拖动，还会带一根长杆，"华莱士"发现用这根长杆痛打误闯误撞的英格兰人最顺手。[24]

建鱼塘不是为了食物。温切斯特的主教们拥有 400 英亩的池塘，但他们只利用了池塘 1/10 的生产能力。他们的鱼和鹿一样，都是表演的道具。尽管英格兰国王的鱼塘水美鱼肥，但他们大摆宴席时还是会采买淡水鱼，仿佛举办盛宴和展示新景致完全是两回事。大人物期待从鱼塘得到的最好回报不是吃鱼，也不是卖鱼，而是把鱼送给修道院，以答谢他们的祝祷。
这是常有之事，因此修士们有个名不副实的称号，即养鱼业先
驱。鱼塘是思想的物化，并非要平衡收支。

　　文艺复兴时期，有雕像、有寓意、有神和英雄的罗马花园 186
再度流行，表明人类正在把思想和野心强加在景观上。回首过
去，在鱼塘流行的时代，人们可能就有这个想法，只是我们很
难察觉。在花园里立一尊密涅瓦的雕像，你就拥有了典雅的智
慧女神，婆娑的树影也立刻有了明显的抽象意义。给新的林地
围上栅栏，圈养很多鹿，这样的猎苑看起来很真实，甚至平平
无奇，只是有钱人午后的休闲场所。说到建鱼塘，你就以为人
们想吃鱼，并没有思考他们真正的用意。然而，猎苑和鱼塘都
是具化的伟大宣言，它们上演了骑士精神和骑士理想，证明了
主人的社会地位，最重要的是，表明人类可以控制和改造周围
的世界，至少是几英亩的公园。

　　鱼也是生意，这让问题更加复杂。商业不知何故玷污了诗
歌中美妙的隐喻和图画中多彩的想法，从侧面反映了后来英国
人对"贸易"的势利态度。

　　12世纪，英格兰东部的沼泽一年四季都有人在日夜捕鱼，
还能有鱼可卖。14世纪早期，沃里克郡（Warwickshire）阿尔
丁森林（Forest of Arden）的富农有鱼塘，他们至少会卖掉一
部分鱼。从14世纪60年代起，伦敦的萨瑟克（Southwark）
就有"鱼塘"（stew），这个词后来也代指妓院，商人约翰·
特吕格（John Tryg）在那里有个池塘"养殖鱼类"，每年可挣
13先令4便士。这些池塘养鱼完全是为了市场，和牛棚一样
实用，但有些在1381年的农民起义中还是被毁了，因为它们

看起来很像某些人的特权。[25]

英格兰人习惯吃鲷鱼和梭子鱼，有时吃鲈鱼，还常吃丁鲷、鳊鱼、鲮鱼，这些都是多刺、生长缓慢、土腥味重的鱼。伟大的商业变化装在桶里，很可能是由佛兰德的货船运来的，活鲤鱼这个在多瑙河（Danube）下游自冰河时代就存在的外来物种，现在作为新的收获被带到了英格兰。14世纪时，国王的厨房就知道在哪里可以找到鲤鱼，15世纪60年代时，诺福克公爵开始养殖鲤鱼。养鲷鱼需要八年，而养鲤鱼只需三年就能收获，因为鲤鱼是底栖鱼，可以用谷物、血液和鸡内脏拌成的饲料来促进它们的生长。最重要的是，当时鱼就是钱，而鲤鱼比其他种类的鱼更难偷走。托马斯·黑尔（Thomas Hale）解释说，鲤鱼"很害羞，它会自我保护，远离共同的敌人"。他还写道："它们在食料充足的池塘里长到一定大小后，不会轻易咬钩……一旦察觉水中有动静，就会沉入水底，把头扎进泥里。就算渔网罩住了它们的尾巴，也抓不到它们。"[26]

鲤鱼是具有象征意义的鱼塘的遗迹。到15世纪，鲤鱼只是储备的食物，不再像以前一样被养在波光粼粼的大湖里。绅士梦寐以求的那种池塘不存在了，鱼不再是财富的证明。人们的审美变了。因为现在天下太平，猎苑显得过于野性难驯，每座宅院都该有个花团锦簇、精心打理的花园，期望它永远不需要抵御攻击，还总有足够的工人来养护。大房子的主人偏爱平直多节的线条，喜欢在整齐的树篱之间摆放成箱的植物；他们梦想的花园是布置工整的空间，而不是荒草萋萋的野地。人工的池塘、水渠和花坛只不过是为了填补线条之间的空隙。

花园和公园不再笼统地宣称人类有能力主宰和改造世界。它们开始在局部对主人做更具体的表述，比如，在石头和床榻

187

的造型上添加纹章，以宣告主人的姓名、祖先、等级和关系。它们就像一台精巧机器的细部。

在海岸线上讨生活很辛苦，而且要看天吃饭。不管人们如何利用大海，对大海了解多深，大海依旧是茫茫荒野。渔民、海盗、水手都体验过海上狂风暴雨的威力，知道他们生活的海岸随时可能被沙子掩埋，被潮水卷走，被海浪冲垮，所以他们不指望天长地久。他们虔诚祈祷，还总去朝圣，因为一场大风暴或一次大潮汛都会带来毁天灭地的影响。然而，风平浪静后，又会出现另一种改变人们生活的力量，即新的经济现实。海岸线上的人们感觉自己既不能呼风唤雨，也不能掌控生活的命脉。

瓦拉弗赛德（Walraversijde）村只能靠海吃海。根特和布鲁日两镇需要鲱鱼，并且规定要确保鲱鱼是新鲜的；佛兰德的伯爵鼓励领地上的人们开拓新业务；用新的浮网在沿海甚至深水区捕捞鲱鱼。瓦拉弗赛德当机立断抓住了这次商机。从 11 世纪起，佛兰德海岸沿线就有"鲱鱼渔民"（*piscatori de harenga*）。他们需要定居点，以便停靠渔船，觅衣求食。他们住在岸边，因为就算不用远渡重洋，捕鱼仍然免不了要频繁出海。

渔民们刚刚翻越沙丘，从大牧羊场过来，他们从前靠农场养家糊口绰绰有余；但是，税负将农民压垮了，他们不仅要花钱修建工程，防止水淹没土地，还要把土地分割成小农庄，为城镇生产粮食。现在，他们的家在纳税申报单上只是"居住地点"，遮风避雨的容身之所而已。他们需要工作，捕鱼、挖泥炭、烧泥炭、提炼盐、腌制鱼，干什么都行。幸运的是，12 世纪，潮汐的牵引使沙坪发生了位移，露出了下面的泥炭，让瓦拉弗赛德有了可开采的东西。

然而，他们的运气也到头了。1394年之前，他们一直生活在内战的废墟中，眼见着战争与过度开采和过度放牧导致沙丘松动，风吹积沙，所以他们害怕洪水和风暴不无道理。1394年1月29日，圣文森特节（St Vincent's Day）那天，海水如千军万马奔涌而来，整个村庄的街道和房屋都被冲到了沙丘靠海的一边。

然而，他们没有钱来修复海水对陆地造成的破坏。所有租户都拖欠房租，或者压根付不起，正如圣彼得修道院（Abbey of St Peter）的记载，"考虑到人民的贫困"。村庄必须在沙丘安全的一侧重建，人们仍得下海谋生。至少鲱鱼还很畅销，而一艘鲱鱼船需要20个人。这些船是合伙经营，每个人都带着自己的渔网作为投资，最后分得一份利润，就像公司的股东。没鱼可捕的时候，岸边还有泥炭可挖，泥炭的盐分很高，经过焚烧、洗净后，可以产出商业数量的盐。过路的船队也极易受到海盗从岸边发动的袭击。渔民们是狂热的掠袭者，他们不只盗取敌舰上的东西，还热衷抢夺勃艮第公爵的船货。为此，布鲁日市议员不得不提出警告："除非我们可敬的领主下令，否则任何人都不得出海抢劫或损坏船只。"

长久以来，每逢退潮，海水回落，村子里房屋残破的方形地基和沙土中旧泥炭坑的轮廓就会露出来，提醒人们世事无常。在边缘地带求活，要紧的是把握当下。

渔民是出名的暴力，因为他们经常离家在外，不太遵纪守法，不像农民和内陆同胞那样守着土地，安稳度日。他们在海上过得心惊胆战。他们携带十字架，佩戴护身符，以抵御水妖和海魔；他们搭建小教堂，敲响圣钟，以驱散风暴；他们还前往圣母马利亚的圣地，祈求她的保护或感谢她的庇佑。土地的节律并不能引起他们的共鸣。他们——更确切地说，是他们留守在岸上的女人——没有田地，没有园圃，没有马厩，没有任何内陆生活离不开的东西。然而，他们养猪，他们清洗、腌制鲽鱼和鲱鱼时掏出来的鱼内脏都喂了猪。他们有武器——弩弓、匕首和火炮——可以偷别人的船，同时防止自家的船被偷。最重要的是，他们有工作，地上散落着用来放网的软木浮子，用来吊网的重物，用来补网的木针，这些东西通常刻有主人的标记或名字。

他们回到岸上时，也玩游戏。他们不仅掷骰子，还打早期的高尔夫，球杆的杆头设计一直沿用至今。水手们把这项运动带到了北海各地，所以即使到现在，古老的大球场通常都靠近海岸。他们戴骨框眼镜，有写字用的尖笔，还有木制的小册子，总之，他们能读会写。

到 13 世纪时，他们的村庄已经不只是季节性的营地了，因为出现了明显的街道。到 15 世纪，拜鲱鱼、盗窃和泥炭所赐，这里成了正规的定居点。房子都是砖砌的，有些还是泥炭烧制的绿色釉面砖，这些砖被铺在地板和墙壁上拼成图案，有时里外都会涂抹灰泥。窗户装了玻璃，有些房子甚至还有砖砌的厕所。每到夜幕降临，这百来座挨挨挤挤、大小相差无几的房子，看起来就像一个守候大海的小镇，窗户上还透射出蜡烛和油灯的微光。

镇上的便利设施一应俱全，啤酒厂、小教堂和妓院。房子里面甚至还有奢侈品。人人都吃肉，因为他们有钱买肉，但他们不怎么吃鱼，再不济，他们总可以靠鱼活下去。他们有挂幕帐的床和木箱。渔妇会吃石榴和无花果，有个渔妇还有产自热

190

那亚的金丝绒，她们做菜会放辛辣的米拉格塔（melagueta）红辣椒，她们还有餐具，西班牙马霍利卡（majolica）的盘子和杯子，这种陶器色彩鲜艳、釉面光滑，看起来很像瓷器。毕竟，渔民们走南闯北，可以把喜欢的东西都带回来。海盗在从西班牙驶往布鲁日和根特港口的船上发现了这些东西，他们把货物从船上搬下来，就像从卡车上卸到伦敦市场的货摊上一样容易。

这个村子深知地处边缘的优势，从未试图加入官方体制。村里有一座有三条过道的小教堂，还有家族纪念碑和一座坚固的纪念塔，但瓦拉弗赛德不是教区，甚至不是独立的村庄，因为在理论上，它属于米德尔凯尔克（Middelkerke）的农业小村庄。这个地方对与世无争的人来说是桃花源。他们的现实世界只有大海，他们常去英格兰和苏格兰海岸外茫茫大海上捕鱼。海和海岸让他们实现了价值，布鲁日等城镇需要他们领航进出淤积严重的茨温河河口，这些城镇也需要盐来保存鱼。

这种微妙的平衡任谁都无法想象。一个世纪前掀起的市场风暴现在偃旗息鼓了。

渔民们开始远赴北海，前往日德兰半岛和英格兰之间的多格浅滩（Dogger Bank），他们需要更多的资金来建造更大、更坚固的船。为了筹钱，他们负债累累，欠了镇上的鱼商很多债，最后无力偿还，船也没了。他们走投无路，只能在鱼商的船上干活。在瓦拉弗赛德，本地只有经销盐和泥炭的范瓦塞纳尔（van Varssenare）家族有钱经营船只。其他人都不得不断了自己有朝一日成为大人物的念头。船长变成了承包商，船员也不再是商业伙伴，而是卖力的打工仔。渔民从前自己掌管财务，现在要依靠镇上的金融家了。

　　大海也躲不开战争。整个 16 世纪，战火纷飞，叛乱频仍，海上危机四伏，渔船在武装护航下才敢出海。内陆也没有避难所，尼德兰因反抗西班牙统治者而四分五裂，最终尼德兰北部独立，成为联省共和国。雇佣兵杀入瓦拉弗赛德附近的海岸线，他们连偷带抢，毁掉了瓦拉弗赛德人民创造的舒适生活。渔民们感觉他们失去了掌控，不再是独立的，成了真正的边缘人。这个地方的心死了。

　　瓦拉弗赛德村有 1/4 的住户已然人去楼空，废弃的房屋无人照管。啤酒厂也关门了。等到风把沙丘吹过海堤，海岸线再次改变，一切都会重归平静。除了回忆，什么都回不来了，待记事的人都走后，这里就成了真正的废墟。大自然总是拥有最终的话语权。[27]

第八章　科学与金钱

　　他们不只是与众不同，甚至可说是与其他人完全相反。他们鼻子扁平，眼睛小，眼距宽，下巴突出，眉毛从额头长到鼻子，他们抗拒洗衣服，"尤其是打雷的时候"。他们腿粗脚短，扎着小发辫，看起来凶神恶煞，与人们的想象有天壤之别，人们想象他们长着罗马雕像般的鼻子、蓝色的大眼睛，还有穿着短衣服可以炫耀的大长腿。纳博讷的大主教伊沃（Ivo of Narbonne）从一位曾与他们住在一起的英国人那里听说，蒙古人的脸"扭曲而可怕"。[1]

　　他们是游牧民族，总是在迁徙，而此时的欧洲到处都是稳固的城镇。他们不像欧洲人那样凡事都要用钱，从花钱办好身后事到在市场摊位上结账。鲁布鲁克的威廉（William of Rubruck）说"（他们）当中没有什么东西可以用来换金银，只能用来换布料和衣服"，如果你给他们一枚拜占庭金币，"他们会用手指摩挲，再放在鼻子底下闻一闻它是不是铜的"。[2]西方人说，他们根本不懂货币的意义，仍然认为这是一种物物交换。

　　他们都是一根筋的酒鬼，"他们中若有人喝了太多的酒，胃承受不了，他就会去吐一吐，再回来接着喝"。他们吃死掉的人，就连秃鹫也不肯碰他们剩下的骨头。他们把又老又丑的女人送给食人族，[3]让外貌姣好的女人遭受"强迫和非正常的折磨"。他们似乎在尽力适应波罗的海和里海以东的世界，这里充斥着欧洲人的恐惧和传说，比如狗头牛蹄的人族单脚跳行，以汤羹的蒸汽为食。

他们令人意外，因为没有人了解他们的底细。他们令人胆寒，是因为他们一直在赢。

阿萨辛（Assassin）——近代叙利亚的伊斯玛仪派穆斯林，他们素来以勇敢和绝妙的刺杀著称，出名的或许还有他们的吸烟习惯（尽管"阿萨辛"这个称号可能并非来自"大麻"）——也派使节到法兰西和英格兰求助，以击退蒙古人。到1241年，蒙古军队占领了匈牙利，攻下了波兰，拥有了除他们的附庸国诺夫哥罗德之外的整个俄国。他们打败了条顿骑士团（Teutonic Knights），不断侵扰波希米亚和萨克森边区。他们的探子遍布维也纳，以至于奥地利公爵向西方求援时，各国都默不作声。尽管各个城堡里都在忙乱地讨论，备战部署，但似乎没有什么能阻止蒙古人向西挺进，直到世界的尽头。基督教界分化成不同的派系，罗马教皇的朋友和罗马皇帝的朋友，他们还在为拯救基督教界本身而斗争，自顾不暇，没有余力去救其他人。教皇号召组建十字军，但无人响应。人们怀疑罗马皇帝以襄助为名，要挟匈牙利国王向他俯首称臣，编年史家马修·帕里斯认为，罗马皇帝可能处心积虑地"策划了这次伤害……他就像路西法或敌基督一样，在贪婪的野心驱使下，密谋推翻全世界的君主制，彻底摧毁基督教信仰"。

这是在伟大的成吉思汗（Genghis Khan）——这个"威猛的猎人""学会了偷盗人类，把他们当作猎物"的时代之后。他的继任者、他的儿子窝阔台（Ögedei）也深谙追踪和伏击人类之术，当时方济各会修士抵达基辅执行教皇使命，他们亲眼见证了被蒙古人打败的惨状，"无数死人的头骨和肢骨横陈在地上”。马修·帕里斯写道："他们不遵人道，没有怜悯之心，比狮子和熊还残酷。"[4]

　　他们还是出色的战士。他们比欧洲人更善骑术，这一点不足为奇，因为他们几乎就生活在马背上；他们行军打仗灵活机动，而西方人还在按固定线路冲锋。[5]他们的盔甲比西方叮当作响的铠甲更轻便，纳博讷的伊沃报告称，这种盔甲的背后"只是略微遮掩，他们不可能逃跑"，凡是逃跑的人都会被射杀。他们在围攻战时代有明显的战术优势，正如鲁布鲁克的威廉在任务结束后的报告称，"他们不在任何城邑安住"，所以他们不用特别守护什么地方，就算即刻启程，他们也不会感觉失落。威廉很遗憾，他们的生活方式毁了他最好的隐喻；"他们也不知道天国快到了"。[6]

　　他们会法术，至少看起来很神奇。他们的弩弓轻巧便携，在战场上可以从任何地方将金属弹射到百米开外；没有证据表明他们有大炮，但他们也不需要。他们有火药，可以发射火箭弹，制造烟雾，引发混乱，制造真正的战争迷雾。他们还知道如何向敌人投掷燃烧的焦油，如何用火焰弹攻击城镇和军队。博韦的文森特（Vincent of Beauvais）认为，他们释放了一系列恶灵。他们有专职信使可保消息传达到军队各部，还有旗帜和火炬组成的信令系统。所以他们总能保持联络，实施复杂的战术。他们把军队分成不同的部门，从而建立了一大优势。他们可以转来转去，佯装撤退，这样敌人就会落入陷阱。[7]他们在烟雾的掩护下设好埋伏，到处都有他们安插的细作，而且他们纪律严明。欧洲人作战依靠人多势众，军队犹如人和马组成的攻城槌，而"鞑靼人打仗更多是依靠政策，而不是全凭武力"。

13 世纪 40 年代，普莱诺卡尔皮尼的约翰（John of Plano Carpini）亲眼见过蒙古人，他认为他们"像魔鬼……总在窥伺和图谋如何使坏"。他写道："我认为没有一个王国或省份能抵抗他们。"人们设想基督教世界能像蒙古人那样团结一致，教会或皇帝能像可汗那样有效统治，但他们越照此前进，这种想法就越像是无稽之谈。基督教世界正在失去权威性和同一性。令人困惑的是，一些蒙古人似乎也是基督徒，他们的营地里甚至有小教堂，有钟声响起，还有人吟唱圣歌。[8]蒙古人瞧不起西方人，不仅视西方人为狗，还认为西方人是"偶像崇拜者，因为他们敬拜木头和石头，只要上面刻着十字架"。[9]

欧洲人看不透蒙古人，于是翻出一些老掉牙的悲惨故事。有个古老的传说，亚历山大大帝用沥青浇筑长城，把整个蛮族的人都封锁在高加索山区，所以，蒙古人没准是"那些被亚历山大大帝封住的犹太人"。蒙古人是游牧民族，这表示他们没有土地，而犹太人也"没有自己的土地"，这几乎就是证据。1240 年是犹太历的 5000 年，根据某些传统，这是弥赛亚（Messiah）降临的日期，因此德意志地区有些犹太人认为，也许蒙古人真是"被封住的民族"，最终会来拯救他们。有人还提到了大卫王（King David）的名字。1235 年，布拉格的犹太人变卖了他们的家产，离开了这座城市，他们期盼惊喜从天而降。有可能是蒙古人在煽动谣言，他们善于操纵局势，总是在进攻前做足准备，莱茵河沿岸和波希米亚也潜伏着大量的蒙古探子。[10]

暴乱接踵而至，犹太人的房屋被烧毁，犹太人也接连死亡。其中有常见的血腥诽谤，基督徒发泄对犹太社区阻拦犹太人皈依基督教的不满，[11]但还有更离谱、更可怕的想法，谣传

195

全世界的教外人士都在密谋反对基督教世界。

恐慌产生了实效，北海一带谣言四起，哥得兰岛和弗里斯兰的船停运了，不再定期穿越北海把鱼送往雅茅斯（Yarmouth），因此在 1237~1238 年，鲱鱼卖不出去，几乎一钱不值，鲱鱼甚至被运到遥远的内陆，内陆的人们应该庆幸。

但恐惧最容易让人们联想到世界末日，这是老生常谈、摆脱不了的话题。

196　　1066 年，一颗彗星划破长空，世界安然无恙；那一年只有诺曼人入侵英格兰算是大事件。1096 年，爱尔兰人本该因砍下施洗者约翰的头〔他们认为是一个名叫莫格·罗思（Mog Roth）的德鲁伊教徒杀死了圣人〕而受到天谴，结果一切如常；爱尔兰发生了一场可怕的瘟疫，但还没有严重到让圣帕特里克传教的功业付之东流。[12]到 13 世纪 40 年代，世界末日似乎真的近在咫尺了，人类即将迎来世界第六纪的终结，这早有预测，是来自东方势不可挡的威胁。

可汗让末世论者联想到了敌基督。编年史家豪登的罗杰（Roger of Howden）形容可汗"精于所有虚伪、邪恶和犯罪艺术"，能够扰乱整个自然秩序，施展"他魔王本领的全部威力"。人们（尤其是方济各会修士）都迷信卡拉布里亚修道院院长菲奥雷的约阿希姆（Joachim of Flore），因为他精确地推算出，敌基督将于 1260 年到来。还有些修士认为，像约阿希姆这样的新先知的出现，证明了世界即将毁灭，人类正处于可怕的末日（dies formidandi）。世界上恶魔横行，最后的审判近在眼前。[13]

东方的黑暗魔法师神通广大，方济各会修士罗杰·培根（Roger Bacon）担心他们会所向披靡。除了体面的实验，他也重视秘术和稀奇古怪的东西，但他希望奥秘掌握在正确的人手里。他确信，西方必须通晓东方的魔法才能反击。他想在东方和基督教的西方反目成仇之前，从东方的典籍中参详一切。他在写给教皇的信中，不仅吹嘘自己苦心钻研二十载，在书本、实验和桌子上花费了 2000 英镑，但主要是买书；他还做出了承诺。他列举了许多神奇的发明，比如，会飞的机器；不用帆和桨就能自行移动的船；一种三指长的器械，可以举起一个人和他的同伴，甚至把他们从监狱里提出来。罗杰显然是在为人质和战争未雨绸缪，他说："我们的时代已经造出了这些东西。"[14]

　　他建议所有人都要抵御敌基督的到来，对抗他们当中最黑暗的魔法师。他坚信不疑，发展科学现在是刻不容缓的问题。 197

　　罗杰可能不知道，蒙古人不仅会法术，还懂政治。他们的窝阔台可汗是有名的酒徒，即使在蒙古人中也算是恋酒贪杯，仆人唯一的工作就是计算他的饮酒量，他的肝脏能坚持那么久简直是个奇迹。1242 年，就在窝阔台下定决心要挥兵西征，像他父亲横扫亚洲那样进军欧洲时，他暴毙身亡，以至于传出风言风语，说是他的妻子毒死了他。他一命归西，蒙古国必须尽快选出新的可汗，为此他们不得不召回了集结在欧洲和亚洲边缘的人马，所以他们在维也纳附近的营地出奇迅速地被拆除了，威胁暂时退回了东方。教皇和皇帝救不了欧洲，但酒可以。

　　蒙古人撤退了，但人们的恐慌和忧虑并没有随之而去。基督教世界不堪一击，世界末日即将来临，最后的审判越来越近，有些地方暗藏着西方没有的魔法，所以当务之急是弄清过去数百年来人们的思想变化。这些变化正在引发危机。

世界早已不是原本的样子。如今的我们认为通过感官，可以认识世界，我们仰望星星，感受蛇的阴冷或猫的温暖，根据云的特征来推测下雨的概率。我们在思考问题时，通常从感官认知开始，检验我们的假设。在蒙古人来袭的时代，人们的思维很不一样。他们不会直接去观察世界和感知世界，而只是从不同的角度去了解世界，看看别人写的东西，揣测上帝想要表达的意思。

198   世界更像是教堂里的一幅画，需要人们品读、研究、解释和学习，或者说世界更像是一篇必读课文，需要人们分析其中的含义。任何事都可能是承诺或警告，事后就会水落石出。维京人突袭林迪斯法恩后，伟大的阿尔昆追查事先有什么征兆，发现数月前，"在一个晴朗的日子里"，一场血雨从"整个王国的主要教堂"约克圣彼得教堂"北面的屋顶上气势汹汹地倾泻而下"。他对这个答案深信不疑，因为佐证了他的假设，关于上帝如何调整世界来给予奖励或警告。他在给诺森伯兰国王的信中写道："难道是要北方人血债血偿吗？"[15]

又过了三百年，人们才认识到天气本质上是一种现象，而不是某种超能力量的表达，当时的语法学家、自然哲学家孔什的威廉（William of Conches）还在他的《哲学》（Philosophia）一书中论述了血雨。[16]他避而不谈奇迹或预兆，而是运用物理力学解释了血雨的形成，地面上的水滴随气流上升，然后凝结成雨，落回大地；他注意到酷暑时节常有倾盆大雨，他认为太阳的温暖将地上的寒气变成了湿气，就像火融化了坚冰。他发现，同样的气流循环也能将生物——蝌蚪、鱼和青蛙——抬升到空中，所以它们会如雨点般从天而降，看起来就像瘟疫。至于血雨的颜色，他归结为炽热的鲜红色，所以如果雨在高温下凝结，看起来就很像血。

变化就这么发生了。阿尔昆四下寻找他所期待的启示；威廉则通过观察眼前的世界，结合他的经验，思考世界是如何运转的。一旦人们留心观察，下一步就会测量和计算，总结世界的逻辑规则，而不是依靠上帝、天使甚至魔鬼的干预。

12世纪，巴斯的阿德拉德（Adelard of Bath）写下了他与想象中好奇的侄子的对话。他的侄子发问：为什么土地里会长出绿色的东西？阿德拉德告诉他："土地里长出绿色的东西，这是造物主的意旨。但这并不意味着没有其他解释。"随后他又说："我不想从上帝那里夺去什么，因为万物都是为他而存在，因他而存在；但世事并非都是随机和混乱的。人类知识在进步，我们应该听信。"[17]

阿德拉德准备通过实验来找到各种问题的答案。为了解经脉和肌肉是如何工作的，他把尸体放在活水中，观察血肉被冲走的样子。他的灵感似乎来自女巫的魔法水罐。他有相当出色的观察能力，比如他自称知道大脑的哪一部分负责推理，哪一部分负责想象，因为他看到一个人头前部受伤后的变化。[18]他不赞成对自然事物只表现出惊叹或惊恐；他敢于反对圣奥古斯丁的主张——圣奥古斯丁强调要对上帝的大能心存敬畏，而不要总想弄清世界是如何运转的。他的侄子说，雷鸣是"万邦得见的奇迹"，但阿德拉德给出了简单的解释，打雷是因为凝固云层的碰撞。他写道："仔细观察，考虑环境，分析成因，你就不会对其效果感到惊讶了。"[19]

阿德拉德发现要讲明白这些道理并不容易。他的侄子问他为什么更喜欢"撒拉逊人的观点"，这些是从西班牙和中东传

199

入的阿拉伯语和希腊语文本，而不是基督教的"上帝学派"。阿德拉德说，这一代人对"现代"发现和陌生的事物有偏见；他担心自己的想法没人倾听，"因此，我托称这是阿拉伯人的思想，而不是我自己的观点"。[20]阿拉伯人保留了欧几里得的几何学和亚里士多德的研究逻辑，还增加了阿拉伯天文学家关于天象不规则运动的复杂理论，这些都是陌生的"现代"思想；但他们的书很容易被接受，因为他们仍是权威，可以用旧的、熟悉的方法来研究和解释，就像你看待教父和福音书一样。它们只是改头换面的老东西罢了。

13世纪，主教、科学家、教师罗伯特·格罗斯泰特（Robert Grosseteste）逐渐相信，知识来自面向世界并理解世界的头脑，而不是来自上帝某个神奇的启示。认识世界本身就很有价值。这些话出自一位高级教士之口，听起来令人吃惊，但他想表达的意思根本不是我们以为的那样。格罗斯泰特认为，考察世界的过程也会瞥见一丝微光，上帝之光，因此提出一些关于世界的问题可能会让人直接感觉到上帝的存在，常怀敬虔之心。科学可以轻易地融入关于现世甚至来世的宗教观核心。[21]

视角改变了。我们所谓迷信的、黑暗的或朴素的中世纪思想孕育了现代世界的雏形。

以观察为例：人们渴望仔细、直接地观察事物。为了演算世界历法，为了查明人类生活的年代，为了算出世界末日和最后审判何时来临，这些探索都需要观察的实据。人们必须核查世界有什么征兆，才能弄清人类究竟还剩多少时间。基督教的欧洲流传着一份10世纪的清单，列出了末世来临的种种征兆，比如，海水淹没陆地，地震使高山和山谷消失，星星陨落地

维京人来了，他们给圣徒和殉道者创造了机会。他们还造就了类似我们现代的城镇，并
教会北方人航行进入未知之地。

（上）抄写员在缮写室里工作，他拿着一把削鹅毛笔的刀，写字台上还有一瓶橡树瘿墨水。

（下）一种指算方式：用手指和身体的其他部位来表示数字。图上的每个图示都对应一个数字，抄写员可以用这种方式无声地交流。

这是一本作为礼物和荣耀的书：纪尧姆·菲斯特（Guillaume Fillastre）在向大胆的查理那些时尚的勃艮第王室成员介绍他的金羊毛勋章的历史。

DE PISCIBVS

De Piscibus salsis, siccatis, & fumigatis.

CAP. XXVI.

De Piscatura periculosa in Noruegiano Oceano.

（上）斯堪的纳维亚沿海产量巨大的鲱鱼为商人们带来了财富,他们认为自己有权推翻国王。

（中）鲱鱼可以被晾晒、烟熏或塞进卤水桶里腌制。这些桶带着包装商的标识穿越欧洲,
成为第一个跨国品牌。

（下）在挪威附近危险的海域,渔民们把鳕鱼和其他大鱼一起捕捞上来。将鱼晾晒和用盐
腌制,是早期贸易的基础。

Dau schprechte .

在汉堡的汉莎镇，商人们排队（下边）缴纳港口税，旁边起重机（左边）的大臂控制着海港，驳船系泊在码头上。贸易并不总是那么和平：一艘船上装着对付海盗和对手的武器（中间）。

（上）森林被砍伐，因为城镇发展需要四通八达的道路和桥梁——自然世界发生了变化。

（下）在安特卫普的交易所里，有图画、雕像、图纸的制造商、批发商、零售商。艺术品已经成为一种消费品。

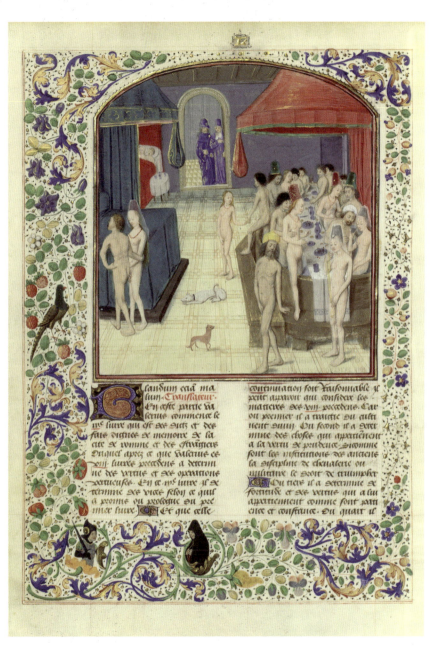

在像布鲁日这样的城镇里，性也是一种商品：澡堂是做爱或结交新朋友的场所。男男女女在巨大的木制浴缸里吃完饭后，就成双成对、目的明确地慢慢向床走去。

大海令人恐惧：水手们搁浅在一条饥饿的鱼身上。这幅图出自12世纪的手稿。

大海被驯服了：一条大鱼变成了1594年安特卫普游行中的机械玩具。

球，人类发疯，遍地起火，当然还有血雨。人们必须当心世界出现的这些异象。[22]

大约在 13 世纪初，《挪威史》的作者记述了冰岛周围海水沸腾，大地喷火，高山突然冒出水面，但他拒绝相信这是末世的预兆。他宁愿相信拉丁作家索利努斯（Solinus）的说法，说大地上有一道深深的裂缝，里面有很多因水的呼吸而形成的风洞，裂缝通过这些隐蔽的管道吞吐海水，激起巨浪和水龙卷，致使大地轰鸣和颤抖。这种呼吸混合了地心的热度，压迫着浓烟和硫黄火焰从海洋中喷薄而出。这段解释很详尽，承认地球中心存在热量，而除了这一点，其他纯属拉丁作家的编造。但这也是一种力学解释，很有意思。"虽然我们解释不清世界上的这些奇迹，或者说还有更伟大的奇迹，"《挪威史》的作者说道，"但不能因此认为它们是末日临近的征兆或洪水滔天的预兆。"[23]

罗杰·培根虽然是个修士，但想得更深。"我们看不到大自然的奇妙活动，这些活动整天都发生在我们身上，发生在我们眼前的事物中，"他抱怨道，"而我们判断它们要么是由特殊的神圣操作引起的，要么是由天使或魔鬼激发的，要么是由机缘和际遇造成的。但事实并非如此，除非受造之物的一切活动都来自上帝的指令。"[24]

人类开始用眼睛观察，用头脑思考，用数学来检验世界，他们仍然摆脱不了无形的、神秘的、形而上学的影响，但这种关系改变了。科学可以独立发展。一个人仰望星空，不必再修习形而上学，甚至不必再查问日食在占星术中的含义，他可以研究天文学。要知道，直到 17 世纪，占星术对医生来说都很重要，星星有可能仍然支配着人类。但如果一个人看到海上冒出一座新的火山岛，他可能会说自己是在观察地球上的物理变化，而不是尝试破译上帝关于世界末日的讯息。人们的好奇心并不会因此减少。杰出的多明我会修士阿尔贝图斯·马格努斯（Albertus Magnus，也被称作大阿尔伯特）认为，在具体事物的细节中找不到哲学，比如植物的种类。但他还是抑制不住好奇心，坚持记下各种细小的特性。他通过实验证明，海龟不喝海水；有人告诉他，鸵鸟吃金属，但它们对他投喂的小铁粒视而不见；他切下一只蝉的头，听到它仍不停鸣唱。他还坚称，蟾蜍盯着绿宝石，绿宝石就会碎裂，这说明他也搜罗别人写的奇闻逸事。[25]

甚至魔法也有了自我意识。在一本 12 世纪的手稿中记录了一种试验，一个人一边念诵主祷文，一边劈开一根绿色的榛木杖，然后让两个人摆成十字，手执木杖的一头，念出一句咒语："埃吕姆（Ellum）坐在埃拉（ella）身上，手执一根绿杖说，绿色之杖再合起来吧。"这根木杖就会合到一起，变成一根魔杖。13 世纪初，奥弗涅的威廉（William of Auvergne）说他见过有人做这个实验，但他写道，那根木杖自然而然就合起来了，所有的仪式和咒语，甚至神圣的主祷文都显得毫无意义。如果说到解释事物，魔法和魔法用具正在消失。[26]

但是，上帝不会消失。所以说，有的科学思维可以很好地与神学或形而上学、数学和灵感结合在一起。新思想家很容易因异端邪说而受到诽谤、指责和诋毁，所以祈求上帝也是有用的。数学是新东西，就像重新发现的与圣经无关的古代语言文本一样，而它们是研究老问题的工具。

罗伯特·格罗斯泰特开创了光学，也就是所谓的透视学（perspectiva），他绘制了图表，用数学来说明我们是如何看到

202

物体的；但他认为光是万物之源，是上帝的创造，光可以自我倍增，产生占据世界空间的物质。他运用几何学的方法，用纸笔表达了抽象的概念，掌握了神秘的物理规律；他的脑子里既有物质事实，又有精神愿景。[27]罗杰·培根之所以认为光学是一门有用的科学，正是因为它使人们有机会接触到自然界的奇迹。他写道："生命中蕴含着无数的真理。"[28]

不过，人们逐渐认识到，仅仅观察是不够的，还需要逻辑和计算，才能找到正确的方法，梳理感性认识，更清晰地思考问题。数学至关重要，尤其是要像欧几里得发现几何定理那样，找到证明一般定律的方法。检验事物之间的关系和比率有了新工具——二次方程、求算术根、三角函数。点、线和数字在哲学或神学中一直很重要，这种重要性显而易见，比如测量物体下落的速度，或者绘制图表以表示眼睛看到的线条。罗伯特·格罗斯泰特写道："线条、角度和图形的用处非常大，因为没有它们，就不可能理解自然哲学。"罗杰·培根称数学为"这些科学的大门和钥匙"；他说，魔鬼发现人们忽视数学的时候最方便下手，"因为这使神学和哲学毫无用武之地"。[29]所有测量世界年龄的努力都是因为人们认为世界末日指日可待，结果却产生了意想不到的效果，让数学从书本上走进了现实世界，给现实世界带来了根本性的影响。数字变得越来越复杂，越来越微妙，也越来越有用。托马斯·布拉德沃丁（Thomas Bradwardine）借鉴了亚里士多德计算速度、力和阻力的公式，即物体如何运动的理论，他毕恭毕敬地指出，公式的算术太简单了，需要一种几何思维（就是现代术语的对数）。[30]这是一种全新的方法，可以处理图形，表现大千世界中不常见的形状和结构。

203

　　这些都是课堂上的材料，主要是留给那些读得懂书又买得起书的人。这本该受到旧思想的围攻，旧思想现在还有能力给新思想扣上"异端邪说"的帽子。然而，事实证明，思想的改变是如此强大，以至于我们不禁要问：这种改变已经在课堂之外的世界开始了吗？这种科学的、逻辑的、以抽象的比例看待现实的能力，仅仅是某种早已融入北海地区人们日常生活的新形式吗？

　　答案是肯定的。变化的规模不可能取决于我们的预期，比如，秘密书籍的流通，拥有秘传知识的社区，神的启示或凡人对世界末日的恐惧。这些因素都很重要，但思想的改变要追溯到更早以前。回想那些在海岸奔忙的弗里斯兰商人，他们如何摸索出一套方法，在纸上表达价格与价值的概念，又如何用硬币去敲定交易，硬币的意义很抽象，币值并不等于它们所含金属的市场价值。他们计算船载货物的比价，比如，木材和羊毛、谷物和锅、酒和铁之间的比价，以便人人都能理解，并在下一个集市日使用这些比价。他们计算自家船只的容量，计算他们要出售的货物，他们将驳船和货物组成的物质世界变成了数字。大海载着他们的生意，也载着思想、书籍和思想家来回穿梭，但最重要的是，大海传播了观念，传布了事实，推广了金钱的使用。

　　想想看，从 14 世纪 30 年代起，巴黎的神学家们就在谈论如何计算和衡量恩典、爱与慈善的比价，美德几乎被写成了算术题。而在此之前，教皇就发布了一份赎罪券的价目表，列出了每年赎罪券的费用，以图尔的便士为计价单位。救赎是标价的。1268 年，法国的特别法典（Ordonnance）谴责了"那些亵渎上帝、圣母和圣徒的人"，并规定了相应的处罚标准，要与亵渎行为的毒性（"极坏的"亵渎行为的罚款在 20 镑到 40 镑）和支付能力严格匹配。[31]如果美德和罪恶都可以转化为数字，并被计算和评估，说明数学不只是工程师和商人在用，而且已经进入神学家和哲学家的头脑，因为每次他们买卖东西、支付租金或缴纳税费，数学都会潜移默化地影响他们。他们知道确定合适的价格是多么复杂的问题。14 世纪，哲学家让·比里当（Jean Buridan）设想了一幕情景，有个人接过一位陌生人给的 10 镑，向这位陌生人道谢，"谢谢老爷"（*Grates domine*），这次交换听起来很不公平，因为钱能买东西，言语只会随风消逝。比里当指出，也许这位陌生人富可敌国，但很需要尊重和荣誉；也许那个说"谢谢"的人诚实又善良，他的为人有口皆碑。富人的需求和穷人不得不分享的美德成了市场调节的问题，而价格被证明是正确的衡量标尺。

弗里斯兰人去交易都带着钱，钱是价值尺度，可以将不同的对象代入同一个等式进行计算。现在，同样的方程还解决了音乐、亵渎、地狱赎罪、爱与慈善的问题，世界上什么都可以代入求解。

这不是简单的故事，没有启示，没有发现，从科学不是什么讲起可能最容易。科学不光是实验，否则我们就该向马姆斯伯里最年长、最好学的修士艾尔默鲁斯（Eilmerus）致敬。艾尔默鲁斯行走困难，每个人都知道原因，他年轻时，以为自己可以飞行。

据马姆斯伯里的威廉记载，艾尔默鲁斯"用了些技巧，把羽毛编织到自己的手脚上。然后他从塔顶纵身一跃，但很快就摇晃起来，因为风太猛烈了，也因为他太清楚自己是多么鲁

莽。他掉了下来，摔断了腿，从此成了跛子"。他想象人能像
205 鸟一样飞翔，还做实验来验证这一想法，事后，他对试验中的
错误做了解释，但他没有归纳出一般原理，也没有总结成一般
理论，他只是在测试，没有计算，也没用图表说明。威廉写
道："他常说，他惨败的原因是忘记在屁股上装一条尾巴。"[32]

我们可能会说，他不是做实验，只是想一出是一出罢了。

罗伯特·格罗斯泰特（即"大脑袋"罗伯特）帮助建立
了实验的范式，使实验者从简单地记录经验（experientia）变
为通过设计试验和总结经验来证明理论。他带着一封在林肯主
教家结识的人写的精彩推荐信，敲开了赫里福德（Hereford）
主教家的大门。信中承诺，格罗斯泰特"将鼎力支持您的各
种商业和法律决策，并为您提供恢复和保持健康的治疗方
法"。信中还表示，他坚持"最高的行为准则"，他"博览群
书"，如果他要花钱，就会提醒主教，他通晓法律和医学，这
两门都是"当今含金量最高的"学科。[33]

格罗斯泰特很了不起。他是第一个深入研究实验在科学中
的作用的人，他认为，命题的证伪与证实同样重要。有些人和
格罗斯泰特一样，仔细观察星星、世界、彩虹或彗星，但他坚
称"那些人仅凭自己的经验，未经深入的推理，就形成了观
点，必将陷入误区"。[34]他们应该运用数学去分析所见所感，提
出在任何情况下都适用的一般概念，才能建立科学的基础。

马修·帕里斯认为格罗斯泰特"学富五车"，肯定"从小"
就在学校读书，马修所说的"学校"是指巴黎或牛津等地的新
大学正式开设的辩论会和研讨班。格罗斯泰特确实曾在牛津讲
学，与方济各会修士一起授课，他与牛津大学颇有渊源，学者
们一度认为他肯定是牛津大学的首任校长。但实则他的背景与

传言截然不同，这或许可以解释为什么他这么拼命地维护自己的利益。他熟悉巴黎，但他是从英格兰乡下走出来的。

　　格罗斯泰特出生在萨福克（Suffolk）名为斯托（Stow）的   206
小村庄里，从小与守寡的母亲相依为命，母亲去世后，他只能沿街乞讨。林肯的某位社会名流出钱送他去了当地的一所学校，这所学校可能并没有教给他很多必要的知识。据罗杰·培根记述，直到生命的尽头，他还需要别人帮忙翻译希腊语，尽管他酷爱语言，但他很清楚自己开始得太晚了。[35]他的学问是在林肯主教家里、在赫里福德大教堂的学校和图书馆里积累起来的，他可以向外国人学习，向外来者请教，向勇于尝试的人取经。

　　他下一步似乎应该去巴黎学习，但他没有钱，他从未在巴黎正式登记入学或执教。1224 年，有个名叫罗伯特·格罗斯泰特的人在巴黎立下遗嘱，给他的孩子们留下了圣奥波尔坦（Sainte-Opportune）教堂院子里一所房子的终身权益。圣奥波尔坦教堂是一个圣岛，离圣德尼街（Rue Saint-Denis）不远，就在雷阿勒中央市场（Les Halles）南边。等他的儿女都过世后，房子就收归教堂所有。1249 年，他的儿女显然都已不在人世，因为他的孙辈去法院起诉，要求保留他们的财产继承权。[36]乍一看，这根本说不通，格罗斯泰特是正经的教牧人员，他不该结婚，更不用说让巴黎的教堂来供养他的孩子了。但这份遗嘱的订立时间刚好在格罗斯泰特再次出现在英格兰之前，当时他还不是教士，甚至不是执事。事实上，他年纪很大才被任命为圣职。结婚可以解释这种延迟，而没被任命也可以解释为什么他不能在巴黎正式学习或教书。但他一直在巴黎，巴黎主教、奥弗涅的威廉是这份遗嘱的见证人之一。1239 年，格罗斯泰特写信给威廉，推荐了一名要来巴黎的书记员，他在信中亲昵地称威廉为"最亲爱的朋友"。[37]如果格罗斯泰特真的住在巴黎，他有没有把他在赫里福德学到的知识带到大城市的高等学府呢？

他的出身、他在巴黎大学神出鬼没，都符合格罗斯泰特不是"我辈中人"的感觉，在巴黎，"我们"都是善良、正统、温文尔雅的学院派，身后都有财力支持。他却和林肯大教堂的教长们吵架，让人立刻想起他的出身"无比卑微"。马修·帕里斯在富有的修道院里过惯了清静甚至优雅的生活，他认为格罗斯泰特"铁石心肠，缺乏同情心"，因为"他一生中的暴力行为……他驱逐和骚扰教长，凶狠地攻击修士，甚至野蛮地对付修女……"，他行事或许"不是依照知识"。马修·帕里斯也觉得应该指出，格罗斯泰特"出身于最卑微的家族"，所以这个人就是没什么教养。当红衣主教们执意要他把教区分给意大利教士时，他表示反对，理由是他们可以处理讲法语的贵族的罪行，但应付不了所有讲英语的人。红衣主教们仍不松口，格罗斯泰特就大闹了一场。他跪在意大利教士面前，用英语忏悔，教士们一个字也听不懂，一脸茫然地坐在那里，他又开始捶胸顿足，时而抽泣，时而怒吼，教士们只好狼狈离去。[38]

现在想象一下，这个人盯着彩虹，若有所思的样子。[39]他首先整理出了五彩缤纷的颜色可能出现的各种方式，比如，彩虹，水车或船桨溅起的水雾，嘴里喷出的水，穿透水晶的阳光，还有欧椋鸟羽毛反射出的光彩。他看出，反射的光有些不同，但彩虹和穿透水晶的光一样，都是折射现象，他认为，白光穿过水或宝石等致密物体时，"白光减弱了"，就产生了颜色。因此，彩虹是阳光穿过水（水滴和水球），并与光源成 42

度角折射出来而产生的颜色。他描绘了一道彩虹，还把这个问题记在纸上，以便更深入地思考。

他搞清了彩虹是什么，又追问彩虹是怎么出现的。格罗斯泰特观察到光透过装满水的球形玻璃，在围屏上散射出一道彩色弧线，所以他推测这与水有关，还要有某种可以显现颜色的表面。他知道透镜能"让很远的东西看起来触手可及……因此我们才能隔着难以置信的距离看清最小的字母，或者数沙子、谷粒、草籽及其他微小的物体"——他50多岁时戴上新发明的眼镜了吗？——他认为透镜中断了"视觉光线"，使光发生了折射。[40]他将这些想法综合起来，设想潮湿的云层聚集在一起，形成一个单透镜，他认为肯定有另一朵云起到了围屏的作用。他想出一个理论，就会着手检验这个理论是真是假、是否完整。

这个理论当然是错误的，但需要时间来证明。与此同时，格罗斯泰特关于彩虹的一些观点还对艾萨克·牛顿（Isaac Newton）的研究工作有很大的影响，比如，彩虹中的每种颜色都是一种不同的光线，是白光经过折射而产生的。了不起的是，他意识到我们看不见物体并不是因为距离，而是因为我们看远处物体的角度越来越小。他的证伪思想很有效，帮他排除了许多关于彗星的错误理论，尽管他从未发现彗星的真相。

格罗斯泰特塑造了我们的科学观。他借鉴了亚里士多德和盖仑（Galen）等古代作家的著作，提出的方法是我们公认的现代实验方法的发端：检验理论，证明有些是伪命题，有些理论不可行，坚持观察与思考相结合。但他仍是试探性的研究。例如，他说他不会问为什么月亮是球体，因为他确信这在自然界找不到答案，没有天文学家能说清。很久以后，天文学家开

208

普勒（Kepler）才演示了球体是如何在运动行星的各种引力作用下形成的。[41]正是因为格罗斯泰特从实验步骤发展出方法论，才让开普勒发现了这些定律。

13 世纪，罗杰·培根是格罗斯泰特最出名，甚至是臭名昭著的追随者。17 世纪，弗朗西斯·培根（Francis Bacon）回顾历史，曾调侃称罗杰"就像一个男孩在岸边捡到一根船钉，然后梦想自己造一艘船"。但罗杰有句话很打动他："不仅要关注理论，还要与力学方面的理解结合起来，掌握理论如何应用于实际。"[42]弗朗西斯·培根勉强承认了格罗斯泰特开启的巨大变化，经由罗杰·培根延续了下去。

格罗斯泰特是方济各会修士们的授业之师，而罗杰·培根就是方济各会修士，所以我们可以在方济各会的思想中找到这些纠结的想法。他们外出去见蒙古人，一路汇报情况（还有个多明我会修士，但他的证词遗失了），所以他们见证了大难临头的现实情景。他们对世界末日以及如何计算末世何时来临的问题很是着迷。他们两人都是通过数学来看待世界的，而同样具有科学抱负的多明我会修士阿尔贝图斯·马格努斯则不是。格罗斯泰特和罗杰·培根两人都重视经验，认为经验仅次于神的启示。

罗杰·培根说，经验是根本，是检验数学结果乃至上帝启示的正路。人的能动性和好奇心很重要。罗杰很钦佩同时代的彼得·德马里古（Peter de Maricourt），他不仅依靠自身经验来了解各种科学，还主动向旁人取经，他走出书房和修道院，走到街头巷尾，走去田间地头，寻访士兵、农民和老妇人，以"完善他的哲学"。

罗杰·培根也做试验。他依照古老的传说，打算用山羊血破开一颗钻石，但没有成功，他又尝试用钻石切割其他宝石，结果发现钻石碎了。他不断改进自己的理论，反复思考，反复检验。他用嘴吹出泡泡，观察表面闪耀的颜色。他用水晶和六方宝石观察光的折射。他的科学研究成本低廉，不需要原料，不需要炼金术士使用的贵金属或实验室设备，却能让他联想到观察过的星星和彩虹。

罗杰心怀天下。他认为知识应该是抵御东方敌人来袭的武器，他总以一种宏大的、战略性的方式思考问题。他边学习，边试验，查找并汇集别人的研究成果，他一门心思钻研学问，以至于对修道院的职责感到厌烦，他懒得教书，但又要借此邀功，因为这是他的本职工作。在修道院的封闭世界里，他似乎是个完美的学者，因为修士不用精打细算，甚至不用买食物。

然而，一个世纪以来，他所在的方济各会产生了分歧，最激烈的争论是关于金钱：放弃所有财富，乐善好施，安贫守道，这样做真的对吗？这是方济各会的会规，提倡他们过清贫的生活。这将他们与想过舒适日子的神职人员区分开来。

金钱也孵化了新大学，影响了新大学的运作方式。确切地说，金钱塑造了人的思想。

13 世纪中叶，阿布维尔的热拉尔（Gerard of Abbeville）——至少我们认为是他——在巴黎读神学时，随手记了账，有 64 个项目、64 笔付款。大多数明显是日常开销，比如羊皮纸、浮石、墨水、蜡烛和租金，另外还有些支出表明他正在搬家，或者至少是重新布置房间，他买了夜壶、油灯、一张桌子、一个阅读用的讲台和一把结实的椅子（因为绅士不会老用折叠椅）。他在食物和饮料这些基本生活用品上花费很少，但他得

210

付"请老师喝酒"的钱，得给房东太太小费，还得付粪便和垃圾的清理费；他总在给人付钱。还有一笔款项付给了"约翰少爷"，看样子像是还债，还有 3 苏勒德斯用来还"高利贷"。他这个学生过得很安逸，可以和朋友出去吃饭，可以请老师喝酒，但他也知道债务、放贷人和商业是怎么回事。[43]

现在，巴黎是由教师管理的大学。像博洛尼亚这样的法学院从一开始就标新立异，让学生与教师签订合同，直接给教师支付报酬，所以学生可以制定规则。意大利和法国其他大学的办学方式也大致相仿，比如佩鲁贾（Perugia）大学和蒙彼利埃（Montpellier）大学。但巴黎、牛津、奥尔良（Orleans）以及后来建校的剑桥则遵循了不同的办学理念。这些大学教授神学、哲学和人文学科，同时还提供法律专业基础，所以学校的氛围并不一样，大多数学生并不期望被培训成赚大钱的人。这种差异意味着教授们的理想和标准起着主导作用。

12 世纪末，莫利的丹尼尔（Daniel of Morley）在巴黎学习
211 法律，他说这些教授都是"畜牲"。他们大声朗读重到搬不动的书，他们用铅笔在页边空白处做笔记，除此之外，他们寡言少语，以掩饰自己的无知。[44]他们下午上课，主要是大声朗读基本课文，学生们不得不咒骂，有些课文听过不下三遍，有些只听了一次。教室里有硬板凳，有时稻草捆就是课桌椅。[45]为了让学生可以坐下听讲，就连考试的费用都花在了铺地板的稻草上。13 世纪的风气和现在差不多，所以学校必须制定规则，以防人们给校监或考官塞钱。[46]

要留在这个枯燥无味的学术界，学生要支付不少费用，包括校吏的工资、文凭盖章、入学费、头几年为获得学生权利而孝敬高年级学长的费用、学术等级提升的规费以及劳烦讲师多

加指导的课酬。学生们还要支付借书的租金和找人代抄的费用，法律专业的学生还要有仆人帮他们搬书。他们必须花钱购买或租用学生礼服，看起来有学生的样子。他们中有许多人是外国人，处理这些事情要用自己不熟悉的货币，他们必须根据自己的财力，兑换本国硬币或巴黎硬币。不出所料，英格兰学生的书信范本展示了如何描写自己缺少食物、热源、被褥、衣服、书籍或羊皮纸，尤其是缺钱的窘境。[47]

这些钱总得有人经手管理。这是一项复杂的工作，有些类似税收制度，费用取决于你想要什么，也取决于你是谁、你的社会地位和支付能力。在巴黎，学生要缴纳累进税，他们的费用是根据 bursa，即他们一周的生活费计算的。一旦金额确定，就得有人去收钱。computus 这个词并不总是指神圣的算术，在 14 世纪 20 年代，这个词指的是每条街道、每户人家的账目，包括学生住在哪里、收什么费用、向谁收，按姓名逐一记录。校方承认，有时通知人们该来交费了，但不知何故，他们就是不来，所以直接上门收费更有效。许多哲学家和神学家花在管钱上的时间很可能与他们写作和教学的时间一样多。[48]

教师掌权后，大学的管理就成了他们的事业。硕士、学士，甚至只了解如何选购食物和燃料的干事，他们都可以在牛津租房，开办学生食堂或宿舍，拥有令人称羡的"院长"头衔。剑桥、巴黎和牛津等大学的教师们会参与计算学生可能找到的任一住处的实际出租价值，他们必须考虑合理的价格和真正的价值，还要考虑资产和收益率。从 1250 年起，剑桥大学要求他们必须为房屋租金找到担保，因此他们需要资金或信誉才能启动他们的事业；1313 年，牛津大学也制定了同样的规则。院长负责保管贷款箱，接收抵押物，并为学生提供资助，他们还负责收取大学房租，监督学生缴纳罚款和规费。为得到做这些生意的权利，他们必须保证寄宿的学生守规矩，这是一项严肃的工作。1410 年，牛津法令就谴责了单身学者们住在无照经营的房间里，"白天睡觉，夜晚出没于酒馆和妓院，意图抢劫和行凶"。[49]

在巴黎，学生们按"国家"居住在不同的社区里，来自同一地区的学生聚集在差不多来自同一地方的老师周围，小商户也是如此。大约在 13 世纪初，传教士雅克·德维特里（Jacques de Vitry）就能准确地辨别他们："英格兰人是醉醺醺的懦夫，法国人高傲、温柔又娇气；德意志人争强好胜、满嘴脏话，诺曼人虚荣自大……罗马人恶毒暴力，西西里人专横无情，布拉班特人贼头贼脑，佛兰德人沉湎酒色。"[50]因为学生总是缺钱，老师的副业通常还包括借钱给学生。巴黎的学生可以向官方放贷人申请，这些人都是向大学宣誓的公民，随时都能找到 250 多个。典当行也为大学提供特惠利率。

巴黎的学生宿舍并非都在城里的好地段。12 世纪末，雅克·德维特里在巴黎上学，他住的房子楼上是学校，楼下是妓院，他认为这是人间炼狱，而不是近水楼台。他记得："妓女们在一层明争暗斗，与皮条客大打出手；还有神职人员在其他房间叫嚷和争辩。"[51]

这些和其他生意一样，都存在法律隐患。例如彼得吕斯·德阿雷内亚科（Petrus de Arenciaco），他在巴黎教书，从一位腰缠万贯的律师那里租了一套塞纳河畔的公寓。他把房间分租给三个学生，兄弟俩和另一个同学。不知什么原因，兄弟俩住得不太开心。1336 年秋天，他俩收拾好东西搬了出去，住在一个叫"圣女"约翰娜（Johanna 'la Pucelle'）的女人家里——她有这个绰号可能说明她很纯洁，但肯定是个年轻女子。老师的租约尚未到期，但他只愿支付自己和剩下那个学生的房租，房东律师自然就提起了诉讼，查封了兄弟俩的财物，要求他们照常支付租金。兄弟俩说，这是老师的问题，租金应由那些还住在公寓里的房客支付，不该找他俩。最后，兄弟俩赢了官司。学生来来去去不打紧，但老师要承担责任。[52]

大学里还有竞争、贸易集团、卡特尔①、不公平的贸易行为和贸易战。13世纪10年代，方济各会修士和多明我会修士来到巴黎教书和学习，但他们来得晚，宗教界以外的老师和学生早就先入为主，站稳了脚跟。修士与大学的关系从一开始就很尴尬，因为他们不被准许学习法律或艺术，而这些都是真正向大学宣誓的学院。[53]两方对学生和神学教席的争夺更是加深了这道裂痕。尽管方济各会修士坚称他们一无所有，甚至没有共同财产，但修士可以得到修道会的支持和补贴，而世俗老师只能拼凑教区和采邑、租金和学生名额来维持生活。简言之，这就是不公平竞争。

1229年，大斋节的庆祝活动出了问题，城市警卫逮捕了一些学生，还胡乱杀了一些学生，因此世俗老师们呼吁"罢工"（cessatio）。他们反对侵犯学术特权——学生是神职人员，不应该从街上被拖走——而不是抗议学生被杀。他们离开了巴黎，有人去了奥尔良，有人去了图卢兹（Toulouse），有人去了牛津甚至剑桥——这次罢工造就了剑桥大学。但修士们留在

214

① 资本主义垄断组织形式之一，其他三种垄断组织形式是辛迪加、托拉斯、康采恩。卡特尔是指生产或销售同类商品的企业为了垄断市场、获取高额利润，从而通过在商品价格、产量、市场份额分配等方面达成协定所形成的垄断联盟。

巴黎没走，他们趁机获得了更多的神学教席，并发起了一场锐不可当的运动，反对缺席的世俗老师享有多份圣俸。他们说服巴黎主教规定，如果一个人领取两份圣俸，只要一份的价值超过 15 巴黎镑（paris pound）①，就取消他得到救赎的资格，而后他们还坚持在课堂上讲授这一规定，往世俗老师的伤口上撒盐。

更差劲的是，世俗老师圣贾尔斯的约翰（John of St Giles）开始给多明我会的学生上课，他发表了一篇题为自愿贫穷之美的伟大布道，世俗人士认为这无异于异端邪说，毕竟，如果一个人身无长物，没有什么可以分享，也没有什么可以给予，怎么能证明他宽厚仁慈、品德高尚呢？布道进行到一半时，约翰走下讲坛，迅速换装，穿着多明我会的黑衣结束了布道。他是异端，但他现在也是叛徒。[54]

这场与宗教有关的竞争绕不开金钱的话题，比如关于不要财产的权利。但是，金钱、贸易和交易也决定了大学的基本制度。每个宿舍的主人不仅供应晚餐，还提供信贷，他们经营宿舍都是为了赚钱。假如你来自布鲁日这样的商业重镇，可能会觉得巴黎大学的宿舍并不陌生，很像是家乡供商人落脚、洽谈生意、存放货物的旅舍。

外国人背井离乡，住在商贾云集的旅舍里，[55]他们还寄存货物和钱财，以建立自己的信用，他们参与交易和借贷，他们会面洽谈、摸清情况、做成生意，旅舍的房客也是旅舍的一分子。教授家的房客大同小异，他们是有共同目标的兄弟。商人要做生意，必须去布鲁日。同样的道理，佛兰德和弗里斯兰的

①　也称为里弗（livre parisis），卡佩王朝的官方货币。

学子要深造，必须去巴黎，因为在 15 世纪 20 年代勒芬（Louvain）大学建校之前，整个佛兰德地区没有一所大学。弗里斯兰的老商人还在旅行，现在学生也上路了。 215

　　金钱不只是熙来攘往的商人和外国人要考虑的问题，他们带着钱物来回奔忙，港口、集市、市场处处都有他们活跃的身影，巴黎的学生只要跨过塞纳河去买一个苹果或一条面包，就能看到这一切。每个人每天都在盘算钱，什么硬币价值多少，一枚硬币含多少银，每个人都必须知道如何解决这些问题。诚然，大商人都用银锭付账，用实心银条来购买土地或为女儿置办嫁妆，但即使是他们也会面临压力，要用可变硬币支付某些账单。在科隆，商人如果不把银锭兑换成硬币，就会被逮捕。佛兰德商人有时会熔化硬币，铸造成新的银锭，而在英格兰，当地的交易都用硬币结算，商人只期望销往国外的货物能换回银锭。[56]由于教会一直禁止放高利贷，所以钱生钱的方法不是把钱借给别人，而是关注货币市场的动向。

　　因此，金钱成了神学家和哲学家的重要议题，如何阐明良好公民生活的要义。金钱是那个时代的精神谜题：如何定义事物的价值，如何从中获利，同时还能避免堕入地狱。

　　奥卡姆的威廉（William of Ockham）也是方济各会修士。他阅读了新近被重新发现的、流行的亚里士多德的著作，他把数学描述为一门谈论事物的语言，一种即使不做测量也可以用来认真思考问题的工具，他认为数学非常有用，是一种凭空的想象力。根据他的说法，科学不仅能描述和解释事物，还可以测量和计算。更重要的是，可以计数和计算纯概念的东西，不受现实世界的牵绊。数学研究的是欧几里得定理那样的命题，

他说，两条平行线无限延伸，永不相交；没人期望画出这样的
线条，或者在现实世界中找到证据，但这条定理具有伟大的现
实意义。多亏方程式，我们才可以把不同的事物进行合理的比
较，并且只专注于一种特性，比如你可以对比棕色马的棕色和
棕色牛的棕色。[57]

在亚里士多德的思想中，金钱是人们在交换商品或服务时
平衡交易的方式。假设一个鞋匠和一个建房者做交易，很容易
看出，两个人提供的商品之间的差异如何用一点现金来抹平。
但钱不只是有用的权宜之计。根据托马斯·阿奎那（Thomas
Aquinas）的说法，钱是一种表达价值的方式，比如，将建造
一座房子所投入的劳动和材料的价值与制作一双鞋所花费的时
间和工夫进行比较。这种交易尚可接受，但很危险，因为它有
可能盈利。贪婪是罪恶，只有当获得利润不是交易的全部意义
时，获利才情有可原。价格必须用道德方程式来计算，即寻求
"公平价格"。随着商品充足或稀缺，价格可能会变化，但有
个美好而高级的概念："真实"经济价值。[58]

现在，一切都在运动。金钱意味着贸易，而贸易似乎意味
着亚里士多德想象中强大且自给自足的"完美城邦"的幻灭。
金钱推动了新的发展进程，腐蚀了旧事物。陌生人带来了不同
的风俗，兵强马壮的盛景不复，因为贸易无须动武。商业被认
为削弱了人的身心。世界的动荡令人不安，所以人们普遍认为
亚里士多德关于贸易和商人的观点是正确的，即做事只为求财
是错误的。然而，利润始终存在。13 世纪，彼得罗·迪乔瓦
尼·奥利维（Pietro di Giovanni Olivi）在巴黎就认识到这一
点，他写道："各种有利买卖的机会；这是上帝的旨意，就像
人们可遇不可求的其他好事一样。"这可能是上帝的礼物，但

"前提是它不超过适当的量"。[59]

一个人卖东西若只为盈利，不像工匠那样雕刻或描画，没做出什么实质性的改变，就不符合上帝的律法。一位笔名为费克·赫里索斯托姆（Fake Chrysostom）的作家说，凡是为了获利而购买商品再将其原封不动出售的人，都是"被赶出圣殿的商人"。[60]神学家根特的亨利（Henry of Ghent）尤其讨厌，有人低价买入，再高价卖出，因为一件物品的价值又不可能立即改变，他的潜台词是，每样东西都有真实价值和公平价格，不应该人为改变。

217

所有商人都要接连不断地面对尽可能公平的道德考验。根特的亨利补充说："很少有人能成功。"

还有一个问题是，物品从一个地方运到另一个地方是否就能增值，粮食的贵贱是否取决于天气和收成。价值是个复杂的等式，商人的工作就是计算价值并设定价格，这也是一种服务，值得人们掏腰包。

身为现代人，我想有人会说，市场决定价格，市场"看不见的手"这种客观存在的力量让人感到安慰。但在中世纪的思想中，价格和价值取决于许多个人即刻的道德决定，他们愿意追求公平和公正，并不总是一味追逐金钱。这更像是神学问题，而不是经济学问题，因此人们没太考虑要检查和监管市场。根特的亨利在定价时，考虑到了不同的地点和季节，评估了商人的有效工作，但他没有考虑到商人可能会犯错，还可能会投机倒把或形成垄断。[61]

这里没有我们熟悉的经济学，但有关于经济世界的激烈探讨、争论和疑问，以及一些实用的结论。从此，利润不一定是高利盘剥。私有财产的收益也不错。神学家们众口一词，认为在人类堕落、伊甸园毁灭之前，并不存在私有财产；但既然人类已经被原罪腐化了，私有财产是唯一的办法，可以阻止恶棍和强权霸占理想世界中共同拥有的一切。这个观点讨好了那些拥有财产的幸运儿或强者，这说明，至少他们可能会面临更糟糕的问题。

尼古拉斯·奥雷姆（Nicholas Oresme）去了阿维尼翁（Avignon），在教皇乌尔班五世（Urban V）面前慷慨陈词，以至于有人称他为异教徒。"《圣经》里先知关于犹太祭司的一切言论，都是针对与他同时代的教士；他骂他们是无力吠叫的狗，不知羞耻，不知多少才够，还骂他们是只顾自身利益、不管羊群死活的牧人。"[62]金钱是激怒他的导火索。教会出售赎罪券和神职职位，把赚钱当成做事的动力，还宣称要用金钱来报答上帝赦过宥罪的恩泽。原本圣洁的人心中燎起对豪华、奢侈、富有的热望。奥雷姆怒斥那些在圣殿里卖鸽子的商人，说他们活该被耶稣逐出殿外。[63]他就是《论金钱》（*Traité des monnaies*）一书的作者。

他是一名主教，利用自己在抽象的学术方法问答方面所受的良好训练，撰写了一部著作，论述了球体数学、欧几里得的基础知识以及亚里士多德关于天气、天空、万物如何诞生和消亡的解释。他对待文本很认真，为了方便国王阅读，他把拉丁语译成了法语。他还写下了自己的看法。他观察天空的运动，研究它们是否可以被测量，最后调查完毕后，他发起了一场反对占星术的运动。借助相当原始的数学，他认识到，天空的运动无法简化成图表中精确的冲位和合位，这些都是比率，你越想把所有能想到的数字对联系起来，找到它们之间的比率，最后得到的数字就越多，越难简化成比率，即越可能是无理数。他和年轻的国王查理五世（Charles V）是朋友，他一边巧妙地运用数学，一边大胆激进地推测，想让查理五世摆脱宫廷占星家的影响。

　　他学识渊博，才智超群。他还成功阻止了人们破坏法国货币，即在硬币里掺入其他金属的过程。货币对他来说是个问题——不只是出现问题的货币，官方汇价与市场汇价不一致的货币，银铜掺和铸造的硬币——而且他对货币的数学概念及其存在的意义也饶有兴趣。在奥雷姆看来，世界是不稳定的，总是在变化——因为食物、饮料、金属、锅碗瓢盆和生活必需品的数量总是在变化——而货币是检验和计算真实价值的基本方式。

　　金钱当然不只是商品，可以像牛、谷物或石头一样买卖；一个人是否富有不可能只用金钱衡量，就像老国王弥达斯（Midas）那样能点石成金。金钱检验的是事物的一般价值，而不只是几车或几船货物。金属可以回炉熔炼，可以买进卖出，但只有当金属变成了货币，才能成为衡量事物的尺度。这就是为什么奥雷姆认为在货币上动手脚是欺诈和犯罪，是罪过，只有像尼禄那样的暴君才这么胆大包天。造假币、造劣币，贸易就会衰退，因为没人想要坏钱，以及每个人的实际财富都会减少。

　　奥雷姆说，金钱是衡量人类所有需求的道德标尺。他进行科学研究，就是在寻找同样的衡量方法、同样的抽象概念，比如关于像球体或行星一样坚实的物体，关于像生命和死亡一样基本的事实。他想检验和计算这些想法，就像商人核算价格一样。他想找到一种方式，用数字来表达什么是公平。

　　科学与神学并非天各一方。将它们联系起来的是当时北海地区的重大问题：价格和价值，尤其是金钱。

第九章　商人的规则

　　那些气势汹汹的船不是海盗的船，而是警察的船。它们都是重型船舶，用厚橡木板做的"齿轮"，用高大的云杉木做的桅杆，还用粗缆和焦油敛缝填实，船舷上涂抹了树脂和亚麻籽油，整艘船像保险箱一样结实，四四方方。待潮水退去，它们可以就像以前的弗里斯兰船一样，靠平底停泊，而不会翻转。它们笨拙的船头和船尾与船身呈尖角，就像个装货物或士兵的大箱子。[1]船尾也安了新的铰链舵，整艘船都铺了甲板，下面还有格栅，以防货物进水。[2]无论这些船要做什么，看起来都是使命必达的样子。

　　这些船的任务是阻拦其他商船。它们在瑞典和丹麦之间厄勒海峡（Øresund）的狭窄水域上盘查和拦截船只，它们武装待命，随时准备没收过往船只装载的货物，并索要赎金或罚款。但它们不会把每艘船都搜刮一空，它们只对那些驶往挪威救济饥荒的船感兴趣。

　　那是1284年，时世艰难，天气越来越冷，夏天转瞬即逝，冰岛周围的浮冰正在向南漂移。挪威各港口，尤其是卑尔根的人，都在等待他们过冬所需的最后一批物资，用来制作面包和啤酒的谷物、豌豆、蚕豆、麦芽和面粉。他们已经离不开这些货物了，他们每年都会按需求量配给，让吕贝克的船运走他们

的黄油、鳕鱼干、毛皮和质量上乘的斧头，再从波罗的海把他

们需要的物资带回来。波罗的海沿岸有土地可以种植作物，不像他们狭小的田地只能挤在群山、峡湾和森林之间。他们也曾和英格兰人通商，但现在他们依赖汉萨同盟的吕贝克商人。

汉萨同盟没有旗帜，没有印信，也没有自己的国王，它是贸易城镇之间的松散安排，是一种经济共同体。它不像国家或王国，因为它不负有义务，也没有领土需要保卫，有时它似乎对义务和领土似乎还厌恶透顶。它拥有的只是权力。

一百年前，挪威国王斯韦勒（Sverre）抱怨说，汉萨城镇运来了太多的葡萄酒，这只会伤害他的国家。他不得不忍气吞声。1248年，另一位挪威国王写信给吕贝克，请求其支援谷物、麦芽和面粉，因为挪威物资紧缺。不单是夏令的航海季节，吕贝克等汉萨城镇的商人现在一年到头都守在卑尔根。他们在卑尔根有了办公室，刚开始地方很小，一个人在冬天仅靠体温就能保暖。[3]后来，他们在海滨租了房子，安了家，享有在街道、码头、船上经商的权利，不用被警卫盘查，也不用费力将船拖上海滩。这一点很重要，因为卑尔根坐落在宁静的峡湾里，那里的水不怎么涌动，没有潮汐，也没有河流，船必须依靠人力，才能离开平坦泥泞的海滩。[4]

挪威人对此实在有点儿吃不消。卑尔根是国王的城镇，港口受墨西哥湾暖流影响，再加上有群岛掩蔽，一直保持开放；卑尔根也是富庶的城镇，1191年，有一队十字军发现那里"住着很多人……船和人从四面八方过来，有冰岛人、格陵兰人、英格兰人、德意志人、丹麦人、瑞典人、哥得兰人，还有其他民族，不胜枚举"。一个世纪后，英格兰人走了，与冰岛爆发了贸易战，德意志人取而代之。德意志工匠、鞋匠和裁缝纷纷在卑尔根成立了企业和协会，理发师、面包师、金匠和皮货商也陆续加入了这个行列。镇上的人讲两种语言，挪威语和日耳曼语。商人们似乎只凭自己的喜好做生意，他们喜欢运来啤酒和零碎的小商品，而不是挪威需要的粮食。他们的权力不言而喻。

挪威颁布了一条新规定，商人在冬季要么运来粮食，要么离开城镇。汉萨商人表示反对，愤愤不平地抱怨他们所遭受的"不公平待遇"。挪威人委托当地贵族、外交家、恶霸阿尔夫·埃林松（Alv Erlingsson）出手，在一场小型海盗战争中狠狠教训了商人们一顿，他们至少有一艘船失事。

因此，汉萨同盟决定纠正挪威人的态度。汉萨同盟禁止向挪威出售谷物、面粉、蔬菜和啤酒等冬季生活必需品。他们镇守厄勒海峡，监督所有波罗的海和北海的同盟城镇，只有不来梅拒不从命。仿佛整个贸易世界都在围攻卑尔根。汉萨商人明知自己的行动意味着整个国家的平民都要忍饥挨饿，但他们必须等待，等到他们如愿以偿。

汉萨成员指望得到别的国家其他商人，即当时的商界的支持。波罗的海沿岸的罗斯托克（Rostock）镇写信给爱德华一世（Edward I），恳请他禁止英格兰向挪威出售谷物和豆类；几天后，罗斯托克以东的维斯马（Wismar）致信提出了同样的要求；鲁道夫一世（Rudolf I）和他的帝国城市吕贝克也请求英格兰帮助"抵御挪威人的蹂躏"，以便德意志人可以再次自由地到英格兰港口做生意。但英格兰刚刚与挪威续签了友好条约，所以根本不会出手相助。

至于挪威当时的情况，吕贝克的编年史家德特马（Detmar of Lübeck）有些幸灾乐祸地写道："那里爆发了大饥荒，他们被迫赎罪。"不到一年，挪威人就请求瑞典人出面调停，帮他们与汉萨商人达成了和解。他们为此付出了 2000 银马克的代价，但可能是用鱼付讫。他们给予汉萨商人特别的特权，甚至包括出海打捞沉船上的货物的权利。

此后，挪威人所做的一切似乎只会让他们更加依赖汉萨同盟。卑尔根最重要的出口产品是鳕鱼干，也就是来自北部海岸的干鳕鱼，鳕鱼干很坚硬，只能用锯子锯开，但好在比腌鳕鱼或熏鱼便宜。鳕鱼干在烹煮甚至浸泡之前，必须用锤子反复敲打，1390~1391 年德比（Derby）伯爵的厨房账目显示，有个人得到了 8 便士，因为他锤鱼至少锤了 200 下。[5] 尽管鳕鱼干吃起来这么费事，但它仍是常见的蛋白质，保质期长达十年甚至更久，所以汉萨同盟牢牢地抓着这项值钱的贸易不放。这是来自吕贝克的好东西，渔民们若想要，就得赊购，不知为何，他们捕捞的鱼永远不够还债。挪威海岸的人从没想过要把他们的鱼卖到别处去。五十年后，国王马格努斯·埃里克松（Magnus Eriksson）有意改变这种局面，但他有心无力，因为他需要汉萨同盟的信贷来保持国家经济运行。[6]

商人们始终遵循着他们的贸易逻辑。在商业繁荣的时代，各国都在奋力争取自己的版图和疆域，国王们都在殚精竭虑地建立绝对统治，而要实现这种统治只能依靠丰衣足食的军队和举国坚定的信念。汉萨同盟一直置身局外。它是北方城镇组成的卡特尔，这些城镇主要分布在波罗的海沿岸，或多或少都讲日耳曼语，它们结盟的目的是保护船只安全，确保他们在外国港口得到良好的待遇，并尽可能接近贸易商的理想状态：垄断。他们获得权力，不需要国王的仪式和伪装，也不需要王室偶尔表现出的责任感或一时的示弱。国王、大臣和政客在压力下，可能不得不做出让步，比如放弃自由或割让土地；他们拥有的太多，统治的太多，所以总是很脆弱。事有轻重缓急，他们甚至可能临时改变主意。而汉萨商人都是城镇居民，他们脑子里只有两件事：贸易和利润；大多数时候，他们周围的人也都同意，只要船按照汉萨同盟协定的条款航行，就没有必要再谈判了。

王国需要哲学基础，比如上帝、遗传、先例，或战争的胜利所表明的上帝的恩宠。汉萨城镇的权力取决于其地理位置，比如吕贝克位于水流和缓的运河和江河源头，横穿丹麦的咽喉要地，船只可以从波罗的海穿越内陆航线到北海，避开日德兰半岛周围凶险的海域。控制了这条航线，就足以组建一个集团。12 世纪，汉萨同盟与外国王子签订了第一份条约，并在大约 500 年后，加入了 1648 年的谈判，结束了摧残德意志地区长达三十年的可悲战争。

汉萨城镇都依水而生，海港有不来梅、汉堡，特别是吕贝克，河港有科隆。在其他地方，权力、头衔和地位基本都与土地挂钩，依赖于庄园或王国、地租收入、农奴劳动。而在这些边缘地带的水乡，财富来源只有一个：对外贸易。他们的世界离不开大海。即使决定扩建或新建城镇，他们也会沿着海岸发展，从吕贝克到瑞典的哥得兰，再到俄罗斯的诺夫哥罗德。[7]这些新城镇也都一心扑在贸易上，与周边的陆地政权少有联系。封建领主没有船，也无法干涉海上的商业活动。

在世界的边缘，一种不依赖于其根据地的多国力量正在崭露头角，在现代世界中与各种明显的政治和国家权力周旋或争斗，这种力量通常都是自行其是。

这就是开始与各国大战的金钱。

到卑尔根做生意的商人在家乡并不是什么显赫的人物，他们被称为乡巴佬，都少小离家，在挪威接受了残酷的启蒙，只身在外辛苦打拼，不像守在家乡的商人自以为的那样彬彬有礼。他们在吕贝克买了房子，与最尊贵的市民比邻而居，他们门前宽阔的街道向西一直通到港口。有一段时间，他们还加入了兼具情报机构和绅士俱乐部双重功能的宗教公会。只要他们的贸易关系完好无损，他们就会受到尊重，尤其是他们主导着进出英格兰的贸易，因此英格兰人犹豫不决要不要参与竞争。只要英格兰的船再次起航，他们的社会地位就会一落千丈，那时，他们只能跻身于二流俱乐部，不再竞选市政公职。[8]

他们自小经历了艰苦的学徒生涯，奇怪的是，这与 19 世纪大英帝国的仆人接受的训练如出一辙。尽管汉萨商人出名的口齿伶俐，会讲英语、俄语、法语，甚至爱沙尼亚语，但他们年少时并没有在学校里学习过语言，他们是在与外来者竞争，尤其是在与荷兰对手抢地盘时，学会了波罗的海各地的语言。语言是他们的优势，但他们不教语言。他们也不教数学，这或许可以解释为什么汉萨同盟迟迟没有采纳海事保险等高级的地中海理念。相反，老师手执藤条，孩子们到处胡闹：权威会伤人，兴高采烈可能会闯祸。

男孩们远航，父亲就不用再上路了，因为有儿子或其他人代劳，他们传承着一种类似帝国的精神，专横跋扈，略带焦虑，离开了家庭日常体面的生活。[9]他们打算在卑尔根大展拳脚，赚钱开创自己的事业，然后衣锦还乡，雇人替他们跑腿办事。

每年春天，船队都会带着新人来到卑尔根。男孩要过的第一关是"游戏"。他们必须成为男子汉，必须接受启蒙教育。他们被人用龙骨拖着，用绳子捆起来，拉到一艘船的正下方；

225

他们被关在燃烧的、臭烘烘的废料桶上面；他们被吊到冒烟的烟囱上，在快要窒息的时候被盘问一些可有可无的问题。他们会被扔进深水里三次，只有奋力回到船上才能活命，同时还会有一群年长的商人殴打他们。他们会被灌酒灌到酩酊大醉，然后被剥光衣服，蒙住眼睛，鞭打到血肉横飞，响彻云霄的鼓声掩盖了他们凄厉的惨叫。游戏结束，他们还要演唱一首滑稽歌曲。他们的嘴巴和鼻子里要塞满狗屎和猫屎；他们要忍受"不洁的剃须"；他们要"踩鳗鱼"和"烫猪"。他们要学会三缄其口，决不抱怨，决不哭泣。

这些游戏肯定有重要的意义，因为它们一直流传到 16 世纪中期。德高望重的商人会轮流组织这些游戏，这是俱乐部在准许新人加入之前，最后一次核查他的资质、籍贯和忠诚度的机会。它们似乎是为了劝阻富裕、软弱、生活安逸的城镇孩子不要来乡下人经营的贸易站凑热闹，因为这些粗鲁的乡下人只会用粪土招呼你。然而，世事难料。在卑尔根，有些城镇居民和有钱人也下过船底或上过烟囱，我们不清楚是否有人被游戏吓退，毕竟，游戏一结束，男孩一辈子就是汉萨同盟的人了。[10]不管怎样，这些游戏都很符合汉萨的风格。1468 年，荷兰城镇的汉萨成员被指控与外部的荷兰人做交易，他们不仅被禁止经商，还被告知不能再在汉萨同盟的公共餐桌上吃饭。他们被带出去，剥得只剩内裤，还要在现场所有商人面前卑躬屈膝，乞求原谅。[11]读一读《汤姆求学记》（*Tom Brown's Schooldays*），就会明白这一切多么令人作呕。

汉萨商人定居在卑尔根，但他们刻意与城镇保持距离。到 14 世纪中期，他们还挤在码头区，住在两排长长的木棚里，木棚较窄的一端朝水，就像面包盘或用木板制造的火车车厢。

狭窄的一楼有仓库，楼上是生活区，木棚的这部分扩宽了，侧面还有阳台，可以呼吸新鲜空气。每对建筑之间都有一条木板路，尽头有门，可以关闭落锁，所以这是个主要面向水域和船只开放的世界。[12]

这就是著名的康托尔（Kontor），也就是如今的布吕根（Bryggen），汉萨同盟还有三个商栈，分别在诺夫哥罗德、伦敦和布鲁日。康托尔是汉萨同盟的仓库、宿舍、使馆，也是他们的防御阵地和裁判所，成员必须严格保密。任谁向外人透露了康托尔的规则或法律，都会失去他的商人权利。康托尔不准雇外部的仆人，这就是为什么新来的男孩都要扫地、洗衣，做一段时间的杂役。没有外人可以加入康托尔的兄弟会，这些俱乐部用信仰和啤酒将成员团结在一起。

汉萨的男人不能带着妻子从别的城镇来到卑尔根，也不能娶不是汉萨出身的女人。汉萨同盟或称汉萨公会，组织方式类似家族，人们必须彼此认识才好做生意，因为大多数协议都是口头约定，而不是书面文件，只有相互信任的人才靠得住。汉萨商人仅仅与非汉萨成员做生意，就可能被剁掉两根手指，因此鲜少与外人通婚也就不足为奇了。[13]

然而，在康托尔潮湿逼仄的小巷里，不仅有打扫、做饭、铺床的青少年，也有孩童，我们之所以知道，是因为他们遗留下来的玩具。有些骨头上有孔，可以穿弦，发出声音，很像吕贝克的琴弦，所以有人要么带来了玩具，要么带来了制造玩具的创意。有些奇怪的玩偶，有的像平头祭司，有的只是两端雕刻着面孔的木棍，还有陶瓷马，可能是砝码，也可能是吕贝克孩子喜欢玩的骑士比武的模型。有小冰鞋和皮球，有的球由六块或更多块皮革缝合而成，还有可能是成年人玩的弹珠，还有能嗡嗡作响的陀螺和很像溜溜球的东西。地下还埋有玩具武器，但随着汉萨人的到来以及挪威内战的结束，这些玩具越来越少。康托尔的巷道里也曾回荡着孩子们欢笑、叫嚷和哭喊的声音。[14]

汉萨同盟还为女性留出了空间。据说每年春天都有来自汉堡和不来梅的船抵港。[15]汉萨同盟规定，在冬季四个宗教节日和有免费啤酒的夜晚，禁止成员带妓女进入康托尔，但有相当多的夜晚都是开放的。"穷苦女子"——指没有家庭、没有丈夫、没有体面职业的女人——经常出没的旅舍、酒馆、寄宿公寓就聚集在康托尔的北端，有 243 名妇女居住在那一区，只有33 名女性住在卑尔根的其他地方。[16]门口就能寻欢作乐，汉萨也懒得对浪荡的商人进行道德说教。他们承诺，无论已婚，还是未婚，凡是与女人有染的男人都会被撵出卑尔根。但在 1440 年前后，赫尔曼·卢科（Hermann Luckow）被指控与竞争对手挪威商人的妻子偷情，康托尔的人却闯入法庭，打断了对他的审判。不知何故，中途那个挪威人也消失得无影无踪。[17]

男人有外室，即离家在外又组建的家庭，这是帝国的陋习；我们知道是因为他们有时会在遗嘱中承认。1369 年，亨里克斯·德斯塔登（Henricus de Staden）希望关照"我在卑尔根的女儿伊丽莎白"；[18]有人给"我在挪威卑尔根还活着的儿子们"留下了 40 马克，[19]或者像赫尔曼·帕埃（Herman Pael）一样，给"挪威一个名叫佐列维奇（Tzolewich）的女人和她的女儿盖杜登（Gherdouden）"留下了 40 马克。[20]1441 年，汉斯·博伊斯曼（Hans Boyseman）在遗嘱中表示，他在北方有个大家庭："遗赠内容：我给我在挪威的三个孩子总共捐赠100 马克和 80 吕贝克马克，给他们的母亲捐赠 20 吕贝克马克。"生孩子违反了康托尔的规定，但唯一的处罚是为其他人提供一桶啤酒，这听起来又像是一桩值得庆贺的喜事。

汉萨同盟在当地的竞争对手一直不成气候。任何挪威人都可能做过生意，做生意对他们来说仅仅意味着带着自己能借到、能骗到或攒下来的钱，独自出海或上路。这是个人的、业余的、没有组织的行为。很多乡下人都去航海了，丢下田地无人看管，因此，1260 年，法律做出了修订，你起码要有 3 马克的财富，才能在夏季去交易。即便有此规定，挪威的国际贸易商中仍不乏农民和中产阶级。船上的老板都是由同船的商人们推选出来的，而公会对待商人和农民也一视同仁，随时准备弥补他们做生意的损失——只要他们的船不穿越战区。

汉萨同盟则不同，他们对待贸易更严肃。汉萨的船由商人管理，纪律更严明。根据一般海洋法，遇到风暴，如果船长认为有必要抛弃货物，商人就不能抱怨，而在恶劣天气下，船员们也有权投票决定是否离港。但在汉萨的船上，决定是否以及何时投弃货物的是商人，而不是水手。吕贝克有一条汉萨城镇通用的法律，一名水手如果不抢救货物，就会被割掉耳朵，关进监狱；而在其他地方，他顶多只是丢掉饭碗，不得不另找一份船上的工作。[21]

这些年，有钱投资的挪威贵族开始接管贸易，但他们还有许多别的兴趣，总觉得有必要将他们"高贵的"贸易跟普通的、庸俗的赚钱划清界限，唯恐把他们与"那些自称商人，实则不过是骗子和拾荒者"混为一谈。有一本名为《王室宝鉴》（Speculum regale）① 的手册给想要从商的年轻贵族提供了

229

① 13 世纪中期，挪威国王哈康四世写给儿子的书。

指导，包括密切观察杰出商人的举动，只工作到午餐时间，餐桌上要有一块白布。绅士一旦赚够了的钱，对世界的认识达到了一定的水平，他就该停止航行。[22]

相比之下，汉萨商人则把经商视为终身事业。虽然有些人拥有土地，但土地不足以保障他们的生活和地位。吕贝克曾经有大约 200 个附属村庄，占整个萨克森-劳恩堡（Saxony-Lauenburg）公国的 1/3，但这些都是沿贸易路线买下的属地，为的是更好地保护商人。结果土地成了负担，使人们的视线离开了大海。

到 15 世纪，汉萨同盟分出了派系，一派赞成拥有土地，像公爵或王子那样占据领地，另一派则只关心海上业务。吕贝克爆发了多起动乱，最终于 1408 年激化成一次全面起义。吕贝克的议员大多上了年纪，极力维护汉萨同盟的地位和影响力，他们都是土地所有者，不只在乎码头上的生意，也关心城镇周边的乡村。但在瘟疫肆虐的年代，保守派失去了太多成员，他们对权力的掌控缺乏自信。议会过去团结一心，赢得了威望和领地，现在却起了内讧。汉萨同盟内部开始了一场关于应该有什么样的雄心的辩论。新人要求他们所谓的"旧权利"，意思是吕贝克应专注于海洋和贸易，这是它得天独厚的本领，而不必费力去争取陆权；城镇万万不可超越公民的理想，至少不该不顾他们的意愿。反对镇议会的人成立了 60 人委员会（Committee of Sixty），包括他们的领袖约翰·格罗韦（Johan Grove）在内，其中至少有 34 名委员是商人，有些还是卑尔根商人（*Bergenfahrer*）。他们冒险起义，确保海上的商人重获权力。他们的世界在账本上，也在城墙里。他们只想做商人。

230

城里流言四起，说镇议会把城楼上的所有武器都对准了镇民。1月，镇议会正在举行一年一度的游行，一群暴徒打断了仪式，把惊慌失色的议员们赶进了室内。镇长恳求对方的发言人："告诉他们，你们想要什么，你们对谁负责，但看在上帝的分上，让他们安静下来。"这名抗议者代表向窗外的人群喊道："议会由你们来选择!"革命就这么大张旗鼓地拉开了帷幕，原来的23名镇议员中有15人决定离开城镇，远走他乡。[23]

这不是人民的反抗，而是纳税人的起义，阴谋家伙同商人带头揭竿而起。反叛者对镇议会的无能表示震惊，他们设法让镇造币厂破产了。他们拒绝支付更高的税金来摆脱城镇的债务，因为他们起初就反对所有导致债务产生的野心和想法：主动收购属地而非保护贸易，冒着战争和失和的风险，像普通国家一样去追求权力。

这次起义近乎现代意义上的政治活动：与其说是关于谁拥有权力，不如说是关于他们应该如何利用权力，应该对政府施加什么限制。

汉萨同盟总是不遗余力地维护保守派和他们熟谙的老套路，它曾因不伦瑞克（Brunswick）镇罢黜议会而将其扫地出门，现在又舍弃了吕贝克。由于吕贝克胆大包天，选择退出伟大的国家博弈，神圣罗马帝国皇帝宣布其为非法城镇。但这次起义犹如星火燎原，不仅以惊人之势蔓延到了汉堡港——汉堡和吕贝克一样，控制着通往北海的河道航线——还蔓延到了罗斯托克和维斯马，这会给波罗的海造成无尽的祸患。由于起义无人镇压，结果成了商人的政变，他们没有什么狼子野心，没有国际政权之争，只要保住船只航行的权利就好。

231 　　这些限制有好处。与土地所有者不同，汉萨同盟的人随时可以扬帆起航，远离麻烦，要么去别的地方，要么返回家乡，这是他们的一贯做法。皇帝和领主有时是他们的敌人，但从来不是他们的主人。他们没有专横的神职人员来提醒他们如何设定公平价格以及盈利是否有罪。他们可以聚精会神地打理生意。

　　吕贝克出现的分歧可以解释为什么汉萨的人这么不愿说明汉萨同盟到底是什么，或者谁属于汉萨。保留一点悬念有助于保持凝聚力。这是一种喜欢隐私的共同权力。

　　1469 年，英格兰枢密院收到一封怒气冲冲的信说，汉萨同盟绝对不是社团（*societas*），不是协会（*collegium*），也不是行会（*universitas*）。它没有共同的财产，商人都各顾各的生意，它也没有共同的印章，没有共同的商务经理，此外，成员城镇"相隔甚远……正如王室信函承认的那样"。商人并没有控制汉萨同盟，因为各个成员城镇归不同的领主和地方长官管理，汉萨的人写信时，只需加盖所在城镇的印章。汉萨同盟表示，它"只不过是城镇集团"，是"一种联盟"，是"由许多城市、城镇和社区组成的稳固的同盟（*confederatio*）"，为的是确保生意顺利进行，"有效防范海盗和路霸，以免他们伏击抢劫商人的货物和金银细软"。[24]

　　他们当时写这封信理直气壮，他们试图拯救所有的汉萨城镇，无论哪个城镇有船在港，都不该为政治之争或某个成员的不义之举而付出代价。即使吕贝克或布鲁日在税收或航行权问题上存在严重争议。罗斯托克和汉堡希望航行不会受阻，他们乐于分享特权，却不愿分担责任。他们津津乐道于这个明显的悖论：汉萨同盟是个看似不明确、无组织的集团，每隔几年才能勉强组织一次决策会议，但它却能在不同时期高效地对佛兰德、法国、英格兰、丹麦、挪威、瑞典和荷兰发动战争，像个国家一样筹资造船、签署条约，甚至操纵、扶植或废黜国王。

汉萨同盟没有一丁点法定权利，却有效控制了波罗的海和北海的贸易。根据欧洲普遍适用的法律（但在北方不一定），海洋不属于任何人，每个人都有权在海上航行。查士丁尼编纂的罗马民法规定："大海人人可用，不是谁的财产，就像空气是共用的，并不归谁所有……但管辖权属于恺撒。"换句话说，名正言顺的权力——比如国王或皇帝——有权管辖海洋，击退贼人和海盗。海盗对航运的干扰越多，人们的领海意识就越强烈，越要争取海上的自卫权。[25]但谁也不会认为汉萨同盟是真正的权力集团，就连他们自己也不免心虚，他们没有权利决定谁可以航行到哪里、为什么航行、何时航行。汉萨同盟通过战争、封锁和条约建立了自己的法律现实，这是一种替代性的法律，汉萨商人在与他人交涉时总是固执地遵守这些约定。1560年，卑尔根的公民对康托尔造成的破坏心怀不忿，他们请求国王施以援手，因为汉萨同盟"总是派博学之士参加谈判，卑尔根人想自我辩护，但力不从心"。[26]

汉萨同盟是新出现的组织，但它的名称似曾相识。在4世纪哥特语的《圣经》译本中，"汉萨"一词是指去客西马尼园（Gethsemane）捉拿基督的一伙人，他们是一个帮会，一个团伙。这可不是个前程无量的好意头。8世纪，查理曼将名为汉萨（hanse）的公会视作心头大患，因为商人们本该对他忠心不二，却宣誓要效忠公会，公会成了他的竞争对手。汉萨成了商人联盟的代名词，这些商人通常来自一个城镇，有时来自几

232

个城镇，比如由 17 个城镇组成的佛兰德汉萨和丹麦的圣克努特公会（Guild of St Canute）都在争取并保住它们在外国港口的特权。有些渔民则通过"与他人合用一艘鲱鱼船"来分散风险。[27]直到 12、13 世纪，汉萨还是松散的小联盟。

后来，腓特烈二世（Frederick Ⅱ）登基，有人说他是世界奇迹，野心勃勃地想统治意大利，压制教皇。他称自己的出生地为伯利恒（Bethlehem），他的追随者称他为弥赛亚，而教皇则称他为敌基督，并四次义愤填膺地宣告将他逐出教会。别指望这样一个人事必躬亲，细究别人打着他的旗号做了什么，为了他在意大利的军事行动，腓特烈二世认为明智的做法是准许封建领主拥有他们所需的一切权力，以筹集他需要的战争资金。各个勋爵的封地实行不同的法律，使用不同的货币和度量衡。这造成了他们始料未及的后果。人们可以按厄尔（ell）①在吕贝克买布，再在里加（Riga）卖出，即便不抬高价格，也能获利，因为里加的厄尔比西部城镇的厄尔要短。莱茵河上下游的过路费也是各收各的，英格兰商人称之为"德意志人的疯狂"。

腓特烈二世不干涉城镇治理，但他也没有像法国国王那样与城镇联合或帮助城镇结盟，他要分心的事太多了。城镇觉得自己有权独立行事，只要携手合作，就可以确保它们达成目的。在腓特烈出生之前，他们就已经建立了联系。他们习惯于每年 8 月末到 10 月初，会聚在瑞典南部斯堪尼亚的海滩集市上采买鲱鱼。这个自由开放的市场在 13 世纪成了新城镇的机遇。最早是瑞典的哥得兰商人成立了协会，他们为了保障安

① 布量，旧时量布的长度单位。

全，结队航行，在海外共进退，埋葬客死异乡的商友。这个协会逐渐壮大，没有受到什么不当的干预，最终发展成汉萨同盟，接管了斯堪尼亚集市。1189 年，汉萨同盟与外国王子签署了第一份条约，就贸易和利润做出承诺，要求特权，尤其是低赋税。

现代政治和金钱之间的交易就这样开始了。

城镇联盟取代了个人的、近似家族性质的商人协会，因为城镇是商人必须服从的政治权力，所以汉萨同盟按城镇组织合情合理，一个人的身份由他的家乡来定义。城镇现在就相当于家族。波罗的海和北海沿岸最终有大约 200 个城镇加入进来。除了成员城镇不时期望他们在政策问题上的意见得到采纳，诸如英格兰的林恩（Lynn）等港口的生计也仰仗汉萨同盟，另外，像林肯郡的波士顿（Boston）等地更是完全依附汉萨同盟。还有康托尔——汉萨同盟在城镇中的商栈——经常用墙隔开。卑尔根的康托尔在与城镇发生暴力冲突后，建起了一堵墙，但这堵墙只存在了三年，到 16 世纪 20 年代，城镇坚持要将其拆除。[28] 诺夫哥罗德的彼得霍夫（Peterhof）既像是堡垒，又像是公寓楼，里面有上锁的私人教堂用来存放贵重物品，而伦敦的斯蒂尔场（Steelyard）是有墙的围场，可以关闭。在布鲁日，汉萨同盟的商栈没有围墙，商人们只是倾向于聚集在交易所周围。他们的集会地点是加尔默罗会修道院的食堂，后来，他们用实心砖和彩绘梁建造了一座会馆，但还没机会使用，布鲁日的港口就淤塞了，汉萨商人也就离开了城镇。[29]

汉萨同盟没有公认的中心，但实际上经常是吕贝克召集汉萨议会（Hansetag）。议会并不是每年都开会，汉萨同盟要采取行动时才会考虑召开会议。人们以为，汉萨同盟唯一的共同

234

利益就是广阔的大海，尽量避免海盗的袭扰。但事实并非如此。

14 世纪 80 年代，德意志的梅克伦堡（Mecklenburg）公爵与丹麦人交战，他起劲地撺掇海盗去痛打丹麦人，但粮食兄弟（Vitalienbrüder）① 这帮海盗并不好控制。罗斯托克和维斯马作为公爵的领地，这一次觉得有义务为领主尽一份力，主动为这些在波罗的海上兴风作浪的海盗提供庇护。然而，海盗的行动范围远远超出了丹麦，他们甚至袭击了卑尔根，他们提议放过康托尔，只掠夺城镇的其他区域。但汉萨商人并不领情，他们出于对当地的忠诚，拿起武器保卫城镇，眼看着康托尔被海盗报复性地洗劫一空。[30]

罗斯托克和维斯马不思悔改，仍一味地庇护盟友卑尔根的敌人。他们还拒绝归还被海盗偷走并运回他们港口的货物。动
乱持续了很久，致使科隆的鲱鱼价格涨了 10 倍、条顿骑士团领地的鲱鱼价格涨了 3 倍，但即便是骑士们也不愿出手镇压海盗，解除丹麦人的麻烦，因为他们正忙着扩张自己的地盘。惩治这些流氓城镇可能要等上几年，等到汉萨议会召开会议，届时再看多数人会不会投票赞成制裁。[31]

海盗们离开了罗斯托克，成了行踪不定的祸害。他们占领了博恩霍尔姆岛（Bornholm）和哥得兰岛作为基地，劫掠过路的船只，他们会把船员杀掉或扔到海里等死。他们的座右铭逻辑清晰，是"上帝的朋友，全世界的敌人"。他们要避免被毫不留情地俘获。施特拉尔松德（Stralsund）的商人们抓住了一船海盗，把他们塞进甲板上的木桶里，让他们的头从桶顶凿开

---

① 在英语中称为 Victual Brothers，是 14 世纪活动于波罗的海的海盗团体。

的孔洞中钻出来，他们被密封在桶里，就像包装好的鲱鱼，然后商人把他们带回城镇，送上了绞架。海盗们也很狡猾。有一年冬天，在斯德哥尔摩附近，海盗头子马斯特·雨果（Master Hugo）意识到他的船队受到敌方丹麦人的摆布。他命人砍树，在船的周围筑起一道木墙，并往墙上大量泼水，木墙很快就冻住了。他又在墙外凿冰，为他的冰堡垒挖了一条护城河，入夜，刺骨的寒冷和零星的小雪掩盖了他精心布置的陷阱。丹麦人发动了进攻，他们没有注意到护城河上的薄冰，人和机器统统掉进了冰冷的水中。海盗们则从容地守在木寨里，等待天气转暖，再继续航行。

和汉萨同盟一样，粮食兄弟也很固执，他们自命为平等分享者（Likendeeler），意思是平均分配战利品的人[1]，所以战利品才是最重要的。即使他们的海盗活动失去了最好的借口，罗斯托克和维斯马也与丹麦人改善了关系，他们仍要继续航行。根据吕贝克的编年史家德特马记载，他们袭击了俄罗斯，破坏了汉萨同盟的贸易，他们还航行到里海，到圣地，到世界各处。这说明吕贝克希望控制他们。

汉萨城镇往往各行其是。不来梅更是不走寻常路。15世纪40年代，荷兰人大举攻入波罗的海，而一个多世纪以来，这片海一直是汉萨同盟的地盘，因此，战争一触即发。百年战争（Hundred Years War）尚未结束，法国和苏格兰正忙着攻击英格兰舰队，苏格兰海盗有时还劫佛兰德的船。海上危机四伏。不来梅的公民常遭荷兰人抢船，他们在汉萨同盟对抗荷兰

236

---

[1] 粮食兄弟的继任者，他们将活动扩展到北海和大西洋沿岸。他们最著名的领袖是船长克劳斯·斯托特贝克（Klaus Störtebeker）。

人的行动中又损失了不少船只，没有人愿意给予他们认为应得的补偿，所以他们决定按自己的办法，彻底解决海盗问题。

他们摇身一变，成了海盗的避风港。

他们召来了维斯马人称"大杰瑞"的格罗特·盖尔德（Grote Gherd），还有汉堡和吕贝克附近的海盗船长，他们提出了一项协议，海盗从不来梅起航，可以保留所有缴获货物的2/3以及俘虏一半的赎金。这项提议思虑周全，制定了详细的规章制度，说明了什么东西可以偷、谁的东西可以偷，并且表示遵守规矩、事业成功的海盗可以成为不来梅的永久公民。

现在不来梅和佛兰德相互宣战，海盗们也整装出港了。他们从英格兰南部海岸的波特兰海岬（Portland Bill）出发，在苏格兰福斯湾的掩护下，突袭了他们母港附近的易北河和威悉河河口。大杰瑞升起另一个汉萨城镇汉堡的旗帜，愚弄他的猎物，并利用厄勒海峡屡建奇功，仅一次出战就拿下了佛兰德的13艘船。这些都是极端的政治行动，前后并不连贯，汉萨城镇为了击退对手，经常偷汉萨商人的货物。汉萨同盟的城镇很难从不来梅要回他们的财物，但在大杰瑞的同伙偷走运往爱丁堡的货物后，苏格兰人达成了一项协议，如果有证据表明货物的去向，海盗们就要把货物尽数归还。为了交朋友，值得做交易，因为只要波罗的海被封锁，不来梅就有希望把自己的粮食卖给苏格兰。[32]

海盗行为是犯罪，但同时也是城镇发动的战争，只不过城镇没有明确宣战。劫掠是一门务实的生意，有时看似还算体面。格但斯克的国家博物馆里陈列着一幅人人称道的三联画，这幅画是15世纪60年代汉斯·梅姆林（Hans Memling）受美第奇家族的代理人委托，在布鲁日创作的，原本打算将其运到

佛罗伦萨。这幅画描绘的是审判日，基督坐在彩虹上等待义 237
人；左边一联，义人们在天使的帮助下穿过大理石门；右边一
联，恶人们无休止地坠入猩红的火焰；中间一联，圣米迦勒
（St Michael）用精巧的天秤称量各色男女的灵魂。这幅画与各
种香料和毛皮包裹在一起，从布鲁日发出，但并未运过敦刻尔
克，因为半途被格但斯克的海盗保罗·本克（Paul Bencke）
劫获了。他驾船穿越北海和波罗的海，驶回家乡，将画赠与格
但斯克的大教堂。这是海盗的赃物，美第奇家族的代理人威胁
要用法律手段把它夺回来，但教堂认为接受它也无可厚非，实
在没道理将这样神圣的佳作拒之门外。[33]

　　令人惊奇的是，汉萨同盟没被内耗严重的分歧拖垮，商人
们认为汉萨同盟独一无二，所以不惜代价也要加入它。

　　起初，法律分化了汉萨同盟。虽然汉萨同盟大约有43个
城镇实施的是吕贝克法律，但也有49个城镇执行的是法兰克
福法律，还有一些先锋城镇采用了不来梅或汉堡的法律。直到
后期，汉萨同盟才制定了统一的法律，这些法律只涉及控制一
大群船员、禁止冬季出航、禁止买卖被盗或失事船上货物等争
议较多的问题，其他问题则仍依照当地法律处理。对于习惯了
国家只有国王、议会或宪法等单一权力来源的人来说，汉萨同
盟似乎难以维系，有时也确实是一盘散沙：汉萨同盟的荷兰成
员不会与他们荷兰和泽兰两地的邻居大动干戈；普鲁士城镇想
直接把粮食卖给英格兰人，不想跟吕贝克分享利润；汉萨同盟
不准英格兰人进入布鲁日，而科隆的汉萨商人却开开心心地在
安特卫普与英格兰人做生意。就连汉萨同盟对抗丹麦这场史诗
般的战争，也只有不到12个城镇参与。

　　然而，汉萨同盟为了共同的目标，可以勠力同心。汉萨同盟需要像现代卡特尔一样行事，单凭一个海滨小镇根本办不到，但城镇联盟却可能具备这种实力。第一条规则是确保赚钱，这并非易事。汉萨同盟的港口主要经营散装货物，比如东方的谷物、波罗的海的鲱鱼和挪威海岸的鳕鱼，还有北方的木材、燃烧炼制的沥青和焦油，以及佛兰德和英格兰的布料。这些东西的利润率很低，所以赚钱的唯一方法就是控制贸易，实现海上垄断，争夺每个港口的特权，继而控制港口之间的海路航线。[34]

　　语言是重要的纽带。从低地国家到俄罗斯，所有的汉萨城镇都能听懂同样的低地德语。汉萨同盟的商船还传播了审美品味，同样的衣服和陶器、砖石结构的房子有阶式山墙屋顶，阁楼上有粮仓和盐库，就像撒克逊人的农场一样。城镇有狭窄的小巷，从港口一直通到中央市场，教堂都建成了会议厅的形制。汉萨商人仿佛搬来了他们的家乡，就像英国人在喜马拉雅山喝杜松子酒一样，都是为了抵御身处异乡的惆怅。他们仿照精美的玻璃杯和大浅盘，用粗陶制成杯盘等器皿，他们还砌了砖炉给房子供暖，并用着色的模压瓷砖进行装饰，后来，汉萨城镇的火炉几乎成了神龛，上面贴满了宗教改革英雄的肖像。[35]还有一种观点认为，走南闯北的商人和循规蹈矩的贵族一样优秀，这是汉萨同盟的信条。为了证明这一点，罗斯托克镇议会在他们的图章戒指上增加了可疑的盾形纹章，于是罗斯托克商人在瑞典马尔默（马尔默不是汉萨城镇，而属于汉萨同盟的丹麦敌人）的基地也如法炮制，波罗的海一带慢慢都养成了这种习惯。[36]

　　然后是暴力，这可能是汉萨同盟最强硬的联系，对任何威胁或对手即时反应，团结一致斗争到底。国家和法院可以借助历史的感染力，高谈阔论延续和意义，但两百个汉萨城镇就有两百段历史，经常还相互矛盾。他们的心态是，商人要保护好手头的每一笔交易，就像士兵在战斗中应对每一枪、每一步，不需要知道整场战争的战略。他们不需要考虑看似会破坏团结的问题，比如城镇利益之间的差异甚至冲突。如果他们放不下这些问题，如果他们像单一主体一样瞻前顾后，他们可能都得承担责任。

239

15 世纪 40 年代，卑尔根的汉萨商人对国王的代表奥拉夫·尼尔森（Olaf Nielsson）十分不满，他们指责他支持英格兰人，企图将卑尔根的德意志工匠从康托尔分离出去，还鼓励海盗抄截他们的船只。尼尔森因此被免职发配，但他把自己的城堡交给了国王，换来了 6 年后重返卑尔根的机会。1445 年，他在返回的途中碰巧俘获了 3 艘汉萨同盟的商船，他还许可英格兰船只航行到卑尔根北边去采买鳕鱼干，这可是汉萨同盟很久以前就严令禁止的事情。吕贝克大为震惊，派遣一名卑尔根的老手去提醒商人谨记他们的特权，但未及会面，商人们就听说了 3 艘船折损的消息，他们猜测尼尔森的回归可能有什么用意。他们匆忙离开会场，赶到码头，撞毁了载尼尔森回来的那艘船。这位国王的仆人没有多作停留，以待商人们的下一步打算，他带着追随者和卑尔根主教，渡海去了蒙克列夫（Munkliev）修道院，等候消息。

商人们像对待敌方城镇一样攻进修道院。他们杀死了藏身在众人当中的卑尔根主教，一夜过后，他们也找到了躲在钟楼里的奥拉夫·尼尔森。他们容他多活了几个钟头，让他供认和忏悔罪行，然后才杀了他。汉萨同盟的人后来向挪威当局辩解，对死去的奥拉夫提出了 15 项控诉，包括他非法占领已经送给国王的城堡等罪行，还暗示他们发动进攻是受人怂恿，所以他们并不是唯一的罪魁祸首。这是一次经典的辩护，他们表示，不能全怪我们，他罪有应得，事情并没有看上去那么严重。汉萨同盟就像是现代企业，无法追究个人责任。当时，挪威国王正忙着争夺瑞典王位，不想与汉萨同盟交恶；人民要饱食暖衣，海洋要保持开放，他也不想看到海盗猖獗。康托尔同意为奥拉夫·尼尔森、卑尔根主教和其他碍事之人丢掉的性命

240　　接受处罚，支付一小笔罚金。毕竟，你无法绞死一个同盟。[37]

但没多久，他们的暴力就显得过时了，这并不是因为对手热爱和平、通情达理。他们的对手只是发动了其他方式的贸易战，使他们陷入了国与国之间的热战，而国家利益可能会成为斩断联盟关系的利刃。他们的对手适应了新的国家体制。

1484 年，阿姆斯特丹市议会向卑尔根的康托尔投诉德意志人惹是生非，并要求停止暴力活动。阿姆斯特丹市议会写道："优秀的商人应该互相支持，决不互相妨碍；他们不应该互相恐吓或诉诸暴力。"[38]汉萨同盟的人从没这么想过，他们总是千方百计地把对手赶出港口或对对手不利，他们会组织封锁或海盗袭击，制造不便之人意外死亡或失踪的事件。他们深知自己的权力取决于别人的需求，挪威粮食短缺就是开始，他们不想让别人见缝插针，分享他们的权力。

在阿姆斯特丹，他们面对的是一个贸易强国，而且很快就会发展成世界上最大的贸易大国，这个大国对商业的看法似乎与汉萨同盟依赖的单一市场力量大不相同。荷兰人谈论汉萨同盟抵制的信贷，坚持使用汉萨同盟后期才采用的复式簿记，他

们可以使贸易变成抽象的符号。汉萨同盟在曲终人散前，就已经落伍了。

汉萨同盟的传说比现实更加精彩。传言这关乎民族自豪感，是德意志称霸海上的时代，但实际上，汉萨同盟与国家，尤其是与德意志毫不相干，它的灵活性和成功不依附国家，往往还要远离或对抗当时作为德意志政权中心的皇帝。人们认为汉萨同盟的组织模式类似欧盟，但它没有中心，没有像布鲁塞尔理事会那样的机构，没有共同的法律法规，也没有尝试统一思想，明确自身定位和奋斗目标。汉萨同盟过于松散，不能成 241
为一个国家或一个真正的联盟的典范。

汉萨同盟的现代性表现在其他方面。它是由贸易、商业和金钱组成的抽象概念，是一个行业和一股力量，在世界上没有根基，也没有义务，随时准备去任何地方逐利和交易。汉萨同盟争强好胜，不甘示弱，从不忍气吞声，甚至不容许妥协。他们在厄勒海峡上的船通过操纵市场来追逐利润，他们试图强制挪威接受不想要的法律安排，他们希望除掉挡道的人，无论男女老幼，都得忍饥挨饿。

金钱规则就是商人的统治之道。

第十章 爱与资本

242　　　卡特琳·韦德勒（Katelijne Vedelaer）大喊大叫；她不嚷嚷不行，因为她被三个男人和一个女人揪着，强行带出了安静的社区，他们押着她上了船，离开了布鲁日城。他们不只绑架她，还警告她，她没有权利选择与圣女为伍，她必须结婚，必须嫁给利埃万·范阿尔勒贝克（Lievin van Aerlebecke），必须与他同甘共苦，而不是与朋友们相依相伴。[1]

她声嘶力竭地哭喊，证明自己想要回到正常的生活。她不是和情人私奔，而是有人绑架她，企图抢夺她的财产，还要带走她，企图用强奸来逼她就范。她吵闹得厉害，把镇议员都惊动了，但他们也无能为力，因为这些圣洁的女人，也就是"贝居安会士"受到佛兰德伯爵的特别保护。议员们去找伯爵的执达官，执达官派警长带着一队执法人员前去营救。他们知道该走哪条路，因为范阿尔勒贝克来自布鲁日南部平原上的哈勒尔贝克（Harelbecke），但他们在路上耽搁了许久，足足半日后，才在25英里外的鲁瑟拉勒（Roeselaere）镇赶上了绑匪。[2]

范阿尔勒贝克和他的兄弟、仆人，还有跟他们一路驰骋的利瑟贝特·范杜泽莱（Lizebette van Dudzele）都被逮捕了。他们都是有头有脸的人，甚至是大人物。他们的家族在镇上颇有名望，可以为教堂借钱作担保，监督制革和布行剪羊毛，出国担任陪审团成员，参与审理牵涉布鲁日公民的案件。他们仍旧认为强奸和绑架是一种策略。虽然教会提倡自愿结婚，彼此相爱的人才可步入婚姻殿堂，佛兰德的法律也赞同这一点，但钱就是钱，财产就是财产，像卡特琳这样的女人被逼无奈，只能不停呼喊。

243

回到布鲁日后，她被交给了负责照顾被绑架妇女的官员，这件事就发生在他值守之时，为此，他得到了一根半磅重的大蜡烛作为圣烛节的礼物，还受邀参加了一年四次的盛宴。执达官亲自把卡特琳送回了贝居安会院。参与绑架她的人都受到了审判，带头的范阿尔勒贝克被判处最严厉的刑罚，流放101天，并承诺如果他再回到布鲁日，就会被砍头。共犯都被判6年不准回城，如果提早回来，男人会被绞死，女人会被活埋，他们还必须支付每人50镑的巨额罚款。

尽管如此，贝居安会院的女人们仍不太确定这件事已经解决了。她们要求出具一份正式的判决记录，并加盖执达官、市长和撰写报告的两名公民的印章。她们想要清楚地表明，卡特琳并不想离开她们，她没有参与这次绑架案。这份记录由私人收藏，保存完好，因此我们才知道了事情的来龙去脉。

贝居安会士行事谨慎不无道理。她们选择了宗教生活，但不受修道院和宗教秩序的约束，她们创造了一个女性的世界。她们不嫁人，尽管有些人结过婚，成了寡妇。她们自食其力，通常靠体力劳动，比如种田或织布，这就是为什么每座贝居安会院都建流水池，因为要洗羊毛。她们的独立自主，打断了其他人利用她们通过结姻来结盟、获得土地或钱财的计划。

贝居安会士久负盛名，她们不仅教女子礼仪，还教拉丁语、法语和神学。当时，军人、外交官、执法者、官场魔头菲利普·德纳瓦尔（Philippe de Navarre）曾直截了当地表示：
244 "切不可教女人读书写字，除非她要做修女，因为许多罪恶就
源自女人能读会写……不要再给毒蛇更多的毒液。"[3]有时贝居
安会士也布道，这被认为不符合规矩。根特的亨利勉强承认，
女人可以教书，但只能私下默默地教女人，"因为她们的演讲
可能会刺激男人的欲望（如他们所说），也会让男人感到颜面
扫地"。[4]更糟的是，她们谈论上帝的样子，仿佛她们全心全意
地爱着他，充满爱的疯狂与激情，仿佛她们不需要教堂或神
父，可以直接去找他，这是危险的异端邪说，1310 年，玛格
丽特·波泰特（Marguerite Portete）就因此而死。还有一点更
糟糕，她们祷告用的是日常用语，而不是拉丁语，每个人都听
得懂她们在说什么。

13、14 世纪，贝居安会士遍布北欧各地。例如，斯特拉
斯堡有 1/10 的女性是贝居安会士。科隆有 100 座贝居安会院。
整个北方，大概每 100 名女性中就有 3 个是贝居安会士。布拉
班特的诗人、神秘主义者哈德维希很可能与同院的贝居安会士
闹翻了，才去浪迹天涯，她提到过佛兰德、布拉班特、巴黎、
泽兰、荷兰、弗里斯兰、英格兰以及 "莱茵河以外" 等世界
边缘不同地区的贝居安会士。[5]

在 1345 年卡特琳被绑架的十七年前，教会巡视员曾访问
过布鲁日的贝居安会院。[6]他们报告说，两位伯爵夫人"受神灵
的启发，依虔诚的信仰"创立了这间会院，目的是保护女性
的尊严，有些女人无法结婚，也负担不起进入修道院所需的
"嫁妆"，她们走投无路只能"去乞讨或靠可耻的营生养活自
己"。贝居安会院容许她们"做些力所能及的工作，保证自己

吃饱穿暖，而不会令自己或朋友蒙羞"。每个女人平常都要洗
羊毛和洗布，每个女人都有自己的园圃要种菜种粮，她们默默
劳作，膳食主要是"粗面包和浓汤"。未经院主许可，贝居安
会士不能在城里过夜；没有其他会士陪伴，任何人哪怕离开一
个小时也不行；她们外出进城，为了掩饰个性，总穿得土里土
气。镇上的人一眼便能看出她们是贝居安会士。

　　当时，人们源源不断地从农村流向城镇，他们憧憬独立的
生活，于是在工资的吸引下，进入新开办的小工厂工作，这些
工厂生产布料，急需人手。新移民的生活并不容易，尤其是女
性，但在贝居安会院里，她们知道身边的都是朋友。在某些城
市，贝居安会院里的女性有一半是新移民。一个女人知道，在
贝居安会院里，她永远不需要卖淫，即便世道不好，她也不会
挨饿受冻。她可以靠手艺渡过危机，当她病了老了，她还有个
家。女人们在贝居安会院的庇护下重建了家庭，母亲和女儿、
姑妈和侄女、姐妹之间相互扶持。

　　有时，她们合住一所房子，更常见的是，她们住在像城中
村一样的庭院里，与外界隔绝。这些庭院很大，有街道、教
堂、医院和学校。她们来去自由，可以改变主意。她们无须花
钱打点就能进入社区，不像见习修女需要赞助现金或土地才能
进入修道院。她们可能是寡妇，面临再婚的压力，或是像卡特
琳这样的女人，随时可能被推销给别人当老婆。现在她们有了
贝居安会院的保护。

　　出于虔诚的责任，她们承担了别人避而远之的差事。她们
负责处理死人，停放尸体，做好入殓的准备。她们要照顾活死
人，即城外隔离区的麻风病人。她们还要在医院里看护病患，
但她们不可以照料男性，所以如果她们的父亲需要帮助，她们

就得离开贝居安会院。

她们要为人师表。1559年，教士利埃万·范德米林（Lievin vander Muelene）写下遗嘱，承认"一位善良虔诚的小贝居安会士"是他的精神之母，"经常用文字或言语惩戒我的罪行，指正我，引导我走向美德"。[7]有些贝居安会士在城里当管家。早在1392年前后，一位巴黎绅士为他的妻子列出了一份关于"贝居安会士阿格尼丝夫人（Dame Agnes）"的职责清单，写明阿格尼丝夫人要教导你"明智而成熟的行为，要服侍你，训练你"。她还要雇佣女仆，监督女仆，下乡数羊，用温热的葡萄酒清除衣服上的污渍，保管钥匙，晚上熄灭炉火，然后巡视一圈，"举着点燃的蜡烛，清点你的葡萄酒、酸果汁和醋，确保没有东西被人拿走"。[8]

她们走出城市的边缘去放牧、种菜、养鸡。更多时候，她们在纺织行业工作，她们纺羊毛，整理布。她们当裁缝，做刺绣，有时也是织工，即使当时从事这个行当的绝大多数是男性。新兴城镇的发展给了每个人机会，尤其是女性。毕竟，男人容易为战争或内乱分心。

物质财富并不重要。她们没有多少东西，只有锅碗刀叉等餐具，每样都放在专门分隔的柜子里，这种柜子迄今仍被称为贝居安柜。贫穷的女人靠工资生活，富有的女人则把钱花在她们与其他贝居安会士合住的房子上。这并没有阻碍她们在新的商业领域大放异彩。1340年，圣特赖登（Sint-Truiden）的贝居安会院遭到了攻击和洗劫，因为贝居安会士出色的商业表现惹恼了镇民，尤其是她们还免交一些税。[9]贝居安会士不仅是工匠，有些还是商人。1306年，默格丽特·范埃克（Mergriete van Ecke）向佛兰德伯爵的专员投诉说，执达官销毁了她的细白羊毛布料，因为他们误以为这些布不是根特生产的。她说，她之前是把这批布寄给了安特卫普的朋友，但朋友觉得太贵了，所以又退了回来，她坚称她有人证，"织工和漂布工尽可证明，这些布是在根特加工、编织和漂洗的"。如果她必须找人作证，那么布料肯定不是她生产的，她只可能是商人。[10]

　　贝居安会士洁身自好，但这并非出于对肉体的恐惧。1290年前后，梅赫伦（Mechelen）的贝居安会院规定，怀孕的贝居安会士"只要显怀"就必须离开，在外面待一年，此后"如果有可信的证人证明她表现良好"，她可以回到会院；回来后，她必须在院内禁足六个月，但她可以在会院里抚养孩子。1453年，通厄伦（Tongeren）的贝居安会院也适用同样的规定，前提是女方的伴侣不是已婚男子或教士。有些地方的规定更严格——比如在斯海尔托亨博斯（'s-Hertogenbosch），怀孕的贝居安会士终身不得再入会院——但贝居安会院的房舍间有孩子们玩耍很正常，女人通常会容忍女人的错误。贝居安会院里最大的罪过是质疑院主的权威，无论在何地，这条罪过都意味着终身禁令。[11]

　　如果你像贝居安会士这样敦本务实，就不可能不惹恼那些喜欢严格规则的人，因为他们享受墨守成规带来的舒适感。去剧院看戏，贝居安会士这个人物一登台，观众席就会发出嘘声和窃笑；在中世纪荷兰一些老掉牙的闹剧中，有很多类似的戏码，贝居安会士在床上用力过猛，把床都撞散架了。如果一个女人博闻多识，能教女孩拉丁语甚至神学，就不可能不被嘲笑。

　　1298年，在于伊（Huy）的狂欢节游行中，有些男人"剃了胡子，打扮成淑女或贝居安会士的样子，两两成对，在

247

街上列队行进，有些人在唱歌，有些人手捧一本翻开的书，好像在阅读"。

关于"贝居安"（beguine）这个词也有争论，它究竟是源自善良（benignitas）一词，还是如一位本笃会修士所言，是"粪土"的意思。[12]它最有可能的词源是喃喃自语的人（mumbler），这种人讲话，你听不太清，又不好查问或操控。尤其令人担忧的是，有时他们在祈祷，本该在教堂里大声而清晰地说出来，但贝居安会士的祷告是她与上帝之间的私语，没有权威规定或证实。她可以向上帝倾诉任何事。

贝居安会士还有资格进行道德说教，甚至解释她们成功的交易和丰厚的利润。有些人最看不惯的是，她们的父母通过放贷赚钱，尽管富有的贝居安会士自己也会把钱借出去。除了帮助别的妇女以外，1300年，阿拉斯的两个贝居安会士还借给加来镇200镑，这笔数额可观的贷款收取10%的利息，至少比往常的利率要低。不过也有反例，勒芬的伊达（Ida of Louvain）认为她父亲经商赚得的是不义之财，当得知父亲没有放高利贷后，她才稍稍松了口气，并向父亲坦诚地表达了自己的看法，她的父亲因此"暴跳如雷，日复一日狠狠地咒骂这个天真、勇气可嘉、不会顶嘴的姑娘"。她的父亲买了几桶葡萄酒，想卖个好价钱，可她不赞成，说人只该买自己需要用的东西，惹得父亲大发雷霆。不知是不是奇迹，后来酒都变质了，失去了原本的颜色和味道，还泛起了泡沫，她的父亲只能干着急。伊达不忍看父亲伤心，便开始祈祷，于是酒又变好了。她的传记作家说："她完全忘记了父亲之前那么冤枉她。"[13]

任何人都能看出，贝居安会士需要一段历史：某些超自然的、更神奇的东西，包含女人注定要承受的苦难，这是她们灵性的觉醒。贝居安会士谈论她们对上帝如痴如狂的爱，但显然她们是在述说伤痛。

各种富有同情心的教士开始讲述贝居安会士的故事，以帮助她们融入教会。

女性走出分散的社区，决定自己的规则，选择自己的生活方式，必须要有一位圣贤创始人，她就是圣贝加（St Begga）。圣贝加是 7 世纪的女修道院院长，嫁给了一个圣徒的儿子，她的父亲曾是墨洛温王朝的地方权贵，但她跟贝居安会院除了都在佛兰德的同一地区之外，其实没什么关系。[14]贝居安会士的故事自发地加入了她们与王室血脉、圣徒德行和宗教秩序之间的因缘。

在北海流传的中世纪英文和拉丁文话本中，早期的贝居安会士都不是凡夫俗子，写故事的人似乎认为勤劳、冷静、祈祷和仁慈不足以形容贝居安会士。他们笔下的贝居安会士都是超凡脱俗的女性。其中一个是斯帕贝克的伊丽莎白（Elizabeth of Spalbeek），她变成了奇迹，一个有基督圣痕的女人。如她的故事所述，"在创伤和痛苦中，她坚定了耶稣受难的信仰"。[15]如果女性全心全意投入信仰中，如果她们像诗人哈德维希描写的那样生动，"漩涡旋转得如此可怕，天地都可能为之惊惧……深深的漩涡黑暗得如此可怕，那是隐于风暴的神性统一"，[16]那么显然，信仰一定会伤人。伊丽莎白声名远播，因为她了解女人痛彻心扉的感觉。

另一个是克里斯蒂娜·米拉比利丝（Christina Mirabilis），她起死回生了。她的尸体飞到了教堂的椽子上，吓得她妹妹魂飞魄散，她被要求在天堂与人世之间做出选择，她选择了人

249

间。她死而复生后，像疯狂的动物一样东跑西窜。人们必须把她拴起来，因为她总往塔或树等高处爬，她只喝自己的乳汁活了九个星期。她跳入火海或冰水中，可以毫发无损地走出来，这如同神判的考验，昭示着上帝的认可。她乞求施舍，所以她必须像男人一样生活，因为教皇并未许可女人外出化缘；但她懂分寸，她不布道，因为那是男人的工作。她狂放不羁，从未加入任何团体，但她和其他圣洁的女人一样，曾经去过德意志地区，寻访著名的隐修士尤塔（Jutta）。没有什么说明她是贝居安会士，但她被写进了贝居安会士的故事集，她背负了神秘主义者、疯女人、不愿做女人的女人等所有不光彩的恶名。[17]

瓦涅的玛丽（Marie d'Oignies）是个不同的故事。她14岁就嫁给了一个名叫约翰的男人，这意味着她的身体不再属于自己，作为一种忏悔，她"在罩衫下面小心翼翼地系了一根粗糙而锋利的绳子，紧紧地绑在身上"；她的传记作家、贝居安会士的拥护者雅克·德维特里坚称，他不是在"赞颂过度的苦修，而是在讲述她的热情"。她小时候就一本正经，不喜欢鲜艳的衣服，也不喜欢虚荣的女孩为伴，尽管现在她体会了"燃烧青春的炽热"，但她在婚姻中想要的还是贞洁。[18]她的丈夫同意把她当作被监护人，而不是妻子来对待。

这种想法很危险，接近于纯洁派的异端邪说，他们厌恶肉体，宣称不以生孩子为目的的性都很美好，这与教会的教义——生育是性唯一的借口——正好相反。玛丽疑似犯了同样的错误。问题并不在于她选择了贞洁，因为童贞最好，如果无法保住童贞，贞洁也是美德。婚姻是弱者的变通，最好的生育方式是童贞女生子，这带给世间的只有美德。[19]玛丽这个故事的问题在于她那个时代悲观的底色，人们普遍认为，一个时代走到尽头，世界也将随之终结。[20]圣保罗（St Paul）在给提摩太（Timothy）的第一封信中写道，"后世必有人离弃真道"，其中一个征兆就是"禁止嫁娶"。[21]宣扬婚内贞洁也是一样的道理，可能导致世界的终结。

玛丽很执着。她坚持同丈夫去麻风病人隔离区服务。他们的亲戚"敬慕他们富有，后来却鄙视他们，对他们嗤之以鼻"。之后，她又搬到了完全陌生的瓦涅，与麻风病人共事，她在那里创立了第一间贝居安会院。[22]

她用双手工作，缝纫、纺织、照顾病人，有时她仅凭触摸就能治愈疾病。她跪着读完了整部《圣咏集》，每读一首就抽打自己一遍，所以她肯定能读懂这些文字，她的临终遗言是用拉丁文写的，甚至在中世纪英译本的故事中也没改动，然而她早年并不会拉丁语。她的斗室里有一张稻草床，但她不怎么睡觉，"她彻夜不眠地侍奉我主"。她通过长期禁食和正面交锋来对付恶魔，她救了一个修女，只是用祈祷的力量刺穿了恶魔，"他好像把内脏都吐出来了，可怜巴巴地把肚子里的东西都挂在脖子上"。她问一个"熟悉的朋友兼老师"该如何处理这个恶魔，她还询问了另一个密友，因为她都听从男人的意见。

看得出来，玛丽的故事是男人写的。这则故事告诉我们，她的生命中有两个男人是她的精神导师，她的丈夫和她的妹夫居伊（Guy），但她不属于他们中的任何一个，独立是贝居安会士的立身之本。她被称为"瓦涅弟兄（指修士）之母"，这使她成为修道院系统中的权威人物，但贝居安会士之所以饱受争议，恰恰是因为她们游离在这个系统之外。她勤勉工作，每时每刻都很充实；她无比虔诚，不辞劳苦，将慈善付诸行动。

251

这可能符合你的预期，但贝居安会士是谨小慎微的人，她们打扮得像普通的中产阶级妇女，大多时候都守在高墙深院之内。玛丽则很戏剧化，她会吐血，她会跑进树林躲避访客。她衣着寒酸，还不怎么讲卫生，因为"她不喜欢刻意追求干净"。她甚至还鼓吹这个观点。[23]

她很好地满足了作者对她的设定，诠释了男人对女人为什么会选择当贝居安会士的理解。

欧洲西北部的女性能够做出其他地方女性不敢想的选择，并且她们能够做得很出色，这是有原因的。首先是跨海的商业活动，家庭和婚姻也随之出现了更灵活的方式。这并不是说妇女解放了，也不是说男性不再统治了，而是说那些并非出身王公贵胄的女性发现了意想不到的机会。

看看北方的犹太妇女，她们无须再谨守犹太教和伊斯兰教强加给西班牙的端庄规则。如果她们有钱放贷，可以借给外邦妇女用于工作与家庭，也可以借给外邦男人。丈夫在外旅行，妻子就得打理生意。她们出去与人洽谈，对方有犹太人，也有外邦人，还可能与勋爵会面；如果她们预判丈夫的商业对手掌握着更好的资源，也可能与这些商人达成协议。大拉比迈蒙尼德（Maimonides）认为，犹太女人不应该与外邦人独处，即使他的妻子在场也不行，因为"他们寡廉鲜耻"，而托萨福特（Tosafot）对《塔木德》（Talmud）的评注只是说："女人有时不可能不与非犹太人独处。"一个女人出去和陌生人谈生意，在森林里歇脚时，被两个男人调戏。有人告诉她，她犯了通奸罪，只因她与其他男人坐在一起，她万不该和陌生人独处，但是，拉比有不同的看法。他们说，他们对外出办事的妇女都睁一只眼闭一只眼，因为这种事时有发生。[24]

除此之外，男性对婚姻的理解也有微妙的转变。拉比告诫男人只能娶一个女人，每次离家不能超过八个月，如果他们和妻子相处不好，就不要出去，因为旅行只是离开她们的借口。[25]婚姻是选择，是陪伴，而不只是一纸婚约。

这种走向平等的趋势有可怕一面，即使在那些坚信应由男性统治的人中也造成了极大的伤害。生活刚刚开放，十字军就踏上了前往圣地的征途，他们煽动莱茵河沿岸对犹太人展开了屠杀。在强迫改信基督教的重压之下，妇女们必须决定是否以及何时结束自己和子女的生命，以免背叛她们本初的信仰。她们因此不得不痛下杀手。她们做出了牺牲，是她们在耶路撒冷的圣殿里决不允许的献祭；现在，用来形容大祭司甚至亚伯拉罕（Abraham）本人的词语也都适用于女性。

特里尔（Trier）的拉赫尔（Rachel）夫人拿起刀，不住地捶打自己，她知道该做什么，只是"满心怨愤"。她杀死了自己的三个孩子，还拽着四儿子阿龙（Aaron）的脚，把藏在箱子下面的他拉出来。她坐在孩子们的尸体前悲叹，直到基督徒们到来，强令她交出"你袖子里的钱"，然后杀了她。我们通过这些细节描写，想象得出她的痛苦和勇气，但关于她的丈夫，我们只知道他"看到四个漂亮儿子都死了，又哭又叫……他走过去，提剑自刎……跟死去的家人滚到了一起"。[26]

13世纪，在佛兰德的小镇杜埃（Douai），每当镇议员面对各行各业发表讲话时，他们开场都会说"男面包师、女面包师们""男布商、女布商们"或"男制革工、女制革工们"。他们总要顾及性别，因为面包师、布商、制革工中有男有女。布鲁

252

日更绝，他们称呼镇上的老板为"男主人"和"女主人"。[27]

在乡下，妇女种田、犁地、杀猪、酿麦酒、制奶酪、纺线和织布，但她们不能像兄弟一样继承家产，而财产是维持生活的主要来源。就算挣工资，她们挣的也比男人少得多。在一本书中，13 世纪英格兰的一位执达官说，即使你没有牛奶场，雇个挤奶女工照看小动物也很划算，"有个女人在那里总是好的，费用比男人少多了"。[28]

城镇的吸引力在于，女性可以赚更多的钱，可以换工作或换雇主，可以自己创业，还有望及时组建自己的家庭。

佛兰德的布料远近闻名，女性当然可以投身布料行业，但这只是她们事业的起步。她们是货币兑换商，不仅私下给朋友和邻居换一些有用的现金，还充当了银行经理的角色。她们也是造船工人。她们出去跑业务，整顿组织，她们在市场上形成了自己的等级制度：从有自己的企业，到有固定的市场摊位，再到摆地摊、总被无情轰赶的女人。[29]在布鲁日，她们主导了除肉类以外的所有食品市场，酒水另当别论，但还是有个名叫卡特琳·范德尼耶（Kateline van Denille）的女人开了家酒楼。她们可以为非亲非故的人做债务担保，就算嫁了人，她们也不必亦步亦趋地追随丈夫。1355 年，根特有一对夫妻要离婚，他们被认为可以分开生活，不会给城镇造成负担，因为他们一直"从事不同的行业，各付各的开销"。[30]当时，如果已婚妇女因为生意而惹上了官司，文书记录往往都不会提到她的婚姻。

妇女不随商船远行，所以她们经常在丈夫外出期间，独自管理城市、旅舍、店铺、仓库或货币业务，她们才是商业稳定不变的中心。她们代表了家庭，按照佛兰德的法律，现实中的夫妇远比最终继承遗产的孩子更重要。女人分担了家庭的责任，她们和父亲一样，有权管教孩子。母亲和她的孩子组成了一个以母亲为首的家庭，即使他们都是非婚生子女；佛兰德有个习俗，母亲膝下没有私生子，所以无须为"私生子"做出特殊规定。虽然家庭一般冠以父亲的姓氏，但如果有机会，母亲也完全可以成为一家之主，主持家务、主理生意、主导世界。

254

这就是贝居安会院周围的世界：女性要为家庭和自己的生存负责，几乎没有任何贸易或行业禁止她们参与，性别不构成问题，她们可以自由独立地放手大干。贝居安会士无师自通。她们把孩子带进贝居安会院，甚至是非婚生子女，她们肩负起母亲的责任。她们出去工作，和其他女性一样卖力挣钱。她们也像其他女性一样，依法维护自己的权益，比如要求别人偿还借款，或者光明正大地争夺财产。富有的贝居安会士会带来资本，在会院里建造属于自己的房子，这与城里女人的做法并无二致。至于女性的权威，不只贝居安会院院主大权在握，也有女人掌管城堡或修道院，还有公众人物，公共审计中解释账目的财务接管人中也不乏女性。公民们很清楚，女性可以拥有权力。只有伯爵夫人才必须有男人为她说话，但伯爵夫人属于日渐衰落的封建制度，而这种制度在佛兰德并没有深厚的根基。

贝居安会士开始显得不那么特别了。

威廉·安吉尔（William Aungier）8 岁那年失去了父亲，母亲和继父也相继死于瘟疫。他的新监护人，也就是他的叔叔，把他的监护权卖给了一个当地人，这个人刚好有个 10 岁的侄女，名叫约翰娜（Johanna）。这对小家伙举行了婚礼，并按风俗被送入洞房。之后，他们各奔东西，约定等他们长大，到真正可以成婚的年纪。可就在威廉即将年满 14 岁、达到法定结婚年龄时，情人众多的约翰娜意外怀孕了。1357 年，威廉被送去与他名义上的妻子团聚，但他拒绝完婚，甚至不愿单独与她赤身裸地躺在同一张床上（*solus cum sola，nudus cum nuda*）过夜。他向朋友们倾诉："我怎么会认识她，这让我很闹心，因为她根本不在乎别人的感情。"他想撤销这桩婚姻，他说他希望婚姻建立在"始终如一的感情"基础上。他想要爱与忠贞不渝。[31]

255

他学得很好。1215 年的第四次拉特兰会议之后，英格兰教士的工作有了教牧手册的指引，他们照此教导信徒，包括讲解婚姻要双方同意的教义。[32]男女相互选择，无论动机是爱情还是交易，双方在某一刻几乎是平等的。这条教义本应传遍整个基督教世界，但传到北海时，影响力尤为强大，因为它符合习俗，也符合法律。在博洛尼亚的法学院里，学者们认为，现实婚姻是圆房，但在巴黎和北方，只要男女双方同意，婚姻就是既成事实，下一个实质阶段才是圆房。你在英法手稿中看到有关婚礼的画面，都会有一位教士，因为婚姻是灵魂上的结合。而在意大利的婚礼上，都会有一名公证人，因为婚姻是契约关系。[33]

这种差异如此之深，或许有助于解释几个世纪以来，北海地区整个经济机制的革新，为什么南方没有发生同样的变化。这种差异还解释了其他许多事情，比如风车和养老金。

南方女人出嫁要带嫁妆，有的是钱财，有的是货物，有的是土地。双方家庭会协商数额，这与女方对婚姻的贡献有很大关系，她有多年轻，有多强壮，有多大可能生育孩子。女人年纪越大，嫁妆就越贵，所以尽早把女孩嫁出去更划算。即便结婚用不到多少钱财、货物或土地，嫁妆也很重要，这是女孩一生中唯一一次可以向父母伸手要钱。如果一个女人想要钱来开始她的生活，她就必须结婚；但一旦她结婚了，嫁妆就是她的全部筹码。如果她和丈夫靠生意或土地发家了，那也是他的财富，而不是他们的共同财产。

256

北方的习俗则不同。女性有继承权，所以她们有望在父母过世后继承遗产。她们可以以自己的名义，获得、出售或赠与土地，这是她们的财产。她们不会出于经济上的原因而早早嫁人，父母也没有理由为她们何时结婚而着急。嫁妆不像在南方那么普遍，中世纪晚期，在根特这样繁华的城市，嫁妆甚至很少被人提起。

如果一个女人决定结婚，她所有的一切就被存入某种婚姻基金，这是夫妻的共同财产。只要丈夫在世，这笔钱就由他控制，但妻子可以继承这笔钱，还可以动用她的份额做生意。她可能会与丈夫达成协议，比如 1471 年，尼维尔（Nivelles）的一位妇女与丈夫协定，如果丈夫离弃家庭，她会带走一切至少直到他回来"谈话，保持爱与和平，尽到已婚人士的忠诚"。[34]丈夫不必总是追问妻子用他们的钱在做什么，比如，约克的托马斯·哈曼（Thomas Harman）直到收到告他欠债和违反商业承诺的传票时，才得知妻子买了一批烛芯，多到需要两个仆人来搬运。[35]

遗产继承很重要，因为疾病和战争常会夺走生命，留下幸存者。二婚甚至三婚很常见，有时在丈夫死后不久，妻子就会结成实际的联盟，嫁给商业对手，或嫁给学徒。15 世纪杜埃镇的婚约表明，有 1/3 的新娘是寡妇。[36]妇人再嫁，可以带来她们帮助创造的财富。杜埃的习俗是，妇女保留一半的婚姻财产，似乎还能规避丈夫的债务。在北方，女人的经济寿命可以很长，丈夫死了她们的天也不会塌，女人不结婚，也可以过得很好。

婚姻与金钱纠缠不清，这并不会减少夫妻之间的温情。从16世纪50年代起，杜埃的法律文件允许无子女的夫妇将财产留给对方，只提到了"爱与夫妻感情"；但这些都是法律文件，没必要感情用事。[37]更真的考验是看夫妻怎么安排身后事，是否选择葬在一起。13世纪以前，大多数人都躺在无名无姓的坟地里，但在1374年，杜埃有个男人留下遗嘱，要求把他和妻子合葬在教堂的中殿里。墓碑的大理石石板上雕刻了夫妇的肖像，有时还有他们孩子的信息，其中有个男人躺在他两任妻子的中间。1400年，瘟疫暴发后，杜埃1/3的遗嘱都明确写了坟墓应该修在哪里，谁应该葬在附近，是配偶，还是父亲或母亲。欧洲又出现了一条边界。在意大利的城镇，男人希望与先祖葬在一处，尽可能多地留下父系血脉，有些家族还因此发明了族徽。在北海地区，人们安排身后事，最要紧的是婚姻和孩子。[38]

威廉·安吉尔渴慕的"夫妻恩爱"这条教义产生了意想不到的影响。北方的习俗得以巩固，婚姻中的财产是共同的，而不是分开的，妇女有望得到她们的份额。女人可以经商，这值得一试。女孩可以从容不迫地选择丈夫，至少等到18岁或20岁，最好等到25岁左右再结婚。她们要对婚姻负责，夫妻双方在一定程度上是平等的。至少，她们有谈判的资本。女人和男人都需要时间来积累资源，开始独立的生活，因为在佛兰德，成年意味着你能自力更生，仅仅结婚或年龄到了是不够的。如果你还在吃父母的面包（*en pain de père et mère*），那你就未成年，只有你能养活自己（*hors de son pain*），你才是成年人。现实生活需要时间来创造。[39]

所以年轻人刚迈入社会时，有好几年都在当女佣、做学徒或游工。最重要的是，他们没有后顾之忧，可以跑来跑去。到13世纪晚期，有关于游工的说法，指的是年轻未婚的短期合同工，他们各持所长，四处旅行，寻找机会。他们有自己的关系网，通常是家庭关系，可以从事建筑、航运和采矿。很快，他们就会得到更正式的安排，1331年，第一批泥瓦匠落户英格兰，英王爱德华三世（Edward III）还向佛兰德的约翰·卡姆比（John Kempe）授予特许经营权，请他来教英格兰人如何织布、漂布和染布，以此对抗那些自以为是的公会。"所有来自异乡的制衣工人，无论他们来自哪个国家"也得到了同样的特权。[40]讲德语的工人从东部的里加长途跋涉到北部的卑尔根，而面包师们则南下去了罗马，因为罗马人很喜欢德意志的面包。很久以后，有些流浪者认真地写下了他们的故事，比如17世纪的伊曼纽尔·格罗斯（Emmanuel Gross），一个来自巴登（Baden）的鞋匠，他一路做游工，从立陶宛走到法国，从瑞典走到英格兰。[41]

这些人是行进的知识大军。他们不喜欢被官员利用，或者不得不回避官场，所以他们在佛兰德三五成群地四处流动，在德意志不断穿越诸侯领地之间的边界，以防任何当局狠狠地打压他们。到14世纪，他们出示服务证书或契约证明，就可以获得工作；他们可以住旅舍，还有兄弟般特殊的握手方式；他们经常组织活动，这样即使没有工作，至少能找到一张床过夜，还能筹到足够的旅费。报告说，1420年，据报道，巴黎

258

南部特鲁瓦（Troyes）的鞋匠有"许多伙计和工人……来自不同的国家，讲不同的方言，他们来来去去，从一个城镇到另一个城镇学习、探索、观察，看看别人做了什么"。学习和徒步旅行融为一体，因此伦敦成了整个英格兰的培训中心。[42]

如果一个人一生都与土地捆绑，被早婚、一城一地、父亲的权威所束缚，他永远不可能离开，更不可能在外闯荡这么久。但这些工人很自由，他们边旅行、边工作。他们推广了经验和技术。他们的前辈把风车从英格兰带到了佛兰德，也可能方向相反，从佛兰德带到了英格兰，因为有人认为，敦刻尔克南部风车横梁上刻的日期1114年就是它最初建成的时间。不管怎样，风车的设计理念很快就传遍了北海。英格兰记载的第一座风车可以追溯到1155年，当时"雨果·德普拉兹（Hugo de Plaiz）将他伊尔福德（Llford）庄园里的风车送给了刘易斯（Lewes）的修士们，以换得他的父亲灵魂健康"。截至1200年，从萨塞克斯（Sussex）到诺森伯兰郡至少有23家磨坊，其中相当多的磨坊就在佛兰德对岸的东安格利亚。那时，北欧至少有4座风车，分别位于索姆（Somme）河口、内陆的伊珀尔、西伊（Silly）和沃尔穆（Wormhoudt），这些地方都离海岸很近，足以说明风车的设计理念是经水路传来的。

我们无法断定谁最先提出了风车的设计理念，但我们知道人们为什么需要风车。在低地，可供燃烧的泥炭越来越少，而在平原地区，水力又不足以成为有用的能源。此外，河岸使用权的所有者要求，凡是利用河水为磨坊提供动力的人都要支付高额费用。风力不完全可靠，需要周密的工程设计，才能将垂直帆装配到水平轴上，带动磨石运转。但风力贵在易得。只有在尼德兰，人们必须向自认为掌控天气的领主或国王缴纳

"风税"（wind brief），在其他地方，风车可以让人暂时摆脱封建秩序。1191 年，教长赫伯特（Dean Herbert）在贝里圣埃德蒙兹（Bury St Edmunds）自建了一座磨坊，这激怒了修道院院长，因为院长在当地拥有两间磨坊和碾磨谷物的封建权利。院长一听到消息，就命令木匠去拆掉赫伯特的磨坊，"把木材妥善保管起来"。他咬牙切齿地对赫伯特说："我谢谢你啊，你要剁掉我的双脚，我该怎么感谢你呢。"赫伯特表示，他建这间磨坊只是自用，但院长说，谁也无法告诉当地农民该去哪里磨谷物，所以这就是竞争。赫伯特被暴跳如雷的院长吓坏了，他赶在院长的仆人到达之前，先动手拆除了磨坊，仆人们只好悻悻而归。他掌握的建造磨坊的技术知识，一定是从旅行者那里学到的。[43]

　　大约一个世纪后，阿姆斯特丹北部阿尔克马尔（Alkmaar）第一批用于圩田排水的风车开始转动。不到二十年，加来附近圣奥梅尔（Saint-Omer）的地方长官需要排干沼泽，于是他们派遣代表团去荷兰取经，计划建造一座磨机用来"排水"（pour vider les eaux）。到 1438 年，这座磨机一直在运转，但没有发挥什么作用，因此十二年后被废弃，不过工艺始终在发展，人们引进了设计方案和具备专业知识的工人来开发新技术。由于磨机是动力源，而动力可以有上百种用途。在接下来的几个世纪里，人们依靠磨机排干了普鲁士波兰区的沼泽，排干了 16 世纪晚期石勒苏益格－荷尔斯泰因（Schleswig-Holstein）的沼泽，还排干了弗里斯兰和英格兰诺福克周围的沼泽。从爱尔兰到瑞典和德意志，北欧各地的制油厂都要靠磨机来压榨油菜籽；英格兰和尼德兰要靠磨机来造纸；德意志的脱壳厂以及葡萄牙和俄罗斯的锯木厂也要靠磨机来开动。[44]磨

260

机在沼泽和海上创造了新的土地，维持了工业运行，这一切都是因为游工传播了风车的设计理念，这种技术才找到了用武之地。

婚姻模式还有个附带后果，就是推动了金融市场、养老金计划和年金的诞生，人们试图通过投资来保障自己的生活。如果人们晚婚，组建了家庭，他们就会搬出去，撇下对父母应尽的义务。他们可能会干脆离开城镇，甚至离开乡村。他们可能决定终身不结婚。即使一对夫妇儿孙成群，他们仍然不能绝对肯定自己晚年有人赡养。一对夫妇必须努力攒钱，才能建立家庭，同样的，他们也必须储蓄，才能在工作和生意无以为继时保护自己；他们不像南方人那样，为了保障未来，把什么都留在家里，他们更愿意把钱拿出去，与陌生人合作。所以在佛兰德、布拉班特和荷兰，城镇事务的运营资金主要来源于民众，他们担心暮年生活，所以从市政管委会购买退休金，只要投资者在世，这种年金就会根据其投资金额支付高额利息。有时，年金是父母将土地和资产交给子女后得到的回报，子女会负责安排他们的养老金，比如在奶酪小镇埃丹（Edam）和东安格利亚。到 13 世纪末，东安格利亚 4/10 的人，无论男女，都有养老金可领。[45]

261　　"夫妻恩爱"这种观念改变了北方的家庭结构和人们的生活形态，帮助思想和技术传遍了欧洲大陆，并让金钱有了相当惊人的现代用途。个人不只是政治人，还是经济人。

当然，你会想到性的问题。在婚姻中，满足伴侣性方面的需求是法律义务，著名的故事是赫洛伊丝（Héloïse）想成为阿贝拉德（Abelard）的女友，甚至是他的妓女，这样她就可以无拘无束地表达她感受到的所有爱，她说，因为夫妻之爱是义务。萨莱诺（Salerno）颇有影响力的医学书籍大肆吹捧同时性高潮，这些书在北方读者甚众，因为享受欢愉，已婚夫妇想要一次又一次地缠绵，这也算是一种道德上的善，因为男人和女人为了孕育新生命，本应同时达到性高潮，孩子就是性的全部意义。然而，亚里士多德思想回潮，受到了全欧洲的追捧，差点使这幸福的时刻化为泡影，因为他认为女人即使没感到愉悦，也可以怀孕。还有个问题就是怎么达到性高潮，奥维德建议人们温存、爱抚和私语，但他 13 世纪的法语翻译建议人们像狗一样啃咬。[46]

起码我们知道婚姻的规则和义务，有时也了解其中的烦恼。法院承认虐待是结束婚姻的正当理由，而教会法仍局限于通奸或精神上的私通，这是离经叛道，或是企图杀害配偶的证明。但我们无从得知人们性生活的真实情况，也不清楚北欧那些晚婚的人之前到底怎么了，他们每个人都做了什么，因为没有人谈论这些内容。

我们的证据来自布道和法庭，所以我们认识的是小报描绘的世界。

埃莉诺（Eleanor）不是淑女，否则，在 1394 年 12 月的周日晚上，她就不会在黑灯瞎火的齐普赛街（Cheapside）上揽活。请注意，埃莉诺也不是女人。[47]

约翰·布里比（John Britby）以为埃莉诺是个女人，于是上前跟她套词，问她愿不愿意和他玩玩。埃莉诺想要钱，布里比同意给她。他们沿着索珀（Soper）巷向前走，找到一个货摊，开始进入主题。正当他们动手动脚，要做些令人难以启齿的下流动作时，市政官员发现了他们，埃莉诺稍事整理了一下

262

身上艳丽的衣服，来到伦敦市长和市议员面前解释自己的行为。

他说自己名叫约翰·赖克纳（John Rykener），他责怪一位绅士"前仆人的妓女"安娜，说是她教他"以女人的方式"做这种坏事。不过，他并不是指打扮成女人，因为他说有名叫伊丽莎白·布鲁代尔（Elizabeth Brouderer）的女人早就教过他怎样变装。他口中的这个女人可能是"绣娘"伊丽莎白，她的另一个名字是伊丽莎白·莫林（Elizabeth Moring），她创办了一所刺绣学校，专门招收寄宿的女孩，然后鼓励她们与修士和神职人员外出过夜。伊丽莎白还不忘提醒这些业余的姑娘，应当为自己的付出索要回报。[48] 就埃莉诺而言，她做这行显然得心应手。

赖克纳在敲诈方面很有天赋。伊丽莎白会安排女儿在昏暗的房间里接客，黎明前再叫她离开，第二天早上，嫖客醒来，面对埃莉诺，只能任他宰割。说得委婉点儿，埃莉诺很有主见。一个牧师与他发生了性关系，事后埃莉诺顺走了牧师的两件长袍，受害的牧师想要回长袍，埃莉诺不肯，坚持说他的丈夫很愿意把牧师告上法庭。

但有时候，埃莉诺只是个骚货。他在牛津的沼泽地做刺绣工时，勾搭了三位"毫无戒心"的学者，在伯福德（Burford）还结识了两个方济各会修士和一个加尔默罗会修士。他得到的最好价格是 2 先令，收到的最佳礼物是一枚金戒指，他说"他更乐意接待教士，因为他们愿意给他的更多"。他在比肯斯菲尔德（Beaconsfield）"以男人的身份"勾引了一个叫琼（Joan）的女人，"以女人的身份"引诱了两个外国的方济各会修士。他声称自己与修女以及"许多已婚或未婚女子"有过刻骨铭心的恋爱经历，数不清自己和多少教士发生过性关系。

埃莉诺的故事讲得天花乱坠。他一直在强调人们给他的东西，表现出他在计算顾客数量和等级上的纯粹热情，说明他愿意在伦敦 12 月的夜晚于户外做爱，这些辩解一定让市议员们很伤脑筋。他们不是教会法庭，不能指控他鸡奸甚至卖淫，而且他喜欢被教士鸡奸，喜欢引诱修女，他的癖好似乎无法明确归类。因为不知道该给他定什么罪名，所以他被释放了。

根据雅克·德维特里的记述，我们知道，13 世纪，巴黎街头的妓女会冲拒绝她们挑逗的学生大喊："鸡奸者！"我们还知道，在 12 世纪 80 年代，冰岛有一封悔罪书里暗戳戳地提到了某种性玩具。教士们认为，男人和女人做爱比"被钻孔的木头玷污"的罪要轻得多。[49]

我们心知肚明，性交易始终存在，不只是推销性伴侣，还提供见面的机会、做爱的场所，有时还供应晚餐。

卖淫在布鲁日是相当大的产业，这里被誉为欧洲最色情的城市，自有一番道理。15 世纪的拉比犹大·明茨（Judah Mintz）说："在外邦人看来，将妓女安置在街市、城镇广场和民宅民居的四围是件善事，可使他们免于犯下更深重的罪行，即避免他们与有夫之妇交往。"[50]

在布鲁日，澡堂的顾客无论男女，都坐在一个巨大的木质浴缸里，坐在一张公共餐桌旁喝酒吃饭，女人们全身赤裸，但脸上都蒙着面纱，待洗浴完毕，她们就走到地板上，经过等在那里的狗群，上床去睡觉。[51]1435 年，西班牙人佩罗·塔富尔

（Pero Tafur）记录了他在布鲁日的见闻："他们认为男女一同洗澡，就像我们一起去教堂一样坦诚。"这听起来其乐融融，但事实并不像他想象得那么开放。大约在同一时间，波希米亚大使罗日米塔尔的利奥（Leo of Rozmital）也到访布鲁日，他发现女人可以和她想要的任何男人在澡堂里过夜，条件是男人不能看见她的脸，也不知道她是谁。他写道，被人认出来就是死刑。

澡堂大多在港口附近，因为澡堂的顾客主要是商人和水手。妓院多半是女人的生意，这并不稀奇，因为男人四处奔波，而妓院需要有人长期看管。所以从 14 世纪 50 年代中期起，镇上这类商业场所都是女人在经营，她们把男人挤出了这个游戏，就连老魏特·巴尔茨（Weiter Balz）也不例外，从 1305 年到 1355 年，他的澡堂每年都会因为违反这样或那样的规定而被罚款。这个行业留下来的都是夫人，她们控制着花名为弗里西亚人 XX、犹太人贝特（Bette）、洗帽子的玛丽、卖蜡烛的凯瑟琳（Katherine）等女人，还有个不常露面的妇女，自称是贝居安会士，她有时会出现在市政府，领取她的巡游执照。

这些规定表明卖淫是上得了台面的生意，但绅士们也收到了其他类型的要约。塔富尔到布鲁日时，正值饥荒之年，他刚进港口，就有个女人上前向他推销两个年轻的姑娘。女人解释说："她饿得要命，好几天了，她只吃了几条小鱼，这两个姑娘也快饿死了，她们都还是处女。"塔富尔给了她一些钱，但他说他没带走那两个姑娘。[52]

我们认得萨瑟克的妓院，即伦敦郊外的"鱼塘"，有粉刷过的白墙和类似酒吧的招牌；我们知道他们提供洗浴，因为老板让仆人用浴盆装水；我们还知道他们提供女性服务，通常是来自佛兰德的女人。大约从 1400 年起，伦敦当局就特别警惕"佛兰德女人，她们自愿过着这种可耻而悲哀的生活"，引发了多次激烈的争斗，"许多男人被杀害"。[53]这些移民令人猜不透，因为有很多贫穷的年轻女孩从周边的乡村来到伦敦。年轻女性离开佛兰德到城市赚钱，就像他们的兄弟外出打工一样，只不过她们是去卖淫，而不是去做活。日后，她们可以重返故里，把伦敦的前尘往事抛诸脑后。

卖淫并不是故事的全部。男女在结婚前还有一场狡诈的小战争。教会认为，只要男女双方同意并彼此做出承诺，他们就算成婚了；教会希望新人们发布婚讯，光明正大地在神父面前许下誓言，但从理论上讲，双方同意并做出承诺就够了。因此，13 世纪早期，索尔兹伯里主教不得不告诫男人，别再给年轻女子戴上草编戒指，"以便更自由地与她们私通"。女人以为自己得到了男人的承诺，往往会奋不顾身。1276 年，东格林斯特德（East Grinstead）的玛蒂尔达（Matilda）满腹委屈：她的三个朋友撞破了她的情事，警告她的情人或是娶她，或是死，或是滚蛋。她的情人答应娶她，但迟迟没有兑现诺言。

爱情需要谨慎，尤其是在英格兰。私通的罪名可能会面临公开的笞刑，这已经够惨了，然而，未婚母亲不仅在这茫茫人世得不到半分同情，还可能被慈善机构拒之门外，甚至被赶出城去。13 世纪 80 年代，四位可怜的母亲和她们的六个孩子就被逐出了霍舍姆（Horsham）。[54]女人要解除她们的困境，就必须采取措施，隐瞒怀孕，终止妊娠，想办法避孕，或者尽快把孩子送人。

265

常见的变通方法有肛交、口交，此外还有中世纪的特色，男女在性高潮时分开，这样男性精液和女性卵子就不能结合，人人都知道卵子受精是怀孕的必要条件。如胶似漆的情侣可以尽情地爱抚，早就有人出版了这方面的书籍，1637 年，性挑逗还包括健康的户外游戏，在荷兰的海滩上，男孩把女孩扔到海里，然后再仔细地帮她擦干身体，很快他们就会钻进附近的小树林。[55]还有一种方法是体外射精，但正如 16 世纪的回忆录作家、布朗托姆（Brantôme）的领主皮埃尔·德布尔代耶（Pierre de Bourdeilles）所述，这需要留心观察"高潮到来的时间"。

他还提到一个和药剂师上床的女孩，药剂师给了她"防止怀孕的解药"，如果她真的怀孕了，这种药物会让她的脂肪慢慢流失，她"除了风，什么都感觉不到"。[56]早在好色的药剂师出现之前，妇女们就知道如何避免怀孕，有些圣洁的人也深谙此道。堕胎是错误的，避孕也是错误的，任何性行为的真正目的和唯一理由都是生孩子。然而，有些德意志修道院写于 9 世纪的手稿详细甚至合理地说明了如何促进月经流动，其中一篇食谱要用到欧芹、粗叶菊苣、芸香、黑胡椒、欧当归、百里香和芹菜籽。12 世纪，雷恩（Rennes）主教在他的草药集中建议，将留兰香涂在子宫上——"女人就不会怀孕"——还有艾草，就是圣经中的苦艾，也能用来堕胎。将亚里士多德还给世人的圣哲阿尔贝图斯·马格努斯在撰写神学著作时，极力反对避孕；但在他关于矿物的著作中，他又热心地写道，碧玉，尤其是绿色半透明的碧玉，可以神奇地抑制血液流动，防止受孕，帮助分娩。还有一种叫欧里斯特（oristes）的宝石，女人只要佩戴它，就可以避免怀孕。阿贝伯图斯是炼金术士，这些知识他烂熟于心。[57]

其余的知识也不是什么秘密。12世纪，宾根的希尔德加德也是圣洁的女人，她在封闭的修道院里向邻居请教，哪些药草可以促使经液流动，哪些药草可以用来堕胎。她把这些内容详细地写了下来，分享给读者。她在《自然界》（*Physica*）一书中告诉读者，小白菊可以控制月经，白藜芦可以改善女孩月经初潮的状况，野姜可以导致流产或治疗月经失调。她第一个提到鲜黄色的艾菊有同样的功效，这种植物是查理曼推出的药草种植计划中的主要品种，在修道院花园里也很常见。希尔德加德还用野生的银叶橄榄举例，警告大家不要乱用草药，她说"这会让孕妇流产，危害她的身体"，说得好像堕胎还有其他不那么危险的方法似的。[58]

还有更匪夷所思的事情。婚内避孕是不道德的，因为多少像是谋杀，但婚外避孕却受到鼓励。如果一个男人行为不端，有了孩子，他就要做更多的苦修，因为他制造了更多的丑闻。根据9世纪爱尔兰的悔罪书规定，如果俗人玷污了向上帝许诺的处女，让她怀了孩子，毁了她的名誉，他就得苦修三年，如果只是肉体上的堕落，他只用苦修一年。避孕的方法可能是性行为——口交、肛交、体外射精——也可能是服用"绝育的毒药"，这在早期被认为与巫术有关，但传达的信息很明确，就是不要孩子。16世纪最伟大的耶稣会婚姻专家托马斯·桑切斯（Thomas Sanchez）对婚内性行为有诸多保留意见——他尤其反对性行为中的女上位——但他也承认，私通者不能因为体外射精而受到指责，因为他至少避免了诞下私生子这条大罪。[59]

我们无法得知人们如何应用这些知识，重要的是这些知

267

识真的可用。如果女人想推迟生育或避免怀孕，她很容易就能找到方法。在宾根最受人尊敬的女修道院里，就像在布鲁日的妓院里一样，这些信息都是公开的。女性的选择都是基于现实的。

第十一章　瘟疫的法律

病人会发烧、溃疡、呕吐、腹泻、肺阻，腹股沟、腋窝或
耳后还会肿胀。这还不是最严重的，因为有些人能挺过这些症
状。根据威尔士诗人卢埃林·法尚（Llywelyn Fychan）在哀悼
他死去的四个女儿时的说法，更致命的是身体上纵横交错的小
肿块，他形容为"易碎的煤块"，或者"带来痛苦的豌豆雨，
迅速死亡的信使"。[1]黑死病是一种人身攻击。

　　一名下船的水手就可以感染整个城镇。打开货舱就足以释
放疾病，仅仅与人交谈就可能传播疾病。人们之所以这么想，
因为他们亲眼看见了疫情暴发。死亡来得很快。这种威胁真实
存在，但又超出了人们的认知范围，这似乎是一种新的疾病，
所以一定是从别的地方带来的，是从海上传来的。由于信息太
少，瘟疫使人们阵脚大乱，面对真实的危险产生了一种反常的
非理性恐惧。这很像经历了恐怖袭击，人们必须做点什么，但
又什么都做不了，所以必须控制一切，以防万一。死亡人数高
得离谱，所以人们想象着恢复从未有过的秩序。

　　这一中世纪的恐怖产生了深远的影响。黑死病开启了至今
仍影响我们的紧张、持续的社会控制和治安管理历程，随之而
来的是，官方对穷人和失业者的猜疑，怀疑他们不只是不幸。
我们的噩梦从他们14世纪40年代的噩梦开始。

　　黑死病也许是那个千年中最大的自然灾难。1400年前后，

据英格兰编年史《布鲁特》（*Brut*）记述，"如此巨大的死亡人数前所未有""人们的生命白费了，只剩下 1/10 的人还活着"。他的记载基本正确；庄园的档案显示，伍斯特周边和剑桥郡（Cambridgeshire）的村庄有 4/5 的人死亡。两年内，整个北欧失去了 1/3 的人口。

伦敦没日没夜地下雨，在米迦勒节（Michaelmas）前后，这座城市暴发了瘟疫，一直持续到第二年的 8 月。据《布鲁特》所述，"人一旦染病，第三天就死了"，人们想逃离，结果却传播了疾病。这里的"死亡没有悲伤，婚礼没有友谊，忏悔没有来由，饥馑没有匮乏，逃亡没有庇护或帮助"。这件事既奇怪又激进，"所有在那场瘟疫过后出生的人都比以前的人少长两颗牙齿"。[2]

人们必须做些什么来应对这种残酷的疾病。我们从 15 世纪早期《贝里公爵的豪华时祷书》（*Très Riches Heures du Duc de Berry*）的图画中可以看到当时人们的对策，有一队头戴兜帽的人在用锁链和绳子抽打自己，试图补赎罪过，还有几队人将瘟疫之龙抬去焚烧，再搬回十字架以示恶魔之龙已死。人们向四面八方祈祷，以抵御风吹来携带疾病的云雾。索邦神学院（Sorbonne）的医生们劝告人称"幸运王"（the Lucky）的腓力六世（Philippe VI）赶紧出城。他们开出的驱赶瘟疫的良方只有三个字，"快"（vite）、"远"（loin）和"久"（longtemps），意思是"快离开"，"走远点"，"别回来"。如果有人留在巴黎，医生建议用香水和香料来隔绝有毒的空气，放血排毒，清淡饮食。他们想不出社区该如何自救，只能监视着屠马场、猪圈、杀猪户等所有腐肉可能发臭和污染空气的地方。屠夫们太固执了，没有王室命令，他们绝对不会挪窝。直到 1415 年，他们才被赶出城，搬到了杜伊勒里宫（Tuileries）。杜伊勒里宫离卢浮宫很近，但刚好在城外。他们在那里挖了沟槽，收集血液。 270

　　此前，从没有人想过把整个行业迁到城外去，也没有人对城市规划做出这样釜底抽薪的决定，这都是瘟疫酿成的后果。这些举措甚至不是出于基本卫生的要求，只是为了让空气看起来可以呼吸。同一项法令还考虑到巴黎塞纳河的水质，要求奥尔良居民把腐烂的肉都扔进卢瓦尔河（Loire）。没有人知道老鼠身上有跳蚤，而跳蚤携带着病菌，所以瘟疫才会这么持久。[3]后来，检疫和隔离对控制瘟疫在欧洲西北部的传播有一定的帮助，很少有船只未经检查就登陆，但到 18 世纪，黑死病的消失在很大程度上实属偶然。人们开始在晚上临睡前换衣服，并使用一种用橄榄油制成的马赛肥皂洗澡，这样可以杀死跳蚤和虱子。砷的价格暴跌，于是有了用来灭鼠的毒药。但最重要的是，引起鼠疫的耶尔森氏鼠疫杆菌似乎变异成了一种没那么致命的病菌，这一点与人类的努力毫无关系，老鼠感染的突变体很像是人类能免疫的疾病，所以欧洲的老鼠不再传播瘟疫。世界其他地区就没这么幸运了。[4]

　　在此之前，人们找不到病因，束手无策，所以鼠疫比其他流行病造成的伤害要严重得多。鼠疫就像恐怖主义，就像我们这个时代的艾滋病，沉淀在集体记忆中，容易使人陷入恐慌，生活难免被负罪感刺痛。

　　瘟疫必须被赋予外形，因为人们只能对抗有形的东西。

　　在瑞典、丹麦和挪威的传说中，瘟疫可能是黑色的薄雾、蓝色的蒸汽或烟雾，就像暴风雨来临前的乌云一样，明显是不祥的预兆。瘟疫可能是两个走路的孩童，也可能是一个拿着扫帚或耙子的老妇人，她扫过谁家门前，谁家就会死人，如果这家有人能活下来，她就用扫帚敲门，敲几下代表死几个人。一群年轻人在谷仓里通宵跳舞，遇到一只名叫赫尔（Hel）的三足山羊，第二天早上，他们就病了，瘟疫又幻化成一匹白马，在大地上飞奔。有时，瘟疫是一种没人见过的动物。它带走了老弱妇孺，使整个地区十室九空。斯堪的纳维亚半岛的人口数量过了一百年才恢复，挪威则用了四百年，所以我们不难理解，为什么故事总是以一对夫妇结尾，峡湾北面只活下来一个女人，南面还有一个男人活着。"他们搬到了一起，"故事说，"结婚了。"

271　　疫病的化身有时是陌生人，有时是外国人，但基本都是男人，是从船上下来的商人。有故事讲到船只搁浅，船员都死了，尸体通通发黑，偶尔会有幸存者，但只要船上的尸体被埋，货物被盗，陆地上的人就会接连死亡。故事有时说"瘟疫爬出了货舱"，就像老鼠一样。死亡之船和黑色尸体的影像至今仍会出现在我们眼前，比如在斯托克（Stoker）的小说和穆尔瑙（Murnau）的电影中，德古拉（Dracula）在惠特比（Whitby）从一艘死寂的船上上岸。有时，登陆地点看似不合常理——一艘死亡之船搁浅在开阔的丹麦海岸上还说得过去，但一艘船无人驾驶，不大可能在通往卑尔根港口的岛屿和水道间漂流——但故事一致认为，瘟疫都是从海上来的。

　　同样的景象令编年史作家触目惊心。马蒂亚斯·范诺伊恩伯格（Matthias van Neuenburg）经历了瘟疫，他写道："鼠疫造成了自大洪水以来闻所未闻的最高死亡率。"他诽谤犹太人往井里投毒。他避而不谈他这种人的罪行，忽略了他们应该承担的罪责，但他列数了别人的罪过：流浪的圣人鞭打自己以赎罪，仿佛这是流行病的自然结果。他最受震撼的一个画面是："船在海上漂流，满载货物，但所有船员都死了，船没有主人了。"[5]

瘟疫一上岸，就会东奔西走，有时穿着红衬衫，有时穿着蓝夹克，幻化成一个拿着书的女人，她能从书上读到谁生谁死。在一个并非人人都能读会写的世界里，文字具有可怕的权威，你永远无法逃脱书面记录。瘟疫在陆地上传播缓慢且毫无规律，传播路线神秘莫测，它总是突然出现，大开杀戒，村庄一个接一个被消灭。孩子们被留在空荡荡的山谷里独自哭喊。如果有人活下来，就会敲钟点火，发出信号。幸存者背负着瘟疫的灵魂四处游荡，所以他们必须被活活烧死或埋葬，这样瘟疫才会陪在他们身边，停止传播。失去父母的孩子在山谷里无人过问，他们出来乞讨食物，就会被活埋。有个女孩看着别人给她挖好坟墓，当掘墓人问她挖得够不够深时，她乖乖地躺了进去；然后，"他们伸手拿过铁锹，铲下坟边堆积的泥土，把女孩活埋在里面"。一个村庄为了自保，杀了一个无辜的年轻人，他就那样被留在了路上，因为大家听说瘟疫不能越过他的尸体。有时，应对瘟疫的办法更土，有个故事说，那个经常送死人去墓地的女人不会染病，"因为她用白垩烟斗抽烟"。[6]

没人知道瘟疫到底是什么。我们也说不清，究竟是什么有机体，或者是什么有机体的致命结合导致了黑死病，这一点尚有争议。不过，我们可以肯定，老鼠脱不了干系，因为它们身上有携带病菌的跳蚤，而且它们窜来窜去，移动缓慢，但总在前进。

从考古记录可以看出，北海地区直到中世纪早期都没有老

272

鼠。老鼠要大量繁殖，需要有橱柜或储藏室的地方，人口密集，食物丰富，而这一切在这里很稀缺。老鼠可能是跑上了维京人的船，从拜占庭沿俄罗斯大河水系一路来到北欧的。约克发现第一块鼠骨是在维京人定居的时代，而直到 810 年前后，维京人拓宽了航线，瑞典的大贸易中心比尔卡才发现了鼠骨。老鼠赶上了好时候。蓬勃发展的城镇充满了机遇。老鼠不喜欢穿过宽阔的街道，新城镇正好繁忙又拥挤。14 世纪，多层的木结构楼房沿着伦敦街道拔地而起，人们住在这样的盒子里，污水和垃圾[7]"堆在一起，很多家庭的孩子和仆人都憋屈地挤在一栋楼里"。1580 年，王室公告提到这个问题，再次试图叫停新建筑，阻止多户合住，但又失败了。[8]

普遍施行的宵禁利于老鼠的生存，因为它们听力敏锐，喜欢安静，它们会远离机器轰鸣的车间。老鼠和人类一样喜欢温暖的环境，但在北方，不像在地中海，它们只能藏在温暖而坚固的建筑物里，比如住宅和食品店，甚至澡堂也行。在繁忙的北方，经常有运输粮食、羊毛和布料的货船进出城镇，在沿海各地的城镇之间往来穿梭。更妙的是，稳步发展的城镇还消灭了老鼠的天敌。人类要修建街道，种植粮食，占用了从前的林地，所以黄鼠狼和狐狸越来越少，夜行捕食的猫头鹰也越来越少。老鼠住得暖和，吃得又饱，除了自己带来的瘟疫，几乎不受什么伤害。[9]

瘟疫很民主，见谁杀谁。传教士将此归咎于人类罪孽深重。医生将此归咎于有害的空气，建议人们焚香，他们警告说，洗澡过勤会使毛孔张开，疾病乘虚而入；他们试图从天空和星象中找到这一切的因由。占星家杰弗里·德莫（Geoffrey

273

de Meaux）身处瘟疫肆虐的英格兰，他吃惊地发现，疾病似乎会跳过街道甚至邻近的房屋传播，但他确信自己知道原因，每栋房子、每条街道或街道每侧都受不同的恒星影响或主宰，"因此，天空的影响不可能平等地作用于它们"。[10]他对星象的信心并不总能引起共鸣。1345 年，巴黎医学院不得不承认，土星、火星和木星的合相"不能如我们所愿解释一切"。梅亨堡的康拉德（Conrad of Megenburg）认为，合相可能致使大地颤抖，散发出引起瘟疫的蒸汽，佛兰德音乐家路易斯·桑克图斯（Louis Sanctus）则将瘟疫的传播归咎于"风恶臭的气息"。这些预测和分析显得越发没有底气。[11]

　　瘟疫并没有打倒所有专家。治疗瘟疫及其症状的特效药是一种名为解毒剂（theriac）的复合物，这种复合物最初含有毒蛇的血肉，以增强人体对蛇咬伤的免疫力。[12]13 世纪的解毒剂是浓稠的糖浆，由葡萄酒和蜂蜜调制而成，有时还含有藏红花、大黄、肉桂、生姜、珊瑚粉、玫瑰水和没药等 80 种成分；所以"糖浆"（treacle）一词来自解毒剂。1270 年前后，巴黎开始使用的标准疗法出自《解毒方汇》（*Antidotarium Nicolai*），这本书称解毒剂为"药物之母"，可以有效治疗哮喘、癫痫或浮肿等"人体最严重的疾病"。解毒剂可以嗅闻、吞食或含服，也可以当作药膏涂抹或栓剂使用。解毒剂自然也是治疗瘟疫的良方，制剂越陈，效果越好。据说，人们会像贮藏葡萄酒或威士忌一样贮藏解毒剂。没人能说清解毒剂的作用机理，但许多复方药物都是如此，服用复方药物比逐一服用配方成分更有效。解毒剂被认为既能强身健体，又能使病人免受最痛苦的折磨。

　　解毒剂听起来就像炼金术士所求的秘方一样可疑，他们总幻想找到"灵丹妙药"，比如美酒或黄金的精华，可以奇迹般地治愈疾病。解毒剂的配方和时效不尽相同，所以这种至尊疗法只会增加瘟疫期间分发药物的难度。奇怪的是，人人都知道解毒剂管用。更重要的是，现代药剂师辨别出了解毒剂奏效的原因，因为它含有高剂量的鸦片，这是配方的基本成分。解毒剂添加的可能是起效最快的鸦片酊。鸦片可以止泻、止咳，缓解关节疼痛，减轻疖疮和溃疡造成的痛苦，最重要的是，鸦片可以舒缓焦虑，让将死之人不那么难受。

这对于那些垂死挣扎并不指望胜利的人来说是极大的解脱。1346~1347 年的粮食歉收演变成饥荒，紧接着就暴发了1348~1349 年的黑死病，人们普遍食不果腹。1315 年，雨水毁了庄稼，粮食价格涨到正常水平的 6 倍，接连两年夏天，欧洲气候变冷，收成依然不好。北安普敦（Northampton）监狱关押的 23 名囚犯因食物短缺而死。他们还算幸运，据说其他地方因犯吃因犯，父母吃孩子，同类相食的传言不绝于耳。[13]老鼠身上的虱子和跳蚤在人间传播斑疹伤寒，各种兽瘟夺走了家畜的生命。农村生活难以为继，因为劳动力虚弱又不足，牲畜也少，无法给田地施肥，保持作物高产。穷人的负担最重。[14]他们没有工作，赚不到钱，就算能找到食物，也没钱去买。有钱人自然不愁找不到物资，所以饥荒并不民主，因为你可以用钱买到出路。

反之，瘟疫对所有人一视同仁，这对精英阶层是一记重击，他们原本自以为受到法律、高墙、金钱和他人义务的重重保护。

极高的死亡人数导致劳动力稀缺，这势必会推高劳动力价值，至少会推高劳动力成本。过去，大人物习惯了农奴的服侍或长工的劳动，这些男女也愿意靠体力挣钱，但现在，大人物不得不与一个全新的阶级斗智斗勇，这个阶级认为自己有选择的余地。劳工们从前吃豆制面包，喝白水，穿着朴素，正如诗人约翰·高尔（John Gower）所言，"那时，这些乡民的世界井然有序"。现在，他们不这样了，除了水，他们也喝饮料，他们想要体面的食物和丰厚的薪水，他们穿着讲究，有钱买床和枕头，他们还去偷猎，甚至狩猎。高尔担心日后谁来种植城里人需要的粮食，因为"几乎没有一个乡下人愿意干这些农活；他更愿意到处耍心眼混日子"。13 世纪，巴黎大学和牛津大学的学者巴托洛梅乌斯·安格利克斯（Bartholomaeus Anglicus）曾就此提出警告。他说，农民被名目繁多的税费压得喘不过气，生活在悲惨和痛苦之中，一旦处境有所改变，他们就会变得"顽强和骄傲"。

现在，工人们认为，他们可以选择去哪里工作，为谁服务，工资多少才算合理。亨利·奈顿（Henry Knighton）在他的编年史中抱怨说，食品价格飙升，工人们还"傲慢而固执"地要求加薪。1354 年，法国的劳动法对那些工作"只随他们高兴，其余时间都耗在酒馆里玩游戏，自得其乐"的人表达了强烈的不满。这不仅是刺激，也是威胁。1377 年，一份递交给英格兰议会的请愿书警告说，农民们要"联合起来，用武力反抗领主和官员"。1381 年，农民们游行到麦尔安德（Mile End），向国王请愿，他们要求"谁都不应该为谁服务，除非自愿"。

每个人的阶级必须是固化的，因为穷人决不会主动选择贫穷。人们普遍认为，劳动是对亚当堕落的惩罚，如果自然拒绝与人类合作，那是因为罪恶败坏了天气、土壤和自然界。除非

276

你自愿贫穷，否则贫穷不会带来精神上的回报，也不会在物质上有很大的起色，农民似乎与贵族一样愤怒、骄傲和贪婪。贫穷就是生活拮据，14 世纪早期的一首诗《农夫之歌》（*Song of the Husbandman*）中写道："我们与其这样挣扎下去，不如现在就死掉。"穷人甚至没有魅力，兰开斯特（Lancaster）公爵亨利·格罗蒙特（Henry Grosmont）不得不承认，他不喜欢穷人身上的气味。他为自己的反应祈求上帝的宽恕，但他仍然觉得这些气味令人不快。

13 世纪，沙特尔和勒芒（Le Mans）等大教堂的花窗玻璃上短暂出现过农民的形象，他们忙碌的身影被描绘在玻璃捐赠者通常所在的位置，但他们只是缩影，代表了赞助这扇窗户的葡萄园或土地，所以他们的劳动是对教会的支持。到 14 世纪，类似的从属关系多如牛毛，难以再这样一一致谢，为了取悦富人，描绘农民的画面又回到了手稿的边缘。风和日丽，他们做着简单、有序的杂活，很少两人以上一组，每个人都在专心致志地工作。[15]英格兰市场受够了叛逆的农民，尤其喜爱这种秩序井然的图景。

奇怪的是，形容工人的语言开始听起来很现代。威廉·兰格伦的长诗《农夫皮尔斯》用寓言的手法，表现了他拯救世界的追求。皮尔斯用饥饿来威胁"懒惰"的人，但他们的反应只是装瞎、装瘸，使出各种"懒汉"的花招。最坏的角色是无赖，皮尔斯劝诫众人辛勤耕耘，但无赖对这番说教无动于衷，无赖说，"他嘲笑法律，更不把骑士放在眼里"，进而威胁皮尔斯"带上犁滚蛋，往后若再碰见，定会毫不留情"。无业者这么无法无天，说明有些穷人不值得救助。你不能相信瘸子说自己行走困难。世界上到处都是游手好闲的人，必须鞭策他们行动起来。没有人再尊重像加图（Cato）这样的古罗马人了，也没有人再遵从他对出身贫寒之人的教诲："忍耐你的贫穷。"新的劳工想吃上热腾腾的午饭，拿着"丰厚的"工资，否则他们就会觉得被剥削了。最后只有实实在在的饥饿，只有严重饥荒的记忆，只有在余粮将尽而庄稼尚未收割的夏末，食物匮乏的现实才能驱使人们去打谷场挥汗如雨地劳作。[16]

1349 年夏天，英格兰田地里的庄稼都腐烂了，因为"很多人死于这场瘟疫，尤其是工人和仆人"。当局的回应是出台法律：先后颁布了《劳工条例》（Ordinance of Labourers）和《劳工法令》（Statute of Labourers），要求控制工资和物价，签订长期的、公开的、不可撕毁的劳动合同。这些并不是新规定，主要是针对农民、农村务工人员和给他们发工钱的人。劳工法律提到了裁缝、马鞍匠、金匠、铁匠和鞋匠，但他们不是调整对象。劳工法律还排除了公证人这样的专业人员，他们的收费标准在其他地方受法律控制，特别是国王约翰二世（King John II）在同一时期为法兰西岛（Île de France）完善的法律。但后续的规定相当特别，凡是无事可做的人都"有义务为任何需要他或她服务的人服务，只要服务适合他或她的身份"。所有 60 岁以下的人，无论男女，奴隶或自由人，都必须遵守，必须接受雇主在瘟疫暴发前劳动力并不短缺时给付的工资。凡是不接受工作的人都得进监狱，直到他们回心转意为止。[17]

这是全新的法律。虽然当时仍有奴隶，大多是为外国人卖命，但这并不是奴役，因为没有谁拥有谁，也没有谁再控制劳工的问题。农民可以通过劳动来换取土地，这并不是自由协商的约定，充其量只能算是某种租赁的报酬。当然，还有农奴在

278

用无偿的劳动维持大庄园的经营，他们偶尔也会得到土地作为回报，但劳工法律并不是针对农奴的。事实上，农奴拥有为数不多的一项对抗强制性义务的能力。1352 年，威廉·米尔（William Meere）在法庭上陈述，他是博克斯格罗夫（Boxgrove）修道院院长的农奴，所以不能要求他为别人效力。

当时开展了一项经济状况调查，凡是没有足够土地、金钱或物品的人都可以被强迫做工。这并不是有偿的工作。工作期间，你可以得到住所和食物，如果幸运的话，合同结束时，你还能得到一点现金。但是，你不能违反规则。自己有仆人的人也可能被抓个正着，比如阿格尼丝（Agnes），她的丈夫是牧羊人，因为要求"过高"的工资，被送上了法庭，法庭下令让阿格尼丝去给约翰·莫尔特比（John Maltby）锄地，她不肯，"她也不许她的两个女仆去干这些活"。左邻右舍可能突然被贴上游民的标签，如果一个人只愿意干日薪工作，但不想签长期合同，就可能被判定为懒散。劳工法律决心让整个社会安定下来，不准善待"无价值的乞丐"，不准乞丐或没有授权书的工人外出旅行。

这些案件的处理都运用了即决处罚这一新概念，即不需要在法庭上举证，甚至不需要进行审判。拒绝工作必须有两名证人，但等他们陈述完毕，凡是拒绝工作的人还是可能被关进囚笼或送进监狱，直到他们同意劳动为止。负责执行这些法律的新法官忙得不可开交，1352 年，埃塞克斯（Essex）郡的法官们处理了数千起劳工案件，涉及全郡大约 1/7 的成年人。14世纪 60 年代，劳工案件的专责法官就下岗了，此类案件先交由治安法官处理，再提交王座法庭（King's Bench）裁定。这方面的档案很少，有时甚至完全缺失，但我们从早期的资料可以看出，这一法律机制主要是用来对付那些想让雇主支付更多工钱的工人。这并不奇怪，如果某人的过错是拒绝工作，那就没什么可谈的了。他们当场就会被审判和处罚，直到他们同意去做被指派的工作。这样的案件没必要去那种保留记录的法庭。

279

有时，老板想避免棘手的谈判，回避工人可能做选择和提条件的时机。牛津的裁缝马修·鲁辛（Matthew Ruthin）要求克里斯蒂娜·欣克西（Christine Hinksey）为他服务，她没有工作，还拒绝了马修，因此进了监狱。劳工法律针对的不只是流浪者，没有工作的人也休想放松。林肯郡斯坦顿的罗杰·盖德尼（Roger Gedeney of Stainton）被指控拒绝在村里"从事本行"盖茅草屋顶，他外出务工，"跑遍乡村以获得更好更高的工资"。社区决定坚持原则，不给他支付过多的报酬。约翰·宾厄姆（John Bingham）是个农夫，他有家有活儿干，临时工也干得不错，但邻居们想跟他签合同，又想少付他工钱，于是控告他拒绝为他们提供义务服务，还告诉法官他是游民。

治安官和法官可能会扭曲或滥用劳工法律，有时他们也会违抗不遵。他们强迫劳工签订合同，但给出的条件可能比人们期望的要好。并不是所有人都委曲求全，有些人就把他们被分派给当地贵族做活的妻子带了回来，比如理查德·克罗斯（Richard Cross）用武力救出了琼·巴斯克（Joan Busker）。有时，治安官也会因为私自放人或拒绝执法而被送上法庭。就连神职人员也有反抗的迹象。萨福克郡普雷斯顿（Preston）的教区牧师当着受惊会众的面，把治安官逐出了教会，因为他们命令临时工迪格（Digg）必须为村里人服务，不得外出旅行。迪格该干什么，还干什么。治安官们也轻松地离开了，不管他们的灵魂是否受到伤害。14 世纪 70 年代，威伯顿（Wyberton）的治安官因为把一个流浪汉关进囚笼，遭到了一支小型圣军的袭击，包括教区长主仆及特遣司祭三人。

280　　最大的阻力来自支付工资的人，他们知道要找到工人并留住工人有多难。当然，为了装装样子，他们按官方规定支付工资，通常会把这笔钱存入账户，但这只是基本开支。他们发现还要为打谷脱粒额外付酬，还要馈赠小麦，提供午餐，支付冒雨工作的奖金，这些全部记入一般开支，但都是要付给工人的费用。雇主很清楚，工人认为他们有选择的余地，主要是去别处工作，或者挣够钱就休假。在林肯郡的骑士桥（Knightsbridge），对违反法令者的处罚，就连做囚笼的木匠也能得到每天 5 个半便士的非法报酬。

还有关于消费的新法律，尤其是服饰方面的规定。传教士认为他们理应谴责乡下人的穿着打扮：有些"可怜的无赖犁田拉车，一无所有，年复一年得过且过……现在，他必须有一件价格不低于 5 先令的新紧身上衣，还有一件昂贵的及膝长袍，上面挂着手袋"。法律试图阻止工人阶级购买不符合他们身份地位的东西。1390 年，法律还禁止"任何类型的工匠或劳工"猎捕"森林里的野兽、野兔或参与其他绅士运动"。社会的脚手架锈迹斑斑，就快倒了，所以要重新扶正，"上流人士"成了受保护的阶层。依据 1388 年的英格兰法律，外出旅行的仆人和劳工必须返回家乡，"从事他们以前的职业"，复原熟悉的旧世界。一个人如果坚持搬家，将会面临牢狱之灾，至少在理论上，他的前额会被打上烙印，代表"虚伪"的字母"F"。

　　鼠疫过后，整个欧洲都实行了这种控制。1350 年之后，瑞典每个健全的成年人都必须工作，除非他能证明自己有足够的财富，可以维持他整整一年的生活。1354 年，丹麦也颁布了同样的法律。他们还增加了一条看似人道的新规定，限制死刑和任何涉及致残的刑罚。工人紧缺，伤害或杀死他们都于事无补。

　　在安特卫普，"有救的穷人"与"没救的穷人"的观念根深蒂固，到 16 世纪，人们的德行受到了监管。经常腻在酒吧的醉汉失去了受助的权利，而公共罪人——比如通奸者——根本就没有资格。为了获得院外救济，也就是不用进济贫院能得到的救助，你必须每年去忏悔一次，在复活节去做弥撒，以证明自己符合条件。圣伊丽莎白医院（St Elizabeth's Hospital）的修女们拒绝帮助任何孕妇或患有性病的人，因为帮助这些人只会助长罪恶。瘟疫病人和其他病患躺在一起等死，一位地方法官认为"只要病人住过一次医院，宁死也不愿再来"。

　　汉堡镇的医师约翰·博克尔（Johann Böckel）说，瘟疫在贫困地区暴发，由街头乞丐传播。因此，流浪汉、无家可归者和无业游民都被撵去了瘟疫医院。1552 年，伦敦开办了济贫院，穷人被安排在布赖德韦尔（Bridewell）的"劳动与职业之家"工作。不到三十年，济贫院就成了"轻罪犯的拘留所"，成了"流氓、小偷、懒汉和酒鬼的保育院"。可怜的穷人要制作网球、毛毡和钉子，还要纺羊毛，这启发了阿姆斯特丹专门为行动不便的女人开设了名为纺纱会（Spinhuis）的济贫院。济贫院的宗旨是医治穷人的穷病，使他们变成有用的人，这几乎成了一个医学理念。[18]

　　瘟疫就像如今的恐怖威胁一样，是监督、检查、控制和管教人们生活的理由。这样做的权利不属于宣扬反对罪恶的教会，而属于敢想敢做的世俗政权。他们可以根据自己的喜好来调整社会。

爱丁堡是这方面的先驱，1498 年，爱丁堡规定，缩短酒馆的营业时间；强调儿童必须有人监护，违者处以 40 先令的罚款；取缔集市和市场，目的是控制人员和货物的流动。因此，没有许可证，外来者不得住宿，英格兰布料不得进口，任何未经许可访问格拉斯哥（Glasgow）的人将被监禁 40 天。谁都不能不说明情况就旅行，谁都不能未经检查就入境。几年后，公民们被告知，一旦发现瘟疫的苗头，就要立即报告。一个人因为隐瞒家里出现瘟疫病人，被处以绞刑。谁都不能处理旧衣服，甚至不能把它们拿出去洗。城市被打扫了一遍又一遍，街道被扫了又刷，所有游民都被驱逐了，如果他们无视命令，就会被打上烙印，如果他们冒险回城，就会被处死，因为对死亡的恐惧很容易成为社会清洗的理由。"死亡的恐惧困扰着我"（*Timor mortis conturbat me*），威廉·邓巴（William Dunbar）的这句诗很有道理。城里又建了一座绞架，以表明城市绝不姑息的态度，就像之前警告麻风病人的那座一样，如果他们到处乱走，会有什么下场。[19]

苏格兰当局也明白，瘟疫是通过海路传播的，所有东海岸的小港口都有危险。隔离检疫很漫长，也很小心。1564 年，来自格但斯克的船被告知，不要驶入主要港口，要在"僻静的地方"靠岸，并在那里待够两个月。船上有些货物可以留下，比如沥青、铁、木材和焦油，因为人们发现这些东西不会携带传染病，但亚麻必须立即销毁。人们会把船凿沉一半，好让潮水冲刷货物，然后还会用燃烧的石楠烟熏，给货物消毒。

理论上，"病人和被感染的人"只要逃避隔离，就会被处决，但地方法官通常会网开一面。[20]

又过了一个世纪，英格兰也没有制定通用规则。他们只有在紧急情况下，才会搜查和拦截来自特定地点的特定船只，比如 1580 年来自里斯本（Lisbon）的船、1585 年来自波尔多（Bordeaux）的船，这些地方都是疫区，或出现了疑似病例。这样的防护明显不够。瘟疫每次都传入英格兰，首当其冲的是港口，通常是伦敦，有时是雅茅斯、赫尔或普利茅斯（Plymouth），因为这是来自海上的疾病，是旅行的产物。瘟疫从港口出发，沿着内陆主要道路或河流，扩散到一个又一个城镇和市场，老鼠和跳蚤到处流窜。跳蚤既能寄生在老鼠身上，又能寄生在人身上——有人说他们与病人同榻而卧后就病倒了——有时，老鼠在田野里乱跑，感染了新的村庄，但主要还是从船上溜下来的老鼠在人家里做了窝，传染了其他老鼠，也传染了人类。[21]所以，最好的防护线是在泰晤士河等河流入海口设立关卡，派驻几艘军舰和一些海关官员，对驶入的船只逐一盘查，给来自低风险港口的船发放通行证，将其他船赶进霍勒黑文（Holehaven）的小湾——正如塞缪尔·佩皮斯（Samuel Pepys）在 1663 年写的，这是"我们从未做过的事"——至少隔离 30 天。他们还要确保没有旅客从荷兰港口"乘小艇漂到英格兰"。[22]

封锁并没有阻止瘟疫重返伦敦，但确实有力地向水手们表明了英格兰的立场。

在强大的民族国家出现之前，你总有机会选择和改变立场，你可以去别人都认识你的地方，在那里实现你的梦想，有

283

人会护你周全，你不会因为选边站队而被监禁、绞死或车裂。如果情况允许，官僚也可以灵活变通。斯蒂克洛的韦兰（Weland of Stiklaw）曾是邓凯尔德（Dunkeld）大教堂的教士，13 世纪 80 年代，他为苏格兰国王效力，受命去将挪威少女（Maid of Norway）① 带回她丈夫苏格兰国王的身边，但后来，她在奥克尼岛突然死亡，他只好调转船头，投靠了挪威国王。韦兰漂洋过海，来回执行外交任务，仿佛他真正的国籍取决于他航行的海域或肩负的职责。当时，苏格兰在英格兰的统治下，他自然要与苏格兰保持距离，因为原则上，他算是流亡人士。然而，在挪威国王将奥克尼伯爵领地的控制权交给他后，他露面向英格兰国王表示敬意，以确保他对凯斯内斯伯爵领地另一部分的权利。后来，他还在凯斯内斯为与英格兰人作战的罗伯特·布鲁斯（Robert Bruce）的家人提供了安全的避难所。韦兰以外国神职人员的身份入世，飞黄腾达成了男爵，在挪威宫廷的世俗统治集团中位列第五。[23]官僚们也是技术专家，有闯荡天下的本事。

海盗们也不赖。佛兰德水手约翰·克拉布（John Crabbe）最早被记录是在 1305 年，他偷了 160 桶葡萄酒，在拉罗谢尔（La Rochelle）附近烧毁了一艘船，并绑架了船上的水手。他是好样的，因为这艘船来自多德雷赫特（Dordrecht）的敌占区。事实证明，想在佛兰德逮捕克拉布很困难，主要因为他现在在苏格兰。作为爱憎分明的佛兰德人，他支持苏格兰人对抗英格兰人，因为英格兰也是佛兰德的敌人，他搅扰得英格兰船只在

284

---

① 挪威国王埃里克二世和苏格兰公主玛格丽特的女儿，是苏格兰国王亚历山大三世的外孙女，是苏格兰王位的推定继承人。但因其不幸早逝，她并未正式继位。

北海上的日子很不好过。1316 年，他出现在鲁昂（Rouen），偷了两艘满载食物的英格兰货船，这两艘船正赶着去援助佛兰德度过严重的饥荒，当时，英格兰和佛兰德正打算言归于好。同年，他又截获了一船运往英格兰市场的波尔多葡萄酒，伦敦方面要求严惩克拉布。佛兰德表示，他已经被当作杀人犯驱逐出境了。伦敦说，他在佛兰德家喻户晓，"只要他愿意"，他想住哪儿就住哪儿。他们还说，他们获悉酒已经交给了佛兰德伯爵本人。

在英格兰和苏格兰交战期间，克拉布率领一支舰队，企图在泰湾（Firth of Tay）击溃英格兰人，但失败了。他逃了出来，可没过多久，就被擒获了，并被移交给了英军，恰巧这次是由一名来自佛兰德的士兵带队。英格兰人人都希望克拉布受到惩罚，他们还记得被他吊死在被俘船只桅杆上的水手。克拉布被严加看守，还戴上了镣铐。英格兰人一路挺进到克拉布曾经生活的贝里克（Berwick）城下，他的儿子还住在城里，于是有人向镇上提议为他支付赎金。镇上拒绝了，因此大反派克拉布再次倒戈。他熟悉贝里克的一草一木，他拿手里的情报做筹码，与英格兰人谈判，要求赦免他的一切罪责，他会回报英格兰国王所说的"他在贝里克攻城战中的出色表现"。我们不知道他究竟透露了什么，但这保全了他的性命。

英格兰人开始重用他们原本恨之入骨的克拉布。克拉布帮助他们的船只和武器做好作战准备。时值英法两国交兵，他利用自己当海盗时对北海地形的了解，阻止法国进入英格兰和佛兰德之间的海上航线。1340 年，在斯鲁伊斯（Sluys）海战中，克拉布率领英方的 40 艘战船，疯狂追击法方的一艘佛兰德海盗船，西普德维希号（Spoudevisch）海盗船打着战争的幌子在对付海盗。[24]

没有人认为克拉布这样的人是叛徒，因为他刚好有利用价值。

285　　普通水手也有一技之长，如果国与国开战，他们在任何一方都能派上用场，所以他们可以选择阵营，有时是出于本心，有时是迫于压力。这种交流帮助荷兰语、法语和英语形成了一整套海员词汇。1672 年，荷兰共和国颁布法令，谴责"这些省每天都有大批居民离开祖国，到外国船上去服役……这对国家是极大的损害和偏见，而且他们大多数人都把妻儿留在了家乡"。[25]1667 年，荷兰人俘获了英军正驶往联省共和国的旗舰皇家查理号（Royal Charles），英格兰船长举旗投降，他船上的号手吹奏了一曲英格兰的淫词小调，名为《跳跃的琼》（Jumping Joan），这首歌讲的是一个同样喜欢"投降"的姑娘。[26]

　　1653 年，波特兰战役落幕，英方从荷兰船上带走了许多苏格兰和英格兰战俘，人数多到成了一桩丑闻。1667 年，荷兰人策划梅德韦（Medway）战役时，不费吹灰之力就从泰晤士河和梅德韦河招募到了领航员来给他们带路，因为叛国的待遇总比被铐在臭气熏天的战俘洞里要好得多。更重要的是，英军给士兵发放薪饷很随性，他们更愿意发放价值可疑的白条。荷兰人取得梅德韦河大捷后，佩皮斯在日记里写道："在沃平（Wapping）的大街上，众目睽睽之下，到处都有人妻在哭喊：'这都是因为不给我们的丈夫发薪，现在你们也没法交差了。'"佩皮斯在海军部的办公室加派了警卫，"以防办公室遭到攻击"。他说，整个城镇都很焦灼，就像伦敦失火了一样，"没人知道该怎么办"，"与我交谈的人都不确定，我们该怎么做，才能确保我们的水手不跑到荷兰人那边去"。[27]

人们的生活这么不稳定，国籍也无法保证官僚、海盗、水手依然如故。只要漂洋过海，你就可以改变效忠对象、后台老板或社会角色，但这样的时代很快就要结束了。人们对证件产生了新的热情，但要得到证件也遇到了新的困难，包括健康证明、出境许可证、护照、签证，还有以防其他证件全部失效的个人推荐信。没有证件，谁也无法证明自己的身份和立场，所以没有证件，谁都不能动。在瘟疫肆虐的年代，要想进入日内瓦（Geneva）城的辖区，必须出示健康证明。

要想离开日内瓦也很困难，17 世纪 30 年代，乔治·考托普爵士（Sil George Courthop）对此深有体会。他被"搜身……在我被允许进城之前，要检查我的身体健康"，后来，他想去意大利，发现"日内瓦城瘟疫肆虐，别的地方或城镇都不让我们进去，除非我们在检疫所里躺上 40 天，在城外好好透透气"。为了脱身，乔治爵士说服萨伏依（Savoy）公爵的秘书在他的队伍中增加了一两个英国人，并给他们提供了公爵专用的证件封皮。他溜出日内瓦，在 3 里格外与公爵的人会合，然后继续南下。但他在马耳他（Malta）登陆时，又遇到了麻烦，船长不得不上岸"出示他的证件，证明他来自一个没有受到鼠疫影响的地方"。尽管有证件，马耳他总督还是派人上船检查了这些英格兰乘客的健康状况。[28]

政治因素也让文书变成了旅行的必备物品。保王派理查德·范肖（Richard Fanshawe）爵士很幸运，奥利弗·克伦威尔（Oliver Cromwell）刚刚去世，他就特意安排了一段旅程，把一位伯爵的儿子送到巴黎上学，他也借机离开了英格兰联邦

（Commonwealth of England）。他最终自由了，可以联系流亡的查理二世（Charles II），重拾他的事业。他希望能与妻子安（Ann）和三个孩子团圆，还为他的长子和伯爵的儿子找好了一所学校。安头疼的问题是，她手头有钱，随时可以启程，但她没有去巴黎的通行证，如果拿不到通行证，她甚至不能在多佛上船。理查德逃跑后，她被认为是"保王党人"。

她先托关系，找到了在高等法院工作的表兄，但他表示爱莫能助，还说她的丈夫耍了花招，才离开了英格兰，"无论如何"她都不该去投奔他。她在隔壁房间里坐了一会儿，"伤心地想着我该怎么办"，因为她知道"如果这次我被拒签了，他们以后只会更加严苛"。她决定去白厅（Whitehall）办公室申请通行证，她想作弊赌一把。她装作"我能想到的最朴实的样子和语言"，她没带女仆，因为她"是个比我更精致的贵妇人"。她"很有礼貌"地走进去，申请办理通行证。

签证官问道："你丈夫是做什么的，你叫什么名字？"她回答说，她叫安·哈里森（Ann Harrison）——她的长子叫哈里森——她丈夫是个年轻的商人。签证官没再多问，告诉她费用是 1 克朗。她有点迟疑地说，"这对我来说是一大笔钱"，问他是否可以把一个男人、一个女仆和三个孩子也写在同一张通行证上。签证官照办了，他还说，任何"保王党人"都愿意为这一纸文书给他 5 英镑。

安回到寓所，拿出钢笔改写通行证，将哈里森几个字一笔一画地改成了范肖。她确信"没人能看出改动"，但她也知道自己必须马上动身，她租了一艘驳船送她去格雷夫森德（Gravesend），再乘马车到多佛。尽管如此，"搜查人员"还是在港口追上了她，并拿过通行证做了登记。其中一人说道："我没想到，他们会给这么重要的保王党人签发通行证，特别是在这样的多事之秋。"当晚 9 点，她登上客船，第二天早晨 8 点，她就在加来上岸了，英格兰当局四处找她的消息成了笑料。[29]

英格兰人偶尔也担心渗透，尤其是耶稣会士的渗透。1597年，旅行家法因斯·莫里森（Fynes Moryson）穿着意大利服装回到英格兰，被误认为是罗马神父，但客栈老板说服了治安官，说他只是个穿着考究的英国人。法国人和西班牙人实在离英格兰太近了，就隔着一道海峡，因此证件更是不可或缺。1641 年，日记作家约翰·伊夫林（John Evelyn）发现，从荷兰共和国向南穿越到西班牙人的领地困难重重，因为西班牙人仍然认为北方人是叛军。伊夫林持有鹿特丹（Rotterdam）签发的北方出境通行证，但边境城堡的指挥官拒绝承认。毫不夸张地说，"他勃然大怒，一把从我手里夺过证件，轻蔑地将它扔到桌子底下"。伊夫林花了一点钱，才把事情摆平了。与此同时，他不得不藏起他进入西班牙领地的通行证，"这事关监禁，因为联省共和国的人在那里都按叛军论处"。[30]

旅行总是有条件的，可能因战争受阻，也可能因腐败放行。瘟疫改变了欧洲各地的流动条件，因为它促使法律规定了人们可以在英格兰的什么地方居住或旅行，规定了人们必须做什么工作以及获得多少报酬。这些法律不只是紧急情况下的应对方案，它们从伊丽莎白一世（Elizabeth I）流治时期一直沿用到 19 世纪初。无论在边疆，还是在田野，瘟疫改变了人们的生活方式，生活处处要受到检查和限制，从你在爱丁堡如何照顾孩子，到你盖茅草屋顶的收入，再到你进退无路时是否值得救助，这些都要受到官方审查。

法律要求人们按部就班，瘟疫则证明了这些规定合情合理。

第十二章　城市与世界

　　罗日米塔尔的利奥是波希米亚人，波希米亚人以长发著称，所以利奥在欧洲游历时，别人一眼就能看出他是外国人。你只要见过他，就会留下深刻的印象。他写道，在英格兰，"我们头发的长度让他们感到惊讶，他们老说那是用焦油粘住的"。

　　1465 年，利奥肩负使命，从今捷克共和国的比尔森（Pilsen）出发，去劝说某人说服教皇，同意将他信奉天主教的妹妹嫁给胡斯派信徒。虽然胡斯派信徒离经叛道，在圣餐仪式上既要吃面包，也要喝葡萄酒。利奥带了大约 40 个人，其中有些是大人物，还有一个小丑、一名诗琴师以及一辆装运行李和物资的马车。他们穿过德意志领地到达佛兰德，再乘船前往英格兰。这段旅程精彩纷呈，他们一会儿与修女跳舞，一会儿又和马在船上游泳。

　　利奥写道，这些修女来自莱茵河畔诺伊斯（Neuss）的"一所庄严的女修道院"，她们是"我见过的最美丽的修女"。修女院通常会收留贵族家庭未婚或嫁不出去的女儿，保证她们的安全，但很少会有诺伊斯这样的规定，准许女人"可以离开修道院去结婚"。为了增加她们的社交机会，"她们接待的人没有一个……不是贵族出身"。利奥尊贵的同伴们受到了热烈的欢迎，院长嬷嬷还为他们举办了舞会："修女们精心打扮，她们会跳所有最好的舞……每个人都有侍从，在她左右侍候。"

尽管旅程妙不可言，利奥还是快马加鞭地赶到布鲁塞尔（Brussels），参加了勃艮第公国的盛大庆典。那里的一切都是巨大的，一切都是宏伟的，至少目力所及，蔚为壮观。勃艮第人擅长确定人们的视野距离。晚餐一次有八道菜肴。动物园"面积超大"，有"各种各样在我们看来千奇百怪的飞禽走兽"。利奥看到了"各地找到的精美画作"。公爵的珠宝保管人"告诉我们，他的主人有很多珠宝，他这么多年都没看完一遍，实在不知道它们在哪里"。

这场盛大的演出让弱小的公国变成了导师，变成了欧洲大陆的教练，将勃艮第公国塑造成了"软"实力的发明者。这是处心积虑的筹谋。1369 年，佛兰德伯爵将女儿玛格丽特（Margaret）嫁给勃艮第公爵，也就是法国瓦卢瓦（Valois）王朝的第一位世卿。豪门都喜欢在床上解决问题，这是传统的现实政治（Realpolitik）。婚宴在佛兰德的根特举行，喜酒是产自勃艮第的上等佳酿博恩红。等他们酒醒后，才意识到前路茫茫，因为佛兰德的经济主要依赖与英格兰羊毛商人的贸易，而英格兰偏偏正与法国瓦卢瓦王朝兵戎相见。伯爵对家族忠心耿耿，但这并不妨碍他与英格兰私下讲和，挑拨两个大国龙争虎斗。这是他驾轻就熟的游戏，因为他的佛兰德就是由明争暗斗的城镇组成的，野心勃勃的伯爵早就学会了软硬兼施的平衡之术。

佛兰德伯爵路易通过联姻和交易不断扩张领地。他的女儿玛格丽特被指定为布拉班特的法定继承人，布拉班特往北不远就是属于现今比利时的佛兰德。不久之后，到 1404 年，佛兰

德吞并了急需军事援助的布拉班特。1428 年，勃艮第公爵好
人菲利普（Philip the Good）成为荷兰和北部泽兰（也就是今
荷兰王国境内）的领主。1430 年，布拉班特公爵逝世，菲利
普再次好运临头，许多人都认为是他谋杀了老公爵，才捷足先
登地继承了布拉班特。他现在要操心的是如何管理这些领地，
维持大局稳定。他周围的城镇一如既往地难搞，勃艮第及当地
出产的葡萄酒在法国其他地区成了次要的选择，而北方随时都
可能发生血流成河的叛乱，但外交家兼历史学家菲利普·德科
明恩斯（Philippe de Commynes）却认为勃艮第公国像是"应
许之地"。

要想成功，勃艮第公爵必须引起全欧洲的关注，才能影响
两方长期缠斗的宫廷，并让本国人民为之惊叹。政治变成了表
演，与今无异。

勃艮第把自己打造成欧洲的时尚标杆。在西班牙，伊莎贝
拉（Isabella）女王的赛事都交由尼德兰人操办，她的教堂音
乐、葬礼教堂和大部分藏画也都由尼德兰人管理。米兰的斯福
尔扎（Sforza）家族需要优秀的画家，于是他们决定到阿尔卑
斯山外去寻访。他们把画家扎内托·布加托（Zanetto Bugatto）
送到布鲁塞尔学艺，师从大师罗希尔·范德魏登（Rogier van
der Weyden），因为尽管扎内托会画画，但他不会尼德兰这种
北方的技法。他很快就闯祸了，可能是喝醉了。米兰大使报告
说，他被要求承诺"一年内不喝酒"。[1]美第奇家族和斯福尔扎
家族购买了很多表现北方观世之道的尼德兰的画作和挂毯。至
于木质祭坛画，则销往波兰、德意志地区、斯堪的纳维亚半
岛、葡萄牙、西班牙、意大利、法国和英格兰。这些都是重要
的出口商品，如果"与准备起航的商船已达成交易或签订合

291

同"，公会会员可以打破宵禁，连夜赶工。

全世界都认得布鲁日的天际线，因为很多教堂、礼堂和官邸里的油画都是以其为背景。波提切利（Botticelli）有一幅圣母像（Madonna）的背景就是尼德兰的城镇风光。列奥纳多（Leonardo）的一幅风景画再现了扬·凡·爱克（Jan van Eyck）画中圣方济各接受圣痕的著名岩石。其他意大利大师也发现，凡·爱克真实、渲染的风景画法经世致用，这样画风景可以延伸到前景人物后面的地平线。[2]扬·凡·爱克和后世的鲁本斯（Rubens）一样，可能被派去执行外交任务，因为他大名鼎鼎，人们都想一睹真容。

勃艮第有诀窍向人展示他们希望被看到的样子。画家汉斯·梅姆林为基德韦利的约翰·多恩（John Donne of Kidwelly）爵士夫妇二人创作了一幅三联画，他们是为英格兰约克家族服务的贵族。梅姆林照例把他的主顾也画了进去。伊丽莎白·多恩（Elizabeth Donne）身着她可能从未穿过的紫色貂皮衣服，梅姆林肯定在见到她之前，就画好了衣服，因为他重画了她的脸，比他最初想象的要瘦得多，所以，身份比容貌更重要。她拿着一本精美的《时祷书》（Book of Hours），这本泥金装饰手抄本表明她懂得如何时髦地表现虔诚，因为《圣咏集》不再流行了。多恩爵士穿着黑色毛皮斗篷，身上挂着刻有代表约克家族的太阳和白玫瑰图案的金链子，可见他是国王的亲信。多恩一家聚集在画面的中心，离圣母马利亚很近，你甚至可以想象他们常和她一起用餐。[3]

这些画师临摹、借鉴、再加工其他画家的作品，都是产业线制造出来的最可爱、最逼真的商品。勃艮第的金银制品很有名，挂毯也极好，有些是特洛伊战争等经典主题。新艺术

（ars nova）音乐也形成了，这种复调音乐特别清丽，因为它尊重唱词的韵律。意大利的唱诗班学校聘请了尼德兰教师。北方男孩在意大利的教堂里唱歌很受欢迎，因为他们受过更好的训练，有更丰富的经验。在阿尔卑斯山以北，他们在更多的仪式上唱过更多的歌曲。阿维尼翁的教皇礼拜堂就雇用了北方男孩，并从教皇的俸禄——他在北方的教堂收入分成——中拿出一部分来给他们支付酬劳。[4]

这些都是歌舞升平的官方版本，真实的宫廷可能很粗野。利奥发现，勃艮第人把宾客灌醉是常事。在布雷达（Breda）的宫殿里，专门为他们准备了一张大床，"如果客人站不住了，就会被扔到上面去"。达官显贵们还常穿着无袖上衣、长筒袜这样的"贴身衣物"摔跤，"即使有许多妇人和少女在场，穿成这样摔跤也并不害臊"。

如果需要，如果有用，勃艮第宫廷做戏的功力可谓登峰造极。利奥目睹了公爵的儿子大胆的查理（Charles the Bold）从巴黎归来的情景。公会代表和议员们在布鲁塞尔的街道上点燃蜡烛迎接他，"一排不间断的烛光贯穿整个城镇"，还有"庄严的舞台造型"。[5]他们通常会安排一出戏、一场假面剧或一部歌剧，还有不时喝彩和起哄的群众。一个世纪过去，在1577年后，加尔文派统治安特卫普的那段时间，他们也会举行公民游行，以替代他们禁止的宗教游行。到1583年，这种权力的表演司空见惯，没有人再大惊小怪。安特卫普市政当局买单，为法国昂茹公爵安排了"欢天喜地"的进城仪式，这是公民活动，而非宫廷庆典。他们买了一顶金色的华盖来为公爵遮阳，并给他准备了白马、帽子和长袍，还为撑华盖的贵族备足了葡萄酒。他们用火炬、旗帜、铭文和纹章建造了一座凯旋门。[6]他们还猛地关上城门，"屠杀"昂茹的军队，公爵侥幸逃亡，而这都是表演。

这很像勃艮第的风格，勃艮第的土地大部分是人造的，要靠持续的努力和巧妙的办法才能防止土地被水淹没。1417 年，掌礼官兼编年史家吉勒斯·勒布维耶（Gilles le Bouvier）与法国新王储同在布鲁日，他报告说，佛兰德是"富饶之地，货物从各个基督教国家经海路运来，此地人口稠密，他们生产大量的羊毛布料，还有两个很好的城镇，根特和布鲁日"。他发现勃艮第人很诚实，但很叛逆。他还说："这个国家本是穷国……因为到处都是水和沙子。"他看到荷兰沿岸的海堤，不由感慨"这里一旦决堤，所有的土地将永远被大海淹没"。[7]

在这样的炫耀中，财富分外耀眼。15 世纪 30 年代，西班牙旅行家佩罗·塔富尔在游览佛兰德时有感而发，他写道："我在那里看到卡斯蒂利亚（Castille）的橙子和柠檬，就像刚从树上采摘下来，还有产自希腊的葡萄酒，与希腊本地一样充裕。我还看到来自亚历山大港（Alexandria）和黎凡特（Levant）的糖果和香料，就像有人在现场制作；还有黑海的毛皮……意大利的锦缎、丝绸和盔甲。世界各地最好的产品都能在那里找到。"布鲁日是"全世界最大的市场之一"，船随潮水进进出出，"以节省成本，少用牲畜"拖船，"据说，有时每天从布鲁日港启航的船超过 700 艘"。在安特卫普的大集市上，"任何人都可以在这里如愿，看到所有或大部分基督教国家汇聚一地"。

然而，"在我游览的那一年，发生了大饥荒"。[8]

外人注意到了码头经济和内陆国家之间的巨大差异。编年史家让·傅华萨（Jean Froissart）说，佛兰德只有布料可以换取 17 个国家的产品（这完全忽略了商人和市场存在的意义）。英格兰的小册子轻蔑地称佛兰德"只是其他国家的市场"，自然要依赖产自英格兰的羊毛。勃艮第公国即便港口生意兴隆、利润丰厚，也必须大宗买进食物，因为它不能自给自足，商业才是它的主业。

13 世纪，布鲁日有产自英格兰的羊毛和布料，有铅、皮革、煤炭和奶酪；有北方运来的鱼，包括苏格兰人和猪油一起搭售的干鲑鱼；有俄罗斯的毛皮、保加利亚的白鼬皮和黑貂皮、波兰的黄金；有莱茵河的葡萄酒；有木头、谷物、铁、杏仁、山羊皮、藏红花、稻米；有蜡和茴香酒、铜和无花果、孜然和水银；有北非的枣和糖、亚美尼亚的棉花、鞑靼的丝绸。[9]春季船队从葡萄牙运来葡萄酒、橄榄油、无花果和葡萄。布鲁日的专长是用琥珀和黑玉制作珠宝，原材料有些来自北海海岸，有些来自波罗的海。后来，葡萄牙人还从东方和东印度群岛带来了香料，供给欧洲腹地的买家。

所有货船都经过佛兰德，难免有人想从中分一杯羹。意大利银行家在汉萨同盟的康托尔旁边设立了办事处。1440 年，好人菲利普春风得意地进入布鲁日，盛大的游行队伍中有 150 个意大利商人、136 名汉萨同盟代表、48 个卡斯蒂利亚人，还有苏格兰人、加泰罗尼亚人和葡萄牙人。[10]他们穿着游行服装，在火炬的照耀下骑马行进，他们深知在伟大的权力展示中扮演好各自角色的意义。

勃艮第有商人，也有国王。英格兰国王爱德华四世（Edward IV）在此地流亡了一年。被废黜的突尼斯（Tunis）总督穆拉·哈桑（Mulay Hassan）也前来请求查理五世的保护。当地画家维米恩（Vermeyen）还画过他，他和塔克西斯

(Taxis)公爵一起去森林打猎，两人都穿着华丽的阿拉伯长袍；他吃着昂贵的孔雀和野鸡，把茄子当肉食的酱料，还坚持蒙住眼睛听音乐，这让招待他的主人很是尴尬。他启发安特卫普开创了绘画传统，即描绘穿着异域服装的异族人物，使流亡者有了另类妙用。一百年后，鲁本斯笔下《三博士朝圣》(Magi visiting Christ)中的原型之一也是穆拉·哈桑。[11]

国王们来勃艮第是为了自保，为了暂避敌锋，他们不在巴黎，但仍在法国的领土上，他们离开了西班牙，但没离开哈布斯堡帝国的疆域。尽管流亡时间很短，但他们明白了统治者的位子是多么难坐，要怎样才能长久掌权。他们观摩了勃艮第统治者虚张声势的举动，各国都在学习这些唬人的招式，公爵们开始有样学样地做戏给臣民和全天下人看。塔富尔说："公爵夫妇的威严无人能及，他们的国家是我见过的最华丽的地方。"他听说，公爵夫人有 200 名侍女，身边时时都翠围珠绕。

塔富尔到达勃艮第时，公爵刚刚镇压了一场严重的叛乱。他写道："我亲眼看到布鲁日周围立起许多高高的绞架。"[12]

勃艮第宫廷生活在各种豪奢的排场之中，外交官普罗斯佩罗·达卡莫利（Prospero da Camogli）曾向米兰公爵抱怨说，每天用餐时都"疯狂上菜"，每道菜用毕，还要习惯性地把餐具放在桌子上，以示公爵有更多"备用的"银器。他对金羊毛骑士团的授勋仪式记忆犹新，仪式上有昂贵的猩红色兜帽、一块真十字架、一枚镶嵌珠宝的鸢尾花勋章，还有"数不清的歌手、传令官等人"。宴会厅里挂着金布，银器中有四根独角兽的角，"像风琴管一样"。任谁都想加入金羊毛骑士团，勃艮第人深谙此道，金羊毛骑士团是学习战争、骑士精神和宫廷规矩的地方，金羊毛勋章是一种外交工具，用来巩固他们作为骑士精修学校的声誉。法国、丹麦、苏格兰和德意志地区竞相效仿，就连文艺复兴时期的意大利贵族也不能免俗。

296　　然而一个月后，普罗斯佩罗不得不道歉："我还没把骑士团领主和骑士的名单寄给您，因为勃艮第公爵的家务组织不力，没有一个秘书能把名字告诉我。"几周后，他又评头论足地写道："勃艮第公爵不善管理，总被别人摆布。"[13]

这场演出很精彩，但也很空洞。黄金宝座看似坚固，高高在上，实则只是一把镀金的木椅。外交官和访客们都想一探勃艮第国库的虚实。波希米亚的加布里埃尔·特策尔（Gabriel Tetzel）听说国库有"10万磅重的金银"，但他从未见过，更没数过。国库充盈意味着你有打仗的底气，这是无形的威慑，也意味着你可以像国王一样讲排场。用餐时，公爵的侍者骑着双头马，他喝着由活狮子看守的裸女乳房里流出的芳香四溢的美酒，还有一头跪地乞求的大象逗得他开怀大笑，这一切都是假象。

1474年1月，勃艮第公爵大胆的查理身披盔甲，威风凛凛地骑马进入第戎（Dijon），他的盔甲上镶满了红宝石、钻石和大颗珍珠。三年后，他企图夺回洛林（Lorraine）的法国小镇南锡（Nancy），也是穿着这样华而不实的盔甲死去。人们在雪地里找到了他的尸体，但全身的盔甲都不见了，他被扒得精光，伤得面目全非，他的私人医生花了好几天时间，才根据腹股沟处的瘘管确认了他的身份。这一场他演砸了。

没过三年，哈布斯堡家族就通过联姻继承了佛兰德，佛兰德人开始全面反抗他们的新统治者，这算是一个世纪后决战的预演。佛兰德人第一次起义持续了15年，第二次则引发了长达 80 年的残酷战争，因为这场战争的主要矛盾是加尔文派和天主教派之间的宗教分歧，而不仅仅是对赋税和地方特权的不满。这两次起义让本就羸弱的国家元气大伤，以至于在内战时期，表演也不得不继续下去。16 世纪 80 年代，乔瓦尼·博特罗（Giovanni Botero）一语道破："整个欧洲没有一个国家比它更富有，也没有一个国家比它负债更多。"[14]

政治如戏剧，权力似表演，这是我们熟知的镜像世界。如果说，体制有时可见，那只能说明有些人仍愿意相信。

白手起家的人和高级官僚对此心照不宣。彼得·布莱德林（Peter Bladelin）是公爵的金融家和金羊毛骑士团的财务主管，他一度"无比富有"，是宫廷倚重的大师，创造了宫廷长盛不衰的盛况。他获准动用自己保管的资金进行个人投资，他爱买地，像现代房地产开发商一样买下连片的地皮。没有人再新建城镇了，因为没有封建领主或修道院院长再发号施令，何况到处都有独立发展起来的城镇。但是，布莱德林确实建造了一个名为米德尔堡的小镇，以证明他与从前的领主或修道院院长一样优秀。

小镇规划得就像模型一样整齐。小镇有一间磨坊、一家医院、一座教堂，教堂里有一位神父、两名执事和六名教士。小镇分为生活区和工作区，当然还有市政厅来管理一切，因为布莱德林恪尽职守。他招纳了铜匠和织锦工这些能工巧匠代表着品味和精致；他修了一条运河，将他们的产品通过水路运往根特和布鲁日；他还利用自己的政治地位，确保铜器能在英格兰销售，并说服临时下榻的公爵订购了挂毯。

他还建了一座城堡，立了石碑，大张旗鼓地宣告彼得·布莱德林是"佛兰德米尔德堡之主"，正如他的遗嘱所言，他不只是成功的官僚，当然也不是布鲁日趋炎附势的野心家。他的小镇以布鲁日到阿尔登堡（Aardenburg）的道路为脊梁，这条路穿过小镇，直接通向城堡的城墙，要去布鲁日，必须向左急转。城里的巷道都通向城堡，通向整座建筑中最长的一堵墙，这种外扩的建筑格局令人印象深刻。但凡路过的人都能看到环绕米德尔堡城墙的外河以及环绕城堡的内河，水景相映成趣，分开了城镇与乡村，也分开了城堡与城镇。如果你应邀做客，如果你有权通行，进入城堡大门后，你要经过长长的高架走廊，穿过护城河上的桥，才能到达布莱德林的住处，那里有一座吊桥、一个门房、三个巨大的圆塔和两个较小的阶梯塔。这些布防体现了布莱德林的骑士技能和战士志趣，但它们面对的是错误的方向，敌人看不到它们，只有朋友才会看到。

　　城堡的下一任主人是另一位高级公务员，他于 1477 年被镇民处决。他不顾安危，一心维护勃艮第公爵大胆的查理的利益。当时北方各省起兵造反，狼烟四起，这座城堡成了他们的绊脚石。米德尔堡在建成三十年后就被捣毁了，因为塔楼并不是真正的防御工事。到 1607 年，据说它成了"一片废墟……荒凉凄寂……随时准备被拆除"。它还不如舞台上的布景经久耐用。[15]

　　利奥离开勃艮第，与 36 匹马同乘一船，从加来起航，前往英格兰。"我们离开港口，驶到远海时，船突然裂开一条大缝，海水灌了进来，马都站在齐腹深的水里。后来，我主上帝赐予我们好运，风向变了，我们有惊无险。要是风向没变，我们就都淹死了。"他们发现了一艘船，但那艘船泊在近海，他们只能划着小艇过去，路上又差点儿被淹死。利奥说："我的主人和其他侍从被海浪折磨得够呛，他们就像死了一样直挺挺地躺在船上。"

他发现伦敦是个"繁忙而富强的城市，与所有国家进行着大量的贸易"，他对英格兰宫廷也印象颇深。国王驾临有唱诗班宣布，还有小号、风笛和弦乐伴奏。王后用膳时，独自坐在餐桌旁"一把昂贵的金椅子上"，她的妹妹双膝跪地，直到王后陛下喝完水才能起身，其他贵族妇女一直默默跪着，有时可能要跪三个小时。利奥还注意到女士的衣裙，因为她们的"裙裾很长。我在别的国家没见过这么长的裙裾"。[16]

利奥对此应该很熟悉，因为这都是在效仿勃艮第。奥利弗·德拉马尔什（Olivier de la Marche）是勃艮第宫廷的司礼官，也是英王爱德华四世的顾问。他详细记述了布鲁塞尔的诸多规矩，比如怎么进餐、何时鞠躬，被奉为英格兰宫廷的礼仪手册。1485年，都铎王朝的亨利七世（Henry VII）即位，国王的排场显得更加重要。他无力掌控权力，所以必须表现得格外强大。他选定在里士满（Richmond）建造宫殿，仿照布鲁日的亲王宫（Prinsenhof），修建了带顶棚的廊道和带网球场的花园。他还要求"佛兰德商人"找来挂毯、珠宝和彩色玻璃，将宫殿装点得更有帝王气派。[17]

表演、负债、虚张声势：这或许不是霍布斯（Hobbes）或马基雅维利（Machiavelli）空谈的权术，而是现代政治的真正开端。

1520年，阿尔布雷希特·丢勒（Albrecht Dürer）来到低地国家，他的日记读起来就像流水账。我们从中得知，他花2苏买了"可以在安特卫普找到的新煮的块装红颜料"，在布鲁日买了清漆和颜料，又花1苏买了一支红蜡笔，还在安特卫普花 3 镑买了灰蓝色的"铅颜料"。他用一批据说价值 10 达克特（ducat）① 的版画换了 1 盎司群青，这种产自阿富汗的矿物化合物含有蓝色的天青石，[18]大概是经由威尼斯运到安特卫普这个北方大商场的。

安特卫普会聚了艺术家，因为这里有画家需要的一切。码头上有从蒙彼利埃运来的铜绿，还有可以制作颜料的织物染料，比如菘蓝、红苏木和茜草。西班牙货船将新大陆的胭脂虫红先运抵安特卫普，再卖到意大利。制作朱砂腥臭无比，当地商人做足了准备，正如卡雷尔·范曼德（Karel van Mander）在画家指南中所写的那样，朱砂能"让皮肤焕发红润的光泽"，这种颜料是用在德意志地区开采的硫和汞制成的，在安特卫普处理后，再经科隆返销回去，1543 年，曾有一辆货车装载了 400 磅颜料。和威尼斯一样，安特卫普在 16 世纪 60 年代至少有 4 家经销商只卖颜料，新交易所（New Bourse）顶层画廊的承租人巴托洛梅乌斯·德蒙佩尔（Bartholomeus de Momper）既是圣路加（St Luke）公会登记的艺术品经销商，也是布商公会注册的颜料经销商。[19]

佛兰德的作品以生动、明快、活灵活现而驰誉四海，既展现了对新式油画的挥洒自如，又不乏对现实世界的敏锐观察。佛罗伦萨人评论外国艺术家总是出言不逊——安东·弗朗切斯科·多尼（Anton Francesco Doni）称"他们的脑子长在手上"——但他们还是热情不减地从北方购买尼德兰画作。[20]他们买板面油画，有很多是我们至今仍如数家珍的杰作，他们也

---

① 13 世纪威尼斯发行的金币，足金铸造，通行于西欧，一直被沿用到 18 世纪末。1 达克特约重 3.56 克。

买布面油画，这种画可以"缠在杆上"，便于运输。安特卫普将画运往各地，每次都要运几十幅画到英格兰，有一次运了"满满一桶"。五十年间，他们大概卖出了 2500 幅画。[21]

这些画有的是宗教主题，有的是描绘孔雀或狂欢场景，有的是反对诽谤的警告，还有的是原始的色情画片，比如"四女三男在彼此取悦"。这些布面油画可以很大，符合佛罗伦萨人的审美。洛伦佐·施特罗斯（Lorenzo Strossi）从布鲁日给经销艺术品的母亲寄去了 3 幅布面油画，让她在佛罗伦萨出售，但她估计孔雀和三博士每幅只能卖到 3 弗罗林（florin）①，因为这两幅画都很小。不过她爱不释手，还留下了一幅，而市场更青睐大尺寸的作品，那种看起来像壁画又便于携带的油画。

美第奇家族的空间充分体现了佛兰德人的审美。这家人至少收藏了 42 幅北方的布面油画，占他们全部藏品的 1/3。有些油画陈列在他们的城市宫殿中，更多的则分散在他们的乡间别墅里。美第奇的表亲把布面油画《摩西像》（Moses）与波提切利的《春》（Primavera）挂在同一个烟囱上。[22]佛罗伦萨的拉法埃洛·博尔吉尼（Raffaello Borghini）对布鲁日的扬·范德施特雷特（Jan van der Straet）赞不绝口，说他去意大利"听人谈论意大利画家的卓越成就"，又在威尼斯遇见为科西莫大公（Grand Duke Cosimo）制作挂毯的佛兰德工匠，从此开启了为巨幅编织画创作底图的职业生涯。在他的作品中，有些描绘了野趣，比如一群活蹦乱跳的野猫，一窝拱开麦田的野猪，或者一群凶相毕露的恶狼；有些刻画了经典题材，比如伊

---

① 13 世纪佛罗伦萨发行的金币，与威尼斯发行的达克特等重，通行于西欧和北欧，是欧洲大多数金币的原型。

阿宋（Jason）和美狄亚（Medea）准备驾着一艘像骏马一样
在水中颠簸的高头船远去，死神（Time）用邪恶的镰刀俘虏
了智慧和美德女神，因为死亡会缩短最鲜活的生命；还有些是
圣经主题，比如撒母尔（Samuel）膏立大卫王为继承人，蕴
意当然是支持科西莫大公。这些画就像巴洛克雕刻一样华丽，
但又充满了生气、活力和人性，正如博尔吉尼的溢美之词：
"他的许多作品用清新可爱的创作，丰富了人物、动物、山水
风景的绘画艺术。"[23]

　　很多油画出自公会的工匠，即普通的艺匠之手，但也有名
家大作，他们的风格和天赋为人所津津乐道。那不勒斯的人文
主义者巴托洛梅乌斯·法丘斯（Bartholomeus Facius）写道，
扬·凡·爱克"被认为是我们这个时代的画家王子"，人们
"认为他……发现了很多古人记载的关于色彩属性的东西"。[24]
瓦萨里（Vasari）在《艺苑名人传》（Lives of the Artists）中写
的故事更传奇，他说凡·爱克发明了油画。

　　拉法埃洛·博尔吉尼说，凡·爱克"意识到蛋彩画颜料
的瑕疵，经过多次试验，他发现将颜料与核桃油或亚麻籽油混
合，画出的蛋彩画色彩浓烈，等画干透后，不仅不怕水，而且
不涂清漆也能具有明润的光泽"。[25]洛多维科·圭恰迪尼
（Lodovico Guicciardini）是住在安特卫普的佛罗伦萨商人，他
称凡·爱克"是第一个用油调和颜料艺术的发明者……这是
一项光荣而重要的发明，因为这使色彩恒久不变，可以说是前
所未有"。[26]他在18世纪的无名翻译慎思明辨，怀疑用油调色
是拜占庭的古方，但瓦萨里写的传奇依然广为传颂。还有人认
为，只有通过研究意大利画家，包括古代画家米开朗琪罗
（Michelangelo）和拉斐尔（Raphael），北方画家才有希望"摆

脱他们枯燥、陈旧甚至野蛮的风格桎梏，变成现代"的艺术家。[27]这两种说法都不太正确。

首先，12世纪就有一本书——西奥菲勒斯（Theophilus）长老所著的《百艺概要》（*Schedula diversarum artium*）——记述了用压榨的油来调和颜料。瓦萨里说，凡·爱克教会了安托内洛·达梅西纳（Antonello da Messina）如何用油调色作画。那不勒斯的彼得罗·苏蒙特（Pietro Summonte）写道，那不勒斯的大师科兰托尼奥（Colantonio）因为"欣赏佛兰德画家的作品"，曾想搬去佛兰德，但被国王留住了，国王熟练地"向他演示……如何调合并使用这些颜料"。[28]这些故事想表达的重点是，意大利画家看到佛兰德大师笔下的生命和光辉，看到画中光影的明暗处理，心折首肯。他们看到画上的面孔鲜活灵动，这表示存在新的肖像画法，还有他们从未尝试过的风景画法，可以用来打磨他们画作的细节。《蒙娜丽莎》（*Mona Lisa*）就是受此启发，我们至今仍想探知这个女人的名字，读懂她身后的风景。意大利人向北方学习，就像佛兰德人去罗马讨教一样。

他们还摹仿特定的画家，承认绘画不只是一门熟能生巧的手艺。他们受布鲁日美第奇银行行长委托，临摹雨果·范德格斯（Hugo van der Goes）为佛罗伦萨波蒂纳里斯（Portinaris）大教堂创作的大祭坛画，以此向这位画家致敬画面上，牧羊人挤在一起，看着地上弱小的婴儿，旁边的圣母马利亚身着深蓝色的衣裙，恬静地注视着他。圣母前面有许多花，有常见的百合，还有黑色的圣灵兰（ancolie）①，即圣灵之花，它的法语名称是 *ancolie*，读音近似忧郁（melancholy）。范德格斯在作

———————

① 也叫鸽子兰，属于兰科植物，其花瓣中心图案形似和平鸽。

为庶务修士（conversus）进入温德斯海姆（Windesheim）修道院之前，刚刚完成这幅画，当时他还是普通的艺匠，不算技艺高超。后来，他成了公认的大画家，但也差点儿成了疯子。

加斯帕尔·奥伊斯（Gaspar Ofhuys）是温德斯海姆修道院的院长，也是医药圣手，他在三十年后讲述了范德格斯的故事。"他反复说自己被诅咒了……因此，他甚至试图自残和自杀，幸好被旁人强行制止。"加斯帕尔认为自己和大卫王一样痛苦，或许音乐能疗愈他，但他的病情总不见好转，"相反，他宣称自己是毁灭之子，总说些奇怪的话"。他"极其焦虑，不知该如何完成她本该画的作品"。他常邀宾客宴饮，身体每况愈下。人们传言，他必定是伤了脑子，可能伤了"一根滋养创造力和想象力的细脉"，所以他总是颠三倒四，分不清幻想和现实。[29] 换句话说，他以为自己才华横溢、自成一格，但他的才华已经废了，他周围的人对此众口如一。

在安特卫普出售的大多数画作，不需要画家天资过人，只需要手稳，利用背面涂黑的版画或图纸，勾勒出轮廓，再填涂颜色。绘画有"图样"，就是沿着轮廓刺有小孔的图纸，把图样放在画板或画布上涂黑，就会印出精巧的轮廓。有时，画家会从市面上的版画中挑选一幅，把它描摹到画板上，然后重新配色；有时，根本没有画好的原作，只有图样。图样就是资产。安布罗修斯·本森（Ambrosius Benson）是个资质平庸的意大利画家，他在佛兰德孤立无援，告上法庭就是为了拿回留下的一箱图样。

复制是一门生意，以人们能够支付的价格，给他们提供想要的东西。艺术不再是大人物为了灵魂的救赎而委托大教堂完成的创作。圭恰迪尼列出了佛兰德优秀艺术家之中的"布雷达的彼得·勃鲁盖尔（Peter Brugel of Breda），他孜孜不倦地模仿耶罗默·博斯（Jerome Bosch）的风格，因此被称为第二个耶罗默·博斯"。圭恰迪尼指的是小彼得·勃鲁盖尔，他的父亲老彼得比他名气更大，他还翻制了几版父亲的原作，为那些苦于找不到或买不起原作的人提供了复制品。老彼得去世时，小彼得才5岁，他或许从未见过父亲的原作，但祖母教会了他画画，他还可以利用父亲画作的"图样"，所以，他总在画上署名"勃鲁盖尔/勃鲁盖尔/勃鲁盖尔"。他确实抄袭了博斯的作品，但他不是伪造，他没有用烟熏过画布，以达到做旧的效果。他是在复制，而不是造假。

自从勃艮第的瓦卢瓦公爵大胆的查理被杀、哈布斯堡家族入主佛兰德后，宫廷委托创作的画就少了很多，天才画家们的日子不大好过。中产阶级的佣金就成了画家的主要收入来源，他们会提前为每年的交易会准备一系列产品。中产阶级喜欢在家祷告，他们会购买"默祷图"这种尺寸适合家用的圣像，会在公开市场上购买素未谋面的画家的作品。《康布雷圣母像》（Madonna of Cambrai）尽管看起来很像拜占庭圣像的后期摹本，但被认为是圣路加亲笔所画，所以这幅圣像被反复复制，有些大人物一次就订购三幅，康布雷大教堂也订购了几十幅，要卖给朝圣者。就连扬·凡·爱克也会同时出了几个版本，他还为商人安塞尔默斯·阿多尔内斯（Anselmus Adornes）画了两幅几乎一模一样的圣方济各（St Francis）画像。[30]

炫耀性消费带着陌生的神圣腔调，打动了中产阶级，北方的中产阶级创造了荷兰黄金时代的辉煌。天才的概念同样也影响了中产阶级，他们很清楚这是完全不同的东西。

304

早上 10 点，人们涌入交易所，走进安特卫普市中心一个哥特式的四方大院，院落四周是拱廊，楼上是商店，还有两座像城堡一样的大钟楼，大院隐没在市井街坊之间，却向已知的商业世界敞开大门。16 世纪 30 年代，交易所开业，成为城镇的引擎。

人们持有票据，持票人有权索取留在某个西班牙集市或科隆仓库里的钱，比如信贷或外债，这种钱可以跨境流通。他们是来交易的。每个交易者都需要找经纪人，可能是热那亚的斯皮诺拉（Spinola），也可能是西班牙的丰图巴（Fontoba），他们知道当天的各种汇率信息；大型贸易公司早就认识到这些问题，预先会做好安排。远至阿富汗或非洲的商品流动都取决于他们的交易。

看到他们，就像看到如今影响我们生活的市场。人们参与市场博弈的方式是处理文件，而不是买卖香料、琥珀、布或鱼等实物。就像从卢卡起家的加斯帕尔·杜奇（Gaspar Ducci），他通过为破产的皇帝安排贷款以换取收税权来赚钱，还利用安特卫普和里昂等不同市场间的价格和资金成本差异来谋利。神学家们曾说过，专业知识可以对商品交易的利润作出解释，商人做的是实实在在的工作，但杜奇完全无须货物，仅凭账面差价就能获利。他做的是投机买卖。[31]

305　　　商人们每天都出现在交易所，因为缺席被认为是破产的证明。还在营业的交易者必须掌握当天的信息，才能了解市场的风云变化，运筹帷幄。书信不太可靠，商人们寄出新信时，总是随附上一封信的副本，有时还会通过不同的途径寄送三份副本。[32]传递信息靠交谈，交谈就免不了嘈杂。在阿姆斯特丹还没建成交易所之前，商人们常约在狭窄的商业街华尔木斯街

（Warmoesstraat）或新桥（New Bridge）会面，如果天气不好，他们就在教堂里会合。街坊四邻经常抱怨教堂太吵。

交易所诞生于布鲁日，这个城镇会聚了五湖四海的商人，他们需要固定的场所来开会商谈，处理信息、文件和货物。商人们经常在范德布尔斯（Van der Buerse）家族名下的旅舍外碰面，后来，威尼斯、佛罗伦萨和热那亚等贸易巨头都在布尔斯广场周围建起了总部，开始了严肃的商谈，交易所也就沿用了布尔斯这个名字。城市增配了法警，负责站岗和维持秩序。交易所的建筑格局也确定了，开放的空间，至少有一个遮风挡雨的门廊、一个狭窄的安全入口、一个位于城市中心的半公共广场，[33]还必须有展示商品的空间，必须有干燥的地方存放文件。

安特卫普的第一家交易所是一座漂亮的私人住宅，庭院三面都有拱廊，像维多利亚时代的火车站一样布满雕刻和三叶纹饰。越来越多的商人来到城镇，要处理的交易和文件也越来越多，因此1531年，城市计划建设一个华丽的新交易所。他们找到一块尚未开发的空地，打算把交易所建在中间，周围街道繁华，房屋林立，再建一对塔楼来标明位置，使交易所而不是宫殿成为"上帝和城市的点缀"。交易所是个美丽、封闭的庭院，四周都是走廊，上层是艺术品和奢侈品商店。交易所是个公共广场，佛罗伦萨商人洛多维科·圭恰迪尼认为它是安特卫普"最高雅"的广场。它是伦敦皇家交易所（Royal Exchange）和阿姆斯特丹交易所（Beurs）的样板，也是里尔（Lille）等城镇交易所的典范，每个城市都需要这样的空间。[34]

在安特卫普，如果你想交易商品——是说"大宗商品"——你可以去英格兰人的交易所，就位于沃尔街（Wolstraat）和霍

306

夫街（Hofstraat）那一片，英格兰人都在那里会见客户，组织羊毛的销售。他们的市场是期货市场，他们必须以预测的价格，出售尚未交货的羊毛。任何商品，哪怕不是实体商品，都可以在这间富丽堂皇的新交易所里交易。

爬上楼梯，你可以买画。芭芭拉·阿莱尼斯（Barbara Alleyns）会向你推销周围堆放的画，而她的丈夫则负责经营工作室，画出更多的画。当时已经有了艺术品经销商，其中不乏女性，他们也会出售女艺术家的作品。[35]如果你愿意，你可以放贷，把大笔资金借给哈布斯堡家族。你可以为自己或别人的生命投保，如果你得到了赔偿，承保人有 7 年的时间可以设法证明被保险人没有死。你还可以为一艘船投保，这艘船可能要远航到东印度群岛或西印度群岛，到世界上任何地方，这种保险要看交易所的灵活性，安特卫普码头的交通量倒没太大影响。安特卫普的经纪人大多将保险当作投机，一种无须实际买卖或运输就能从贸易中获利的方式。他们非常喜欢这样的利润，因此阻止了官方海军的护航计划，否则游戏就泡汤了。

要预测合理的价格，交易者必须了解实体货币的供应量，比如从西班牙流出了多少白银，穿越法国的陆路是否开放，信使可否安全通行，或者金属是否必须经由航线更少、风险更高的海路运抵。货币也是商品，和谷物或香料一样，可用的数量会改变其价格。优质的纯银硬币不可避免地会流向海外业务，剪边或磨损的劣质硬币只能留在国内。劣币总是驱逐良币。[36]

除了你掌握的信息，别人怎么看你也很重要。即使法律允许诸如延期付款等不良行为，但如果一个人在兑付信用证上做手脚，他就会丧失商业信誉。这是"看起来很严重"的问题。[37]每个人都必须信任自己不认识的人，他们不是家人甚至不是同胞。不同国籍的人在一起共事，因为贸易需要多种语言。小公司总是破产，所以破产者是否会隐瞒他名下的财产就成了隐忧。德拉佩纳（de la Peña）兄弟声名狼藉，因为加斯帕（Gaspa）让手下的工人把仓库里的存货都堆放在一艘开往西班牙的船上，这样安特卫普法院就无权过问，他的兄弟迭戈（Diego）则坐镇南方，处理公司余下的事务。

307

要知道谁可以信任越来越难，信任危机愈演愈烈。

晚祷过后，没有人回家。人群聚集在圣母大教堂（Cathedral of Our Lady）周围。城警催他们走，但越来越多的人不断涌来，站在那里等着。大多数人想看看什么能像雷雨一样打破城市的紧张气氛。有些人想搞出点儿动静。他们带着斧头、重锤、绳索、梯子、滑轮和杠杆。

1566 年 8 月 20 日，安特卫普爆发了起义。两天前，有人当街对着圣母马利亚的雕像起哄、扔垃圾，但雕像还是安全地回到了大教堂。一天前，一群人又对着立在原地的雕像指手画脚。不出所料，8 月 20 日，事态进一步恶化。[38]

几个妓女爬上祭坛，取下蜡烛，点燃烛火，为大家照明。男人们开始行动。他们找到所有的画像，不管是木板，还是画布，他们统统从墙上扯下来割烂。他们钩倒了雕像和塑像，圣徒和殉道士的圣像在地板上摔得七零八落。他们砸破了鲜艳的花窗玻璃。先是玻璃碎裂的脆响，一阵接一阵传来，而后就像大工厂里的动静，都是斧劈锤击的声响。每一尊圣像都被毁得不成样子。

破坏者离开大教堂后，又跑去小教堂打砸，黎明前，共有30 座教堂遭殃。这群人举着熊熊燃烧的火把，嘶吼着穿街过巷。他们闯入圣器室，试穿教士厚重的丝绸长袍，焚烧弥撒经书，用金杯斟酒，用圣油擦鞋。他们烧毁修道院的图书馆，凿开地窖里的酒桶。修士修女们惊慌失措，乱作一团。

308　　黑夜将尽，没有人受伤，没有东西被盗，少数艺术品逃过一劫，但其他一切都毁于一旦。这次暴动不仅摧毁了宏伟的大教堂，还破坏了派系之间的内部和平。市政厅没有受损，所以问题不是赋税，官方和军事建筑也没有遭到破坏，所以激怒暴徒的也不是执政的哈布斯堡王朝。战争就这样拉开了序幕，在接下来的80年里，尼德兰的加尔文派和天主教派、荷兰人和西班牙人之间战事连连。

这是一场围攻战，也是一场可怕的消耗战，整个城市风雨飘摇，上一年刚改换阵营，下一年又倒戈相向，民众只能忍饥挨饿。安特卫普在许多方面深受其害，市场被扰乱，信任被破坏，白银储备在1575年因战争增税而耗尽。交易所系统崩盘。汇率狂飙。城市债权人破产。每个人都收不回欠款，每个人都在以越来越高的利率尽可能地借钱。没人敢打包票说交易所里谁信誉良好甚至本心善良，每个人都必须时刻关注个体商户和他们想要交易的数额。市场变得越发抽象，更加依赖于隐晦的信息。市场瞬息万变，越来越现代了。

更糟糕的是，王室财政被冻结，军队发不出薪饷。饥肠辘辘的老兵把矛头对准了军需官。他们冲进安特卫普，进行了长达3天的杀戮、盗窃、强奸，烧毁了大约600所房屋和富丽堂皇的新市政厅，连带烧光了里面的档案。他们还向城里的客商索要赎金，用"明晃晃的刀剑和匕首"吓唬城里的几位英格兰商人，向英格兰商会（商人冒险家总部）的负责人勒索钱财，当然，作为安特卫普商场叱咤风云的老将，他付款主要用的是期票而不是现金。[39] 士兵们闯入交易所这个用金钱、保险和股票博弈的高雅殿堂，穿着从商人衣柜里偷来的绫罗绸缎和丝绒礼服，摆开桌子，玩起了骰子游戏。

商人们讨厌被嘲弄，甚于威胁或抢劫，因此很多商人离开了。他们选择北上，逃离战区，这是明智之举，因为安特卫普要过将近 20 年才能恢复元气，[40] 与此同时，河道淤塞，也对商人不利。荷兰人实施封锁，西班牙人又来围攻，势要清剿加尔文信徒，所以他们必须马上离开。这些难民难抑对西班牙人的怒火，痛恨用教派来定义他们的政权，所以他们决定用反天主教的情绪来定义自己，自称新教徒和正义者。

关于经商，他们坚定地认同一种新观点，即信息是最有价值的商品。他们提出了很多想法，关于交易，关于入股船舶或保险，关于市场间套利，关于票据如何比货物更值钱，关于商业世界如何记录买卖。他们知道怎样应对未来，因为安特卫普的羊毛贸易早在阿姆斯特丹的期货市场（这个市场平衡了从波罗的海运往北方的鱼的价值和运往南方的谷物的可能价值）开业之前，就有预测未来供给的即期交易。他们把资本主义所需的大部分装备都带到了新教的北方。

几个世纪以来，市场的剧烈震荡混淆了问题，资本主义看似天生就是新教的。然而，安特卫普市场上讲的是意大利语，因为要为西班牙霸主筹集资金，要与葡萄牙等天主教国家做生意。早在神学分歧使问题更加扑朔迷离之前，资本主义就已经诞生了。

天主教徒无法装作纯良无辜。新教徒也不必过分自豪。随着贸易的扩大，人们必须为更大的船舶和载货量找到更多的资金，雄心冲破了边界，资本主义无论如何都会出现。这依赖并发展出一个用数字表达的世界，替代了画像、传说或隐喻，在这个世界里，数学拥有改变现实的力量，这就是早在我们的报纸、网站或广播出现之前的信息产业，推动着我们走向现代。

人们北上有很多理由。战火很少波及像莱顿这样遥远的北方城镇，更不用说阿姆斯特丹了。你要谋生，总归希望有点秩序。人们不约而同地去了北方，因为衣食无着的艺术家要追寻创作灵感，加尔文信徒受不了被西班牙恶霸用武力胁迫，天主教徒目睹了神圣的东西在一夕之间支离破碎，商人发现他们的母港因为战争而变得物是人非。这些商人很记仇，1621 年，他们创立了西印度公司（West Indies Company），目的就是报复加勒比地区的西班牙人，这家公司有两本账，一本是贸易账，一本是战争账。

西蒙·斯泰芬（Simon Stevin）就去了北方的莱顿大学读书。他是布鲁日的税务员，还在商行里当过出纳。这种人通常会去南方伊拉斯谟（Erasmus）的母校勒芬大学求学。勒芬大学是著名学府，也很注重实务，这所大学的数学专业研究的是测量，建筑和军事科学也是耶稣会士感兴趣的领域。斯泰芬一直认为自己是南方人，即使在为北方执政者效力时也没忘本，他在多本书的扉页上都自称"布鲁日的西蒙·斯泰芬"。但最终，他还是决定北上，挥别过往。[41]

西蒙是卡特琳·范德波尔特（Cathelyne van der Poort）和安东尼·斯泰芬（Anthonis Stevin）的亲生儿子。卡特琳的人脉关系大多是在床上修好，而安东尼则是个浪子，我们唯一能找到与之相关的信息是，他的妹妹出钱保住了他的遗产，"她的哥哥离开这个国家很久了，一直杳无音信"。西蒙和同母异父的兄弟姊妹一起长大，他们的父亲是居高处尊的市长、市议员兼地方法官诺埃尔·德卡龙（Noel de Caron），他在很多方面都是严格的加尔文主义者。西蒙还受到了另一个男人的保护，这个人就是卡特琳心心念念想嫁的商人约斯特·萨永（Joost Sayon），他是"法军"标牌的丝绸制造商。

斯泰芬可能当过教师，据他自述，他"精通商业簿记和出纳工作；后来在金融方面也游刃有余"。他在安特卫普的商业圈摸爬滚打多年，就算没有在威尼斯、奥格斯堡（Augsburg）、伦敦、科隆和安特卫普的办事处工作过，也肯定对这些办事处的运作方式很熟悉。他看出一个合伙人从不保留适当的记录，结果不得不接受其他合伙人的决定。

28 岁时，西蒙被正式宣布成年，不再是靠人抚养的孤儿，这个年纪成人在当时并不算太晚。他揣着亲戚们资助的一些钱，前往布鲁日的金融管理部门就职，他在一个不安定的世界里找到了一份稳定的工作，这是 1577 年。四年之后，加尔文派仍在掌权，他却动身去了新教色彩浓厚的莱顿大学。他早早地远走他乡，逃过了沦为宗教难民的命运。最有可能的是，他为了一展抱负，才离开了混乱动荡的南方。

早在 1583 年西蒙注册成为莱顿大学的学生之前，他就出书了，这个南方人在给北方传授商业知识。他写了一本关于复式簿记的书，这种平衡收支的记账方法在北方不常用，但也不是没人懂。他还写了一本小书讲的是如何计算借款利息。他知道发表的这些内容是多么具有颠覆性。他在序言中写道：有些人可以在书面上找到"这样的表格，但它们仍然是巨大的秘密，不付出巨大的代价是无法得到的。"

他开启了变革，让数学在日常世界中发挥作用。

311

难民是双向流动的，有人逃离佛兰德寻求安全和发展，也有人跑到佛兰德避难和工作。理查德·维斯特根（Richard Verstegan）因为面临被绞死的危险，离开了英格兰，他在安特卫普贩卖信息这种新商品。他写书，为他的天主教事业做耸人听闻的宣传；他撰稿，是最早的报刊幽默作家之一。他还有个隐秘的身份——间谍，在密函和密报中的代号是"181"。[42]

信息已经可以跨海买卖和交易，就像布、盐、小麦或白银一样，是有现金价值的必需品。信息可以像秘而不宣，也可以被铺天盖地地散布出去。信息可能是神奇的炼金术秘方，由信使偷偷从一个宫廷传到另一个宫廷，也可能是新闻报纸上吹嘘战无不胜的故事。你可以靠信息糊口，也可以因信息被绞死。

印刷术将信息刊印成书，传播到世界各地，但信息还有其他载体，比如密函和公开信、新勘探的国家地图、果实标本和罕见植物的剪枝，甚至是稀奇动物的骨骼。书信的作用仍不可替代，支撑着跨越海洋的远距离讨论，成就了时代的对话。

"事实"的概念开始走出法庭，走进社会。法官习惯于听证人陈述他们做了什么、看到什么或知道什么，并据此得出关于事件发生过程及原因的官方定案。"事实"（factum）就是已经结束的事情。[43]法律之外，真理仰仗权威，比如典籍、强权、教义。现在，"事实"的概念开始侵蚀"真理"的概念。这很快就会影响自然科学。弗朗西斯·培根曾告诉读者，抛开古本的叙事套路，文字表达要像垒石建房那样简单，清晰而客观地记述事实。对于世人偏爱研究的亚里士多德的伟大理论，即天体的性质，培根提出了不同的建议，所有东西都要"编号、称重、测量和确定"。一切都要经过检验。罗伯特·格罗斯泰特的本能反应发展成了 17 世纪的惯例。

事实开始出现在新闻报纸上，战斗的画面描绘得如此细致，让读者仿佛身临其境。维斯特根写的天主教殉道者的故事都配了图片，以便读者更加信服。事实有货币价值，这使维斯特根在各种市场上都混得风生水起，包括黑市交易。

他阅历丰富，出身背景很适合当间谍。他们一家人生活跌宕起伏，这让他学会了随机应变。他们逃离了莱茵兰的战火，到大海对岸的英格兰从零开始奋斗，社会阶层滑落谷底又爬了回来。他们知道如何利用归属感。年轻的理查德甚至一度想要脱离天主教会。他当过强硬的新教徒托马斯·伯纳德（Thomas Bernard）的仆人，半工半读地念完了牛津大学，周围的人都在谈论"宿命"之类的话题。他一定知道新教徒有诸多便利，有资格当兵、做律师、担任公职，甚至成为牧师，但天主教徒的身份对叛逆的大学生有独特的魅力。这是一种危险而激进的立场，表露出对英格兰教会以及伊丽莎白女王治下整个国家秩序的严重怀疑，这是一个证明自己心灵纯洁的机会。因此，维斯特根没有屈从，为"避免宣誓"效忠，他离开了牛津大学。

他的父亲力劝他接受金匠的训练，这是"机械行业中最体面的"职业。金匠是原始的银行家，他们保管着别人的金银器具，这些东西很容易变卖，他们有时熔化外国硬币，铸成当地的钱币，所以富有的商人才是最好的朋友。维斯特根一心结识显贵，他与伦敦交易所的创始人托马斯·格雷欣（Thomas Gresham）爵士搭上了关系。后来，据他自述，他步步高升，跻身绅士之列。他在自己第一本书的题献词中向格雷欣致敬。这是一本欧洲旅行指南，大部分内容是从一本德语书中抄袭的，但他增加了一份英格兰官方禁止的天主教节日导览，

313

他说这是有益的工具，可以帮助旅行者算出集市和节假日期。

然而，这不是长久之计，至少在伊丽莎白统治下的新教英格兰不会一直隐忍不发。就算是托马斯·格雷欣爵士的朋友，也要学会谨言慎行。马丁·德拉法耶（Martin de la Faille）出身于安特卫普最富有的商贾之家，他的父亲告诫他，别再经手政治信件，太危险了。维斯特根了解逮捕和处决的情况，知道禁止蛊惑或扣押英格兰人的传教活动，也听说过虔诚的信徒突然逃到国外的下场，但他似乎并不在意。他"因宗教信仰"被抓了起来，在狭小潮湿的城市监狱里关了几天，这个监狱关押的通常是债务人，偶尔也有殉道者。他被捕的罪名是，他不仅出版了旅行指南，还印刷了一本关于"精神慰藉"的书。这次监禁对他毫无影响。维斯特根又印发了一本讲述耶稣会士埃德蒙·坎皮恩（Edmund Campion）被处决的小册子，其中还不知轻重地引用了《启示录》。这本小册子侮辱了女王的正义，拐弯抹角地把女王与巴比伦大淫妇联系在一起。

刊印这种文章的人都上了绞架。所以，当维斯特根再次被捕时，他知道这次必须逃跑。他逃出英格兰，偷渡到法国，在鲁昂为英格兰天主教殉道者的事业做了一段时间的宣传。这为他赢得了朋友，也激怒了英格兰大使爱德华·斯塔福德（Edward Stafford）爵士，爵士在家书中写道："哪怕搭上我所有的荣誉，我也要把这个英国人送上绞架，用他来教育所有人，要对国家毫无保留。"教廷大使出面干预，将维斯特根从监狱里救出来，送去了罗马。罗马负责接应他的红衣主教很不客气地说，教皇不可能支持每一个千方百计到达罗马的英国人。

不知何故，他又折回了法国北部，但他知道自己必须前往安特卫普，即使这座城市四面楚歌。他必须在印刷业的中心站稳脚跟，而印刷业是信息贸易的心脏。

他的前途一片大好。西班牙原本依靠他们的外交官报告敌方英格兰人的动向，但他们的大使馆在战时被关闭了。私人情报机构恰好能填补这一空白，西班牙为此不惜花费重金。即便如此，维斯特根的生活也不容易。马德里确实会付钱给他，但不很频繁，也无法预计到账时间。1587 年 3 月，他开了个账户，用来从大出版商普拉廷（Plantin）那里订购书籍，但直到 16 年后的 1603 年 4 月，他才交出了第一笔现金。"耐心的约伯（Job），"他写道，"只是失去了他所有的一切，但他没有因为没收到的支付款项而捶胸顿足。"

他出版了一部非同寻常的作品——《残酷戏剧》（*Theatre of Cruelties*），这又是一本关于殉道者的插图书，但这次讲的都是近期发生的故事，其中大多数在英格兰，少数在爱尔兰，还有些在法国和尼德兰。他描绘了苏格兰女王玛丽（Mary）即将被斩首，负责行刑的斧兵高兴得手舞足蹈。他表现了体面的公民，他们衣冠楚楚，被押送着走出被翻腾得乱七八糟的家园；有人在劝一匹马去吃神父内脏里的谷物；主教们双脚浴火，圣女们被层层重物压得粉碎，有人耳朵被割掉，有人肺脏被扯出来，身穿教士服的人被悬空吊在绞架上。这本书轰动一时。信奉天主教的安特卫普饱受摧残，得知其他地方也有这样残酷的事情，尚可聊以自慰。[44]

这只是维斯特根事业的起步。耶稣会士回到英格兰，必须做好伪装，因为在这个抵抗天主教、对天主教充满敌意的国家，布道或皈依天主教是违法的，他们担心教士因为没了教士服的保护，可能会还俗。他们需要书籍、信息、资金、宣传和

315

联络人。他们需要特工，而特工的工作就像天主教诗人安东尼·科普利（Anthony Copley）所说的，是"操纵和监视"（brocage and spierie）。

维斯特根八面玲珑，他与船长交涉，偷运教士，走私书籍，为有需要的人弄到护照，在合法的地方出版天主教徒的作品和布道书，并确保这些违禁书籍运达英格兰。幸运的是，他运书走的是海路，而不是陆路，因为边境动不动就会搜查马车。内河航道上的驳船也不安全，有一船新教书籍就是在日内瓦和巴黎的途中被截获的，八名书商在查封前花了将近一周的时间清点造册。私运书籍得到了外交支持，尽管这种支持是间接的。法国驻伦敦大使的厨师兼贴身男仆帮忙进口违禁书籍，交换条件是把他们寻回的教堂陈设挑好的送回去。

此外，印刷好的书页要混入白纸堆里，或者卷起来塞进木桶，装订完的成书要埋在大量的粗布或纤维原料中。这些书在装船时就要藏起来，因为苏格兰商人特别热衷于在尼德兰的港口抽查，从源头上阻止煽动性书籍。船长们必须步步小心，才能将这些书运抵苏格兰和英格兰。有时可以贿赂海关官员，但这会引起他们对货物的注意，碰碰运气也无妨，因为伦敦海关官员臭名昭著，他们经常没收书籍再以高价出售。这至少表示这些书流进了英格兰，并且有人在用。如果在其他地方登陆，最好是把船停在沙滩上，先让乘客上岸，再用小艇把书拉走——理想的地点是小港口或空旷的海滩，这样就没有人跑来问长问短。如果书是要送去爱丁堡的，你可以把它们卸在法夫（Fife）郡的本泰兰（Burntisland）或昆斯堡（Queensburgh）。

除了书，还有信。这些信使英格兰的天主教徒得以组织起来。有些信通过公共邮政投递，主要是塔西斯（the Tassis）

邮政服务，这些信从意大利发出，经法兰克福（Frankfurt）到汉堡，经布鲁塞尔到巴黎，经安特卫普到伦敦，所以从安特卫普到英格兰有很多可以隐藏重要消息的交通工具。英国情报部门喜欢使用信箱，把信寄给伦敦珠宝商穆勒梅克（Mulemaker）或意大利人米尼斯特勒（Mynistrale），维斯特根没准也是这么做的。有些信甚至会被塞进男士外套的装饰纽扣里送到大海对岸。公共邮政不太牢靠，所以维斯特根尽可能使用自己的信使。英格兰人一直在监视"一个叫劳伦斯（Laurence）的人，他是安特卫普的装订工，身材瘦小，留着淡黄色的小胡子，讲话口齿不清，但法语说得很好"。

这些信听起来没什么问题。维斯特根写道："关于我们的商品……听说今年收成很好，如果我们秘密行事，可以用谷物大做文章。"没有人秘密地种植谷物，所以这封信不可能是农民写的，肯定有第二层含义，即灵魂的收获。泽兰当局发现这样的信件后，特意编写了小册子，奚落天主教徒居然用此等世俗的语言来讨论这么神圣的事情。维斯特根写道，"被捕的商人仍在痛苦中挣扎"，这个商人是指神父。至于在农民的信中突然出现的"鱼贩子加利克（Garlyke）先生"——他"出城了，但他说很快就会到那里，下令处理我们的事"——你或许会好奇，为什么鱼贩子在收割谷物。所以，加利克先生很可能是耶稣会士。

维斯特根一直密切关注着他的英格兰敌人，而伦敦也监视着他的一举一动，这是我们熟悉的、痴迷的双向间谍游戏。1592 年，他给英格兰的一名耶稣会士写信说："181 认为，最好等几周再把 239 寄给 25 的 139，因为 9m12 先生……在这里，想通过 227 的渠道搞清楚 181 交易的路线和方式。"这封

317　密信的意思是：维斯特根（181）认为，这几周最好别给英格兰（25）的神父（139）发送消息（239），原因是某个间谍正在安特卫普，想查出维斯特根究竟是如何运作的。这个间谍［9m12 先生］很可能是罗伯特·波利（Robert Poley）。

　　这样令人窒息的世界不可能永远继续下去，阴谋诡计、谍报技术以及这些行动的道德目的终会销声匿迹。1603 年，伊丽莎白逝世后，英格兰使团不再执行秘密任务，不再安插内奸、布设圈套，西班牙人也不再需要维斯特根的密报，打探英格兰宫廷的风吹草动。维斯特根改变了服务对象，这只能表明信息和情报已经变成了生意。

　　他利用自己的人脉，获得了向佛兰德进口英格兰布料的垄断权。他试图向西班牙人推销一种巧妙的装置，这种装置可以阻滞海水，让船在海上停留更长时间。他还努力说服他们实施一项计划，将荷兰人踢出波罗的海和地中海之间的运输贸易。他干得风生水起。他投身新闻业，从事诗歌创作，还成了幽默作家。他为每周三期的大报《新闻报》（*Nieuwe Tijdinghen*）撰稿，直到后来这张报纸改版成一周一期的《新闻周报》（*Wekelijcke Tijdinghen*），他才停笔，因为没有人想读西班牙人落败的报道。他交易的商品是事实、信息和传闻，保不齐为钱还会提供更多私密的资讯，但他不再是不折不扣的间谍了，他终于成了合格的雇佣文人。

　　维斯特根很会选择时机和城市。17 世纪 20 年代，阿姆斯特丹出现了第一批英文报纸，都是翻译过来的荷兰新闻，这些报纸就像一般新闻报道一样，穿越北海，经由安特卫普，传到伦敦。如果北海不开放，英格兰就无法得知国外发生了什么。1632 年，伦敦情报员约翰·波里（John Pory）抱怨道："关于外国的消息，我们所知甚少，因为我们已经两周没收到安特卫普的邮件了。"北海一带沉迷于事实、新闻、信息和情报，已经不可自拔。

　　毛里茨（Maurits）亲王掌舵，28 个人挤在上面，这是由 工程师、簿记员、数字之王西蒙·斯泰芬设计的帆船战车。亲王驾驶这有名的玩具掠过海牙附近的沙滩，旌旗猎猎，两张帆迎风鼓起，四个大轮子不停转动，他还会伺机恶作剧。"有一次，亲王殿下闹着玩，想捉弄一下绅士们，他驾驶战车冲向大海，吓得许多人心惊肉跳，但他及时转舵，战车又冲上了海滩，沿着原先的路线疾驰而去。"

　　帆船战车是中国的发明，荷兰水手在东方见过。斯泰芬的设计是供毛里茨消遣之用，是导师对学生的赞许，是学者对亲王和赞助人的恭维。斯泰芬在莱顿的学生社区里认识了毛里茨，在随后的战争岁月中，他对亲王始终不离不弃，每次围攻，他的帐篷都搭在亲王的旁边。他与权力如此贴近，但他似乎从没写过建议书或求助信，两人的关系这么亲密，我们也无法确定他们是朋友还是同僚。

　　斯泰芬是亲王的数学导师，要教亲王航海、设防以及如何用枪瞄准的科学知识，而亲王是他的赞助人和保护者，即便他的想法在常人看来极其离谱。斯泰芬说，地球绕着太阳转，加尔文派地理学家乌博·埃缪斯（Ubbo Emmius）当众放话："如果真是这样，照我理解，作者就是在竭力宣称摩西是骗子，圣经所言皆为虚妄。我很遗憾，亲王的名誉和学业都被这个脏东西玷污了。"亲王听闻此话，连眼睛都没眨一下。

　　斯泰芬在莱顿大学的头几年有了突飞猛进的成长。他选择莱顿大学是一步好棋，因为莱顿的学生不用为葡萄酒、啤酒和书本纳税，仅仅一年后，他就获得了第一项专利，他发明了一种精巧的机器，带有一张能在水面上开合的大网，用于疏浚代尔夫特（Delft）运河，清理淤积的泥沙。同年，即 1584 年，一个名字不详的狂热分子枪杀了毛里茨的父亲威廉，他倒在代尔夫特寓所的楼梯上，临终前留下了无可挑剔的隽语："我的上帝啊，我的上帝，可怜可怜我和这些可怜的人吧。"威廉的死对于起义军来说可悲可叹，因为他是反抗西班牙人的伟大领袖。但他的儿子步步为营，接替了他的角色，先是几个省的执政者，然后出任军队统帅，率军为整个联省而战，最后成了联省共和国拥有最高权力的亲王。毛里茨的生活是由战争和战争的迫切需要构成的，斯泰芬也是如此，他聪明、务实、学究似的头脑总能派上用场。他有上百个问题要解决，如果找不到答案，战争就会失败，国家就会灭亡。

罗杰·培根在面对蒙古游牧部落的故事时曾体会到的紧迫感，后来催生了一系列新设备和新技术。斯泰芬是陆军工程师，后来又当了十年的军需官。他设计了水闸、水泵、挖泥船、风车，甚至还发明了一种锹、斧、镐的组合工具，这样士兵挖掘时只需带一件工具，他认为工具很重要，因为挖掘"被认为是毛里茨在围城战中屡屡得胜的主要原因之一"。他写了一篇关于防御工事的论文，并没有对实战做太多研究，但结果证明，其中论述的多边形要塞——五个或更多的堡垒，外围开凿双运河——足以改变现实中排兵布阵的战术。他写经度时，提出了一种方法，可以让船直接航行到任一港口，不用操心如何在海上计算经度，这是几十年都没能解决的难题。数学理论的实用性和纯粹美之间的恒张力令他着迷。

319

　　斯泰芬在学术上硕果累累。他在莱顿学习两年，就出版了一本看似平平无奇的书——《论十进制》（De Thiende）。他在书中呼吁国家要统一度量衡和货币，因为当时，阿姆斯特丹的镑和奈梅亨（Nijmegen）的镑不一样，阿姆斯特丹的尺和格尔德（Guelder）的尺也只是近似值。各个省发行的硬币千差万别，比如荷兰盾、泰勒币（daalder）① 等，统一有利于贸易，也有助于规范联省共和国混乱的货币体系。更重要的是，人们可以学会如何根据基本原理，在相同的基础上，计算出价值和数量，而不仅仅是凭眼睛判断或依靠个人无序的经验。

320

　　为了系统地解决这个官僚政治问题，斯泰芬照例从数学入手。他在研究过程中，为了使计算更简便、分数更易懂，发明了第一个实用的十进制。

　　他听说过百分制——在安特卫普，沃姆（aum）是葡萄酒的计量单位，1 沃姆等于 100 罐（pot）——但他想设定一种广泛适用的计量标准，测量员、出纳员、任何需要计数和计算的人都能用。

　　他把此书献给"天文学家、测量员、挂毯丈量员、计量员……金融大师和所有的商人"。他演示了如何把数字写成小数，而不是烦琐的分数，这样一来，只要对齐小数点，加减运算甚至求平方根都很容易。他还提出，人人都应该使用相同的系统，用十进制计算，而不再用六十进制。他没有多费口舌，谦虚地谈论"他的发明的巨大用途"。原则上，他用荷兰语写作，每个荷兰人都能看懂，但这本书很快就被翻译成法语，又

---

① 19 世纪德意志地区流通的银币。泰勒币的种类很多，因为发行的国家很多，包括现今的德国、奥地利等。

迅速被译成了英语和丹麦语，读者遍及各地。

斯泰芬还是物理学家，他改变了关于水压作用于水下或水中物体的科学。他写了荷兰第一本关于逻辑的书，还写了一本关于人的公民义务的书。在数学方面，他有一套方法，几乎屡试不爽。早上，亲王抱怨"呈上来的账目晦涩难懂，在他看来冗长乏味"，他过后就重新整理了亲王的土地和财产账目。他做了很多实验，他检验物体下落速度是否由重量决定的简单试验甚至胜过伽利略（Galileo），他带着代尔夫特的市长登上教堂塔楼，将两个重量不同的铅球从 30 英尺高的地方扔到下面的声板上，发现"它们同时落在声板上，所以两个声音听起来像是同一下叩击"。他承揽了代尔夫特运河的疏浚工程，发明了水闸，利用水力冲走淤泥，他由此声名鹊起，还被叫到
321 波兰的格但斯克去掘深港口。当然，因为他什么都要检验，所以他必须亲自去港口考察。他还设计了新型水磨，并造出实物来验证他的理论。代尔夫特地方法官给他写了一封感谢信，说磨机"按照斯泰芬的工艺重建后，冲刷水量至少是以前的 3倍"。但艾瑟尔斯泰恩（IJsselstein）的民众怨声载道，因为他们的磨坊倒闭了，圩田也被水淹了。斯泰芬三番五次地去检查，似乎不太相信自己的设计会出问题。他把失败归咎于疏忽，甚至觉得是蓄意破坏。

什么都要经过事先设计。第一批泥炭挖掘者想方设法地保护土地不被水侵袭，他们做到了，但现在这项工作的规模极度扩大。市场上出现了新的贸易公司，前往东印度群岛和西印度群岛做生意，这种股东公司不仅持有特定船只的股份，还依赖于实用的数学，必须给船确定航向，必须有墙来阻挡敌人进入海湾，必须有水道来运输货物，必须经过勘测来划分新征服的

土地，而且总得有人开枪百发百中，总得有人记账，记录买卖的股份情况。亲王毛里茨认为有必要培养工程师、测量员，这些人要有足够的数学知识，"但每一项只要满足一般工程实践知识的要求"即可。他提议在莱顿大学开设一门新学科，即荷兰数学（*Duytsche Mathematique*）。

斯泰芬筹办了新学科，编制了教学计划，并亲自执鞭任教。这门学科用荷兰语授课，因为斯泰芬认为荷兰语比拉丁语更适合讲授实用科目，这本身就是一场革命。几年前，他创造了荷兰语中表示"三角形"或"平行"的单词，又过了80年，德意志地区的大学才开始用德语授课。语言的改变使学校的大门向所有人敞开，那些将拉丁语作为通用语（*lingua franca*）和准则的神职人员不得不为新来者腾出空位。新学科的课程设置完全不同于斯泰芬在莱顿大学接受的中世纪教育方案。他学习的是哲学或人文学科，包括修辞学、物理学、数学、伦理学、希腊语和希伯来语。但新学科旨在培养具有特定技能的人，而不是推行通识教育，总之，这是一门现代学科。 322

斯泰芬还出乎意料地留下了另一座丰碑，即世界各地城市的形状。他一直想写一本建筑和城镇规划方面的书，他经常提到这个主题，并留下了大量的笔记。[45]他从排水沟和地基着笔，但他考虑的始终是居住在城镇里的人，立面的美观、古典建筑的规则都没那么重要。他写房屋的布局时，担心存在火灾隐患，还绞尽脑汁地思考如何防盗、男人在哪里锻炼、如何避免坐在窗边的妻子或女儿被人看见或"被街上过路的人搭讪"。炉房供暖是个好办法，但"那些不习惯的人会像晕船的人一样生病"。他认为庭院是好，因为情侣们不能轻易接触到心上人，但也有缺点，因为即便你探出窗外，也看不到街上发生的大事小情。你可以看出他有孩子，两子两女。

他希望街道规整，门面统一，简单的石材就很好看，不要有太多的柱子和装饰。他认为必须要规划交通，在建设前制作模型似乎是个好办法。他提出的城市规划图是矩形的，用运河分割成不同的区域，看起来有点像军营那种简单的方形布局，但增加了市场、洋房和敞亮的公共广场等复杂实用的设计。

在他去世后，这些城市终于建成了，比如巴西的累西腓（Recife），你在那里仍可辨认出荷兰毛里茨斯塔德（Mauritsstad）市的街道构架，再比如斯里兰卡（Sri Lanka）的科伦坡（Colombo）、南非的开普敦，还有苏里南（Surinam）帕拉马里博（Paramaribo）堡。他的建筑和城市规划思想随帝国传遍了全世界。

阿姆斯特丹的黄金时代才刚刚开始，艺术、财富、伟大的舰队，以及从纸张到谷物面包等各种商品应有尽有的综合市场，万事俱备，一切就绪。

323　回想安特卫普、佛兰德和勃艮第过去的故事。权力变成了炫耀和浮华的表演，也成了军事和外交的较量，当时统治者要笼络鱼龙混杂的独立城镇，又要依靠大的商业企业，软实力或许必不可少。阿姆斯特丹的情况也大同小异。市民坚持自己的权力，而在海牙，执政的亲王必须扮演统治者的角色，就像在舞台上一样，一切都要遵循表演、时尚和显摆的规则。与此同时，尼德兰联省共和国的整个性质也将随着东印度公司和西印度公司这种大型贸易公司的成立而改变，只有部分政治力量，主要还是商业力量，能够建立、占领和组织一个帝国。统治者只是众多权力之一。

在信奉天主教的安特卫普，像交易所这样的市场已经脱离了实体商品的束缚，交易者可以根据不同地点、不同时间之间价格关系进行买卖，商人可以预测，也可以投机。再加上分摊造船成本或组建公司以保护土地免受海水侵蚀的古老传统，资本主义机制就可以建立起来了。

信息已成为很有价值的商品，可以出售，可以交换，有时还可以囤积。人们想知道，也希望被告知，他们认为知识意味着改变。即使商船是被派去击沉敌人，夺取对方的银粮，或者心平气和地做生意，查明真相也是头等大事，船长奉命要带回标本和证据。阿姆斯特丹出版的书籍和新闻刊物传遍了欧洲各地，有时会泄露秘密，有时会引发丑闻。

绘画走下祭坛，走进了千家万户，这是为市场创作的，而不是为了上帝的荣耀和赞助人的声名。这一过程早在新教徒发起的"破坏圣像运动"之前就开始了。艺术变成了日用商品。安特卫普有许多艺术品经销商，商店里人头攒动，就像后来的阿姆斯特丹一样，是艺术品的集散地。绘画仍是工匠的活计，他们的作品通常相当于临摹，但天赋是与生俱来的，天才的重要性在于原创和个人价值。阿姆斯特丹也会混淆这两个概念——天才的重要性和消费者的重要性。

324

最重要的是，这个世界乐于被计算和改造，应用数学来建造堡垒或风车，保存商业记录，规划城镇建设。安特卫普经历了这些变化，但叛乱和宗教派系之争摧毁了这座城市的秩序感。阿姆斯特丹继承了这一思想。两座城市都有同样辉煌的成就，我们至今还依然坚持着这种看似合理的信念。

这种信念因时间的浇灌，越发根深蒂固。

帝国舰队驶出大西洋和太平洋，他们的航行让我们领略了更广阔的世界。弗朗西斯·培根认为，这是新世界，是他作为哲学家、政治家和实验爱好者想要了解的世界。1620 年，他写道："在我们这个时代，新世界的大部分地区和旧世界最遥远的地区都已渐为人知，经验的积累在无限地增长。"葡萄牙人沿着西非海岸探索，1487 年到达好望角（Cape of Good Hope），1498 年到达印度。1500 年，他们登上巴西海岸，16 世纪 50 年代，法国人紧随其后，也来到了巴西海岸。葡萄牙人于 1513 年到达中国，1543 年到达日本。1492 年，克里斯托弗·哥伦布（Christopher Columbus）在巴哈马（Bahamas）的圣萨尔瓦多（San Salvador）靠岸。1497 年，英格兰人航行到北美海岸附近。一个世纪后，荷兰商人向印度尼西亚派出了第一个贸易代表团，英格兰人正打算在北美部分地区定居，法国人、荷兰人、瑞典人也纷至沓来。

这是常见的关于"发现"的故事，讲述了我们如何认识世界，并使之向现代化发展。但如果"发现"指的是第一次发现未知的地方和民族，那么用这个词就不准确了。葡萄牙人发现了通往印度的海上航线，但罗马人早在一千多年前就在卡拉奇（Karachi）和古吉拉特邦（Gujarat）附近互市，他们翻越喜马拉雅山，将珊瑚和乳香卖到中国，再从中国买回丝绸、兽皮、靛蓝、象牙和"长辣椒"。公元 1 世纪，埃及亚历山大港的船只要感觉到季风的气息，就会扬帆起航，驶往印度。[46]公元 4 世纪，罗马人就用上了印度尼西亚摩鹿加群岛（Moluccas）的丁香和肉豆蔻。[47]这其中少不了阿拉伯中间商的参与，但罗马人至少间接地认识了世界，知道世界是连通的。诺斯人也是如此，如我们所见，他们一路前行，向东穿过俄罗斯到达拜占

325

庭，向西到达北美海岸。如果你能认识到长久以来这些远程贸易的力量，就不会觉得在瑞典田野里发现 8 世纪的佛像是什么怪事了。

我们逐渐认识了世界。帝国舰队改变了我们看世界的方式，要调查研究，而不只是收集或交换信息，还要用枪支和技术来称霸世界。我们的世界和思维方式看似说变就变，但其实两者都有漫长而复杂的故事，历史上所有的必要条件以我们特定的方式演进成现代的样子。这一切原本可能会有完全不同的结果，但假如没有我讲述的这段故事，这一切根本就不可能发生。

故事从弗里西亚商人说起，他们驾着平底船在北海沿岸奔忙，推广了货币这种考量世界及其价值的抽象方式。修士们在冰冷的斗室里演算时间的数学，不只要披古通今，还要观察、推理、计算，他们塑造了人们对自然世界的看法。他们还促进了跨越海洋的思想交流，因为繁忙的贸易使他们能够触碰陌生人的思想，赋予了文字极大的价值。在世界边缘的浅滩上，布和铁的交易开始改变我们看待世界的方式，弗朗西斯·培根就是继承了他们的衣钵，传承了他们的历史。

诺斯人南下，成了千夫所指的敌人，因为基督教教团需要确保自己的正义。诺斯人定居下来，就地创建了独立的新型城镇，这些城镇的兴起改变了一方风景。有些诺斯人走得更远，有证据表明，早在帝国的航船出发之前，从诺斯人奥瑟尔的时代起，人们就在航行，因为他们好奇前方有什么。他们一探究竟想进入未知的世界。

培根理解这种好奇心，他写道："难以想象世界上有边界或最远点；几乎必然，总有超越认知的东西出现。"他深知有 326

待发现的新生物、新矿物、新景象和新信息有怎样的力量，他写道："它们能够为哲学带来新的曙光。如果我们这个时代已经开发了物质世界的广大领域，探索了陆地、海洋和星辰，而知识世界还局限于古人的发现和狭窄的范围，那将是人类的耻辱。"[48]例如，在巴西和南部非洲的登陆，完全推翻了亚里士多德的假设，亚里士多德认为，没有生物能在赤道以南的炙热世界中生存，地球上只有北方宜居。人们开发地球的过程颠覆了不少权威观点，人们必须自己寻找出路，自己思考答案。但圣洁的比德早就挑战过权威，这位忠诚的教徒研究月亮和潮汐，提出了自己的一些见解。

旅行展现了不同的生活方式、不同长度的长袍、不同的颜色和风格。旅行孕育了时尚，而时尚意味着选择。旅行还涉及变革，这引起了保守派的警觉。女人可能会选择与她身份不符的穿着。男人可能会坚持他可以选择自己的样子。每一种社会混同，甚至是性别的混同，都可以从街上行人的背影看出端倪。这是危险甚至可怕的证据，证明人们可以选择，而焦虑的世界不能对此不理不睬。

在世界的边缘，罗马的法律从来都不太管用，相反，法律必须与风俗、与习惯、与北方的生活方式相抗衡。法律因此变得更灵活，或许也更人性化，更能处理商业纠纷，更能研究某个杀人犯的心理状态。文件变得非常重要，因为人们对书面文字特别信任，这激发了最优秀的伪造者以他们的方式改写历史。律师这一职业诞生于世界的边缘，这不仅要归功于法律崇高的自我价值，还要感谢职业的概念脱离了宗教体系，并且顺理成章地衍生出中产阶级的概念。

这些变化意义深远，促成了官僚制的建立，为民族国家的

形成创造了条件。自然界的变化可以说更为重要。在脆弱的海 327
岸线上，潮水冲刷、流沙掩埋，一场风暴就可能改变整个社区
的形状。最初，人们为了给新兴和发展中的城镇提供燃料，险
些失去土地，后来，他们又进而相信可以用水坝、堤堰、水闸
来改造世界。森林、洁净水源让位给一个处处讲条件的世界，
这是我们的过错，我们责无旁贷。

除了这种控制欲，人们对发现问题、再验证题设的实验也
产生了新的兴趣。西蒙·斯泰芬发扬光大的实验法最初是出于
对蒙古游牧部落和世界末日的恐惧。在新的大学里，数学思想
仍然撇不开金钱、道德交易和公平价格的概念，这种始于弗里
西亚人的联系至今还在影响人们的思想。

贸易本身成为一种力量。德意志地区的汉萨城镇结成同
盟，可以自主签订条约，赶走国王，封锁某个国家，迫使其陷
入饥荒、被迫投降。金钱与政治权力开战了。

现代世界正在成形，包括法律、职业、文字，城镇及其对
自然界的影响，书籍和时尚，商业与权力的关系等方方面面的
变化。我们不再处于历史的边缘，我们面对的是造就现代世界
的思想变迁。

我们看到，女性如何做出令人惊讶的选择，如何按照她们
想要的方式构建世界。女性有了追寻爱情、选择伴侣的可能
性，结果却意味着晚婚，随之年轻人也有可能带着各种各样的
技术知识去欧洲各地闯荡。世界的边缘在床上找到了一些经济
优势。

我们看到，瘟疫如何像今天的恐怖主义一样，成为社会管
制的理由，催生出各种政策法令，告诉孩子们如何守规矩，剥
夺工人选择工作的权利，决定哪些穷人值得救助、哪些穷人只

是废物。瘟疫加固了原本极不安全的边界，使我们的活动和旅行受到了限制。瘟疫帮助国家增强了存在感，建立了国家理想。

328　　　这一切造就了安特卫普的灿烂文明，孕育了我们很多的现代观念，比如艺术、保险、股份、天才、权力的表演，再比如按我们的意愿改造世界的可能性。后来，战争打散了佛兰德，北部各省先后独立，这些理念也传到了阿姆斯特丹。

　　　这些理念带着荣耀而来。它们看上去像是绝妙的新思想，但其实它们脱胎于我们曾经不以为意的"黑暗时代"的智慧之光，源自我们过去称之为"世界的边缘"的核心价值。在冰冷灰暗的北海地区，古老、边缘、过时的东西撒下的种子，让我们有可能变得更好，也有可能变得更坏。

　　　现在，是时候给予它们应有的评价了。

注　释

序　言

1. Warwickshire Record Office (WRO): CR1368/vol. I/66.

2. 关于斯卡伯勒的游客和他们消遣的热情，见 *A list of the Nobility, Quality and Gentry at Scarborough* (1733); *The Scarborough Miscellany for the year 1733*; *A Journey from London to Scarborough* (1734)。关于泉的发现：Robert Wittie, *Scarborough-Spaw: or a Description of the Nature and Virtues of the Spaw at Scarborough, Yorkshire* (1667)。关于海水用途和价值的辩论：W. Simpson, *Hydrologia Chymica: or the Chymical Anatomy of the Scarborough and other Spaws in Yorkshire* (1669); Anon., *A dissertation on the Contents, Virtues and Uses of Cold and Hot Mineral Springs, particularly those of Scarborough* (1735); Robert White MD, *The Use and Abuse of Sea Water Impartially Considered* (1775)。

3. WRO: CR1368/vol. I/67.

4. 关于更详尽的论述概要，见 R. Dettingmeijer, 'The Emergence of the Bathing Culture Marks the End of the North Sea as a Common Cultural Ground', in Juliet Roding and Lex Heerma van Voss (eds.), *The North Sea and Culture 1550–1800* (Hilversum, 1996), pp.482ff。

5. 彼得·肖（Peter Shaw）对这片水的分析是他 1733 年在斯卡伯勒讲座上的文稿，后来他把讲稿寄给了公司的记录员，1735 年，这本书正式出版。See Peter Shaw, *An enquiry into the contents, virtues and uses of the Scarborough Spaw-waters: with the method of examining any other mineral water* (London, 1735).

6. David Kirby and Merja-Lisa Hinkkanen, *The Baltic and the North Seas* (London, 2000), p. 53.

7. *Baedeker's Belgium and Holland* (Leipzig and London, 1894), p. 255.

8. See Ada Hondius-Crone, *The Temple of Nehalennia at Domburg*

(Amsterdam, 1955), p. 7, 以及时事通信的复印件。

9. Marie de Man, 'Que sait-on de la plage de Dombourg?', in *van het Nederlandisch Genootschap voor Munt-en Penningkunde* (Amsterdam,1899); 玛丽·德曼（Marie de Man）是杰出的钱币学家和地方历史学家，她描述了两个世纪以来海滩上的所有重大发现，并对发现的硬币进行了编目。她还报道了零星的盗墓事件。

10. Stéphane Lebecq, *Marchands et navigateurs frisons du haut Moyen Âge*,vol. 1: *Essai* (Lille, 1983), pp. 142–4 是关于弗里西亚栋堡的描述；p. 144 有关于发现的具体描述。

11. B. Krusch and W. Levison (eds.), *Monumenta Germaniae Historica, Scriptores rerum Merovingicarum*, vol. 7: *Passiones vitaeque sanctorum aevi Merovingici* (Hannover/Leipzig, 1920), p. 128, ch. 14, lines 4–13.

12. Ephraim Emerton, *The Letters of Saint Boniface* (New York, 2000), letter XV, pp. 27–8.

13. Cf. John E. Pattison, 'Is It Necessary to Assume an Apartheid-Like Social Structure in Early Anglo-Saxon England?', *Proceedings of the Royal Society: Biological Sciences* 275, 1650 (7 November 2008), pp.2423 ff.

14. Quoted in Sebastian I. Sobecki, *The Sea and Medieval English Literature* (Cambridge, 2008), p. 30.

15. John Trevisa's translation of Bartholomaeus Anglicus, *De Proprietatibus Rerum*, in my modern version: Trevisa quoted in Sobecki, *Sea and Medieval English Literature*, p. 39.

16. Martin W. Lewis: 'Dividing the Ocean Sea', *Geographical Review* 89, 2 (April 1999), pp. 192–5.

17. Cf. Rosemary Muir Wright, 'The Rider on the Sea-Monster', in Thomas R. Liszka and Lorna E. M. Walker (eds.), *The North Sea World in the Middle Ages* (Dublin, 2001), pp. 70ff.

18. Bernard McGinn, 'Ocean and Desert as Symbols of Mystical Absorption in the Christian Tradition', *Journal of Religion* 74, 2 (1994), pp. 156,157.

19. 关于完整的讨论，见 Barbara Hillers, 'Voyages between Heaven and Hell: Navigating the Early Irish Immram Tales', *Proceedings of the Harvard Celtic Colloquium* 13 (1993), pp. 66ff。

20. 'The Voyage of St Brendan', in J. F. Webb, *The Age of Bede* (London,1965), p. 236.

21. Ibid., p. 261.

22. Dicuil (ed. J. J. Tierney), *Liber de mensura orbis terrae*, 7, 15 (Dublin,1967), pp. 72–3.

23. Ibid., p. 115n.11; and cf. Gunnar Karlsson, *Iceland's 1100 Years: History of a Marginal Society* (London, 2000), pp. 9–12.

24. Francis J. Tschan (ed. and tr.), *Adam of Bremen: History of the Archbishops of Hamburg–Bremen* (New York, 2002), 4, 34, p. 215 关于（评注中）的奥克尼海域和海洋；4, 35, p. 217 关于燃烧的冰；4, 38, p. 220 关于哈拉尔·哈德拉达的航行。

25. Devra Kunin (tr.) and Carl Phelpstead (ed.), *A History of Norway and The Passion and Miracles of the Blessed Óláfr* (London, 2001), p. 4, lines1–16, 关于冰山和怪物；pp. 11–12 关于火山。

26. Tschan, *Adam of Bremen*, 4, 25, p. 206, 关于单足人、食人族、独眼巨人；4, 17, p. 198, 关于龙；4, 18, p. 199, 关于蓝皮人和普鲁士人；4,19, p. 200, 关于阿玛宗人和她们的后代。

27. Cf. McGinn, 'Ocean and Desert', pp. 74–5.

28. Aleksander Pluskowski, 'What is Exotic? Sources of Animals and Animal Products from the Edges of the Medieval World', in Gerhard Jaritz and Juhan Kreem (eds.), *The Edges of the Medieval World* (Budapest, 2009), p. 114.

29. William Ian Miller, *Audun and the Polar Bear: Luck, Law and Largesse in a Medieval Tale of Risky Business* (Leiden, 2008), pp. 7ff.; p. 18 讲到了主教、皇帝和冰岛法律。

30. J. R. S. Phillips, *The Medieval Expansion of Europe* (Oxford, 1998), p. 197.

31. Kevin J. Wanner, *Snorri Sturluson and the Edda: The Conversion of Cultural Capital in Medieval Scandinavia* (Toronto, 2008), p. 82.

32. Eric Hobsbawm, *Fractured Times* (London, 2013), pp. 150–51.

33. See Bernadette Cunningham, 'Transmission and Translation of Medieval Irish Sources in the Nineteenth and Twentieth Centuries', Jan Eivind Myhre, 'The "Decline of Norway" : Grief and Fascination in Norwegian Historiography on the Middle Ages', and Peter Raedts, 'A Serious Case of Amnesia: The Dutch and Their Middle Ages', in R. J. W. Evans and Guy P. Marchal (eds.), *The Uses of the Middle Ages in Modern European States*

(Basingstoke, 2011).

34. Patrick McGilligan, *Fritz Lang: The Nature of the Beast* (London, 1997), pp. 104, 172.

35. G. Ronald Murphy SJ, *The Saxon Savior: The Germanic Transformation of the Gospel in the Ninth Century Heliand* (New York, 1989), p. 6.

36. See E. G. Stanley, *Imagining the Anglo-Saxon Past* (Cambridge, 1975), pp. 20–22, and Valentine Anthony Pakis, *Studies in Early Germanic Biblical Literature: Medieval Rewritings, Medieval Receptions and Modern Interpretations* (Ph.D. thesis, Minneapolis, 2008), pp. 30–32 and 246ff.

37. For example，Fritz Rörig, 'Les Raisons intellectuelles d'une suprématie commerciale: la hanse', *Annales d'histoire économique et sociale* 2, 8 (15 Oct. 1930), pp. 481–98. 'Derrière cette ensemble sont de puissantes forces spirituelles et intellectuelles...', p. 486.

38. David M. Wilson and Else Roesdahl, 'Vikingarnas Betydelse för Europa', in Svenlof Karlsson (ed.), *Frihetens Källa: Nordens Betydelse för Europa* (Stockholm, 1992).

39. 我用了洛布（Loeb）版的 *Historia ecclesiastica gentis Anglorum* (tr. J. E. King; Cambridge, Mass., 1930)，这是 1881 年牛津莫伯利（Moberly）版的修订本。金（King）的翻译有时很另类，比如"batful"代表"富饶的"，所以我改了改。

40. Bede (tr. J. E. King), 'Praefatio', in *Historia ecclesiastica*, pp. 4, 6.

41. Quoted in Stephen Yeates, *Myth and History: Ethnicity and Politics in the First Millennium British Isles* (Oxford, 2012), p. 150.

42. Bede (tr. J. E. King), *Historia ecclesiastica*, pp. 68–74, chs. XIV, XV.

43. Ibid., pp. 66, 74–6, 76 关于异端邪说；p. 80 关于转换之快（"话锋一转"）；p. 98 关于内战；chs. XIV, XVI, XVII, XXII 关于内战。

44. Pattison, 'Is It Necessary to Assume', pp. 2425–6.

45. Scc Ycates, *Myth and History*, 该书调查研究了比德的历史如何受到考古技术的挑战。他的文献目录可能比论据更有力。

46. Bodley MS Canon Misc 378, from *Cosmographia Scoti . . .* (Basel, 1436) 关于堡垒地图以及对进犯者（或伯爵）指挥的军队的描述。

47. 参阅 Régis Boyer, *Les Vikings, premiers Européens, VII–XI siècle: les nouvelles découvertes de l'archéologie*(Paris, 2005)。在前言中，索邦神学院

校长让-罗伯尔·皮特（Jean-Robert Pitte）宣布 'La construction européenne a permis enfin a toutes les ethnies et a toutes les nations d'Europe de s'unir dans la partage féconde de la diversité. Grâces soient rendues a nos ancetres vikings . . .' (p. 5)。

第一章 货币的发明

1. Plinius Secundus, *Naturalis historia*, book 16, sections 2, 3, online at www.penelope.uchicago.edu/Thayer/L/Roman/Texts/Pliny the Elder.

2. Wilhelm Levinson, *Vitae Sancti Bonifatii* (Hannover/Leipzig, 1905), p. 68 for the text of *Vita Altera Bonfiatii, Auctore Radbodo qui dicitur Episcopo Traiectensi* (也就是我们所说的 , Utrecht).

3. See Gustav Milne, 'Maritime Traffic between the Rhine and Roman Britain: A Preliminary Note', in Seán McGrail (ed.), *Maritime Celts, Frisians and Saxons* (London, 1990), p. 83; and H. Wagenvoort, 'Nehalennia and the Souls of the Dead', *Mnemosyne*, 4th series, 24, 3 (1971), pp. 278–9.

4. H. Wagenvoort, 'The Journey of the Souls of the Dead to the Isles of the Blessed', *Mnemosyne,* 4th series, 24, 2 (1971), p. 153.

5. 关于海盗，见 Stéphane Lebecq, 'L'emporium protomédiéval de Walcheren-Domburg: une mise en perspective', reprinted in Lebecq, *Hommes, mers et terres du Nord au début du Moyen Âge*, vol. 2: *Centres,communications, échanges* (Lille, 2011), p. 134。

6. L. Th. Lehmann, 'The Romano-Celtic boats from Druten and Kapel-Avezaath', in McGrail, *Maritime Celts*, pp. 77–81; and Milne, 'Maritime Traffic', in McGrail, *Maritime Celts*, p. 83.

7. Bede (tr. J. E. King), *Historia ecclesiastica gentis Anglorum* (Cambridge,Mass., 1930), pp. 122–4, 'vendidit eum Lundoniam Freso cuidam'; "不容置疑" 是比德对这个故事的评价。关于这方面的评论，见 Stéphane Lebecq, *Marchands et navigateurs frisons du haut Moyen Âge,*vol. 2: *Corpus des sources écrites* (Lille, 1983), p. 232。

8. Lebecq, *Marchands et navigateurs frisons*, vol. 2, p. 109,for text：'Fresones festinaverunt egredi de regione Anglorum, timentes iram propinquorum interfecti juvenis.'

9. Michael Swanton（tr. and ed.），*Anglo-Saxon Chronicle* (London,

1996）,p. 90.

10. 'Tam Saxones quam Frisiones vel alias naciones promiscuas', in Lebecq, *Marchands et navigateurs frisons*, vol. 2, p. 402.

11. Paraphrased from Wandalbert, *Miracula S. Goaris*, in Lebecq, *Marchands et navigateurs frisons*, vol. 2, pp. 153–5.

12. Willibald, *Vita Bonifatii*, ch. 8, in Lebecq, *Marchands et navigateurs frisons*, vol. 2, p. 85; and at p. 81 在乔治・华盛顿・罗宾逊（George Washington Robinson）的译本中 (Cambridge, Mass., 1916), 但这是我翻译的。

13. 关于沙丘、反常的潮汐模式和死亡人数，见 G.Waitz (ed.), *Annales Bertiniani* (Hannover, 1883), p. 18。魏茨（Waitz）记述了 839 年末的这段历史，但我效仿勒贝克（Lebecq），还结合了其他有关 838 年末的报告。

14. B. De Simson (ed.), *Annales Xantenses et Annales Vedastini* (Hannover/ Leipzig, 1909), pp. 9, 10, 26.

15. Detlev Ellmers, 'The Frisian Monopoly of Coastal Transport in the 6th– 8th Centuries', in McGrail, *Maritime Celts*, p. 91.

16. See Joachim Henning, 'Early European Towns', in Joachim Henning(ed.), *Post-Roman Towns, Trade and Settlement in Europe and Byzantium*,vol. 1: *The Heirs of the Roman West* (Berlin, 2007), pp. 19–21.

17. D. A. Gerrets and J. de Koning, 'Settlement Development on the Wijnaldum-Tjitsma Terp', in J. C. Besteman, J. M. Bos, D. A. Gerrets, H. A. Heidinga, J. De Koning (eds.), *The Excavation at Wijnaldum*,vol. I (Rotterdam, 1999), p. 111.

18. Lebecq, *Marchands et navigateurs frisons*, vol. 2, p. 137.

19. See William H. TeBrake, 'Ecology, Economy in Early Medieval Frisia', *Viator* 9 (1978), p. 16; and H. A. Heidinga, 'The Wijnaldum Excavation: Searching for a Central Place in Dark Age Frisia', in Besteman et al., *Excavation at Wijnaldum*, p. 10.

20. G. Waitz (ed.), *Vitae Anskarii et Rimberti* (Hannover, 1884), p. 72.

21. J. P. Pals, 'Preliminary Notes on Crop Plants and the Natural and Anthropogeneous Vegetation', in Besteman et al., *Excavation at Wijnaldum*, pp. 145, 147, 149.

22. Ellmers, 'Frisian Monopoly of Coastal Transport', p. 91.

23. John Boswell, *The Kindness of Strangers* (London, 1989), pp. 211–12.

24. Lebecq, *Marchands et navigateurs frisons*, vol. 2, pp. 37–9; 这段是我翻译的，关于更优雅的英文版本及有关弗里西亚人道德的讨论，另见 L. Whitbread, 'The "Frisian Sailor" Passage in the Old English Gnomic Verses', *Review of English Studies* 22, 87 (July1946), pp. 215–19。

25. William Levison (ed.), *Vita Willibrordi* ..., in B. Krusch and W. Levison(eds.), *Scriptorum Rerum Merovingicarum* VII (Hannover, 1920), pp.123–5.

26. Georg Weitz (ed.), *Ex Miraculis S. Wandregisili*, in *Scriptorum . . . Supplementa Tomorum I–XII* (Hannover, 1857), pp. 406–9.

27. Job 41:34, 33, 31, 14, 21, 32, quoting the Authorized Version.

28. Stéphane Lebecq, 'Scènes de chasse aux mammifères marins (mers du Nord VI–XIIème siècles)' (1997), in Lebecq, *Hommes, mers et terres du Nord au début du Moyen Âge*, vol. 1: *Peuples, cultures, territoires* (Lille,2011), pp. 244ff.

29. Joe Flatman, *Ships and Shipping in Medieval Manuscripts* (London, 2009), pp. 50ff.

30. Lebecq, *Marchands et navigateurs frisons*, vol. 2, pp. 185–8.

31. Levison, *Vitae Sancti Bonifatii*, p. 20. 我按利维森（Levison）的注释，将"trepidantibus"写成了"trepudantibus"，因为我很难像有些译者（例如 George Washington Robinson, 1916）那样，想象水手们同时划船和跳舞。

32. Ibid., p. 52.

33. See Keith Wade, 'Ipswich', in David Hill and Robert Cowie (eds.), *Wics: The Early Medieval Trading Centres of Northern Europe* (Sheffield, 2001), appendix 1, pp. 86–7.

34. M. O. H. Carver, 'Pre-Viking Traffic in the North Sea', in McGrail, *Maritime Celts*, pp. 119, 121.

35. See Hcidinga, 'Wijnaldum Excavation', in Besteman et al., *Excavation at Wijnaldum*, pp. 9, 10.

36. Egge Knol, 'Frisia in Carolingian Times', in Iben Skibsted Klasoe (ed.), *Viking Trade and Settlement in Continental Western Europe* (Copenhagen, 2010), p. 47.

37. Peter Spufford, *Money and Its Use in Medieval Europe* (Cambridge,

1988), pp. 9, 41.

38. Ibid., pp. 9, 15.

39. See Florin Curta, 'Merovingian and Carolingian Gift Giving', *Speculum* 81, 3 (2006), p. 683.

40. Spufford, *Money and Its Use*, p. 25.

41. Lebecq, *Marchands et navigateurs frisons*, vol. 1, pp. 54–6.

42. Spufford, *Money and Its Use*, p. 28.

43. Pieterjan Deckers, personal communication.

44. Hans F. Haefele (ed.), 'Notker the Stammerer', in *Gesta Karoli Magni Imperatoris*, vol. II (Berlin, 1959), ch. 9, p. 63.

45. Curta, 'Merovingian and Carolingian Gift Giving', p. 688.

46. Lebecq, *Marchands et navigateurs frisons*, vol. 1, p. 264.

47 Ibid.,p. 76.

48. Peter Sawyer, *The Wealth of Anglo-Saxon England* (Oxford, 2013), pp.98–9.

49. Spufford, *Money and Its Use*, p. 35.

50. Dirk Jan Henstra: *The Evolution of the Money Standard in Medieval Frisia* (Groningen, 2000), p. 263.

51. Ernst Dümmler, *Epistolae Karolini aevi*, vol. II (Berlin, 1895), letters 18ff., p. 145.

52. W. J. H. Verwers, 'Dorestad: A Carolingian Town?', in Richard Hodges and Brian Hobley (eds.), *The Rebirth of Towns in the West AD 700–1050* (London, 1988), pp. 52ff.

53. Lebecq, *Marchands et navigateurs frisons*, vol. 1, pp. 149ff.

54. Lebecq, ibid., vol. 2, p. 21, for the text of poem.

55. Verwers, 'Dorestad', in Hodges and Hobley, *Rebirth of Towns*, pp. 54–5.

56. Charles H. Robinson (tr.), *Vita Anskarii* (London, 1921), p. 104.

57. Lebecq, *Marchands et navigateurs frisons*, vol. 1, p. 259.

58. Ibid., p. 30.

59. Ibid., p. 28.

60. Based on Dagfinn Skre, 'Town and Inhabitants', in Skre (ed.), *Things from the Town: Artefacts and Inhabitants in Viking-Age Kaupang* (Norske Oldfunn XXIV; Aarhus/Oslo, 2011), esp. pp. 411ff, 讲述的是关于这所房子的平面图；还有431ff，是关于这所房子的用途和居民的。

61. Lebecq, *Marchands et navigateurs frisons*, vol. 1, p. 30, 关于石勒苏益格；p. 28 关于沃尔姆斯；p. 90 关于约克郡；pp. 112–13 关于拉德博多。

62. Ibid.,vol. 2, p. 258, quoted in the *Chronicles of Pseudo-Fredegaire*.

63. 'Normani in Walcras interfecerunt Francos', in *Annales S. Martini Tornacensis* for 839, quoted in Lebecq, *Marchands et navigateurs frisons*, vol. 2, p. 341.

64. 'Interfecta est de paganis non minima multitudo', in *Annales Xantenses* for 835,quoted in Lebecq, *Marchands et navigateurs frisons*, vol. 2, p. 335.

65. Lebecq, *Marchands et navigateurs frisons*, vol. 2, pp. 285–7.

第二章　图书贸易

1. Bede, *Lives of the Abbots of Wearmouth and Jarrow*, ch. 8, in J. F. Webband D. H. Farmer (trs.), *The Age of Bede* (London, 1988), p. 195.

2. Bede, *Lives of the Abbots*, ch. 6, in Webb and Farmer, *Age of Bede*, p. 192.

3. *The Anonymous History of Abbot Ceolfrith*, in Webb and Farmer, *Age of Bede*, p. 218.

4. Bede, *Lives of the Abbots*, ch. 17, in Webb and Farmer, *Age of Bede*, p.205.

5. 比德写到自己因为研究拜访了埃格伯特（Egbert）主教，并打算再次拜访。See the *Epistola ad Ecgbertum*, in Bede (tr. J. E. King), *Historia ecclesiastica gentis Anglorum* (Cambridge, Mass., 1930), p. 446.

6. See Fiona Edmonds, 'The Practicalities of Communication between Northumbrian and Irish Churches c.635–735', in James Graham-Campbell and Michael Ryan (eds.), *Anglo-Saxon/Irish Relations before the Vikings* (Oxford, 2009), pp. 129ff.

7. Bede, *Lives of the Abbots*, ch. 13, in Webb and Farmer, *Age of Bede*, p.200.

8. George Hardin Brown, *A Companion to Bede* (Woodbridge, 2009), pp.7–8.

9. Bede, *Lives of the Abbots*, ch. 4, in Webb and Farmer, *Age of Bede*, p. 190.

10. Bernard Bischoff, *Manuscripts and Libraries in the Age of Charlemagne* (Cambridge, 2007), p. 15.

11. Bede, *Lives of the Abbots*, in Webb and Farmer, *Age of Bede*, pp. 192,

193.

12. Bede (tr. J. E. King), *Historia ecclesiastica*, book II, pp. xxiv, 382, 384.

13. 比德致赫克瑟姆主教（Hexham）阿卡（Acca）的信，quoted in Rosalind Love, 'The Library of the Venerable Bede', in Richard Gameson (ed.), *The Cambridge History of the Book in Britain*, vol. I: *400–1100* (Cambridge, 2012), p. 606。

14. Richard Gameson, 'Anglo-Saxon Scribes and Scriptoria', in Gameson, *Cambridge History of the Book in Britain*, p. 103.

15. For a brief account, see John J. Contreni, review of Martin Hellmann, 'Tironische Noten in der Karolingerzeit am Beispiel eines Persius-Kommentars aus der Schule von Tours', *Speculum* 77, 4 (2002), pp.1305–7。

16. 在对《圣路加福音》评注的序言中，比德说，受修道院日常事务所累，他要做"口述者、确认人、图书管理员"。See J. A. Giles, *The Complete Works of the Venerable Bede* (London, 1844), vol. X, p. 268.

17. Bischoff, *Manuscripts and Libraries*, p. 7; Jennifer O'Reilly, ' "All that Peter stands for"：The *Romanitas* of the *Codex Amiatinus* Reconsidered', in Graham-Campbell and Ryan, *Anglo-Saxon/Irish Relations*, pp. 367ff.

18. Michelle P. Brown: *The Lindisfarne Gospels and the Early Medieval World* (London, 2011), pp. 143–8.

19. Michelle P. Brown: *The Book and the Transformation of Britain c.550–1050* (London, 2011), p. 54.

20. Sr Winifred Mary OP, 'The Medieval Scribe', *Classical Journal* 48, 6 (1953), pp. 207ff.

21. Bede, *Life of Cuthbert*, ch. 33, in Webb and Farmer, *Age of Bede*, p. 86.

22. O'Reilly, ' "All that Peter stands for" ', in Graham-Campbell and Ryan, *Anglo-Saxon/Irish Relations*, p. 379.

23. Brown, *The Book and the Transformation*, p. 19 关于标记；p. 95 关于装订；p. 55 关于灯箱。

24. Diarmuid Scully, 'Bede's *Chronica Maiora*: Early Insular History', in Graham-Campbell and Ryan, *Anglo-Saxon/Irish Relations*, p. 48.

25. Bede (tr. J. E. King), *Historia ecclesiastica*, book IV, ch. II, pp. 10ff.

26. Faith Wallis (ed. and tr.), *Bede: The Reckoning of Time* (Liverpool, 2012),p. 202.

27. See John Maddicott, 'Plague in Seventh Century England', in Lester K. Little (ed.), *Plague and the End of Antiquity: The Pandemic of 541–750* (Cambridge, 2007), pp. 171ff. (p. 184 关于比德).
28. Wallis, *Bede*, p. 78.
29. Wesley M. Stevens, 'Sidereal Time in Anglo-Saxon England', in C. B. Kendall and P. S. Wells (eds.), *Voyage to the Other World: The Legacy of Sutton Hoo* (Minneapolis, 1992), p. 130.
30. Wallis, *Bede*, p. 260 关于五十乘九乘法表；pp. 255ff. 关于指算。
31. 参阅 722 年 12 月 1 日，教皇格列高利任命卜尼法斯为主教的信，in Ephrain Emerton, *The Letters of St. Boniface* (New York, 2000), p. 22。
32. Wallis, *Bede*, pp. lxxiff.
33. Paul Hughes, 'Implicit Carolingian Tidal Data', *Early Science and Medicine* 8, 1 (2003), p. 20 关于地球是圆的；p. 18 关于比德的爱尔兰前辈。
34. Wesley M. Stevens, *Bede's Scientific Achievement*, Jarrow Lecture 1985, rev. 1995; in Stevens, *Cycles of Time and Scientific Learning in Medieval Europe* (Aldershot, 1995), II, pp. 27ff.
35. Hughes, 'Implicit Carolingian Tidal Data', p. 12.
36. 比德致普勒格温的信见 Wallis, *Bede*, pp. 405ff。
37. 关于这个问题，see Jane Stevenson, 'The Beginnings of Literacy in Ireland', *Proceedings of the Royal Irish Academy* 89C (1989), pp. 127ff。
38 Ludwig Bieler (ed.), *The Patrician Texts in the Book of Armagh* (Dublin,1979), p. 122 关于帕特里克的书；p. 94 关于与德鲁伊教士的较量；p. 126 关于字母表见 Tírechán's *Life*。
39. 卜尼法斯致埃德布加的信，735，见 Emerton, *Letters of St. Boniface*, pp. 42–3。
40. 卜尼法斯致温切斯特主教丹尼尔的信，742–6，见 ibid.,p. 94。
41. M. B. Parkes, *Pause and Effect: An Introduction to the History of Punctuation in the West* (Aldershot, 1992), p. 23.
42. Brown, *The Book and the Transformation*, p. 30.
43. Bischoff, *Manuscripts and Libraries*, p. 17.
44. Brown, *The Book and the Transformation*, p. 45.
45. Parkes, *Pause and Effect*, p. 30.
46. Bischoff, *Manuscripts and Libraries*, p. 15.

47. Ibid., pp. 18, 20.

48. Brown, *The Book and the Transformation*, p. 40.

49. Gameson, 'Anglo-Saxon Scribes and Scriptoria', in Gameson, *Cambridge History of the Book in Britain*, pp. 103–4.

50. Emerton, *Letters of St. Boniface*, p. 145 关于毛巾；pp. 101–4 关于麦西亚；p.42 关于 "书籍的慰藉"。

51. Richard Gameson, 'The Circulation of Books between England and the Continent c.871–c.1100', in Gameson, *Cambridge History of the Book in Britain*, p. 344.

52. Emerton, *Letters of St. Boniface*, p. 42.

53. Bede (tr. J. E. King), *Historia ecclesiastica*, book V, pp. xxiv, 384–8.

54. Rosamond McKitterick, *The Carolingians and the Written Word* (Cambridge, 1989), p. 194.

55. Bischoff, *Manuscripts and Libraries*, p. 148.

56. Ibid., pp. 67–8.

57. Emerton, *Letters of St. Boniface*, pp. 34–5.

58. Ibid., p. 167.

59. Ernst Dümmler (ed.), *Epistolae Karoliniaevi*, vol. IV (Berlin, 1925), p.17.

60. Gameson, 'Circulation of Books', p. 366.

61. Bischoff, *Manuscripts and Libraries*, p. 12.

62. See Patrick Sims-Williams, 'An Anglo-Latin Letter in Boulogne-sur-Mer', *Medium Ævum* 48 (1979), pp. 1ff. and especially 11ff，是关于评论的；pp. 15ff 是关于其他女人的信。

63. Philippe Depreux, 'Ambitions et limites des réformes culturelles à l'époque carolingienne', *Revue Historique* 304, 3 (2002), p. 729.

64. Bischoff, *Manuscripts and Libraries*, p. 104.

65. McKitterick, *Carolingians and the Written Word*, pp. 261–3.

66. Bede, *Lives of the Abbots*, in Webb and Farmer, *Age of Bede*, p. 203；关于土地的价值，见 Michelle P. Brown, 'Bede's Life in Context',in Scott de Gregorio (ed.), *The Cambridge Companion to Bede* (Cambridge,2010), p. 19。

67. Bischoff, *Manuscripts and Libraries*, p. 76.

68. G. Waitz (ed.), *Vitae Anskarii et Rimberti*(Hannover, 1884), p. 32.

69. McKitterick, *Carolingians and the Written Word*, p. 135.

70. Quoted in Peter Sawyer, *The Wealth of Anglo-Saxon England* (Oxford,2013), pp. 103–4.

71. McKitterick, *Carolingians and the Written Word*, p. 217 关于杰拉尔德；pp. 247, 258; pp. 223–5 关于朵达（我调整了译文）。

72. Rosamond McKitterick, *History and Memory in the Carolingian World* (Cambridge, 2004), pp. 218–19.

第三章　树敌

1. Anne-Marie Flambard Héricher, Introduction to Héricher (ed.), *La Progression des Vikings des raids à la colonisation* (Rouen, 2003), pp. 9–10.

2. Abū Abd Allah Muhammad ibn Bakir al-Zuhrī in his *Book of Geography*; from Paul Lunde and Caroline Stone, *Ibn Fadlān and the Land of Darkness* (London, 2012), p. 110.

3. Cf. *Helgakvida Hundingsbana in Fyrri* 26 in Caro lyne harrington's *The Poetic Edda* (Oxford, 1996): 'the nobles hoisted up / the well-sewn sail in Vasrinsfjord'. 其他译者更喜欢直白的"编织"一词，但缝合的概念是存在的。(Carolyne Larrington, 私人交流。) 军队离开港口的细节是基于同一首诗，verses 26–9, pp. 117–18。

4. See Jan Bill, 'Viking Age Ships and Seafaring in the West', in Iben Skibsted Klæsøe (ed.), *Viking Trade and Settlement in Continental Western Europe* (Oslo, 2010), pp. 34, 38 关于帆；p. 27 关于桨和地位；pp.22, 23 关于航行的季节和时间。

5. Cf. John Haywood, *Dark Age Naval Power* (London, 1991), pp. 71ff, 给出了撒克逊人使用帆的有限证据。

6. In *Óláfs Saga Helga*, ch. 175; at p. 464 in Snorri Sturluson (tr. Lee M. Hollander), *Heimskringla* (Austin, 2009).

7. Else Mundal, 'The Picture of the World in Old Norse Sources', in Gerhard Jaritz and Juhan Kreem (eds.), *The Edges of the Medieval World* (Budapest, 2009), pp. 40, 43–5.

8. Cf. Søren Thirslund, *Viking Navigation* (Roskilde, 2007), passim.

9. Cf. Kristel Zilmer, 'The Representation of Waterborne Traffic in Old Norse Narratives', *Viking and Medieval Scandinavia* 2 (2006), p. 242.

10. 关于建设，见 H. Hellmuth Andersen, 'Danevirke', in Pam J. Crabtree,

Medieval Archaeology: An Encyclopedia (New York, 2001), p.72; 关于政治，见 Stéphane Lebecq, 'Aux origines du phénomène Viking', in Héricher, *Progression des Vikings*, pp. 17ff。

11. Cf. Knut Helle, 'The History of the Early Viking Age in Norway', in Howard B. Clarke, Máire Ní Mhaonaigh and Raghnall Ó Floinn (eds.), *Ireland and Scandinavia in the Early Viking Age* (Dublin, 1998), p. 244.

12. Wilhelm Holmqvist, 'Helgö, an Early Trading Settlement in Central Sweden', in Rupert Bruce-Mitford (ed.), *Recent Archaeological Excavations in Europe* (London, 1975), pp. 121–3; pp. 119–20 关于牧杖；cf. Jutta Waller, 'Swedish Contacts with the Eastern Baltic in the pre-Viking and Early Viking Ages: The Evidence from Helgö', *Journal of Baltic Studies* 13, 3 (1982), p. 259。

13. Thomas S. Noonan, 'Why the Vikings First Came to Russia', *Jahrbücher für Geschichte Osteuropas* 34, 3 (1986), pp. 321ff.; 关于洪流，见 Sigfús Blöndal and Benedikt S. Benedikz, *The Varangians of Byzantium* (Cambridge, 1978), pp. 8–12。

14. Dagfinn Skre, 'Town and Inhabitants', in Skre (ed.), *Things from the Town: Artefacts and Inhabitants in Viking-Age Kaupang* (Norske Oldfunn XXIV; Aarhus/Oslo, 2011), pp. 443ff.

15. Inger Storli, 'Ohthere and His World – a Contemporary Perspective',in Janet Bately and Anton Englert (eds.), *Ohthere's Voyages: A Late 9th-Century Account of Voyages along the Coasts of Norway and Denmark and Its Cultural Context* (Roskilde, 2007), pp. 89 关于捕鱼；pp. 91, 93 关于鲸油；p. 94 关于驯鹿。

16. 珍妮特·贝特利（Janet Bately）编辑和翻译的奥瑟尔的证词，混进了盎格鲁 - 撒克逊版的 Orosius' *Historiarum adversum Paganos Libri Septem*, is in Bately and Englert, *Ohthere's Voyages*, p. 46 关于财富；p. 44 关于他航海的雄心。

17. Anton Englert, 'Ohthere's Voyages Seen from a Nautical Angle', in Bately and Englert, *Ohthere's Voyages*, p. 119 关于风。

18. Rudolf Simek, 'Elusive Elysia, or Which Way to Glasisvellir?', in Rudolf Simek, Jónas Kristjánsson and Hans Bekker-Nielsen (eds.), *Sagnaskemmtun* (Graz, 1986).

19. Francis J. Tschan (ed. and tr.), *Adam of Bremen: History of the*

Archbishops of Hamburg–Bremen (New York, 2002), p. 206.

20. Ibid., p. 211.

21. Stefan Brink with Neil Price (eds.), *The Viking World* (Abingdon, 2012), pp. 564, 571 关于冰岛；p. 606 关于蒂尔基尔。

22. See Michael McCormick, 'New Light on the "Dark Ages": How the Slave Trade Fuelled the Carolingian Economy', *Past and Present* 177 (November 2002), pp. 42–3 关于穆斯林经济和奴隶价格；p.46 关于引用执事保罗的话。

23. Wilfried Hartmann (ed.), *Die Konzilien der Karolingischen Teilreiche 843–859* (Hannover, 1984), p. 124.

24. Brink with Price, *Viking World*, p. 545.

25. Howard B. Clarke, 'Proto-Towns and Towns in Ireland and Britain in the Ninth and Tenth Centuries', in Clarke et al., *Ireland and Scandinavia*, p. 336.

26. Ibrāhīm ibn Ya'qūb reported so in 965; in Lunde and Stone, *Ibn Fadlān*, p. 163.

27. *Hávamál*, verse 13, in Andy Orchard (tr. and ed.), *The Elder Edda* (London, 2011), p. 16.

28. Stéphane Lebecq, *Marchands et navigateurs frisons du haut Moyen Âge*, vol. 1: *Essai* (Lille, 1983), vol. 1, p. 129.

29. 死尸的皮肤发黑可能说明保存尸体的土壤里含有硝，甚至算是自然的木乃伊化；硝可以解释这种尸体保存的方法。

30. In Orchard, *Elder Edda*: *Thrymskvida* 17, p. 99, 关于索尔；*Helgakvida Hjorvardssonar* 20, p. 130, 关于阿特利。

31. 伊本·法兰的叙述见 Lunde and Stone, *Ibn Fadlān*, pp. 45ff.

32. David Wyatt, *Slaves and Warriors in Medieval Britain and Ireland 800–1200* (Leiden, 2009), p. 142.

33. Pierre Baudin, 'L'Insertion des Normands dans le monde franc fin IX–Xème siècles: l'exemple des pratiques matrimoniales', in Héricher, *Progression des Vikings*, pp. 114–15.

34. Lunde and Stone, *IbnFadlān*, p. 163.

35. Carolyne Larrington (tr. and ed.), *The Poetic Edda* (Oxford, 1996), in *Atlamal*, the Greenland poem of Atli, verse 98, p. 232.

36. Judith Jesch, *Women in the Viking Age* (Woodbridge, 1991), pp. 91, 95,

176–8.

37. Oliver Elton (tr.), *The First Nine Books of the Danish History of Saxo Grammaticus* (London, 1894), p. 277 关于概括；pp. 229–30 关于阿尔维德的故事。

38. Wyatt, *Slaves and Warriors*, p. 177; 这是我的理解。

39. *Ethelwerd's Chronicle*, in J. A. Giles (ed. and tr.), *Old English Chronicles*(London, 1906), p. 19.

40. Michael Swanton (ed. and tr.), *The Anglo-Saxon Chronicle* (London, 1996), pp. 54–5.

41. Ibid., pp. 54–7.

42. Angelo Forte, Richard Oram and Frederik Pedersen, *Viking Empires* (Cambridge, 2005), p. 55 有关于这一点所基于的推测。

43. Swanton, *Anglo-Saxon Chronicle*, pp. 56–7.

44. Ernst Dümmler (ed.), *Epistolae Karoliniaevi*, vol. II (Berlin, 1895), letter16, p. 42.

45. Ibid., letter 20, p. 57.

46. Ibid., letter 6, p. 31.

47. Ibid., letter 20, p. 57.

48. Ibid., letter 21, p. 59.

49. Ibid., letter 22, p. 59.

50. Kevin Crossley-Holland, *The Anglo-Saxon World: An Anthology*(Oxford, 1999), p. 26, cites Wihtred's laws from Dorothy Whitelock, *English Historical Documents*, vol. I (London, 1979).

51. Peter Sawyer, *Anglo-Saxon Charters: An Annotated List and Bibliography*, accessible at www.esawyer.org.uk, item 134: 'nisi expeditione intra Cantiam contra paganos marinos cum classis migrantibus'.

52. Sawyer, *Anglo-Saxon Charters*, items 160, dated 804, and 186, dated 822.

53. Timothy Reuter, 'Plunder and Tribute in the Carolingian Empire', *Transactions of the Royal Historical Society*, 5th series, vol. 35 (1985), pp. 75–94. 他引用了 *Annales Fuldenses* 中 885 年的条目；还特别提到一个类似的故事：876 年，弗里西亚人战胜了北方人，胜利者"夺走并瓜分了财宝……"

54. Henry Mayr-Harting, 'Charlemagne, the Saxons and the Imperial Coronation of 800', *English Historical Review* 111, 444 (November

1996), pp. 1113ff.

55. Charles H. Robinson (tr.), *Anskar: The Apostle of the North 801–865, Translated from the Vita Anskarii by Bishop Rimbert, His Fellow Missionary and Successor* (London, 1922), pp. 54, 56, 116, 105.

56. Florin Curta, 'Merovingian and Carolingian Gift Giving', *Speculum* 81, 3 (2006), p. 690.

57. Robinson, *Anskar*, p. 38.

58. Eric Vanneufville, *Heliand: L'évangile de la Mer du Nord* (Turnhout, 2008), pp. 27–8.

59. 我利用了 Vanneufville, *Heliand* 的内容，也用了 G. Ronald Murphy SJ, *The Heliand, the Saxon Gospel* (Oxford, 1992) 的，尤其是参考了后者的注释和说明。关于对墨菲（Murphy）的批评，以及他的解释和翻译中可能的错误，见 the review by Joseph Wilson in the *Journal of English and Germanic Philology* 94, 3 (July 1995), pp. 454–6; 我相应调整了我的表述。那些说明非常宝贵，见 G.Ronald Murphy, *The Saxon Savior: The Germanic Transformation of theGospel in the Ninth-Century Heliand*(New York, 1989)。

60. Murphy, *Heliand*, song 48, p. 130.

61. Ibid., song 2, p. 8.

62. Ibid., song 26, p. 72.

63. Ibid., song 14, p. 41, 关于钉牢的船；song 27, p. 75, 以及 song 35, p. 95 都是关于"高角"。

64. Ibid., song 16, p. 48 关于盐。

65. Ibid., song 18, p. 52 关于誓言；pp. 57, 157 关于杯子和祝酒；pp.45, 122–3 关于钱商；pp. 50, 135 关于"傲慢的人"；pp.64, 177 关于"邪恶的氏族"。

66. Ibid., song 16, pp. 45–7, 关于这些军事的八福词。

67. Haywood, *Dark Age Naval Power*, pp. 118–19.

68. *Annales regni Francorum* 关于 804 年、808 年和 810 年，引自 Lebecq, *Marchands et navigateurs frisons*, vol. 2: *Corpus des sources écrites*, pp. 303–4。

69. Haywood, *Dark Age Naval Power*, p. 119.

70. Stéphane Lebecq, 'Les Vikings en Frise: chronique d'un échec relatif ', in Pierre Baudin (ed.), *Les Fondations scandinaves en Occident et les débuts*

du Duché de Normandie (Caen, 2005), p. 102.

71. Quoted from Ermentar, *De translationibus et miraculis Sancti Philiberti Libri II*, in Janet L. Nelson, 'England and the Continent in the Ninth Century: II, the Vikings and Others', *Transactions of the Royal Historical Society*, 6th series, vol. 13 (2003), p. 9.

72. Nelson, 'England and the Continent'. 我稍微调整了一下朱利亚·巴罗（Julia Barrow）翻译的 the *Liber Eliensis*, I, ch. 41。

73. Mechthild Pörnbacher, *Walahfrid Strabo, Zwei Legenden* (Sigmaringen, 1997), pp. 36ff. 关于拉丁文的 *Versus de Beati Blaithmaic Vita et Fine*, esp. lines 17, 95–8, 132–64. 我翻译成了英文。

74. Christopher D. Morris, 'Raiders, Traders and Settlers: The Early Viking Age in Scotland', in Clarke et al., *Ireland and Scandinavia*, p. 77.

75. Dicuil (ed. J. J. Tierney), *Liber de mensura orbis terrae*, 7, 15 (Dublin,1967), pp. 76, 77. Dicuil writes 'nimis marinarum avium'; 'nimis' 的意思是太多，而不只是很多。

第四章　定居

1. Quoted in Luigi de Anna, *Conoscenza e Immagine della Finlandia e del Settentrione nella Cultura Classico-Medievale* (Turku, 1988), p. 111.

2. Charles Doherty, 'The Viking Impact upon Ireland', in Anne-Christine Larsen (ed.), *The Vikings in Ireland* (Roskilde, 2001), p. 33.

3. Quoted in Judith Jesch, *Women in the Viking Age* (Woodbridge, 1991), p. 106.

4. See Donnchadh Ó Corráin, 'The Vikings and Ireland', in Stefan Brink and Neil Price (eds.),*The Viking World* (Abingdon, 2012), pp. 428ff.; and 'The Vikings in Ireland', in Larsen, *The Vikings in Ireland*, pp. 17ff.

5. *Annals of Ulster* 关于 804 年，引自 Thomas McErlean, 'The History of Nendrum', in Thomas McErlean and Norman Crothers, *Harnessing the Tides: The Early Medieval Tide Mills at Nendrum Monastery, Strangford Lough* (Belfast, 2007), p. 313。

6. Ó Corráin, 'Vikings in Ireland', in Brink and Price, *Viking World*, pp. 17ff.

7. Egon Wamers, 'Insular Finds in Viking Age Scandinavia', in Howard B. Clarke, Máire Ní Mhaonaigh and Raghnall Ó Floinn (eds.), *Ireland and Scandinavia in the Early Viking Age* (Dublin, 1998), p. 60.

8. Donnchadh Ó Corráin, 'Bilingualism in Viking Age Dublin', in John Bradley, Alan J. Fletcher and AnngretSimms (eds.), *Dublin in the Medieval World* (Dublin, 2009), pp. 71–2.

9. David Wyatt, *Slaves and Warriors in Medieval Britain and Ireland 800–1200* (Leiden, 2009), pp. 96–7.

10. Ibid.,pp. 70–82.

11. Doherty, 'Viking Impact upon Ireland', in Larsen, *Vikings in Ireland*, p. 34.

12. Jan Petersen, 'British Antiquities of the Viking Period, Found in Norway', in Haakon Shetelig, *Viking Antiquities in Great Britain and Ireland*, vol. V (Oslo, 1940), p. 7.

13. A. T. Lucas, 'The Plundering and Burning of Churches in Ireland, 7th to 16th century', in Etienne Rynne (ed.), *North Munster Studies* (Limerick, 1967), p. 176. 卢卡斯（Lucas）对谁什么时候掠夺了哪座教堂的证据进行了核查和统计，这是后续讨论的依据。

14. Thomas McErlean, 'The Mills in Their Monastic Context: The Archaeology of Nendrum Reassessed', in McErlean and Crothers, *Harnessing the Tides*, pp. 324ff.

15. Doherty, 'Viking Impact upon Ireland', in Larsen, *Vikings in Ireland*, p. 32.

16. See McErlean and Crothers, *Harnessing the Tides*; 还有 Thomas McErlean, Caroline Earwood, Dermot Moore and Eileen Murphy, 'The Sequence of Early Christian Period Horizontal Tide Mills at Nendrum Monastery: An Interim Statement', *Historical Archaeology*41, 3 (2007), pp. 63–75.

17. See Lucas, 'Plundering and Burning', in Rynne, *North Munster Studies*, 关于证据的司法解释。

18. Patrick F. Wallace, 'Ireland's Viking Towns', in Larsen, *Vikings in Ireland*,pp. 39ff.

19. Howard B. Clarke, 'Proto-Towns and Towns in Ireland and Britain in the Ninth and Tenth Centuries', in Clarke et al., *Ireland and Scandinavia*,p. 342.

20. James Graham-Campbell, 'The Early Viking Age in the Irish Sea Area', in Clarke et al., *Ireland and Scandinavia*, p. 106.

21. Cf. Harold Mytum, 'The Vikings and Ireland', in James H. Barrett(ed.),

Contact, Continuity and Collapse: The Norse Colonization of the North Atlantic (Turnhout, 2003), p. 128.

22. Jean Renaud, *Les Vikings et les Celtes*(Rennes, 1992), p. 167.

23. Christopher D. Morris, 'Raiders, Traders and Settlers: The Early Viking Age in Scotland', in Clarke et al., *Ireland and Scandinavia*,p. 90.

24. Máire Ní Mhaonaigh, 'The Vikings in Medieval Irish Literature', in Larsen, *Vikings in Ireland*, pp. 99, 100, 101, 102.

25. See Richard Hall, 'York', in Brink and Price, *Viking World*, pp. 379ff.;and R. A. Hall et al., *Aspects of Anglo-Scandinavian York* (York, 2004),in the series *The Archaeology of York*, 8/4, especially David Rollason,'Anglo-Scandinavian York: The Evidence of Historical Sources', and Allan Hall and Harry Kenward, 'Setting People in Their Environment:Plant and Animal Remains from Anglo-Scandinavian York'.

26. Michael Swanton (ed. and tr.), *The Anglo-Saxon Chronicle* (London,1996), p. 111, from Worcester ms. (D) 关于 943 年。

27. Lesley Abrams, 'The Early Danelaw: Conquest, Transition and Assimilation', in Anne-Marie Flambard Héricher (ed.), *La Progression des Vikings des raids à la colonisation* (Rouen, 2003), pp. 59, 61, 62, 65.

28. Swanton, *Anglo-Saxon Chronicle*, pp. 74–5.

29. See Hall and Kenward, 'Setting People in Their Environment'.

30. Quoted in Rollason, 'Anglo-Scandinavian York', p. 322.

31. Swanton, *Anglo-Saxon Chronicle*, p. 109, from Winchester ms. (A) 关于 937 年。

32. Wyatt, *Slaves and Warriors*, p. 125, quoting the twelfth-century Cogadh Gaedhel re Gallaibh.

33. Quoted in Wyatt, *Slaves and Warriors*, p. 339.

34. Egge Knol, 'Frisia in Carolingian Times', in Iben Skibsted Klasøe(ed.), *Viking Trade and Settlement in Continental Western Europe* (Copenhagen, 2010), pp. 47, 55, 57.

35. Jens Christian Moesgaard, 'Vikings on the Continent: The Numismatic Evidence', in Klasøe, *Viking Trade and Settlement*, pp. 135, 140.

36. Quoted in Wyatt, *Slaves and Warriors*, pp. 99, 169.

37. See Sigfús Blöndal and Benedikt S. Benedikz, *The Varangians of Byzantium* (Cambridge, 1978), p. 8 关于中国人；p. 180 关于圣枝主日；

p. 190 关于讽刺诗集；p. 200 关于死亡；pp. 62–3 关于强奸；p. 223 关于瑞典法律；pp. 54ff. 关于哈拉尔·哈德拉达；p. 61 关于诗歌；p. 64 关于耶路撒冷。

38. Þorsteinn Vilhjálmsson, 'Navigation and Vínland', in Andrew Wawnand ÞórunnSigurðardóttir, *Approaches to Vínland*(Reykjavik, 2001),pp. 108ff.

39. Árni Björnsson, 'Prerequisites for Saga Writing', in Wawn and Sigurðardóttir, *Approaches to Vínland*, pp. 53–5.

40. P. Schledermann and K. M. McCullough, 'Inuit-Norse Contact inthe Smith Sound Region', in Barrett, *Contact, Continuity and Collapse*,pp. 184–5.

41. Keneva Kunz (tr.), *The Saga of the Greenlanders*, in Gísli Sigurdsson(ed.) and Keneva Kunz (tr.), *The Vinland Sagas* (London, 2008), p. 3.

42. Birgitta Linderoth Wallace, 'L'Anse aux Meadows and Vinland', in Barrett, *Contact, Continuity and Collapse*, pp. 207ff.

43. *Erik the Red's Saga*, in Sigurdsson and Kunz, *Vinland Sagas*, p. 46.

44. 珍妮·约亨斯（Jenny Jochens）在这个语境下使用了"骚扰"这个词。See'The Western Voyages: Women and Vikings', in Wawn and Sigurðardóttir, *Approaches to Vínland*, p. 84.

45. *The Saga of the Greenlanders*, in Sigurdsson and Kunz, *Vinland Sagas*, p.4 关于人物；pp. 17–20 关于交易和谋杀。

46. *Erik the Red's Saga*, in Sigurdsson and Kunz, *Vinland Sagas*, p. 48.

47. 关于对萨迦故事的评论，见 William P. L. Thomson, *The New History of Orkney* (Edinburgh, 2008), pp. 109–12。

48. Based on Herman Pálsson and Paul Edwards (tr.), *Orkneyinga Saga* (London, 1978), pp. 214–18; "最伟大的人" 见 section 108; 春之旅和秋之旅见 section 105; 最后的旅行和死亡见 sections 107, 108。

第五章　时尚

1. *The Saga of Hacon* and a fragment of the *Saga of Magnus* in G. W. Dasent (tr.), *Icelandic Sagas*, vol. IV (London, 1894), p. 266.

2. Richard Vaughan (tr. and ed.), *The Illustrated Chronicles of Matthew Paris* (Stroud, 1993), p. 75.

3. Dasent, *Icelandic Sagas*, p. 266.

4. Vaughan, *Illustrated Chronicles*, pp. 75–6.

5. Ibid.,p. 76; Dasent, *Icelandic Sagas*, p. 267.

6. Herman Palsson and Paul Edwards (tr.). *Orkneyinga Saga*, ch. 60, p.109 关于格里姆斯比之旅；p. 110 关于服装。

7. Snorri Sturluson (tr. Lee M. Hollander), *Heimskringla* (Austin, 1964), chs. 2–3, pp. 664–5.

8. Ibid.,ch. 31, p. 816.

9. Gitte Hansen, 'Luxury for Everyone? – Embroideries on Leather Shoes and the Consumption of Silk Yarn in 11th–13th Century Northern Europe', in Angela Ling Huang and Carsten Janhnke (eds.), *Textiles and the Medieval Economy* (Oxford, forthcoming 2014).

10. Henri Joseph L. Baudrillart, *Histoire du luxe privé et public,* vol. III (Paris, 1881), pp. 250–51.

11. See Else Østergård, *Woven into the Earth: Textiles from Norse Greenland*(Aarhus, 2009), p. 39 关于羊的用途；p. 62 关于瑟姆厄尔；pp. 95–7 关于服装结构；p. 146 关于进口布料。

12. Quoted in Østergård, *Woven into the Earth*, p. 144.

13. Margaret Scott, *Medieval Dress and Fashion* (London, 2007), p. 169; p.145 关于领口。

14. Gisela and Eberhard, Count of Friuli, cited in ibid., p. 16.

15. Laura F. Hodges, 'A Reconsideration of the Monk's Costume', in *Chaucer Review* 26, 2 (1991), p. 143n.9, citing C. G. Coulton, *Five Centuries of Religion* (Cambridge, 1923).

16. Bede, *Life of Cuthbert*, in J. F. Webb and D. H. Farmer (trs.), *The Age of Bede* (London, 1988), p. 67.

17. Ernst Dümmler (ed.), *Epistolae Karolini aevi*, vol. II (Berlin, 1895), letter21, p. 59.

18. Hodges, 'Reconsideration of the Monk's Costume', pp. 134–5.

19. Janet M. Cowen and Jennifer C. Ward, 'Al myn array is bliew, what nedith more?', in Cordelia Beattie et al. (eds.), *The Medieval Household in Christian Europe c.850–c.1550* (Turnhout, 2003), p. 117.

20. See Michele Beaulieu and Jeanne Baylé, *Le Costume de Bourgogne de Philippe le Hardi à Charles le Téméraire*(Paris, 1956).

21. Francisque-Michel (ed.), *Le Roman de la Rose* (Paris, 1864), vol. II, p. 10.

22. Martha C. Howell, *Commerce before Capitalism in Europe, 1300–1600*(Cambridge, 2010), pp. 210–11.

23. See Kay Stanisland, 'Getting There, Got It: Archaeological Textiles and Tailoring in London 1330–1580', in David Gaimster and Paul Stamper (eds.), *The Age of Transition: The Archaeology of English Culture1400–1600* (Oxford, 1997), pp. 239–40.

24. Michael Rocke, *Forbidden Friendships* (New York, 1996), p. 30.

25. 关于禁奢法更广泛的动机的讨论，见 Howell,*Commerce before Capitalism*, pp. 208ff。

26. Scott, *Medieval Dress and Fashion*, pp. 80, 131, 166, 126.

27. Ibid.,pp. 44–5.

28. Beaulieu and Baylé, *Costume de Bourgogne*, 说的是波兰 ; Scott, *Medieval Dress and Fashion*, 名为富尔克（Fulk），昂茹公爵。

29. *Le Testament Maistre Jehan de Meun*, lines 1195–1201; see Silvia Buzzetti Gallarati, *Le Testament MaistreJehan de Meun, un caso literario*(Alessandria,1989), p. 171 关于文字材料；p. 85 关于评论。

30. E. Nicaise et al. (eds.), *Chirugerie de maître Henri de Mondeville . . .* (Paris,1893), pp. 591–3.

31. James M. Dean (ed.), *Richard the Redeless and Mom and the Sothsegger*(Kalamazoo, 2000), III, lines 221–34.

32. See Camilla Luise Dahl, 'Mengiað klæthe and tweskifte klædher', in KathrineVestergård Pedersen and Marie-Louise B. Nosch, *The Medieval Broadcloth* (Oxford, 2009), pp. 129ff.

33. *Testament*, lines 1277–80, 1313–14, in Gallarati, *Testament Maistre Jehan de Meun*, pp. 174, 176.

34. Christine de Pizan (tr. Sarah Lawson), *The Treasure of the City of Ladies*(London, 2003), pp. 116, 132.

35. William Harrison (ed. Georges Edelen), *The Description of England*(Ithaca, 1968), p. 145.

36. Scott, *Medieval Dress and Fashion*, pp. 84–5.

37. Quoted in Christopher Breward, *The Culture of Fashion* (Manchester,1995), p. 56.

38. Philip Stubbes (ed. Margaret Jane Kidnie), *The Anatomie of Abuses*(Tempe, 2002), p. 99.

39. John Warrington (ed.), *The Paston Letters* (London, 1956), vol. II, p. 50.

40. Ibid.,II, 195.

41. Ibid.,I, 161; I, 223; II, 23; II, 63; II, 32; II, 206; II, 178. 霍华德的清单见 pp. 37–9 of vol. II。

42. 引自艾琳·鲍尔（Eileen Power）再版的译本 *The Goodman of Paris* (1928) (Woodbridge, 2008), p. 37; cf. Daniel Roche, *La Culture des apparences*(Paris, 1989)。

43. Scott, *Medieval Dress and Fashion*, p. 89.

44. Ann Rosalind Jones, 'Habits, Holdings, Heterologies: Populations in Print in a 1562 Costume Book', *Yale French Studies* 110 (2006).

45. François Deserps (ed. Sara Shannon), *A collection of the various styles of clothing which are presently worn in countries of Europe, Asia, Africa and the savage islands: all realistically depicted* (Minneapolis, 2001), p.28 关于多样性；pp. 120–21 关于吕贝克；p. 68 关于苏格兰人；p. 60 关于荷兰人；p. 56 关于布拉班特；p. 82 关于西兰。

46. Cesare Vecellio, *Habiti Antichi et Modeni di tutto il Mundo*(Venice, 1589), p. 276 关于英格兰女人；p. 239 关于安特卫普女人；pp. 293–4 关于北方女人的习惯；关于"随想曲"见未标页码的前言。

47. 见 Stubbes, *Anatomie of Abuses*, 以下这些页的相关内容：236 关于音乐；199 关于演员；251 关于足球；156 关于"弊害"；134 关于"时尚"；123 关于花；67 关于"罪恶"；122 关于"算术"；92 关于"绉领"；90 关于帽子；100 关于拖鞋；96 关于紧身上衣；10 关于"衣服慢慢放烂"；107 关于化妆；111 关于头发；117 关于魔鬼浆洗绉领；112 关于金发；120 关于女儿；66 关于骄傲；71 关于"谁是不是绅士"。金德尼（Kidnie）准确无误的版本再现了斯图贝斯的拼写，我在没有改变他词汇的情况下做了一些调整。

48. See Stanisland, 'Getting There, Got It', in Gaimster and Stamper, *Age of Transition*, p. 244.

49. Stubbes, *Anatomie of Abuses*, p. 29 关于"根据阶层"；p. 95 关于柔软的衬衫；pp. 30–31 关于柔弱；p. 32 关于穿紧身上衣的女人。

第六章 书写法律

1. 神判法有不同的规则。关于盎格鲁－撒克逊人规则（例如，斋戒）的讨论见 M. H. Kerr, R. D. Forsyth and M. J.Plyley, 'Cold Water and

Hot Iron: Trial by Ordeal in England',*Journal of Interdisciplinary History* 22, 4 (Spring 1992), pp. 582–3. 这些规则出自 12 世纪制定的 *Textus Roffensis*，对 Michael Swanton, *Anglo-Saxon Prose*(London, 1975), pp. 5–6 做了摘录和翻译。法兰克王国的规则包括亲吻福音、特殊形式的祈祷；见 Karl Zeumer (ed.), *Formulae Merowingici et Karolini aevi*(Hannover, 1886),pp. 638ff. 关于刮胡子和斋戒三天，见 Peter Brown,'Society and the Supernatural: A Medieval Change', *Daedalus* 104, 2(1975), p. 134。

2. Zeumer, *Formulae Merowingici et Karoliniaevi*, pp. 639, 654.
3. Ibid., p. 640.
4. James A. Brundage, '*E Pluribus Unum*: Custom, the Professionalisation of Medieval Law and Regional Variations in Marriage Formation',in Mia Korpiola (ed.), *Regional Variations in Matrimonial Law and Custom in Europe 1150–1600* (Leiden, 2011), p. 37.
5. Zeumer, *Formulae Merowingici et Karoliniaevi*, p. 639.
6. *Atlamál in Groenlenzku* 11, in Andy Orchard (tr. and ed.), *The Elder Edda* (London, 2011), p. 217.
7. Hermann Pálsson and Paul Edwards (tr.), *Orkneyinga Saga* (London,1978), p. 108.
8. Quoted in Alain Marez, 'Une Europe des Vikings? La leçon des inscriptions runiques', in Regis Boyer, *Les Vikings, premiers Européens,VIIIème–XIème siècle*(Paris, 2005), p. 143.
9. *Sigrdrífumál* 6, in Orchard, *Elder Edda*, p. 170.
10. *Sigrdrífumál* 10, in ibid., p. 171.
11. *Hávamál* 142, in ibid., p. 36.
12. *För Skírnis 31, 36*, in ibid., *p. 65.*
13. *Gudrúnarkvida in fyrsta* 23, in ibid., p. 182.
14. *Atlamál in Groenlenzku* 3, 4, 12, in ibid., p. 216–17.
15. *Gudrúnarkvida in Forna* 22–4, in ibid., p. 199.
16. Jenny Jochens, 'La Femme Viking en avance sur son temps', in Boyer,*Vikings*, p. 224.
17. Catharina Randvere, 'The Power of the Spoken Word', *Viking and Medieval Scandinavia* I (2005), pp. 182–3.
18. Judith Jesch, *Women in the Viking Age* (Woodbridge, 1991), p. 56.

19. Birgit Sawyer, *The Viking Age Rune-Stones: Custom and Commemorationin Early Medieval Scandinavia* (Oxford, 2000), p. 119.

20. Magnus Olsen, 'Runic Inscriptions in Great Britain, Ireland and the Isle of Man', in Haakon Shetelig (ed.), *Viking Antiquities in Great Britain and Ireland* (Oslo, 1954), p. 191.

21. Jesch, *Women in the Viking Age*, p. 51.

22. Ibid., p. 64.

23. Olsen, 'Runic Inscriptions', in Shetelig, *Viking Antiquities*, p. 215, and Marez, 'Une Europe des Vikings?', in Boyer, *Vikings*, p. 140.

24. Marez, 'Une Europe des Vikings?', in Boyer, *Vikings*, p. 155.

25. Ibid., p. 156.

26. Ibid., p. 160.

27. Ibid., p. 170.

28. Ibid., pp. 172, 174.

29. Gitte Hansen, 'Kontekst, avsetningshistorie og frekke runeristere i Bergen', in Årbok for Bergen Museum 2005, pp. 44–7.

30. A. Liestol, *Runer fra Bryggen*(Oslo, 1964); 我很感谢吉特·汉森（Gitte Hansen）（个人交流）中提供的引证、翻译和年代。木棍是卑尔根的布吕根博物馆的 BRM 0/18959 藏品。

31. Swanton, *Anglo-Saxon Prose*, p. 6.

32. Zeumer, *Formulae Merowingici et Karoliniaevi*, p. 649.

33. Swanton, *Anglo-Saxon Prose*, p. 5.

34. Finbarr McAuley, 'Canon Law and the End of the Ordeal', *Oxford Journal of Legal Studies* 26, 3 (2006), p. 481.

35. Kerr, Forsyth and Plyley, 'Cold Water and Hot Iron', p. 579.

36. Ernest C. York, 'Isolt's Ordeal: English Legal Customs in the MedievalTristan Legend', *Studies in Philology* 68, 1, p. 7, 关于清单。

37. Kerr, Forsyth and Plyley, 'Cold Water and Hot Iron', pp. 579–80.

38. *Gudrúnarkvida in Thridja* 6–11, in Orchard, *Elder Edda*, pp. 203–4.

39. Michael H. Gelting, 'Poppo's Ordeal: Courtier Bishops and the Successof Christianization at the Turn of the First Millennium', *Viking and Medieval Scandinavia* 6 (2010), p. 104, quoting Widukind, *Rerum gestarum Saxonicarum libri tres*.

40. Alfred Levison (ed.), *Capitularia Regum Francorum*(Hannover, 1883),

p.129, under *Divisio Regnorum*, dated 6 February 806, par. 14.

41. Zeumer, *Formulae Merowingici et Karoliniaevi*, p. 641.

42. Ibid., p. 651.

43. Ibid., p. 641.

44. Swanton, *Anglo-Saxon Prose*, p. 6.

45. John W. Baldwin, 'The Intellectual Preparation for the Canon of 1215against Ordeals', *Speculum* 36, 4 (October 1961), pp. 613ff.

46. Wolfgang P. Müller, 'The Recovery of Justinian's Digest in the Middle Ages', *Bulletin of Medieval Canon Law* 20 (1990), pp. 1–6, 25–7.

47. Brundage, '*E Pluribus Unum*', p. 97.

48. Ibid.,, pp. 21, 31, 34–5.

49. Quoted in McAuley, 'Canon Law', p. 473.

50. Baldwin, *Intellectual Preparation*, p. 620.

51. 关于反对神判法和唱诗者彼得的论据，见 ibid.,esp. pp. 627ff。

52. James A. Brundage, *The Medieval Origins of the Legal Profession* (Chicago,2008), pp. 1–8 关于职业的开端；pp. 70–72 关于爱尔兰；p.37 关于马夏尔和尤维纳利斯。

53. A. G. van Hamel (ed.), *Lamentations de Matheolus . . . de Jehan le Fèvre,de Resson*(Paris, 1892), vol. I, p. 283: 法语, lines 519–30; 拉丁语, 4579–83。

54. William Langland (tr. A. V. C. Schmidt), *Piers Plowman* (Oxford, 1992), p. 7.

55. Michael Haren (ed. and tr.), 'The Interrogatories for Official, Largeand Secular Estates of the *Memoriale Presbiterorum*', in Peter Billen andA. J. Minnis (eds.), *Handling Sin: Confession in the Middle Ages* (Woodbridge,1998), pp. 132–3.

56. See Adriaan Verhulst, *The Rise of Cities in North-West Europe* (Cambridge and Paris, 1999), esp. pp. 153ff.

57. Howell, *Commerce before Capitalism*, pp. 61–3 关于树木；pp. 38–41 关于财产和法律。

58. Sister James Eugene Madden, 'Business Monks, Banker Monks,Bankrupt Monks: The English Cistercians in the Thirteenth Century',*Catholic Historical Review* 49, 3 (1963), pp. 341ff.

59. William M. McGovern Jr, 'The Enforcement of Informal Contracts in the

Later Middle Ages', *California Law Review* 59, 5 (1971), pp.1145ff.

60. F. R. (Fritz Redlich), 'A Fourteenth Century Business History', *Business History Review* 39, 2 (1965), pp. 261ff.

61. Pamela Nightingale, 'Monetary Contraction and Mercantile Credit in Later Medieval England', *Economic History Review* 43, 4 (1990), pp.573–4.

62. Anton Englert, 'Large Cargo Vessels in Danish Waters 1000–1250:Archaeological Evidence for Professional Merchant Seafaring before the Hanseatic Period', in C. Beltrame (ed.), *Boats, Ships and Shipyards*(Oxford, 2003), pp. 273ff.

63. Jacques Heers, *La Naissance du capitalisme au Moyen Âge* (Paris, 2012),pp. 229–30.

64. 关于这些新复杂因素更详尽的解释，见 Peter Spufford,*Power and Profit: The Merchant in Medieval Europe* (London, 2002), esp.pp. 12–42。

65. Eric Knibbs, *Ansgar, Rimbert and the Forged Foundations of Hamburg–Bremen* (Farnham, 2011), p. 135 关于查理大帝；p. 153 关于大主教；p. 207 关于林贝特的作用。

66. Alfred Hiatt, *The Making of Medieval Forgeries: False Documents in Fifteenth-Century England* (London, 2004), p. 22 关于伪造的范围；p.25 关于索尔兹伯里的约翰；pp. 36–7 关于克洛兰；pp. 156ff. 关于奥地利；pp. 70ff. 关于剑桥。

67. McAuley, 'Canon Law', pp. 490–97.

68. James Bruce Ross (tr. and ed.), *Galbert of Bruges: The Murder of Charles the Good* (New York, 2005), p. 160 关于"杀人犯"；p. 192 关于尸体；p. 204 关于法律。

69. R. C. Van Caenegem, 'Customary Law in Twelfth-Century Flanders', in Ludo Milis et al. (eds.), *Law, History, the Low Countries and Europe* (London, 1994), pp. 97ff.

70. R. C. Van Caenegem, 'Roman Law in the Southern Netherlands',in Milis et al., *Law,History, the Low Countries and Europe*, pp.123ff.

71. Marc Bouchat, 'Procedures *Juris Ordine Observato* et *Juris Ordine Non Observato* dans les arbitrages du diocèse de Liège au XIIIe siècle', *Tijdschrift voor Rechtsgeschiendenis* 60 (1992), pp. 377ff.

72. Oscar Gelderblom, 'The Resolution of Commercial Conflicts in Bruges,

Antwerp and Amsterdam (1250–1650)', in Debin Ma and Jan Luiten van Zanden (eds.), *Law and Long-Term Economic Change* (Stanford,2011), pp. 246–7 关于韦金胡森的例子。

73. Wendy J. Turner, 'Silent Testimony: Emotional Displays and Lapses of Memory as Indicators of Mental Instability in Medieval English Investigations', in Wendy J. Turner (ed.), *Madness in Medieval Law and Custom* (Leiden, 2010), p. 81.

74. James R. King, 'The Mysterious Case of the "Mad" Rector', in Turner, *Madness in Medieval Law and Custom*, pp. 70ff.

第七章 俯瞰自然

1. Richard Vaughan (tr.), *The Illustrated Chronicles of Matthew Paris*(Stroud, 1993), p. 187.

2. J. M. Bos, B. van Geel and J. P. Pals, 'Waterland 1000–2000 AD', in Hilary H. Birks et al. (eds.), *The Cultural Landscape Past, Present and Future* Cambridge, 1988), pp. 321ff.

3. J. C. Besteman, 'The pre-Urban Development of Medemblik: From an Early Medieval Trading Centre to a Medieval Town', in H. A. Heidinga and H. H. van Regteren Altena (eds.), *Medemblik and Monnickendam: Aspects of Medieval Urbanization in Northern Holland*(Amsterdam, 1989), esp. pp. 21–8.

4. William H. TeBrake, 'Taming the Waterwolf: Hydraulic Engineering and Water Management in the Netherlands during the Middle Ages',*Technology and Culture* 43, 3 (2002), pp. 475ff.

5. Jill Eddison, 'The Purpose, Construction and Operation of a 13th Century Watercourse: The Rhee, Romney Marsh, Kent', in Anthony Long, Stephen Hipkin and Helen Clarke (eds.), *Romney Marsh: Coastal and Landscape Change through the Ages* (Oxford, 2002).

6. Alan Mayhew, *Rural Settlement and Farming in Germany* (London,1973), pp. 47–9, 148; G. P. van de Ven (ed.), *Man-Made Lowlands: History of Water Management and Land Reclamation in the Netherlands*(Utrecht, 2004), pp. 98–100, 139–40.

7. C. T. Smith, 'Dutch Peat Digging and the Origin of the Norfolk Broads', *Geographical Journal* 132, 1 (1966), pp. 71–2.

8. 关于这一点和"湖泊的发展阶段"，见 Petra J. E. M. van Dam, 'Sinking Peat Bogs: Environmental Change in Holland 1350–1550', *Environmental History* 6, 1 (2001), pp. 32ff。

9. Tim Soens, 'Floods and Money: Funding Drainage and Flood Control in Coastal Flanders from the Thirteenth to the Sixteenth Centuries', *Continuity and Change* 26, 3 (2011), pp. 333ff.

10. J. M. Bos, 'A Fourteenth Century Industrial Complex at Monnickendam', in Heidinga and Altena, *Medemblik and Monnickendam*, p. 59.

11. Bas van Bavel and Oscar Gelderbloom, 'Cleanliness in the Dutch Golden Age', *Past and Present* 205 (2009), pp. 41ff.

12. James H. Barrett, Alison M. Locker and Callum M. Roberts, ' "Dark Age Economics" Revisited: The English Fish Bone Evidence AD 600–1600', *Antiquity* 78 (2004), pp. 618 ff.

13. James H. Barrett, Roelf P. Beukens and Rebecca A. Nicholson, 'Diet and Ethnicity during the Viking Colonization of Northern Scotland: Evidence from Fish Bones and Table Carbon Isotopes', *Antiquity* 75 (2000), pp. 145ff. 对 比 James H. Barrett et al., 'Archaeo-ichthyologicalEvidence for Long-Term Socio-economic Trends in Northern Scotland: 3500 BC to AD 1500', *Journal of Archaeological Science* 26, pp.353ff.

14. Kevin Crossley-Holland (tr.), *The Anglo-Saxon World: An Anthology* (Oxford, 1984), p. 223.

15. Astri Riddervold, 'The Importance of Herring in the Daily Life of the Coastal Population of Norway', in Harlan Walker (ed.), *Staple Foods* (London, 1990), pp. 189–90.

16. Sophia Perdikaris, 'From Chiefly Provisioning to Commercial Fishery: Long-Term Economic Change in Arctic Norway', *World Archaeology* 30, 3 (1999), pp. 397–9.

17. Carsten Jahnke, 'The Medieval Herring Fishery in the Western Baltic', in Louis Sicking and Darlene Abreu-Ferreira (eds.), *Beyond the Catch: Fisheries of the North Atlantic, the North Sea and the Baltic 900–1850* (Leiden, 2009), pp. 172–6.

18. Richard C. Hoffmann, 'Economic Development and Aquatic Ecosystems in Medieval Europe', *American Historical Review* 101, 3 (1996), pp.631ff.

19. Jean Desse and Nathalie Desse-Berset, 'Pêches locales, côtières ou lointaines: le poisson au menu des parisiens du Grand Louvre du 14ème au 18ème siècles', *Anthropozoologica* 16 (1992), pp. 119–26.

20. Oliver H. Creighton, *Designs upon the Land: Élite landscapes of the Middle Ages* (Woodbridge, 2009), pp. 114–19.

21. Odile Redon, Françoise Sabban and Silvano Serventi, *The Medieval Kitchen: Recipes from France and Italy* (Chicago, 1998), pp. 123–4.

22. Naomi Sykes, 'Animal Bones and Animal Parks', in Robert Liddiard (ed.), *The Medieval Park: New Perspectives* (Macclesfield, 2007), pp.50–51.

23. Aleksander Pluskowski, 'The Social Construction of Medieval Park Ecosystems: An Interdisciplinary Perspective', in Liddiard, *Medieval Park*, pp. 63ff.

24. Richard C. Hoffmann, 'Fishing for Sport in Medieval Europe: New Evidence', *Speculum* 60, 4 (1985), pp. 884–5 关于帕西瓦尔；pp. 887–8 关于华莱士。

25. Christopher K. Currie, 'The Early History of the Carp and Its Economic Significance in England', *Agricultural History Review* 39, 2 (1991), pp. 97–107.

26. Thomas Hale, *A compleat body of husbandry*, II (London, 1758), p. 116.

27. See Dries Tys, 'Walraversijde, Another Kettle of Fish? Dynamics and Identity of a Late Medieval Coastal Settlement in a proto-Capitalistic Landscape', 关于物质文化，见 Marnix Pieters, 'The Archaeology of Fishery, Trade and Piracy: The Material Environment of Walraversijde and Other Late Medieval and Early Modern Fishing Communities along the Southern North Sea', in Marnix Pieters, FransVerhaege and Glenn Geveart (eds.), *Fishery, Trade and Piracy* (Brussels, 2006)。

第八章　科学与金钱

1. 纳博讷的伊沃的信见 C. Raymond Beazley, *The Texts and Versions of John de Plano Carpini and William of Rubruquis as printed for the first time by Hakluyt in 1598* (London 1903), p. 41。卫生学和猪尾巴见 *Journal of John of Plano Carpini*, in Beazley, *Texts and Versions*, p.109; 哈克卢特（Hakluyt）的翻译和编辑理念可能令人烦恼，但他的韵文很有感染力。

2. Beazley, *Texts and Versions*, p. 203, lines 25–8.

3. Ibid., p. 40 关于吃女人。

4. Quoted in Sophia Menache, 'Tartars, Jews, Saracens and the Jewish-Mongol "Plot" of 1241', in *History* 81, 263 (July 1996), p. 324 关于"折磨"；p. 321 关于"狮子和熊"。

5. Robert Marshall, *Storm from the East: From Genghis Khan to Khublai Khan* (Berkeley, 1993), pp. 91–6.

6. Beazley, *Texts and Versions*, p. 114, line 13, 关于猎手；p. 122, line 17, 关于头骨；p. 188, line 8, 关于没有固定的城市。

7. Marshall, *Storm from the East*, p. 132 关于渔民；p. 133 关于恶灵。

8. Beazley, *Texts and Versions*, p. 126, line 11, 关于间谍；p. 126, line 28, 关于"方针"；p. 126, line 38, 关于"魔鬼"；p. 125, line 26, 关于"没有一个王国"；p. 138, line 3, 关于小教堂。

9. Menache, 'Tartars, Jews, Saracens', p. 325.

10. Ibid., p. 334 关于弥赛亚；p. 332 关于"被封住的民族"；p. 336 关于大卫王；p. 337 关于谣言。

11. 关于这一点的讨论，见 Simha Goldin, *The Ways of Jewish Martyrdom* (Turnhout, 2008), pp. 213ff。

12. Benjamin Hudson, *North Sea Studies* (Dublin, 2006), pp. 188ff.

13. Davide Bigalli, *I Tartarie l'Apocalisse* (Firenze, 1971), pp. 110–14.

14. Stewart C. Easton, *Roger Bacon and His Search for a Universal Science* (Oxford, 1952), p. 176 关于启示论；p. 32 关于钻石；pp. 114–15 关于价格低廉；pp. 87–8 关于写给教皇的信；p. 112 关于列举的发明。

15. Ernst Dümmler (ed.), *Epistolae Karolini aevi*, vol. II (Berlin, 1895), letters 16–21, p. 43.

16. J. P. Migne (ed.), *Patrologiae cursus completus: sive biblioteca universalis*, vol.172 (Paris, 1854), cap. IV, col. 76, 关于雨和帽子；VII, col. 77, 关于血雨及其为什么是红色的。关于更详尽的讨论，见 Paul Edward Dutton, 'Observations on Early Medieval Weather in General, Bloody Rain in Particular', in Jennifer R. Davis and Michael McCormick (eds.), *The Long Morning of Medieval Europe* (Aldershot, 2008), pp. 177ff。

17. Charles Burnett (ed.), *Quaestiones Naturales*, in *Adelard of Bath: Conversations with His Nephew* (Cambridge, 1998), C1 at p. 92 and C4 at

p. 96. 这是我翻译的。

18. Lynn Thorndike, *A History of Magic and Experimental Science* (NewYork, 1923), vol. II, p. 39.

19. See Lorraine Daston and Katherine Park, *Wonders and the Order of Nature* (New York, 1998), pp. 109ff.

20. Thorndike, *History of Magic*, vol. II, p. 24 关于 "现代" 的态度。

21. See Steven P. Marrone, *The Light of Thy Countenance: Science and the Knowledge of God in the Thirteenth Century* (Leiden, 2001), vol. I, pp. 11, 78–9, 105.

22. Johannes Fried (tr. Denise Modigliani), *Les Fruits de l'Apocalyspe: Originesde la pensée scientifique au Moyen Âge* (Paris, 2004), pp. 54–5.

23. Devra Kunin (tr.) and Carl Phelpstead (ed.), *A History of Norway and the Passion and Miracles of the Blessed óláfr* (London, 2001), p. 11.

24. Quoted in A. George Molland, 'Colonizing the World for Mathematics: The Diversity of Medieval Strategies', in Edward Grant and John E. Murdoch (eds.), *Mathematics and Its Applications to Science and Natural Philosophy in the Middle Ages* (Cambridge, 1987), p. 50.

25. Thorndike, *History of Magic*, vol. II, p. 541.

26. Ibid., vol. I, p. 726, and vol. II, p. 361.

27. Molland, 'Colonizing the World', in Grant and Murdoch, *Mathematics and Its Applications*, p. 47.

28. Roger Bacon, *Opus Tertium*, in J. S. Brewer (ed.), *Opera Quaedam Hactenus Inedita*, vol. I (London, 1859), pp. 51–2.

29. David C. Lindberg, 'Roger Bacon and the Origins of *Perspectiva* in the West', in Grant and Murdoch, *Mathematics and Its Applications*, pp. 254, 258–9.

30. Angelo Crescini, *Il Problema Metodologico alle Origini della Scienza Moderna* (Rome, 1972), pp. 308–9.

31. Joel Kaye, *Economy and Nature in the Fourteenth Century: Money, Market Exchange and the Emergence of Scientific Thought* (Cambridge, 1998), p.143; pp. 166–73 关于比里当。

32. J. A. Giles (ed.), *William of Malmesbury's Chronicle* (London, 1847), pp. 251ff.; cf. Maria Elena Ruggerini, 'Tales of Flight in Old Norse and Medieval English Texts', *Viking and Medieval Scandinavia* 2 (2006), pp.

222ff.

33. Quoted in R. W. Southern, *Robert Grosseteste: The Growth of an English Mind in Medieval Europe* (Oxford, 1992), p. 65（关于这本书的重要性，见下文）。

34. Ibid., p. 147; 我稍微调整了一下译文。

35. Southern, *Robert Grosseteste*, 是这段叙述的依据：p. 64 关于卑微的出身；p. 17 关于希腊语。格罗斯泰特在成为主教之前的生活一直饱受争议——如果那些年他真的担任过牛津大学的校长，那么这样的荣誉不太可能被当作他更早期在巴黎和牛津工作的证据——但南方的说法似乎更有说服力，见 D. A. Callus (ed.), *Robert Grosseteste: Scholar and Bishop* (Oxford, 1955)。关于论述的概要，见 James McEvoy, *Robert Grosseteste* (Oxford, 2000), pp. 19ff。

36. N. M. Schulman, 'Husband, Father, Bishop? Grosseteste in Paris', *Speculum* 72, 2, pp. 340ff.

37. 'amico carissimo': Grosseteste to Willelmus Avernus 1239, letter LXXVIII, p. 250, in Henry Richards Luard (ed.), *Roberti Grosseteste. . . Epistolae* (London, 1861).

38. McEvoy, *Robert Grosseteste*, pp. 20–21.

39. A. C. Crombie, 'Grosseteste's Position in the History of Science', inD. A. Callus (ed.), *Robert Grosseteste: Scholar and Bishop* (Oxford, 1955), pp. 104ff.; 关于更详尽的解释，见 A. C. Crombie, *Robert Grosseteste and the Origins of Experimental Science 1100–1700* (Oxford, 1953), 正如作者在后来的版本中所言，这是 "充满热情的时刻"。

40. Quoted in Thorndike, *History of Magic*, vol. II, p. 441.

41. Crescini, *ProblemaMetodologico*, p. 266n.

42. James Spedding, Robert Leslie Ellis and Douglas Denon Heath (eds.), *Temporis Partus Masculus*, in *Works of Francis Bacon: Philosophical Works* (London, 1858), p. 118.

43. R. H. and M. A. Rouse, 'Expenses of a Mid Thirteenth-Century Paris Scholar: Gerard of Abbeville', in Lesley Smith and Benedicta Ward (eds.), *Intellectual Life in the Middle Ages* (London, 1992), pp. 207ff.

44. Thorndike, *History of Magic*, vol. II, pp. 172–3.

45. P. Glorieux, *La Faculté des Arts et ses maîtres au XIIIème siècle* (Paris,1971), p. 56.

46. Elizabeth Mornet, 'Pauperes scolares: Essai sur la condition matérielle des étudiants scandinavesdans les Universités aux XIVeme et XVemesiecles', *Le Moyen Âge* (1978), pp. 54ff.; p. 75 关于稻草规则；p. 55 关于记录和奖学金。

47. Alan B. Cobban, *The Medieval English Universities: Oxford and Cambridge to c1500* (Berkeley, 1988), p. 301.

48. Rainer Christopher Schwinges, 'Student Education, Student Life', in Hilde de Ridder-Symoens (ed.), *A History of the University in Europe*, vol. I: *Universities in the Middle Ages* (Cambridge, 1992), pp. 236–8; William J. Courtenay, *Parisian Scholars in the Early Fourteenth Century: A Social Portrait* (Cambridge, 1999), pp. 9, 36 关于 1329 年至 1330 年的计算表册，and Kaye, *Economy and Nature*, p. 7 关于投入时间的估计。

49. Cobban, *Medieval English Universities*, pp. 146, 159, 149.

50. Quoted in Hilde de Ridder-Symoens, 'Mobility', in Ridder-Symoens,*History of the University*, p. 282.

51. James A. Brundage, *The Medieval Origins of the Legal Profession* (Chicago,2008), pp. 122–3. 我稍微调整了一下译文。

52. Courtenay, *Parisian Scholars*, pp. 82–3.

53. Virpi Mäkinen, *Property Rights in the Late Medieval Discussion on Franciscan Poverty* (Leuven, 2001), p. 22.

54. A. G. Traver, 'Rewriting History? The Parisian Secular Masters'Apologia of 1254', in Peter Denley (ed.), *History of Universities*, vol.XV: *1997– 1999*, pp. 9–45.

55. James M. Murray, *Bruges, Cradle of Capitalism 1280–1390* (Cambridge,2005), pp. 178ff.

56. Peter Spufford, *Money and Its Use in Medieval Europe* (Cambridge,1988), pp. 209, 215, 216.

57. André Goddu, 'The Impact of Ockham's Reading of the "Physics" on the Mertonians and Parisian Terminists', *Early Science and Medicine* 6, 3(2001), esp. pp. 214–18.

58. 关于阿奎那、根特的亨利、邓斯·司各脱（Duns Scotus）等人的讨论，见 Amleto Spicciani, *La mercatura e la formazione del prezzo nella iflessione teologica medioevale*(Rome, 1977)。

59. '. . . solum mensuramdebitam non excedat', in ibid., p. 267, text of Olivi, *Tractatus de emptione et venditione*, lines 85–6.

60. Spicciani, *Mercatura e la formazione*, p. 158.

61. Ibid., p. 179.

62. Matthias Flacius, *Catalogus testium veritatis* (Basle, 1556), p. 876.

63. Lucien Gillard, *Nicole Oresme, économiste*, *Revue Historique* 279, 1/565 (1988), pp. 3ff., and Marshall Clagett, 'Nicole Oresme and Medieval Scientific Thought', *Proceedings of the American Philosophical Society* 108,4 (1964), pp. 298ff.

第九章　商人的规则

1. Joe Flatman, *Ships and Shipping in Medieval Manuscripts* (London, 2009), pp. 81ff.

2. Kasimirs Slaski, in Albert d'Haenens, *Europe of the North Sea and the Baltic: The World of the Hanse* (Brussels, 1984), p. 160.

3. D'Haenens, *Europe of the North Sea*, p. 201.

4. 关于早期卑尔根的地形，见 Edward C. Harris, 'Bergen, Bryggen 1972: The Evolution of a Harbour Front', *World Archaeology* 5, 1 (1973), pp. 69–70, and Asbj ørn E. Herteig, 'The Excavation of Bryggen, Bergen, Norway', in Rupert Bruce-Mitford (ed.), *Recent Archaeological Excavations in Europe* (London, 1975), pp. 65–89。

5. Moira Buxton, 'Fish-Eating in Medieval England', in Harlan Walker(ed.), *Fish: Food from the Waters* (Totnes, 1998), p. 54.

6. Oscar Albert Johnsen, 'Le Commerce et la navigation en Norvege au Moyen Âge', *Revue Historique* 178, 3 (1936), pp. 385ff.; Justyna Wubs-Mrozewicz, *Traders, Ties and Tensions* (Hilversum, 2008), pp. 38–41; Philippe Dollinger, *The German Hansa* (London, 1970), pp. 49–50; Knut Helle, 'Norwegian Foreign Policy and the Maid of Norway', *Scottish Historical Review* 69/188, 2 (1990), pp. 147–8; NilsHybel, 'The Grain Trade in Northern Europe before 1350', *Economic History Review* 55, 2 (2002), pp. 226–7.

7. Fritz Rörig, *The Medieval Town* (Berkeley, 1967), pp. 32–6.

8. Mike Burkhardt, 'Testing a Traditional Certainty: The Social Standing of the *Bergenfahrer* in Late Medieval Lübeck', in Geir Atle Ersland

and Marco Trebbi (eds.), *Neue Studien zum Archiv und zur Sprache der Hanseaten* (Bergen, 2008), pp. 84ff.

9. Johannes Schildhauer, *The Hansa: History and Culture* (Leipzig, 1985), p. 104.

10. Dollinger, *German Hansa*, p. 183; Schildhauer, *Hansa*, p. 104, and Justyna Wubs-Mrozewicz, 'Hansards and the "Other" ', in Justyna Wubs-Mrozewicz and Stuart Jenks (eds.), *The Hanse in Medieval and Early Modern Europe* (Leiden, 2013), pp. 158–9.

11. Wubs-Mrozewicz, *Traders, Ties and Tensions*, p. 11.

12. Herteig, *Excavation of Bryggen, Bergen*, pp. 74–9.

13. Hendrik Spruyt, *The Sovereign State and Its Competitors* (Princeton, 1994), p. 126.

14. Sigrid Samset Mygland, *Children in Medieval Bergen: An Archaeological Analysis of Child-Related Artefacts* (Bergen, 2007).

15. Haenens, *Europe of the North Sea*, p. 197.

16. Mike Burkhardt, 'Policy, Business, Privacy: Contacts Made by the Merchants of the Hanse Kontor in Bergen in the Late Middle Ages',in Hanno Brand (ed.), *Trade, Diplomacy and Cultural Exchange: Continuity and Change in the North Sea Area and the Baltic c.1350–1750* (Hilversum, 2005), p. 148.

17. Ibid., pp. 140, 148.

18. Frederich Bruns, *Die Lübecker Bergenfarhrer und ihre Chronistik: Quellen zur Geschichte der Lübecker Bergenfarhrer*, vol. 1: *Urkundliche Quellen* (Berlin, 1900), p. 15, will 14.

19. Ibid., p. 16, will 16.

20. Ibid., p. 64, will 94.

21. Klaus Friedland, 'Maritime Law and Piracy: Advantages and Inconveniences of Shipping in the Baltic', in A. I. McInnes, T. Riis and F. G. Pedersen (eds.), *Ships, Guns and Bibles in the North Sea and the Baltic States c1350–c1700* (East Linton, 2000), pp. 32–5.

22. Johnsen, 'Commerce et la navigation', pp. 394–7.

23. Rhiman A. Rotz, 'The Lübeck Uprising of 1408 and the Decline of the Hanseatic League', *Proceedings of the American Philosophical Society* 121, 1 (1977), pp. 1–45.

24. Text in Dollinger, *German Hansa*, document 26, pp. 411–13.

25. Sebastian I. Sobecki, *The Sea and Medieval English Literature* (Cambridge, 2008), pp. 32, 140–42.

26. Justyna Wubs-Mrozewicz, ' "Alle goede coepluyden" : Strategies in the Scandinavian Trade Politics of Amsterdam and Lübeck c1440–1560', in Hanno Brand and Leos Müller (eds.), *The Dynamics of Economic Culture in the North Sea and Baltic Region* (Hilversum, 2007), p. 96.

27. Dick E. H. de Boer, 'Looking for Security: Merchant Networks and Risk Reduction Strategies', in Hanno Brand (ed.), *The German Hanse in Past and Present Europe* (Groningen, 2007), pp. 52–5.

28. Wubs-Mrozewicz, *Traders, Ties and Tensions*, p. 111n.45.

29. James M. Murray, 'Bruges as *Hansestadt*', in Wubs-Mrozewicz and Jenks, *Hanse in Medieval and Early Modern Europe*, pp. 183–5.

30. Burkhardt, 'Policy, Business, Privacy', in Brand, *Trade, Diplomacy and Cultural Exchange*, p. 145.

31. Dollinger, *German Hansa*, pp. 78–81.

32. David Ditchburn, 'Bremen Piracy and Scottish Periphery: The North Sea World in the 1440s', in McInnes et al., *Ships, Guns and Bibles*, pp. 3–8.

33. D'Haenens, *Europe of the North Sea*, p. 143.

34. Hendrik Spruyt, *The Sovereign State and Its Competitors* (Princeton, 1994), pp. 109–29 关于更详细的阐述。

35. David Gaimster, 'A Parallel History: The Archaeology of Hanseatic Urban Culture in the Baltic c.1200–1600', *World Archaeology* 37, 3 (2005), pp. 412–19.

36. Anders Reisnert, in Andris Caune and IevaOse (eds.), *The Hansa Town Riga as Mediator between East and West* (Riga, 2009), pp. 210–11, 219.

37. Mike Burkhardt, 'One Hundred Years of Thriving Commerce at a Major English Seaport', in Brand and Müller, *Dynamics of Economic Culture*, pp. 81–2.

38. Wubs-Mrozewicz, ' "Alle goede coepluyden" ', in Brand and Müller, *Dynamics of Economic Culture*, p. 86.

第十章　爱与资本

1. Jos de Smet, 'Een Aanslag tegen het BrugseBegijnhof ', *Biekorf* 27 (1971), pp. 33–7 关于这部分内容所依据的法院判决文书；我很感谢威

廉·凯珀和莱德维德·帕里斯在文本翻译上给予的帮助。Cf. Walter
Simons, *Cities of Ladies:Beguine Communities in the Medieval Low
Countries 1200–1565* (Philadelphia, 2001), pp. 71–2.

2. 关于骑马旅行的速度，见 Norbert Ohler, *The Medieval Traveller*
(Woodbridge, 2010), pp. 97ff。

3. Marcel de Fréville, *Les Quatres Âges d'homme de Philippe de Navarre*
(Paris, 1888), vol. I, 25, pp. 16–17.

4. Quoted in Bernard McGinn, 'Meister Eckhart and the Beguines in the
Context of Vernacular Theology', in Bernard McGinn (ed.), *Meister
Eckhart and the Beguine Mystics* (New York, 1994), p. 1.

5. Anne Winston-Allen, *Convent Chronicles: Women Writing about Women
and Reform in the Late Middle Ages* (University Park, 2004), pp. 66–8.

6. Jean Bethune de Villers (ed. and tr. Emilie Amt), *Cartulaire du Beguinage
de Sainte-Elisabeth à Gand* (Bruges, 1883), in *Women's Lives in Medieval
Europe* (New York, 1993), pp. 263–7.

7. Simons, *Cities of Ladies*, p. 139.

8. Eileen Power (tr. and ed.), *The Goodman of Paris* (Woodbridge, 2006),
pp. 138ff.

9. Hans Geybels, *Vulgariter Beghinae* (Turnhout, 2004), p. 151.

10. Shennan Hutton, *Women and Economic Activities in Late Medieval Ghent*
(New York, 2011), p. 125.

11. Simons, *Cities of Ladies*, pp. 73–4, 188nn.71–3.

12. Ibid., p. 123 关于讽刺；p. 80 关于狂欢节；p. 124 关于词源。

13. Ibid., pp. 63–4.

14. 见 David Farmer, *Oxford Dictionary of Saints*, pp. 207–8, under 尼维尔
的格特鲁德（Gertrude）。

15. *Life of Elizabeth of Spalbeek*, line 527, in Jennifer N. Brown (ed.), *Three
Women of Liège* (Turnhout, 2008), p. 50.

16. Saskia Murk-Jansen (tr.), in *Hadewijch and Eckhart*, in McGinn, *Meister
Eckhart*, p. 23; cf. Amy Hollywood, 'Suffering Transformed', in McGinn,
Meister Eckhart, pp. 87ff.

17. *Life of Christina Mirabilis*, in Brown, *Three Women*, pp. 223, 227, 230;
p. 65, lines 276, 284, 关于像男人一样生活；p. 74, lines 472ff., 关于
尤塔。

18. *Marie d'Oignies*, in Brown, *Three Women*, p. 57 关于嫁人；pp. 36, 47 关于小时候；pp. 64–6 关于绳子；p. 81 关于丈夫；p. 98 关于 "炽热"。

19. 关于童贞女生子和美德，见克莱尔的奥斯伯特（Osbert of Clare）致阿德利迪斯（Adelidis）和致他侄子的信 in Vera Morton and Jocelyn Wogan-Browne, *Guidance for Women in Twelfth-Century Convents* (Cambridge, 2003), pp. 23, 116。

20. *Life of Christina Mirabilis*, in Brown, *Three Women*, p. 256 关于世界的终结。

21. I Timothy 4: 1–3.

22. *Marie d'Oignies*, in Brown, *Three Women*, p. 104 关于麻风病人；p. 106 关于亲戚。

23. Ibid., p. 107, I, 454, 关于顺从；p. 112, I, 563, 关于干净。

24. Avraham Grossman, *Pious and Rebellious: Jewish Women in Medieval Europe* (Waltham, 2004), pp. 117–19.

25. Ibid., p. 74.

26. Simha Goldin, *The Ways of Jewish Martyrdom* (Turnhout, 2008), pp. 112–17.

27. Ellen E. Kittell, 'Guardianship over Women in Medieval Flanders: A Reappraisal', *Journal of Social History* 31, 4 (1998), pp. 897–930, and James M. Murray, *Bruges, Cradle of Capitalism 1280–1390* (Cambridge, 2005), pp. 306–26.

28. Elizabeth Lamond (tr.), *Walter de Henley: Husbandry . . .* (London, 1890), p. 75.

29. Hutton, *Women and Economic Activities*, pp. 119–20.

30. Kittell, 'Guardianship over Women', p. 912.

31. Frederick Pedersen, *Marriage Disputes in Medieval England* (London, 2000), pp. 153–6.

32. Tine de Moor and Jan Luiten van Zanden, 'Girl Power: The European Marriage Pattern and Labour Markets in the North Sea Region in the Late Medieval and Early Modern Period', *Economic History Review* 63, 1 (2010), pp. 5–6. 这和 Kittell, 'Guardianship over Women', 是我的主要论据。

33. Anthony Musson, 'Images of Marriage, a Comparison of Law, Custom and Practice in Medieval Europe', in Mia Korpiola (ed.), *Regional*

Variations in Matrimonial Law and Custom in Europe 1150–1600 (Leiden, 2011), p. 140.

34. Philippe Godding, 'La Famille dans le droit urbain', in Myriam Carlier and Tim Soens (eds.), *The Household in Late Medieval Cities: Italy & Northwestern Europe Compared* (Leuven, 2001), p. 34.

35. P. J. P. Goldberg, 'Household and the Organization of Labour in Late Medieval Towns: Some English Evidence', in Carlier and Soens, *Household in Late Medieval Cities*, p. 65.

36. 关于讨论，见 Martha C. Howell, *Commerce before Capitalism in Europe, 1300–1600* (Cambridge, 2010), pp. 104–7。

37. Ibid.,p. 94.

38. Samuel K. Cohn Jr, 'Two Pictures of Family Ideology Taken from the Dead in post-Plague Flanders and Tuscany', in Carlier and Soens, *Household in Late Medieval Cities*, pp. 170–73.

39. Kittell, 'Guardianship over Women', p. 911.

40. Ramon A. Klitzike, 'Historical Background of the English Patent Law', *Journal of the Patent Office* 41, 9 (1959), pp. 622–3.

41. James S. Amelang, *The Flight of Icarus: Artisan Autobiography in Early Modern Europe* (Stanford, 1998), p. 294 关于格罗斯。

42. Stephan R. Epstein, 'Labour Mobility, Journeymen Organisations and Markets in Skilled Labour in Europe 14th–18th Centuries', in Mathieu Arnoux and Pierre Monnet (eds.), *Le Techniciendans la cité enEurope Occidentale 1250–1650* (Rome, 2004), pp. 251–67.

43. Richard L. Hills, *Power From Wind: A History of Windmill Technology* (Cambridge, 1996), pp. 36–9.

44. Karel Davids, 'Innovations in Windmill Technology in Europe c1500–1800', *NEHA Jaarboek* 66 (2003), pp. 47–51.

45. De Moor and Van Zanden, 'Girl Power', pp. 23–4.

46. John W. Baldwin, 'Consent and the Marital Debt', in Angeliki E. Laiou (ed.), *Consent and Coercion to Sex and Marriage in Ancient and Medieval Societies* (Washington, 1993), p. 266 关于赫洛伊丝；p. 262 关于性高潮；p. 269 关于亚里士多德；p. 263 关于奥维德。

47. 审问"埃莉诺"的文本见 Ruth Mazo Karras and David Lorenzo Boyd, ' "Ut cum muliere" : A Male Transvestite Prostitute in Fourteenth-

Century London', in Louise O. Fradenburg and Celia Freccero (eds.), *Premodern Sexualities* (New York, 1996), pp. 111–12。

48. Amt, *Women's Lives*, pp. 211–22.

49. James A. Brundage, 'Prostitution in the Medieval Canon Law', *Signs* 1,4 (1976), esp. p. 841; Amt, *Women's Lives*, pp. 210–13; Bjorn Bandlien, 'Sexuality and Early Church Laws', in Per Andersen, Mia Münster-Swendsen and Helle Vogt (eds.), *Law and Private Life in the Middle Ages* (Copenhagen, 2011), p. 200.

50. Grossman, *Pious and Rebellious*, p. 134.

51. See theminiaturein Valere Maxime, *Faits et dits mémorables* (1475), reproduced in André Vandewalle (ed.), *Les Marchands de la Hanse et labanque des Médicis* (Oostkamp, 2002), p. 88.

52. Malcolm Letts, *Pero Tafur: Travels and Adventures 1435–1439* (London, 1926) p. 199 关于洗澡；p. 200 关于姑娘；Malcolm Letts, *The Travels of Leo of Rozmital through Germany, Flanders, England, France, Spain, Portugal and Italy 1465–1467* (Cambridge, 1957), p. 31; Murray, *Bruges*, pp. 340–43。

53. Henry Ansgar Kelly, 'Bishop, Prioress, and Bawd in the Stews of Southwark', *Speculum* 75, 2 (2000), passim.

54. Judith M. Bennett, 'Writing Fornication: Medieval Leywrite and Its Historians', *Transactions of the Royal Historical Society* 6, 13 (2003), pp. 146, 147, 155.

55. Benjamin B. Roberts and Leendert F. Groenendijk, ' "Wearing out a pair of fool's shoes" : Sexual Advice for Youth in Holland's Golden Age', *Journal of the History of Sexuality* 13, 2 (2004), p. 145.

56. Etienne van de Walle, ' "Marvellous secrets" : Birth Control in European Short Fiction 1150–1650', *Population Studies* 54, 3 (2000), pp. 325, 323.

57. Augustus Borgnet (ed.), *B Alberti Magni Opera Omnia*, vol 5: *De mineralibus*,book II, tract ll (Paris, 1890), p. 39b 关于碧玉；pp. 42b–43a 关于欧里斯特石（oristes）。

58. John M. Riddle, *Contraception and Abortion from the Ancient World to the Renaissance* (Cambridge, Mass., 1992), p. 104 关于修道院的食谱；p.111 关于假比德；pp. 114–15 关于雷恩主教；pp. 116–17 关于希尔德加德。

59. Jean-Louis Flandrin, 'Contraception, mariage et relations amoureuses dans l'Occident chrétien', *Annales, Histoire, Sciences Sociales* 24, 6 (1969), esp. pp. 1374–5; pp. 1386–7 关于桑切斯。

第十一章　瘟疫的法律

1. Samuel K. Cohn Jr, 'Epidemiology of the Black Death and Successive Waves of Plague', in Vivian Nutton (ed.), *Medical History Supplement 27* (London, 2008), *Pestilential Complexities: Understanding Medieval Plague*, pp. 79, 81, 83, 89.

2. Friedrich W. Brie (ed.), *The Brut or the Chronicles of England* (London, 1906), ch. 228, pp. 301–3.

3. Georges Vigarello, *Histoire des pratiques de santé*(Paris, 1999), pp. 51–4.

4. Henri H. Mollaret, 'Les Grands Fléaux', in Mirko D. Grmek (ed.), *Histoire de la pensée medicale en Occident*, vol. 2: *De la Renaissance aux lumières* (Paris, 1997), p. 256.

5. Adolf Hofmeister (ed.), *Die Chronik des Mathias von Neuenburg* (Berlin1924–40), chs. 114–17; p. 263 关于船；p. 265 关于指责犹太人；p.270 关于鞭笞自罚的人。

6. See Timothy R. Tangherlini, 'Ships, Fogs and Travelling Pairs: Plague Legend Migration in Scandinavia', *Journal of American Folklore* 101, 400 (1988), pp. 176ff.

7. Daniel Antoine, 'The Archaeology of "Plague" ', in Nutton, *Pestilential Complexities*, pp. 101ff.

8. Quoted in Andrew Wear, *Knowledge and Practice in English Medicine 1550–1680* (Cambridge, 2000), p. 196.

9. Michael McCormick, 'Rats, Communications and Plague: Toward an Ecological History', *Journal of Interdisciplinary History* 34, 1 (2003), p.23 关于人口恢复；p. 22 关于捕食者。

10. Rosemary Horrox (tr. and ed.), *The Black Death* (Manchester, 1994), p. 170, from Bodleian MS Digby 176, folios 26–9.

11. Ann G. Carmichael, 'Universal and Particular: The Language of Plague 1348–1500', in Nutton, *Pestilential Complexities*, pp. 17–52.

12. Christiane Nockels Fabbri, 'Treating Medieval Plague: The Wonderful Virtues of Theriac', *Early Science and Medicine* 12, 3 (2007), pp. 247ff.

13. William Chester Jordan, *The Great Famine* (Princeton, 1996), pp. 148–51.

14. Bruce M. S. Campbell, 'Ecology v. Economics in Late Thirteenth and Early Fourteenth-Century English Agriculture', in Del Sweeney(ed.), *Agriculture in the Middle Ages: Technology, Practice and Representation* (Philadelphia, 1995), pp. 76–7.

15. Jane Welch Williams, 'The New Image of Peasants in Thirteenth-Century French Stained Glass', and Bridget Ann Henisch, 'Farm Work in the Medieval Calendar Tradition', in Sweeney, *Agriculture in the Middle Ages*, p. 299 关于玻璃；pp. 310–16 关于工作态度。

16. A. V. C. Schmidt (ed. and tr.), *William Langland: Piers Plowman* (Oxford, 1992), pp. 67–74.

17. Judith M. Bennett, 'Compulsory Service in Late Medieval England', *Past and Present* 209 (2010), pp. 7ff., 是我讲述这个故事的依据；cf. Samuel Cohn, 'After the Black Death: Labour Legislation and Attitudes towards Labour in Late Medieval Western Europe', *Economic History Review* 60, 3 (2007), pp. 457ff., and John Hatcher, 'England in the Aftermath of the Black Death', *Past and Present* 144 (1994), pp. 3ff。

18. In Ole Peter Grell and Andrew Cunningham (eds.), *Health Care and Poor Relief in Protestant Europe 1500–1700* (London, 1997), see Thomas Riis on 'Poor Relief and Health Care Provision in Sixteenth Century Denmark'; Hugo Soly on 'Continuity and Change: Attitudes towards Poor Relief and Health Care in Early Modern Antwerp'; Robert Jütte on 'Health Care Provision and Poor Relief in Early Modern Hanseatic Towns: Hamburg, Bremen and Lübeck'; and Paul Slack on 'Hospitals, Workhouses and the Relief of the Poor in Early Modern London'.

19. Charles F. Mullett, 'Plague Policy in Scotland 16th–17th Centuries', *Osiris* 9 (1950), pp. 436–44.

20. John Booker, *Maritime Quarantine–the British Experience c1650–1900*(Aldershot, 2007), pp. 17–18.

21. Paul Slack, 'The Response to Plague in Early Modern England: Public Policies and Their Consequences', in John Walter and Roger Schofield (eds.), *Famine, Disease and the Social Order in Early Modern Society* (Cambridge, 1989), pp. 168–77.

22. Booker, *Maritime Quarantine*, pp. 1–4; John Warrington (ed.), *Diary of Samuel Pepys* (London, 1953), vol. I, entry for 26 November 1663, p. 461.

23. Barbara E. Crawford, 'North Sea Kingdoms, North Sea Bureaucrat: A Royal Official Who Transcended National Boundaries', *Scottish Historical Review* 69, 188 (1990), pp. 175ff.

24. Henry S. Lucas, 'John Crabbe: Flemish Pirate, Merchant and Adventurer', *Speculum* 20, 3 (1945), pp. 334ff.

25. Andrew R. Little, 'British Seamen in the United Provinces during the Seventeenth Century Anglo-Dutch Wars: The Dutch Navy, a Preliminary Survey', in Hanno Brand (ed.), *Trade, Diplomacy and Cultural Exchange: Continuity and Change in the North Sea Area and the Baltic c1350–1750* (Hilversum, 2005), pp. 78, 79, 81, 85.

26. Ibid., p. 88.

27. Warrington, *Diary of Samuel Pepys*, vol. I, entry for 14 June 1667, pp. 485–6.

28. S. C. Lomas (ed.), *Memoirs of Sir George Courthop* (London, 1907), pp. 109–10 关于日内瓦；p. 132 关于马耳他。

29. H. C. Fanshawe (ed.), *The Memoirs of Ann Lady Fanshawe* (London, 1907), pp. 87–90; p. 31 关于儿子的名字。

30. Antoni Ma czak, *Travel in Early Modern Europe* (Cambridge, 1995), pp. 112–15.

第十二章　城市与世界

1. Paul Murray Kendall and Vincent Ilardi, *Dispatches with Related Documents of Milanese Ambassadors in France and Burgundy 1450–1483* (Athens, 1971), vol. 2, pp. 200–201.

2. Bernard Aikema, 'Netherlandish Painting and Early Renaissance Italy: Artistic Rapports in a Historiographical Perspective', in Herman Roodenburg (ed.), *Forging European Identities 1400–1700* (Cambridge, 2007), pp. 110–20.

3. *The Virgin and Child with Saints and Donors* (*The Donne Triptych*) in the National Gallery, London.

4. Marina Belozerskaya, *Rethinking the Renaissance: Burgundian Arts*

across Europe (Cambridge, 2002), passim, but p. 132 关于音乐。

5. Malcolm Letts (ed. and tr.), *The Travels of Leo of Rozmital through Germany, Flanders, England, France, Spain, Portugal and Italy 1465–1467* (Cambridge, 1957), p. 54 关于头发；pp. 1–2 关于传记；p. 23 关于修女；p. 27 关于菜肴；p. 28 关于动物园和宝库；p. 37 关于喝醉；p.36 关于摔跤；pp. 29, 35 关于烛光。

6. Margit Thøfner, *A Common Art: Urban Ceremonial in Antwerp and Brussels during and after the Dutch Revolt* (Zwolle, 2007), pp.13–17.

7. Gilles de Bouvier dit Berry (ed. E. T. Hamy), *Le Livre de la description des pays* (Paris, 1908), p. 47 关于佛兰德；p. 106 关于荷兰。

8. Malcolm Letts, *Pero Tafur: Travels and Adventures 1435–1439* (London, 1926), p. 200 关于"橙子""饥荒"；p. 198 关于布鲁日；p. 203 关于安特卫普。

9. Raymond van Uytven, 'Les Autres Marchandises à Bruges', in André Vandewalle (ed.), *Les Marchands de la Hanse et la banque des Médicis* (Oostkamp, 2002), p. 73.

10. Giovanna Petti Balbi, 'Bruges, port des Italiens', in Vandewalle, *Marchands de la Hanse*, pp. 58ff.

11. Alastair Hamilton, *Arab Culture and Ottoman Magnificence in Antwerp's Golden Age* (London and Oxford, 2001), pp. 9, 26.

12. Letts, *Pero Tafur*, p. 194 关于"威严"；p. 199 关于"绞架"。

13. Kendall and Ilardi, *Dispatches with Related Documents*, vol. 2, pp. 228–9 关于"菜肴"；pp. 348ff. 关于仪式；p. 394 关于组织。

14. Robert Peterson (tr.), *Giovanni Botero: A Treatise Concerning the Causes of the Magnificence and Greatness of Cities* (London, 1606), p. 51; *Delle cause della grandezza e magnificenza delle città* appeared in Italian in 1588.

15. Wim de Clercq, Jan Dumolyn and Jelle Haemers, ' "Vivre noblement" : Material Culture and Élite Identity in Late Medieval Flanders', *Journal of Interdisciplinary History* 38, 1 (2007), pp. 1ff.

16. Letts, *Travels of Leo of Rozmital*, pp. 45–7.

17. Belozerskaya, *Rethinking the Renaissance*, pp. 151–4.

18. Charles Narrey (tr.), *Albrecht DüreràVenise et dans les Pays Bas* (Paris,1866), p. 104 关于"红颜料"；p. 107 关于价格；p. 111 关于

布鲁日；p. 117 关于"铅颜料"；关于群青，见 Stan Hugue, *Albrecht Dürer: journal de voyage aux Pays-Bas* (Paris, 2009), p. 79, 关于更完整的文本。丢勒没有付现金，所以价格是凭个人经验推断。

19. Filip Vermeylen, 'The Colour of Money: Dealing in Pigments in Sixteenth-Century Antwerp', in J. O. Kirby Atkinson (ed.), *European Trade in Painters' Materials to 1700* (Leiden, 2010), pp. 356ff.

20. Margaret L. Koster, 'Italy and the North: A Florentine Perspective', in Till-Holger Borchert, *The Age of Van Eyck* (Bruges, 2002), p. 79.

21. Catherine Reynolds, 'The Function and Display of Netherlandish Cloth Paintings', in Caroline Villers (ed.), *The Fabric of Images: European Paintings on Textile Supports in the Fourteenth and Fifteenth Centuries* (London, 2000), p. 91.

22. Paula Nuttall, 'Pannidipinti di Fiandra: Netherlandish Painted Cloths in Fifteenth-Century Florence', in Villers, *Fabric of Images*, p. 109.

23. *Il Riposo di Raffaello Borghini* . . . (Florence, 1584), pp. 579–84; Lucia Meoni, *La nascita dell'arazzeria medicea* (Florence, 2008), pp. 34, 78 关于野趣；p. 27 关于美狄亚；p. 82 关于死神；p. 66 关于撒母尔。

24. Michael Baxandall, 'Bartholomaeus Facius on Painting: A Fifteenth-Century MS. of *De Viris Illustribus*', *Journal of the Warburg and Courtauld Institutes* 27 (1964), p. 102.

25. Borghini, *Riposo di Raffaello Borghini*, pp. 326–7.

26. *Guicciardini's Account of the Ancient Flemish School of Painting* (London, 1795), pp. 3–4.

27 Giovanna Sapori, *Fiamminghi nel cantiere Italia 1560–1600* (Milan, 2007), p. 10（作者翻译的）。

28. Till-Holger Borchert and Paul Huvenne, 'Van Eyck and the Invention of Oil Painting: Artistic Merits in Their Literary Mirror', in Till-Holger Borchert, *The Age of Van Eyck: The Mediterranean World and Early Netherlandish Painting 1430–1530* (Bruges, 2002), pp. 221, 225.

29. Faith Wallis, *Medieval Medicine: A Reader* (Toronto, 2010), pp. 351–4.

30. Peter van den Brink, 'The Art of Copying', in Peter van den Brink (ed.), *Brueghel Enterprises* (Maastricht, 2001), pp. 13ff.; p. 44 关于祖母。

31. Valentin Vazquez de Prada, *Lettres marchandes d'Anvers* (Paris, 1960), vol. I, p. 112, 关于开业；pp. 124, 133 关于信贷；p. 132 关于杜奇。

32. De Prada, *Lettres marchandes*, vol. I, p. 19.

33. Sheilagh Ogilvie, *Institutions and European Trade: Merchant Guilds 1000– 1800* (Cambridge, 2011), pp. 368–9.

34. 关于交易所的影响，见 Krista de Jonge, 'Bâtiments publics à fonction économique à Anvers au XVIème siècle: l'invention d'un type', in Konrad Ottenheym, Monique Chatenet and Krista de Jonge (eds.), *Public Buildings in Early Modern Europe* (Turnhout, 2010), pp. 183ff.; 关于交易所的选址，见 Jochen de Vylder, 'The Grid and the Existing City', in Piet Lombaerde and Charles van den Heuvel (eds.), *Early Modern Urbanism and the Grid* (Turnhout, 2011); 关于交易所和城市，见 Konrad Ottenheym and Krista de Jonge, 'Civic Prestige: Building the City 1580–1700', in Konrad Ottenheym and Krista de Jonge (eds.), *Unity and Discontinuity: Architectural Relationships between the Southern and Northern Low Countries (1530–1700)* (Turnhout, 2007), pp. 232–4。

35. 关于艺术品经销的规则和结构，见 Filip Vermeylen,*Painting for the Market* (Turnhout, 2003), esp. pp. 70–77。

36. De Prada, *Lettres Marchandes*, vol. I, pp. 122–3.

37. Hernando de Frias Cevallos to Simon Ruiz, 16 March 1564, in de Prada, *Lettres marchandes*, vol. II, pp. 11–12.

38. Frederic Schiller (tr. A. J. W. Morrison), *History of the Revolt of the Netherlands* (New York, 1860), pp. 189–94.

39. G. D. Ramsay, *The Queen's Merchants and the Revolt of the Netherlands* (Manchester, 1986), pp. 183–90.

40. 见 Jonathan I. Israel, *The Dutch Republic: Its Rise, Greatness and Fall 1477–1806* (Oxford, 1995), 关于安特卫普命运的出色总结，esp. pp. 185, 413–14。

41. 研究斯泰芬的最佳来源是 J. T. Devresse and G. Vanden Berghe,'*Magic is no magic': The Wonderful World of Simon Stevin* (Southampton, 2008)。

42. Paul Arblaster, *Antwerp and the World: Richard Verstegan and the International Culture of the Catholic Reformation* (Leuven 2004)。

43. 关于"事实"发展的讨论，见 Barbara J. Shapiro, *A Culture of Fact: England 1550–1720* (Ithaca, 2000)。

44. Frank Lestringant (ed.), *Le Théâtre des Cruautés de Richard Verstegan* (Paris, 1995).

45. 关于斯泰芬的国际影响力，见 Ron van Oers, *Dutch Town Planning Overseas during VOC and WIC Rule 1600–1800* (Zutphen, 2000); 关于建筑方面的说明，见 Charles van den Heuvel, *Dehuysbou*, a reconstruction of an unfinished treatise on architecture,town planning and civil engineering by Simon Stevin (Amsterdam,2005)。

46. Xinru Liu, *Ancient India and Ancient China: Trade and Religious Exchanges AD 1–600* (New Delhi, 1988), pp. 8–11.

47. Jon Solomon, 'The Apician Sauce', in John Wilkins, David Harvey and Mike Dobson (eds.), *Food in Antiquity* (Exeter, 1995), p. 128n.9.

48. Lisa Jardine and Michael Silverthorne (eds.), *Francis Bacon: The New Organon* (Cambridge, 2000), p. 44, XLVIII, 关于"难以想象……"；p. 69, LXXXIV, 关于"人类的耻辱"。

致　谢

　　回首一千年，一百个王国的兴衰，远远超出了一个作家的能力，这就是为什么这本书要归功于他人的帮助，归功于那些启发我思考的文本，归功于那些提出建议、指正错误、协助翻译并鼓励我的人，归功于让这部作品得以面世的机构。现在的问题是，如何分享荣誉，而不分担责任，因为责任都在我一人。

　　我不会强求他们承认自己功不可没，但我能写出这本书确实在很大程度上要归功于斯特凡纳·勒贝克（Stéphane Lebecq）对弗里斯兰的研究；归功于罗莎蒙德·麦基特里克（Rosamond McKitterick）对历史、记忆、书写和阅读的研究；归功于詹姆斯·A. 布伦戴奇（James A. Brundage）关于法律职业溯源的权威叙述；归功于乔尔·凯（Joel Kaye）的《14世纪的经济与自然》（*Economy and Nature in the Fourteenth Century*）；归功于朱迪丝·M. 本内特（Judith M. Bennett）关于鼠疫和劳动法的研究；归功于蒂内·德莫尔（Tine de Moor）和扬·卢伊特·范扎登（Jan Luiten van Zanden）关于"女权"的探讨；还有玛丽娜·别洛泽尔斯卡亚（Marina Belozerskaya）精辟的关于文艺复兴时期佛兰德的修正主义观点。他们启发我开始思考，他们尽到了责任。我还要感谢成百上千的专家，从19世纪的《日耳曼历史文献》（*Monumenta Germaniae*

Historica）的编辑到 21 世纪的考古学家，他们的论文、专著和报告为我提供了原始资料，让我厘清了思路。尾注根本不足以列清这些人情债。

我特别感谢一些人，如果没有他们的帮助，以我有限的知识，我会犯更多的错误，走更多的死胡同。我要感谢：西蒙·贝利（Simon Bailey）、埃丝特·班基（Esther Banki）、拉赫尔·伯尔延斯（Rachel Boertjens）、格哈德·卡迪（Gerhard Cadee）、约翰·凯里（John Carey）、艾伦·科茨（Alan Coates）、伯纳德特·坎宁安（Bernadette Cunningham）、彼得扬·德克斯（Pieterjan Deckers）、盖尔·阿特勒·埃斯兰（Geir Atle Ersland）、林·基奥斯·法尔肯伯格（Linn Kjos Falkenberg）、皮特·吉利森（Piet Gilissen）、罗布·范金克尔（Rob van Ginkel）、马修·戈尔迪什（Matthew Goldish）、伊雷妮·格勒纳韦格（Irene Groeneweg）、吉特·汉森（Gitte Hansen）、哈拉尔·汉森（Harald Hansen）、彼得·亨德里克斯（Peter Henderikx）、乔尔·希拉比（Joe Hillaby）、布赖恩·希利亚德（Brian Hillyard）、苏珊·希契（Susan Hitch）、内尔·琼斯（Neil Jones）、埃弗拉伊姆·卡纳福格（Ephraim Kanarfogel）、埃斯彭·卡尔森（Espen Karlsen）、威廉·凯珀（Willem Kuiper）、鲁内·许克耶（Rune Kyrkjebø）、卡罗琳·拉灵顿（Carolyne Larrington）、莫伊拉·麦肯齐（Moira Mackenzic）、马丁·莫（Martin Maw）、罗伊·梅杰（Roy Meijer）、托马斯·麦克勒伦（Thomas McErlean）、贝尔纳德·梅赫林克（Bernard Meijlink）、利泽贝特·米塞尔（Liesebeth Missel）、托雷·尼贝里（Tore Nyberg）、阿斯拉格·奥蒙德森（Aslaug Ommundsen）、希尔德·范帕里斯（Hilde van Parys）、

安娜·彼得（Anna Petre）、马尼克斯·彼得斯（Marnix Pieters）、迈克尔·普雷斯特维奇（Michael Prestwich）、朱利安·里德（Julian Reid）、安娜·桑德（Anna Sander）、卡罗琳·范桑滕（Caroline van Santen）、达芬·斯克雷（Dagfinn Skre）、马尔弗里德·克龙·斯莱滕（Målfrid Krohn Sletten）、彼得·多米·德弗兰克潘·苏比克（Peter Doimi de Frankopan Subic）、菲利普·韦尔姆伦（Filip Vermeylen）、埃德·范德弗利斯特（Ed van der Vlist）、伊冯娜·德弗勒德（Yvonne de Vroede）和安妮·温斯顿－艾伦（Anne Winston-Allen）。

阿姆斯特丹大学的图书管理员多年来对我宽宏大量，我无法想象没有他们的帮助该怎样工作。我要感谢牛津大学博德利图书馆、牛津大学圣约翰学院图书馆、伦敦大学沃伯格研究所和伦敦威尔康图书馆、布鲁日的中央图书馆（Openbare Bibliotheek）、海牙的荷兰皇家图书馆以及巴黎的法国国家图书馆（尤其是在黎塞留遗址工作时的叨扰）。我更要感谢卑尔根大学图书馆、圣安德鲁大学特藏馆、都柏林的爱尔兰皇家研究院，还有慕尼黑国家图书馆的在线版《日耳曼历史文献》，使尘封多年、查找起来耗时耗力的档案触手可及，我对此心存感激。汉普郡档案局的大卫·赖米尔（David Rymill）和沃里克郡档案局的马尔科姆·博伊斯（Malcolm Boyns）都帮了我大忙。我要感谢牛津大学校友会授权我访问西文过刊全文库（JSTOR）。很多好书店也给予我莫大的帮助，我要感谢美妙的雅典娜（Athenaeum）书店，感谢阿姆斯特丹自然与建筑（Architectura et Natura）书店那些知识渊博的人，感谢牛津不可或缺的牛津书馆（Oxbow Books）。

我还得到了更直接的帮助，我依靠玛丽·博伊尔（Mary

Boyle）的惊人技巧，挖掘出很多鲜为人知的材料。刚开始时，维里蒂·艾伦（Verity Allen）也助益良多。

书中的图片按出现顺序依次是：**维京人**，出自 1130 年的手稿《圣埃德蒙的生活》（*Life of St Edmund*），藏于皮尔庞特摩根图书馆，版权所有Ⓒ Photo SCALA，佛罗伦萨，2014 年；**抄写员**，出自 1121 年的《撷英集》（*Liber Floridus*），藏于根特大学图书馆；**手指计数**，出自大约 1100 年法国关于计算表册的藏品，版权所有Ⓒ大英图书馆委员会；**宫廷场景**，出自 1480 年的《金羊毛的历史》（*Histoire de la Toison d'Or*），藏于法国国家图书馆；**捕鱼图**，出自奥劳斯·马格努斯（Olaus Magnus）：《北方民族史》（*Historia de gentibus septentrionalibus*）（罗马，1555 年），藏于布里吉曼艺术图书馆；**汉萨港**（Hansa harbour），范·希普雷切特（Van Schiprechte）1497 年的作品，藏于汉堡的国家档案馆；**道路建筑**（road building），出自让·德吉斯（Jean de Guise）的《埃诺编年史》（*Chroniques de Hainault*），藏于比利时皇家图书馆；**艺术品交易**（art-dealing），弗朗西斯·比内尔二世（François Bunel II）于 1590 年前后创作的油画，藏于海牙的莫瑞泰斯皇家美术馆；**澡堂**（bathhouse），摘自瓦莱尔·马克西姆（Valère Maxime）1470 年版的《难忘的事件和言论》（*Faits et dits mémorables*），藏于法国国家图书馆；**海怪**（the sea monster），出自 12 世纪的手稿，是阿什莫尔女士（MS Ashmole）1511 年的收藏，现藏于牛津大学博德利图书馆；**玩具海怪**（toy sea monster）是为安特卫普游行而制作的，是为约安内斯·波切斯（Joannes Bochius）画的，《公共盛典》（*Descriptio Publicae Gratulationis*）（1594 年，藏于牛津大学博德利图书馆）。我非常感谢各位——图书管理员和摄影师——帮我找到了这些图像，也感谢休·阿姆斯特朗（Huw Armstrong）在研究中的帮助。

写书期间，我的母校牛津大学圣约翰学院给我留了个房间，方便我在博德利图书馆埋头钻研，而大卫·鲁宾逊（David Robinson）和乔伊丝·鲁宾逊（Joyce Robinson）夫妇是爱丁堡最体贴周到的主人。在阿姆斯特丹，库安公寓（Résidence Le Coin）的人有时不知道我是否要离开，但他们仍会保持微笑；我要感谢科丽娜（Corina）、里克（Rik）、迪米特里（Dimitri）、杰西（Jesse）等人的善良，还有他们的咖啡。我的好朋友埃玛（Emma）、彼得（Peter）和艾尔弗雷德·莱特利（Alfred Letley）、林达·迈尔斯（Lynda Myles）、莎伦·丘奇（Sharon Churcher）、韦斯利·范登博斯（Wesley van den Bos）、米克尔·奥赖利（Mickle O'Reilly）、彭妮·莫利（Penny Morley）以及莱德维德·帕里斯（Lidewijde Paris）一直为我加油鼓劲，特别是在我越写越忧郁的最后阶段。

如果没有伦敦维京出版社（Viking）的维尼夏·巴特菲尔德（Venetia Butterfield）的热情和关照，你可能永远不会读到这本书。还有吉利安·泰勒（Jillian Taylor），她指导并看着这本书出版，还有埃莉·史密斯（Ellie Smith）、马克·汉兹利（Mark Handsley）和埃玛·布朗（Emma Brown），他们细心完善了所有部分。书中的地图都是才华横溢的菲利普·格林（Phillip Green）的杰作。封面要感谢约翰·汉密尔顿（John Hamilton）的眼光。索引是由道格拉斯·马修斯（Douglas Matthews）编制的。如果没有下述这三个人，本书可能还未动笔，更别说完成了。第一个是大卫·戈德温（David Godwin），我最仁慈也最无情的经纪人，他为我安排了这次复出，我感激不尽，不过大卫屡创奇迹，早就名声大噪了。第二个是威尔·哈蒙德（Will Hammond），他是维京的委托人，全程都在指导，他聪明、严谨，给予我很多帮助，对我键入的每个日期都认真求证，这本书要归功于他的热情和关怀。还有我的伴侣约翰·霍尔姆（John Holm），因为他，我的生活更有动力，这本书才有机会问世。我本来还想说说我的狗狗们，但有人告诉我，在同一页上感谢完教授再感谢狗，这很不礼貌……

伦敦，2014 年 3 月 17 日

索　引

（索引中页码为原书页码，即本书页边码）

图书在版编目（CIP）数据

世界的边缘：北海的文化史与欧洲的演变／（英）
迈克尔·派伊（Michael Pye）著；宋非译 . -- 北京：
社会科学文献出版社，2023.12
　书名原文：The Edge of the World：How the North
Sea Made Us Who We Are
　ISBN 978-7-5228-1220-5

　Ⅰ.①世… Ⅱ.①迈… ②宋… Ⅲ.①文化人类学-
研究 Ⅳ.①C958

中国版本图书馆 CIP 数据核字（2022）第 240975 号

审图号：GS（2023）3932 号（此书中插附地图系原文插附地图）

世界的边缘
——北海的文化史与欧洲的演变

著　　者／〔英〕迈克尔·派伊（Michael Pye）
译　　者／宋　非

出 版 人／冀祥德
组稿编辑／董风云
责任编辑／李　洋
责任印制／王京美

出　　版／社会科学文献出版社·甲骨文工作室（分社）（010）59366527
　　　　　地址：北京市北三环中路甲 29 号院华龙大厦　邮编：100029
　　　　　网址：www. ssap. com. cn
发　　行／社会科学文献出版社（010）59367028
印　　装／北京盛通印刷股份有限公司

规　　格／开　本：889mm×1194mm　1/32
　　　　　印　张：13.875　插　页：0.25　字　数：320 千字
版　　次／2023 年 12 月第 1 版　2023 年 12 月第 1 次印刷
书　　号／ISBN 978-7-5228-1220-5
著作权合同
登 记 号／图字 01-2016-2354 号
定　　价／89.00 元

读者服务电话：4008918866

东 景

英里 0 ——— 500

公里 0 ——— 800

北极圈

冰岛

法罗群岛

设得兰群岛

盖尔赛，最后一个
维京人的大厅

奥克尼群岛

爱丁堡

格拉斯哥

霍斯
都柏林

利默里克

科克

克洛因，
拥有著名
的法学院

大 西 洋

特威德河畔贝里克
林迪斯法恩

约克

伊普斯威奇
伦敦

哈姆维克/
南安普敦

北海

卑尔根，国王
的城镇，汉萨
同盟的康托尔

凯于庞

比尔卡，老鼠
上岸的地方

海尔戈

斯堪尼亚，鲱鱼市场

波罗

格

马尔默

里贝

石勒苏益格
海塔布

格罗宁根

莱顿

布鲁日

艾尔米尔湖

阿姆斯特丹

安特卫普

布鲁塞尔

罗斯托克
维斯马

吕贝克

汉堡

不来梅，海盗港

科隆

洛尔莱礁石

亚琛，
查理曼的
宫廷所在地

塞纳河

巴黎，学习的生意

莱茵河

威尼

佛罗
佛兰

热那亚

北